UTB 3088

Eine Arbeitsgemeinschaft der Verlage

Böhlau Verlag · Köln · Weimar · Wien
Verlag Barbara Budrich · Opladen · Farmington Hills
facultas.wuv · Wien
Wilhelm Fink · München
A. Francke Verlag · Tübingen und Basel
Haupt Verlag · Bern · Stuttgart · Wien
Julius Klinkhardt Verlagsbuchhandlung · Bad Heilbrunn
Lucius & Lucius Verlagsgesellschaft · Stuttgart
Mohr Siebeck · Tübingen
Nomos Verlagsgesellschaft · Baden-Baden
Orell Füssli Verlag · Zürich
Ernst Reinhardt Verlag · München · Basel
Ferdinand Schöningh · Paderborn · München · Wien · Zürich
Eugen Ulmer Verlag · Stuttgart
UVK Verlagsgesellschaft · Konstanz
Vandenhoeck & Ruprecht · Göttingen · Oakville
vdf Hochschulverlag AG an der ETH Zürich

Ingrid Hesse
Brigitte Latzko

Diagnostik für Lehrkräfte

2. Auflage

Verlag Barbara Budrich
Opladen & Farmington Hills 2011

Bibliografische Informationen der Deutschen Nationalbibliothek
Die Deutsche Nationalbibliothek verzeichnet diese Publikation in der Deutschen Nationalbibliografie; detaillierte bibliografische Daten sind im Internet über http://dnb.d-nb.de abrufbar.

Gedruckt auf säurefreiem und alterungsbeständigem Papier.

Verlags-ISBN 978-3-86649-794-8
www.budrich-verlag.de

UTB-ISBN 978-3-8252-3088-3

Satz: Beate Glaubitz Redaktion und Satz, Opladen
Umschlaggestaltung: Atelier Reichert, Stuttgart
Druck: Friedrich Pustet KG, Regensburg
Printed in Germany

Inhalt

Vorwort

Jeder erwartet von seinem Hausarzt[1], dass dieser ein guter Diagnostiker sei. Er soll möglichst schnell und richtig beurteilen, was uns fehlt, um eine entsprechend wirkungsvolle Therapie einleiten zu können. Gleichermaßen suchen wir uns eine Autowerkstatt, in der die Monteure gute Diagnostiker sind. Auch hier erwarten wir, dass die Mängel am Motor unseres Autos rasch und zuverlässig gefunden werden, damit die Reparatur kostengünstig bleibt und unsere Sicherheit im Straßenverkehr gewährleistet ist.

Erwarten wir jedoch auch von den Lehrern unserer Kinder, dass sie gute Diagnostiker sind, die Schwierigkeiten beim Lernen frühzeitig erkennen und minimieren, vor allem aber die Stärken der Kinder bemerken und entwickeln? Spielt bei der Beurteilung der Güte einer Schule oder der Lehrkräfte die diagnostische Kompetenz in unserer Erwartungsstruktur eine wichtige Rolle? Diese Fragen wird ein Großteil der Eltern sicher verneinen.

Erst durch das erwartungswidrig schlechte Abschneiden deutscher Schüler in den internationalen Schulleistungsvergleichen der jüngeren Vergangenheit wurde das öffentliche und wissenschaftliche Interesse an der Qualität der Diagnosekompetenzen der Lehrkräfte wieder ins Bewusstsein gerückt.

So fragen sich besorgte Eltern und natürlich die Wissenschaftler nach den Ergebnissen der PISA-Testwellen, wie es denn möglich ist, dass ein Teil der 15-jährigen Schüler, die unser Bildungssystem viele Jahre durchlaufen haben, nicht lesen können oder etwa die Grundrechenarten nicht beherrschen. Wurden diese Lernrückstände nicht bemerkt?

Gleichermaßen kommen berechtigte Zweifel an der diagnostischen Qualität von Leistungsbeurteilungen der Lehrkräfte auf, wenn durch den IGLU-Test, in dem die Leseleistungen der Kinder am Ende der vierten Klasse erhoben wurden, grobe Diskrepanzen zwischen den Testleistungen der Kinder, ihren Lesezensuren und ihren erhaltenen Bildungsempfehlungen zu Tage treten. So hatten beispielsweise Kinder mit getesteten Leseleistungen auf der höchsten Kompetenzstufe nur mittelmäßige Lesezensuren und Empfehlungen für die Hauptschule, während im Gegenzug Schüler mit schlechten Testleistungen gute bis sehr gute Lesenoten und Empfehlungen für das Gymnasium erhielten. Was ist wohl aus diesen Kindern mit den inadäquaten Bildungsempfehlungen geworden, wenn die mit den guten Lesevoraussetzungen von ihren Eltern auf der Hauptschule angemeldet wurden und jene mit den weniger guten Lesekompetenzen auf dem Gymnasium? Wir können diese Frage nicht konkret beantworten. Wir wissen es nicht.

1 In der vorliegenden Publikation findet das generische Maskulinum Verwendung, das sich nach der gegenwärtigen Konvention gleichermaßen auf Frauen und Männer bzw. Mädchen und Jungen bezieht.

Es wird jedoch bereits hier sehr deutlich, wie bedeutsam die Fähigkeiten von Lehrern sind, die Lernvoraussetzungen und die Schulleistungen der Schüler valide zu beurteilen. Dies gilt sowohl für das Feststellen von Lernfortschritten in einzelnen Unterrichtseinheiten als auch für die ethisch verantwortungsvolle Lenkung von Schullaufbahnen.

Für die Meisterung solcher anspruchsvollen diagnostischen Aufgaben benötigen Lehrkräfte aber *ausreichende Lerngelegenheiten,* in denen sie sowohl fundiertes theoretisches Wissen zur pädagogisch-psychologischen Diagnostik erwerben, als auch erste Fertigkeiten und Fähigkeiten im Prozess des praktischen Diagnostizierens im Kontext von Schule anbahnen können.

Die nach den „Enttäuschungen" von PISA und IGLU ausgelöste Diskussion befasste sich jedoch hauptsächlich mit dem Beklagen der möglichen Mängel in den diagnostischen Kompetenzen von Lehrkräften. Es erscheint uns jedoch nach dieser „Bestandsaufnahme" ganz wichtig zu sein, dass auch solide und ausreichende Lerngelegenheiten zur pädagogisch-psychologischen Diagnostik im Lehramtsstudium und berufsbegleitend für Lehrkräfte bereitgestellt werden. Hier sehen wir gegenwärtig einen großen Nachholbedarf. Denn einerseits wurde und wird in den erziehungswissenschaftlichen Studiengängen der „alten" Lehramtsausbildung häufig gar keine Diagnostik angeboten, andererseits fehlt es an kompetenten Fachleuten in der Lehrerfortbildung. Schließlich beklagen Studierende und gestandene Lehrkräfte auch den Umstand, dass sie nicht auf geeignete Fachliteratur zurückgreifen können, um durch selbstständiges Lernen ihre Wissensdefizite kompensieren zu können.

Genau diese Lücken möchten wir mit unserem Buch zur pädagogisch-psychologischen Diagnostik schließen helfen, indem wir ein Angebot zum Lernen sowohl für Lehramtstudierende als auch für bereits in der Schulpraxis tätige Lehrkräfte unterbreiten. Gestandene Lehrer können darüber hinaus auch ihre Handlungsroutinen überprüfen und bestätigen und gegebenenfalls aufbrechen, ergänzen oder modifizieren.

Außerdem hoffen wir, dass sich unsere langjährigen Erfahrungen in der universitären Lehrerausbildung und in der Lehrerfortbildung dahingehend positiv auswirken, ein für Lehrkräfte verständliches, aber theoretisch fundiertes und gleichzeitig praxisorientiertes Buch vorzulegen.

In diesem Sinne verbinden wir mit dem vorliegenden Buch das Anliegen, theoretische Grundlagen und praxisrelevante Fragen der pädagogisch-psychologischen Diagnostik nicht nur an sich, sondern immer mit Blick auf das Vorwissen von Lehrkräften und mit Bezug auf konkrete Diagnoseanlässe im Kontext von Schule zu besprechen. Besonders wichtig ist uns dabei, den Lehrkräften ein verbalisiertes Denkgerüst zur Anwendung von Diagnostik bei ganz konkreten Diagnoseanlässen im Schulalltag fächer- und schulübergreifend zur Verfügung zu stellen. Wir wollen und können natürlich keine Rezepte liefern. Aber wir können zeigen, wie im professionellen pädagogischen Handlungsprozess theoriegeleitete Hypothesen bei Lern- und Leistungsproblemen für deren genaue Diagnose entwickelt und geprüft werden können, um wirkungsvolle Interventions- bzw. Fördermaßnahmen zu ergreifen.

Leipzig, im April 2009 *Ingrid Hesse und Brigitte Latzko*

Struktur des Buches und Lernziele

Zur Einlösung des formulierten Anspruchs dieses Buches haben wir die Behandlung und Klärung von ausgewählten Fragen und Problemen der pädagogisch-psychologischen Diagnostik in *vier Teilen* konzipiert, die zur Optimierung der diagnostischen Kompetenz von Lehrkräften unterschiedliche Ziele verfolgen.

So soll im **ersten Teil** *ein Bewusstsein über die Sinnhaftigkeit und Notwendigkeit pädagogisch-psychologischer Diagnostik als Bestandteil des Lehrerhandelns* aus dem Wesen der Diagnostik selbst heraus erzeugt werden, das unabhängiger machen kann gegenüber z.T. wenig begründeten Zeitgeistbeurteilungen und Renaissancen der Diagnostik. Aus diesem geschärften Bewusstsein soll auch eine *Motivation* entstehen, sich systematischer mit diagnostischen Fragen zu beschäftigen.

Dazu wird u.a. differenziertes Wissen über das Konstrukt der diagnostischen Kompetenz, über mögliche Beurteilungsfehler und ihre Konsequenzen bereit gestellt. Ein Überblick über empirische Befunde zur Qualität der diagnostischen Kompetenz von Lehrkräften soll eine Problemsicht eröffnen, wie gut bzw. genau Lehrkräfte tatsächlich Lernvoraussetzungen und Leistungen ihrer Schüler beurteilen können. Die dort vorgetragene Kritik an den diagnostischen Kompetenzen von Lehrern wird von uns auf dem Hintergrund der unzureichenden Lerngelegenheiten in den Lehramtsstudiengängen und in den Lehrerfortbildungen kritisch hinterfragt.

Am Ende des ersten Teils erhalten die Lehrer die Gelegenheit, über eine Selbstdiagnose ihre diagnostische Kompetenz zu prüfen, wie genau und gut sie bereits diagnostizieren können, um daraus inhaltliche und motivationale Konsequenzen für das weitere Lernen abzuleiten.

Im **zweiten Teil** wird Wissen zu den messtheoretischen Grundlagen der Diagnostik systematisch und verständlich entfaltet. Dabei werden die notwendigen Aspekte der pädagogisch-psychologischen Diagnostik so aufbereitet, dass Lehrkräfte ein *Verständnis für genaues „Messen" und wissenschaftliche diagnostische Methoden entwickeln, das ihnen eine sachgerechte und professionelle Partizipation an diesem „fremden Werkzeug" im pädagogischen Feld ermöglicht.*

Im **dritten Teil** kommt aus unserer Sicht das Besondere des vorliegenden Buches explizit zum Tragen. Hier werden ausgewählte konkrete Szenarien und Diagnoseanlässe aus dem Schulalltag so modelliert, dass Lehrkräfte den von uns benannten *Vierer-Schritt des professionellen Diagnostizierens durchgängig erkennen und allmählich als Strategie verinnerlichen können:*

- Aktivierung von adäquatem pädagogisch-psychologischen Wissen zur Einordnung des Diagnoseanlasses
- Entwicklung theoriegeleiteter Erklärungshypothesen
- Auswahl passender diagnostischer Verfahren/Methoden zur Hypothesenprüfung und Verdichtung und Interpretation der erhaltenen Daten/Informationen im Rahmen des vorher aktivierten Wissens
- Erarbeitung geeigneter Interventions- bzw. Fördermaßnahmen

Während die ersten drei Schritte der Strategie beim Diagnostizieren jeweils ausführlich abgehandelt werden, müssen wir uns im Rahmen des vorliegenden Buches bei der Förderung auf Hinweise und Literaturempfehlungen beschränken.

Der **vierte Teil** schließlich enthält weitere Informationen, Verfahren zur Selbsthilfe der Lehrer für den kollegialen Austausch beim Diagnostizieren, Diagnoseaufgaben einschließlich einer angeleiteten Fallanalyse *zum Anwenden und Üben des erworbenen Wissens,* sowie eine Übersicht über Anlaufstellen für Lehrerkräfte zur Kooperation mit den schulpsychologischen Beratungsstellen in den einzelnen Bundesländern.

Teil I: Renaissance der pädagogisch-psychologischen Diagnostik im Lehrerberuf *oder* Warum brauchen Lehrkräfte diagnostische Kompetenzen?

Zwar wurden in keiner der internationalen Schulleistungsvergleichsstudien die diagnostischen Kompetenzen von Lehrkräften *direkt* untersucht, jedoch erlebte in der Folgezeit etwa ab dem Jahre 2002 die Forderung nach verstärkter Anwendung pädagogisch-psychologischer Diagnostik im Kontext von Schule eine erneute Renaissance. Die Frage nach der Notwendigkeit pädagogisch-psychologischer Diagnostik als unverzichtbarer Bestandteil im Tätigkeitskatalog von Lehrern an Regelschulen und ihre kontroverse Beantwortung beschäftigt Schulpolitiker, Pädagogen und Psychologen jedoch schon wesentlich länger.

Ob Lehrkräfte Kompetenzen in pädagogisch-psychologischer Diagnostik benötigen, ob sie z.B. standardisierte Schulleistungstests zur Überprüfung ihrer subjektiven Urteile einsetzen dürfen, kann und sollte nicht von aktuellen schulpolitischen Trends abhängig gemacht werden. Die Begründung für die Sinnhaftigkeit pädagogisch-psychologischer Diagnostik als Bestandteil professionellen Lehrerhandelns muss deshalb prinzipiell aus dem Wesen, dem Anspruch und der Qualität der Bildungs- und Erziehungsarbeit von Lehrkräften an einer modernen Schule abgeleitet werden.

In diesem Begründungszusammenhang soll im ersten Teil gezeigt werden, was es mit der so genannten Renaissance der pädagogisch-psychologischen Diagnostik auf sich hat. Dabei werden zunächst die aus den internationalen Schulleistungsvergleichen abgeleiteten Forderungen nach Verbesserung der diagnostischen Kompetenzen von Lehrkräften (Kap. 1.1) aufgezeigt. Die aktuelle Renaissance der pädagogisch-psychologischen Diagnostik hat vor allem auf die Ausbildung von Lehramtstudierenden und die Lehrerfortbildung einige programmatische Auswirkungen gezeigt. Es ist deshalb auch zu thematisieren, welche Ziele und Standards zum Erwerb dieser Diagnosekompetenz durch Lehrkräfte neuerdings formuliert werden und wo gestandene Lehrer an unseren Schulen bisher Lerngelegenheiten hatten, solche Kompetenzen zu erwerben oder einzuüben (Kap. 1.2). Denn auch für die Beurteilung der Lehrerleistung sollte gelten: Es kann nur das verlangt und vorausgesetzt werden, wofür zuvor Lerngelegenheiten gegeben waren. Es soll vor allem geklärt werden, was unter diagnostischer Kompetenz von Lehrkräften überhaupt zu verstehen ist (Kap. 1.3) und welche zuverlässigen empirischen Befunde zur Beurteilung der Güte der diagnostischen Kompetenz von Lehrkräften vorliegen (Kap. 1.4). Zur weiteren inhaltlichen Begründung der Sinnhaftigkeit und Notwendigkeit pädagogisch-psychologischer Diagnostik als Bestandteil des Lehrerhandels wird im Folgenden hinterfragt, wie genau Lehrkräfte die Lernvoraussetzungen und Lernleistungen ihrer Schüler beurteilen sollten, welche Konsequenzen sich dann aus genauen oder eher ungenauen Diagnosen für Schüler oder Unterricht ergeben und welchen systematischen Beeinflussungstendenzen Lehrerurteile prinzipiell unterliegen (Kap. 1.5). Aus einer Begründung der Sinnhaftigkeit der pädagogisch-psychologischen Diagnostik im Kontext von Schule kann auch die Frage beantwortet werden, wer an den Schulen nun eigentlich wirklich diagnostizieren „darf“ (Kap. 1.6).

1.1 Situation nach PISA und die schulpolitischen Schlussfolgerungen

In der aktuellen Diskussion um die Verbesserung der Qualität von Schule und der Qualifikationen von Lehrkräften nach dem erwartungswidrig schlechten Abschneiden deutscher Schüler in verschiedenen internationalen Schulleistungstests (TIMSS, IGLU, PISA) werden diese nicht zufriedenstellenden Schülerleistungen u.a. auch mit der mangelnden diagnostischen Kompetenz von Lehrkräften in Zusammenhang gebracht. Ausgelöst wurde die Debatte um die diagnostische Kompetenz durch ein relativ marginales Ergebnis der PISA- Untersuchung in der ersten Welle. So hatten zuständige Schulkoordinatoren an Hauptschulen den Auftrag, sich bei den Klassen- und Deutschlehrkräften danach zu erkundigen, welche der Schüler der PISA-Stichprobe „schwache Leser“ seien. Diese Leistung wurde wie folgt definiert: „Als schwache Leser werden jene Schülerinnen und Schüler aus Hauptschulen bzw. Hauptschulzweigen gekennzeichnet, deren Lesefähigkeit so gering ausgebildet ist, dass sich dies als ernsthaftes Problem beim Übergang ins Berufsleben erweisen wird. Die Lesefähigkeit dieser Schülerinnen und Schüler liegt deutlich unterhalb der Lesefähigkeit gleichaltriger Schülerinnen und Schüler derselben Schulform“ (Artelt, Stanat, Schneider & Schiefele, 2001, S. 119). Im Ergebnis wurden knapp 90 Prozent der Schülerinnen und Schüler an Hauptschulen, deren PISA-Testergebnis noch unterhalb der Kompetenzstufe 1 lag und somit der Risikogruppe zugerechnet werden muss, überhaupt nicht als schwache Leser von ihren Lehrern identifiziert, sondern als unauffällig eingeschätzt. Wenn Fachlehrer demnach bei ca. 426 Schülerinnen und Schülern die vorliegende Leseschwäche nicht erkannten und damit auch deren Förderbedürftigkeit massiv unterschätzten, wirft das ernsthafte Fragen zur Professionalität dieser Lehrerurteile auf. Die Generalisierung dieses Befunds einer Zusatzstudie von PISA auf alle Lehrkräfte und alle diagnostischen Aufgaben erscheint dennoch als etwas überhöht.

Anderseits lag lange vor PISA eine Fülle von empirischen Untersuchungen zur diagnostischen Kompetenz von Lehrkräften vor, in denen Probleme und Schwächen der Lehrerurteile differenziert aufgearbeitet wurden (vgl. dazu Punkt 1.2). Es bleibt deshalb offen, inwieweit diese Forschungsbefunde der Pädagogischen Psychologie von Schulpolitikern gebührend zur Kenntnis genommen wurden. Die Kultusministerkonferenz [KMK] hat jedoch vor dem Hintergrund der PISA-Ergebnisse beschlossen, künftig systematisch und regelmäßig Daten über die Entwicklung im deutschen Bildungssystem erheben zu lassen. So erteilte sie bereits 2003 einem Konsortium unter der Leitung des Deutschen Instituts für Internationale Pädagogische Forschung [DIPF] den Auftrag, bis zum Herbst des gleichen Jahres erste Befunde einer Situationsanalyse zum allgemeinbildenden Schulwesen vorzulegen. Die Befunde des Berichts dieses Konsortiums (vgl. Avenarius, Ditton, Döbert, Klemm, Klieme, Rürup, Tenorth, Weishaupt, Weiß, 2003) decken sich weitgehend mit den bereits bekannten Daten aus den internationalen Vergleichsuntersuchungen. In diesem Bericht wurden wesentliche bildungsstatistische Daten übersichtlich aufbereitet, ausgewählte Ergebnisse der Schulleistungsstudien TIMSS, PISA und IGLU systematisch analysiert und mit vorliegenden internationalen Untersuchungen wie „Education at a Glance“ der OECD in Beziehung gesetzt. Darüber hinaus wurden gezielte Hinweise zur Weiterentwicklung und Optimierung des deutschen Bildungssystems abgeleitet.

Nun sind für unseren Erklärungszusammenhang solche Optimierungsvorschläge bedeutsam, wie die Gewährleistung der Ergebnissicherung an den Schulen durch fortlaufende Lernstandsermittlungen. Dafür sollen Instrumente der Leistungsdiagnose entwickelt und schulübergreifende Vergleichsarbeiten konzipiert und geschrieben werden. Für die Optimierung der Professionalität der Lehrkräfte wird die Weiterentwicklung der methodischen und diagnostischen Kompetenzen gefordert. Diese Forderungen der KMK zielen damit auch auf eine Renaissance der Pädagogischen Diagnostik sowohl in der Schulpraxis als auch in der Lehreraus- und -fortbildung.

Wir sprechen hier ganz bewusst von einer „Renaissance“ der Pädagogischen Diagnostik, weil ihre Notwendigkeit und Akzeptanz sowohl in Lehrerausbildung als auch praktischer Lehrertätigkeit immer wieder diskontinuierlichen Schwankungen unterworfen war und ist. Schaut man sich die Geschichte der Pädagogischen Diagnostik an, lässt sich erkennen, wie zu verschiedenen Zeiten und in Abhängigkeit unterschiedlicher Rahmenbedingungen jeweils andere Aufgaben in den Vordergrund traten.

Ingenkamp reklamiert für sich die Einführung des Begriffs der Pädagogischen Diagnostik bereits im Jahre 1969.

> „Pädagogische Diagnostik umfasst alle *diagnostischen Tätigkeiten, durch die bei Individuen (und den in einer Gruppe Lernenden) Voraussetzungen und Bedingungen planmäßiger Lehr-Lernprozesse ermittelt, analysiert und Lernprozesse und Lernergebnisse festgestellt werden, um individuelles Lernen zu optimieren.*
>
> Zur Pädagogischen Diagnostik gehören ferner die diagnostischen Tätigkeiten, die die Zuweisung zu Lerngruppen oder zu individuellen Förderprogrammen ermöglichen sowie den Besuch weiterer Bildungswege oder die vom Bildungswesen zu erteilenden Berechtigungen für Berufsausübungen zum Ziel haben. Unter diagnostischer Tätigkeit wird dabei ein Vorgehen verstanden, in dem (mit oder ohne diagnostische Instrumente) unter Beachtung wissenschaftlicher Gütekriterien beobachtet und befragt wird, die Beobachtungs- und Befragungsergebnisse interpretiert und mitgeteilt werden, um ein

> Verhalten zu beschreiben und/oder die Gründe für dieses Verhalten zu erläutern und/oder künftiges Verhalten vorherzusagen" (Ingenkamp 1991, S. 760).

Klauer hingegen fokussiert Pädagogische Diagnostik knapp auf „das Insgesamt von Erkenntnisbemühungen im Dienste aktueller pädagogischer Entscheidungen" (1982b, S. 5).

Im Gegensatz zur wissenschaftlichen Forschung und curricularen Evaluation ist die Pädagogische Diagnostik nicht auf die Ergründung allgemeiner Gesetzmäßigkeiten gerichtet, sondern auf die nähere Kategorisierung oder Einordnung eines Einzelfalls. Pädagogische Diagnostik unterscheidet sich von der Psychologischen Diagnostik nicht notwendig durch eigene Verfahren, Methoden und Theorien, sondern durch den Bezug auf die pädagogische Entscheidung. Eine so verstandene wissenschaftliche Pädagogische Diagnostik bildet den grundlegenden theoretischen Rahmen für eine fundierte Aus- und Weiterbildung von Lehrkräften und orientiert zugleich auf eine Entwicklung und Anwendung von Instrumenten zur Leistungs- und Lernstandsdiagnose.

Bereits im Jahre 1970 war der Deutsche Bildungsrat in seinem Strukturplan für das Bildungswesen zu einer ähnlichen Einschätzung der diagnostischen Qualifikationen von Lehrkräften gelangt wie die KMK auf der Grundlage des Bildungsberichts im Jahre 2003: „Ein ungerechtfertigter subjektiver Glaube an die eigene Fähigkeit, Schulleistungen intuitiv objektiv richtig bewerten zu können, und das Fehlen einer ausreichenden Schulung zur Erhöhung der Objektivität und Rationalität von Leistungsbewertungen in der Lehrerbildung gehören zu den spezifischen Mängeln im deutschen Bildungswesen" (Deutscher Bildungsrat 1970, S. 88).

Konnte in den ersten Jahren nach dieser Analyse noch ein systematisches Bemühen um eine Verbesserung der diagnostischen Kompetenzen von Lehrkräften in die aufgezeigte Richtung festgestellt werden, so hat sich nach 1975 die Situation zunehmend wieder verschlechtert (vgl. Ingenkamp, 1991). Die „Anti-Test-Bewegung" (vgl. Zeuch, 1973) hat die Versuche zur Objektivierung der Schülerbeurteilung massiv gestört und ideologisch verteufelt. In der Folgezeit wurden dann die diagnostischen Ausbildungskurse in den Lehramtsstudiengängen allmählich wieder gestoppt oder verflachten zu Maßnahmen der Zensierung. Auch empirische Untersuchungen zur Pädagogischen Diagnostik wurden weniger häufig in Angriff genommen. Die Testanwendung in den Schulen sank auf ein Viertel des Standes von 1975 und das ist nicht in erster Linie auf radikale Etatkürzungen zurückzuführen (vgl. Ingenkamp, 1991). Befragt man heute gestandene Lehrer, welche Schultests (z.B. Lesetest, Mathematiktests u.a.) sie kennen, so stößt man nicht selten auf völlige Unkenntnis.

> „Ein Bildungswesen ohne entwickelte Pädagogische Diagnostik ist ein lernunfähiges System. Es ist mit seinen Reformen auf Importe und Modetrends angewiesen und kann sie nicht aufgrund belegter Erfolge oder Defizite weiterführen oder modifizieren, sondern nur aufgrund von Stimmungen, Meinungen und Vorurteilen, mögen sie auch mit noch so viel politischem Gewicht vertreten werden" (ebenda, S. 780).

Die Schwankungen in der Wertschätzung und Anwendung Pädagogischer Diagnostik sind im deutschen Bildungswesen unübersehbar. Ebenso unübersehbar ist gegenwärtig, dass die Renaissance der Pädagogischen Diagnostik in vollem Gange ist (siehe dazu auch KMK-Standards der Lehreraus- und -fortbildung und das Kerncurriculum für die Lehramtsausbildung, 2004).

Doch auch in diesem aktuellen Wiederbelebungsprozess treten die Skeptiker und Kritiker in Gestalt geisteswissenschaftlich orientierter Pädagogen mit den alten Argumenten wieder in den Diskurs ein. Leider finden sie auch bei polemisierenden Bildungsjournalisten Unterstützung. So war beispielsweise in der ZEIT vom 27.06.2002 im Leitartikel auf Seite 1 zu lesen: „Was wird die Schule nach dem PISA- Test besser machen? Die Antwort: Noch mehr Tests! Und Wettbewerb".

Es hätte kaum vernichtender und destruktiver formuliert werden können, um der in Deutschland stets vorhandenen latenten Testaversion neue Nahrung zu geben. So muss sich die Pädagogische Diagnostik seit Jahren mit Vorwürfen auseinandersetzen, Schüler lediglich zu etikettieren und die Diagnostik zum Zwecke der Selektion zu benutzen. Dabei wird aber geflissentlich übersehen, dass Lehrkräfte ohne wissenschaftliche diagnostische Verfahren, ohne die Entwicklung eines Bewusstseins für systematische Urteilstendenzen und -fehler Schüler gleichermaßen etikettieren können, indem sie u.a. inadäquaten Referenzgruppen zugeordnet werden. Andererseits findet die Kritik an selektiver Diagnostik sozusagen auf einem Nebenschauplatz statt, denn nicht die Diagnostik ist selektiv, sondern das Schulsystem, das auf Selektion ausgerichtet ist.

Im Diskurs um die Verbesserung der diagnostischen Kompetenzen von Lehrkräften wird auch nach der Veröffentlichung der Befunde und Schlussfolgerungen über die Situation im deutschen Bildungssystem (vgl. dazu Avenarius et al., 2003) von geisteswissenschaftlich orientierten Pädagogen die Anwendung einer wissenschaftlichen Diagnostik im Kontext von Schule weiterhin in Zweifel gezogen (vgl. *Pädagogik,* Heft 4, 2003. Themenschwerpunkt: *Diagnostische Kompetenz).*

Bei der Kritik an der Diagnostik wird auch die so genannte Förderdiagnostik renommierter Förderpädagogen der pädagogisch-psychologischen Diagnostik gegenüber gestellt. In diesem Zusammenhang wollen wir für die Auflösung der Verwirrung auf die Arbeiten von Jörg Schlee (1983; 1984, 1985, 2008) verweisen, der seit Jahren sehr deutlich und eindrucksvoll zu einem konstruktiven Diskurs über die wissenschaftliche Diagnostik im Allgemeinen und über die Desiderata und die Fehlschlüsse der so genannten Förderdiagnostik im Besonderen herausfordert.

Abschließend ist zu konstatieren, dass alle vorgetragenen Vorurteile gegen eine wissenschaftliche Diagnostik auch nach der mit PISA markierten Wende weiter bestehen, obgleich seit über 30 Jahren – von Ingenkamp einst initiiert – eine Fülle von anerkannten theoretischen und empirischen Forschungsarbeiten zur pädagogisch-psychologischen Diagnostik und von effektiven standardisierten diagnostischen Verfahren vorliegt.

Dabei wird in den formulierten Vorurteilen gegenüber einer empirisch arbeitenden pädagogisch-psychologischen Diagnostik eines sehr deutlich: Es findet eine Kritik an einem wissenschaftlichen Gegenstand statt, ohne diesen Gegenstand wirklich umfassend zu kennen oder differenziert zur Kenntnis zu nehmen.

In diesem Gegeneinander bleiben seit Jahren wichtige Chancen und Potenzen ungenutzt, die Pädagogen, Fachdidaktiker und Pädagogische Psychologen für eine inhaltliche und methodische Kooperation hätten, um viel häufiger gemeinsam diagnostische Instrumente und Förderprogramme für die Schulpraxis zu entwickeln.

1.2 Optimierung der Lehrerbildung durch zentrale Standards

1.2.1 Standards für die Diagnostikausbildung

Die Kultusministerkonferenz sieht es nach dem ungünstigen Abschneiden deutscher Schüler in internationalen Schulleistungsvergleichen als eine zentrale Aufgabe an, die Qualität schulischer Bildung zu sichern bzw. zu optimieren. Dieser schulpolitisch gesteuerte Innovationsprozess verläuft in zwei Richtungen: Einerseits richtet er sich auf die Kennzeichnung von Handlungsfeldern bzw. strategischen Zielen für allgemeinbildende Schulen wie beispielsweise Schulreformmaßnahmen/Förderprogramme für leseschwache Kinder, Ganztagsprogramme, Ausbau der Initiativen zum Bildungsmonitoring und zur Schulevaluation, Einführung zentraler Prüfungen, Lehrplanreformen (z.B. in Sachsen und Bayern), Entwicklung nationaler Bildungsstandards für die Kernfächer und Einrichtung eines wissenschaftlichen Instituts der Länder, das die nationalen Bildungsstandards weiterentwickeln, normieren und prüfen soll (Institut zur Qualitätsentwicklung im Bildungswesen [IQB] an der Humboldt-Universität Berlin: IQBoffice@IQB.hu-berlin.de).

Andererseits bzw. parallel zur Beschreibung von Innovationsmaßnahmen an den Schulen wurden von der KMK (2004) Standards für die Lehrerbildung im Rahmen der Bildungswissenschaften formuliert, die Anforderungen an angehende Lehrerinnen und Lehrer definieren. In diesem Beschluss werden die fünf formulierten *Standards als Maßstab für den Ausprägungsgrad von Kompetenzen der zukünftigen Lehrkräfte* verstanden. Für unseren Erklärungszusammenhang ist vor allem der dritte Standard von Bedeutung:

> „Lehrerinnen und Lehrer üben ihre Beurteilungs- und Beratungsaufgabe im Unterricht und bei der Vergabe von Berechtigungen für Ausbildungs- und Berufswege kompetent, gerecht und verantwortungsbewusst aus. Dafür sind hohe pädagogisch-psychologische und diagnostische Kompetenzen von Lehrkräften erforderlich" (ebd., S. 3).

Dieser Standard ist zwar recht allgemein gefasst worden, dennoch wird vor allem die Relevanz von Pädagogischer Psychologie und insbesondere der Pädagogischen Diagnostik in der Lehrerbildung hervorgehoben. Die fünf Standards der Lehrerbildung der KMK werden durch Kompetenzbereiche und entsprechende Kompetenzen konkretisiert, die die berufsbezogenen Fähigkeiten der Lehrkräfte kennzeichnen, welche im Verlauf der Ausbildung erworben werden sollen.

Die Tabellen 1.1 und 1.2 geben einen Originalauszug aus dem Kompetenzbereich „Beurteilen" wieder, der die geforderten diagnostischen Fähigkeiten, Fertigkeiten und Einstellungen in den Kompetenzen 7 und 8 konkretisiert.

Tabelle 1.1: Kompetenzbereich Beurteilen – Kompetenz 7

Kompetenzbereich: Beurteilen
Lehrerinnen und Lehrer üben ihre Beurteilungsaufgabe gerecht und verantwortungsbewusst aus
Kompetenz 7:

Lehrerinnen und Lehrer diagnostizieren Lernvoraussetzungen und Lernprozesse von Schülerinnen und Schülern; sie fördern Schülerinnen und Schüler gezielt und beraten Lernende und deren Eltern.

Standards für die theoretischen Ausbildungsabschnitte	**Standards für die praktische Ausbildungsabschnitte**
Die Absolventinnen und Absolventen...	Die Absolventinnen und Absolventen...
• wissen, wie unterschiedliche Lernvoraussetzungen Lehren und Lernen beeinflussen und wie sie im Unterricht berücksichtigt werden	• erkennen Entwicklungsstände, Lernpotentiale, Lernhindernisse und Lernfortschritte
• kennen Formen von Hoch- und Sonderbegabung, Lern- und Arbeitsstörungen	• erkennen Lernausgangslagen und setzen spezielle Fördermöglichkeiten ein
• kennen die Grundlagen der Lernprozessdiagnostik	• erkennen Begabungen und kennen Möglichkeiten der Begabungsförderung
• kennen Prinzipien und Ansätze der Beratung von Schülerinnen/Schülern und Eltern	• stimmen Lernmöglichkeiten und Lernanforderungen aufeinander ab
	• setzen unterschiedliche Beratungsformen situationsgerecht ein und unterscheiden
	• Beratungsfunktion und Beurteilungsfunktion
	• kooperieren mit Kolleginnen und Kollegen bei der Erarbeitung von Beratung/ Empfehlung
	• kooperieren mit anderen Institutionen bei der Entwicklung von Beratungsangeboten

Quelle: Kultusministerkonferenz, 2004. Standards für die Lehrerbildung.

Tabelle 1.2: Kompetenzbereich Beurteilen – Kompetenz 8

Kompetenz 8:
Lehrerinnen und Lehrer erfassen Leistungen von Schülerinnen und Schülern auf der Grundlage transparenter Beurteilungsmaßstäbe.

Standards für die theoretischen Ausbildungsabschnitte	**Standards für die praktischen Ausbildungsabschnitte**
Die Absolventinnen und Absolventen...	Die Absolventinnen und Absolventen...
• kennen unterschiedliche Formen der Leistungsbeurteilung, ihre Funktionen und ihre Vor- und Nachteile	• konzipieren Aufgabenstellungen kriteriengerecht und formulieren sie adressatengerecht
• kennen verschiedene Bezugssysteme der Leistungsbeurteilung und wägen sie gegeneinander ab	• wenden Bewertungsmodelle und Bewertungsmaßstäbe fach- und situationsgerecht an
• kennen Prinzipien der Rückmeldung von Leistungsbeurteilung	• verständigen sich auf Beurteilungsgrundsätze mit Kolleginnen und Kollegen
	• begründen Bewertungen und Beurteilungen adressatengerecht und zeigen Perspektiven für das weitere Lernen auf
	• nutzen Leistungsüberprüfungen als konstruktive Rückmeldung über die eigene Unterrichtstätigkeit

Quelle: Kultusministerkonferenz, 2004. Standards für die Lehrerbildung.

1.2.2 Was ist das Neue an der Vorgabe von Standards für die Lehrerbildung durch die KMK?

Mit einer solchen Vereinbarung der Kultusminister der Länder über Standards kann eine verbindliche Orientierungsgrundlage für Curricula und Studienordnungen innerhalb der Fachdisziplinen der Bildungswissenschaften an den Universitäten und Hochschulen bereitgestellt werden. Es ist somit zentral festgelegt worden, was zukünftige Lehrerinnen und Lehrer *schulformübergreifend* nach ihrer Ausbildung *wissen* und *können sollen*. Damit werden Ausbildungsinhalte bzw. -schwerpunkte in der Lehrerbildung nicht mehr nur von „Zufällen" der Professurenkonstellation und anderen subjektiven Entscheidungen und Vorlieben der Universitäten oder Prüfungsordnungen einzelner Kultusministerien bestimmt. Mit den aufgezeigten Standards der KMK zur theoretischen und praktischen Ausbildung wird ein systematischeres, vernetztes Lernen in beiden Ausbildungsphasen eher möglich werden. Die formulierten Standards sind „out-come" orientiert, d.h. sie beschreiben in erster Linie Performanzstandards und sagen nichts darüber aus, wie Lehrveranstaltungen gestaltet werden oder Studierende lernen sollen.

1.2.3 Umsetzung der Standards am Beispiel des Modells von Oser

Für die *Umsetzung* dieser Standards der KMK bietet der Ansatz von Oser (1997a; 1997b; 2001) eine konkrete Orientierungsgrundlage. Oser knüpft an die Diskussion über professionelle Standards sowie deren Kriterien und Indikatoren an und entwickelt ein *differenziertes Instrumentarium zu ihrer Handhabung und Evaluation*. Bei den Standards der Lehrerbildung bzw. des Lehrerberufs legt Oser vier Aspekte zugrunde, die die Qualität der Standards bestimmen. Dabei handelt es sich um solche „Fähigkeiten, die theoretisch fundiert sind, hinsichtlich derer es Grundlagenforschung gibt, die kriteriell evaluierbar sind und die auf einer gelebten Praxis beruhen" (Oser, 1997b, S. 210). Bei Fehlen auch nur einer dieser vier Aspekte spricht Oser von defizitärem Wissen, das den Anforderungen an ein verantwortliches Lehrerhandeln nicht gerecht wird. Oser führt dazu aus:

> „Eine Handlungsweise ohne Basistheorie beruht bestenfalls auf einer Handlungsregel, mehr nicht. Sie ist im schlechtesten Fall ein Handlungsrezept. Eine Theorie ohne Handlungstradition bleibt unwirksam. Und Handlungsweisen ohne empirische Überprüfung ihrer Wirksamkeit sind oft blind. Es bedarf also nachgewiesenermaßen aller vier Kriterien, damit man von einem Standard sprechen kann. Insbesondere sind Evaluations- bzw. Qualitätsmerkmale notwendig, damit der bessere vom schlechteren Einsatz unterschieden werden kann" (ebd., S. 210).

Osers Standardbegriff ist demnach wesentlich elaborierter als der von der KMK benutzte.

> „Ein professioneller Lehrerstandard ist eine komplexe, sich dauernd in verschiedenen Kontexten und bezüglich verschiedener Inhalte adaptiv wiederholende Verhaltensweise, die sich aus verschiedenen Theorien speist, die auf der Folie verschiedener Forschungsergebnisse erhellt werden kann, die besser oder schlechter ausgeführt werden kann (Qualität) und die letztlich in der Tat kontextuell in verschiedenen Varianten ausgeführt wird" (Oser, 2001, S. 225f.).

Oser beschreibt darüber hinaus konkret, wie ausgewählte Standards bei Lehramtskandidaten entwickelt werden können. Hierbei bezieht er sich ganz bewusst nur auf eine *Auswahl wesentlicher Standards im Studium*. Andere sollten später in der zweiten Ausbildungsphase oder im Beruf eingeübt werden. Dabei sollte den Studierenden zunächst Wissen bzw. Informationen in Pädagogik, Pädagogischer Psychologie und den Fachdidaktiken vermittelt werden, wobei sie gleichzeitig entsprechende Forschungsberichte dazu lesen, handelnde Experten auf Videos oder in konkreten Unterrichtssituationen beobachten und deren Handeln mit dem von Novizen vergleichen. Schließlich sollten Übungen in Unterrichtssituationen von ihnen selbst durchgeführt und mit Fachleuten besprochen, reflektiert und bewertet werden, um diese daraufhin wieder in der Praxis auszuprobieren. Nur auf diese angedeutete Art und Weise kann nach Oser ein Standard tatsächlich ausgebildet werden. Als fruchtbar erweist sich für die Ausbildung von Standards auch die Sammlung von Übungen, Analysen und Forschungsberichten, periodischen Selbsteinschätzungen, Fallbeispielen u.ä. in einem Portfolio, in dem damit der berufsbiografische Weg vom Novizen zum Beherrscher eines Standards überzeugend und nachvollziehbar dokumentiert werden kann (Oser 2001, S. 226). Oser beschreibt insgesamt

88 Standards in zwölf verschiedenen Standardgruppen (ebd. S. 230). Exemplarisch sind für unseren Erklärungszusammenhang der Ausbildung von diagnostischer Kompetenz zwei Standardgruppen besonders interessant:

1. Schüler unterstützende Beobachtung (Diagnose) und Schüler unterstützendes Handeln (Intervention)
2. Leistungsmessung

Auch in den anderen Standardgruppen von Oser sind Aspekte für explizite und implizite Lehrerdiagnosen enthalten.

Oser operationalisiert die formulierten Standardgruppen in Form von Lernzielen. Das hat den Vorteil, dass sie gleichzeitig sowohl als Soll-Ziele für die Ausbildung als auch zur Überprüfung des Lernstandes nach der Ausbildung verwendet werden können. Die Lernziele werden in diesem Zusammenhang jeweils durch folgenden Fragestamm erhoben: *„Ich habe in der Lehrerinnen- und Lehrerausbildung gelernt..."*

Die Abbildungen 1.1 und 1.2 zeigen, wie die ausgewählten Standardgruppen in konkreten Kompetenzen entfaltet werden.

Abbildung 1.1: Lernziele zur Ausbildung des Standards *„Diagnose und Intervention"*

Zur Ausbildung des Standards *„Diagnose und Intervention"* muss gelernt werden,

1. zu diagnostizieren, welche Ursachen Misserfolg, Aggression, Ängste, Blockierungen etc. haben und entsprechend darauf zu reagieren.
2. den entwicklungspsychologischen Stand der Schülerinnen und Schüler in verschiedenen Bereichen (Intelligenz, Moral, soziales Verhalten usw.) zu diagnostizieren.
3. Nachahmungsprozesse unter den Schülerinnen und Schülern zu beobachten.
4. unterschiedliche Gefährdungen (z.B. Gewalt, Drogen, Selbstmord usw.) in jedem Alter, das unterrichtet wird, festzustellen und wirkungsvoll einzugreifen.
5. die Ablösung vom Elternhaus zu verstehen und auf unterschiedliche Ablösungsformen zu reagieren.
6. wie spezifische Lernschwierigkeiten diagnostiziert und behoben werden können.

(nach Oser 2001, S. 232)

Abbildung 1.2: Lernziele zur Ausbildung des Standards *„Leistungsmessung"*

Zur Beherrschung des Standards *„Leistungsmessung"* muss gelernt werden,

1. unterschiedliche Methoden der Evaluation anwenden zu können.
2. den Fortschritt der Leistungen nach unterschiedlichen Kriterien und mit unterschiedlichen Instrumenten zu messen.
3. wie man schriftliche und mündliche Arbeiten unterschiedlich beurteilen kann.
4. wie die Schülerinnen und Schüler die Kriterien dessen, was gefordert ist, kennen lernen, um erfolgreich zu sein.
5. einen Lernbericht nach Kriterien zu verfassen und mit den Schülerinnen und Schülern bzw. mit den Eltern zu besprechen.

(nach Oser 2001, S. 237)

Anhand des Vergleichs der Tabellen 1.1. und 1.2 mit den Abbildungen 1.1 und 1.2 zeigt sich deutlich, dass es zwischen den von Oser und den von der KMK formulierten Standards in den wichtigen Kompetenzen große Übereinstimmungen gibt. Der Vorteil der von Oser beschriebenen Standards liegt nach Helmke (2007) jedoch vor allem darin, dass neben dem eigentlichen Unterricht auch andere für eine erfolgreiche Berufstätigkeit wichtige Kompetenzbereiche erfasst werden und dass die Standards so detailliert und konkret operationalisiert sind, dass sie sich sowohl für die Umsetzung in ein Curriculum als auch für evaluative Studien oder für eine gezielte Lehrerfortbildung eignen.

Im Gegensatz zu den von der KMK bisher lediglich als Soll-Ziele formulierten Standards wurden die Standards von Oser auf ihre Relevanz und Wirksamkeit in der Schweizer Lehrerausbildung empirisch geprüft. Für diese umfangreiche Erhebung wurden Lehrerabsolventen an zwei Messzeitpunkten zu den Standards befragt: einmal sofort nach der Ausbildung und dann noch einmal nach fünfjähriger Berufstätigkeit (Oser & Oelkers, 2001). Die Ergebnisse dieser Schweizer Studie sind für unseren Erklärungszusammenhang informativ. Der Trend der Untersuchung lässt sich darin zusammenfassen, dass die Lehrerausbildung gegenwärtig nicht ausreichend in der Lage ist, den notwendigen Erwerb wichtiger professioneller Standards bei ihren Absolventen zu gewährleisen bzw. zu sichern. Aus diesem Grund fordern Oser & Oelkers (2001) auch eine radikale Reform der Lehrerausbildung.

1.2.4 Lerngelegenheiten zukünftiger Lehrkräfte an deutschen Hochschulen in Pädagogischer Psychologie und pädagogisch-psychologischer Diagnostik

Es ist zu vermuten, dass empirische Erhebungen bei deutschen Lehramtsabsolventen und Berufsanfängern zu ähnlichen Ergebnissen führen würden. Wir verweisen z.B. auf eine Studie von Abs (2006), in der u.a. Selbstauskünfte von Referendaren aller Schulformen über die Ausbildung von diagnostischen Kompetenzen in der zweiten Phase der Lehrerausbildung erfasst wurden. Ein wichtiges Ergebnis ist, dass Referendare aus den Studienseminaren für Grund-, Haupt-, Real- und Förderschulen ihre diagnostische Kompetenz jeweils signifikant höher einschätzen als Referendare aus gymnasialen Studienseminaren (ebd.).

Eine mögliche Erklärung für diese schulformspezifischen Unterschiede lässt sich auch aus der Untersuchung der Kommission Psychologie in den Lehramtsstudiengängen (Leitung J. Möller) der Deutschen Gesellschaft für Psychologie [DGPs] ableiten, die im Jahre 2007 eine Fragebogenstudie zu den psychologischen Anteilen des Lehramtsstudiums an deutschen Hochschulen und Universitäten durchgeführt hat (DGPs, 2008).

Die Forderung, dass die Psychologie, insbesondere die Pädagogische Psychologie, eine wichtige inhaltliche und methodische Grundlage für die Ausbildung von Lehrkräften darstellen muss, ist sicher unstreitig. Dabei bilden die Erkenntnisse der psychologischen Lehr- und Lernforschung, der Diagnostik und der Motivationspsychologie eine entscheidende theoretische Voraussetzung, wenn professionelle Standards bei angehenden Lehrerinnen und Lehrern sowie bei bereits unterrichtenden Lehrkräften ausgebildet werden sollen.

Über die konkreten psychologischen Anteile der Lehramtsausbildung an den einzelnen Hochschulstandorten ist jedoch gegenwärtig nur sehr wenig bekannt. Zwar existiert seit dem Jahre 2002 eine Empfehlung der Deutschen Gesellschaft für Psychologie in Form eines Rahmencurriculums zu Umfang und inhaltlicher Ausrichtung der Psychologieausbildung in den Lehramtsstudiengängen (http://www.dgps.de), über deren Realisierung liegen aber keinerlei Informationen vor. Dieses Rahmencurriculum sieht einen Umfang von zwölf Semesterwochenstunden (ca. 18 ECTS) Psychologie im Lehramtsstudium vor, wobei pädagogisch-psychologische Diagnostik, Evaluation, Beratung und Intervention entscheidende inhaltliche Schwerpunksetzungen darstellen.

Außerdem wandeln sich die Strukturen und Bedingungen von Studiengängen an den einzelnen Hochschulen in Zeiten der Modularisierung und der Einführung konsekutiver Studiengänge (BA und MA) gegenwärtig rasant. Deshalb sind gerade in solchen wichtigen Umbruchsituationen differenzierte empirische Daten über den Stand der Lehrerbildung in Deutschland unverzichtbar.

Die oben erwähnte Fragebogenuntersuchung (DGPs, 2008) sollte diese Wissenslücke bezogen auf die Anteile der Psychologieausbildung im Lehramtsstudium schließen helfen. Von insgesamt 33 angefragten Universitäten beteiligte sich etwas mehr als die Hälfte. Die Ergebnisse sind im Newsletter 2008 der Fachgruppe Pädagogische Psychologie der DGPs (Möller, 2008) publiziert worden. So zeigte sich, dass an etlichen Hochschulen psychologische Veranstaltungen nicht zwingend für Lehramtsstudierende zu absolvieren sind und die psychologischen Studienanteile der universitären Gymnasiallehrerausbildung deutlich geringer ausfallen als etwa im Grund-, Haupt-, Real- und Förderschulbereich. Aus diesen Befunden können Rückschlüsse auf die Untersuchungsergebnisse von Abs (2006) bezüglich der festgestellten geringen oder fehlenden diagnostischen Kompetenz bei Referendaren im Gymnasialbereich gezogen werden.

Um diese ungerechtfertigten Differenzen in der psychologischen Ausbildung der zukünftigen Lehrer zu minimieren, sollten die Standards der KMK zur Lehrerbildung in den Bildungswissenschaften in den neuen Studienordnungen der konsekutiven Studiengänge an den Universitäten Berücksichtigung finden und die dafür passenden inhaltlichen Vorschläge zur Ausbildung in Pädagogischer Psychologie aus dem Rahmencurriculum der DGPs eingearbeitet und strukturell etabliert werden.

1.3 Das Konstrukt der diagnostischen Kompetenz – Wie genau und gut können oder sollten Lehrkräfte diagnostizieren?

Im Folgenden soll aus der Forschungsperspektive der Pädagogischen Psychologie die Frage beantwortet werden, was überhaupt unter diagnostischer Kompetenz verstanden wird (Kap. 1.3.1). In diesem Zusammenhang werden die Vielfalt der diagnostischen Aufgaben (Kap. 1.3.2) und die Dimensionen diagnostischer Urteile (1.3.3) besprochen. Schließlich wird diskutiert, ob und warum sie für die Qualität des Unterrichts so wichtig ist (Kap.1.3.4).

1.3.1 Zum Begriff der diagnostischen Kompetenz

Mit diagnostischer Kompetenz bezeichnet Schrader „die Fähigkeit eines Urteilers, Personen zutreffend zu beurteilen. Sie ist damit Grundlage für die Genauigkeit diagnostischer Urteile oder Diagnosen“ (2001, S. 91). Solche Diagnosen repräsentieren in der pädagogisch-psychologischen Diagnostik explizite Aussagen über Zustände, Prozesse und Merkmale von Personen, die in einem reflektierten und methodisch kontrollierten diagnostischen Prozess gewonnen werden.

Im Unterschied zu derartigen formellen Diagnosen, die professionell, d.h. zielgerichtet, theoriegeleitet und systematisch mit wissenschaftlich geprüften Methoden erstellt werden, handelt es sich bei Lehrkräften und Eltern meist „um implizite subjektive Urteile, Einschätzungen und Erwartungen, die eher beiläufig und unsystematisch im Rahmen des alltäglichen erzieherischen Handelns gewonnen werden“ (ebd. S. 92).

Diagnostische Kompetenz von professionellen Lehrkräften darf jedoch nicht auf solche informellen Diagnosen beschränkt sein. Weinert und Schrader (1986, S. 27) schlagen deshalb eine zweistufige Pädagogische Diagnostik vor, die auf der einen Seite subjektive, pädagogisch fruchtbare, handlungsleitende Lehrerdiagnosen und auf der anderen Seite möglichst objektive, auf Ergebnissen standardisierter Verfahren beruhende, erkenntnisleitende Urteile umfasst. Eine so verstandene diagnostische Kompetenz ist an ein breit gefächertes professionelles Wissen geknüpft und kann deshalb als eine spezielle Form von *Expertise* betrachtet werden (Schrader, 2001; Helmke 2007). Helmke verwendet den Begriff der diagnostischen Expertise, um ihn von diagnostischer Kompetenz abzuheben, „die lediglich auf die Akkuratheit der Beurteilung“ fokussiert sei (Helmke, 2007, S. 85). Diagnostische Expertise „beinhaltet sowohl *methodisches und prozedurales Wissen* (Verfügbarkeit von Methoden zur Einschätzung von Schülerleistungen und zur Selbstdiagnose) als auch *konzeptuelles Wissen* (Kenntnis von Urteilstendenzen und -fehlern) und darüber hinaus noch ein hohes Niveau an *zutreffender Orientiertheit“* (ebd. S. 85).

Eine solche diagnostische Expertise bildet sich bei Lehrkräften nicht allein aus der schulischen Alltagserfahrung heraus. Außerdem ist aus der Lehrerexpertiseforschung bekannt, dass es keinen signifikanten Zusammenhang zwischen Merkmalen der Berufserfahrung und der Diagnosekompetenz von Lehrern gibt. Solide diagnostische Kompetenz oder Expertise von Lehrkräften setzt demnach einen systematischen und angeleiteten Erwerb sowohl diagnostischen Wissens und Könnens als auch pädagogisch-psychologischen Wissens über das Lehren und Lernen voraus.

1.3.2 Vielfalt der diagnostischen Aufgaben von Lehrkräften

Die Funktion informellen Diagnostizierens von Lehrkräften besteht im permanenten Gewinnen von diagnostischen Informationen. Ohne diese permanente Informationssammlung könnte ein Lehrer nicht pädagogisch handeln. Fragen wir uns nun zunächst, welches die alltäglichen Situationen sind, in denen Lehrkräfte diagnostische Aufgaben erfüllen müssen. Langfeldt klassifiziert diese Aufgaben, bei denen diagnostische Kompetenzen notwendig sind, auf drei unterschiedlichen Ebenen: individuelle Ebene, Klassenebene und institutionelle Ebene (Langfeldt, 2006, S. 199).

(1) So sollen Lehrkräfte auf der ***individuellen Ebene*** z.B. beurteilen, ob der Schwierigkeitsgrad von Aufgaben den Leistungsmöglichkeiten eines Schülers entspricht, wie viel Zeit dieser Schüler für die Lösung eines bestimmten Aufgabentyps braucht oder wie ein Schüler reagiert, wenn er zur Leistungskontrolle vor die Klasse gerufen wird. Der Lehrer muss auf dieser Ebene also vor allem die *individuellen Lernvoraussetzungen* von Schülern *beurteilen können*, um sie entsprechend und *angemessen fördern* und fordern zu können.
(2) Auf der ***Klassenebene*** muss die Lehrkraft u.a. in der Lage sein, die *interindividuellen Unterschiede* der Schüler zu *erkennen*, um für ein effizientes kooperatives Lernen funktionale Gruppen zusammenstellen und Lehrmethoden dem Niveau der Klasse anpassen zu können.
(3) Außerdem muss die Lehrkraft auf ***institutioneller Ebene*** fähig sein, *faire und objektive Zeugnisse und Leistungsberichte* zu *erstellen*, möglichst *fehlerfreie Bildungsempfehlungen* zu *erteilen* und Kurswahlen oder Förderkursbeteiligungen von Schülern optimal zu steuern.

Langfeldt konstatiert, dass schon die Vielfalt und Breite dieser Aufgaben und Anforderungen auf den drei Ebenen es rechtfertigen, die *Diagnosekompetenz als zentrale oder Kernkompetenz für erfolgreiches Unterrichten und pädagogisches Handeln* insgesamt zu kennzeichnen (ebd., S. 199). Aus der Aufzählung der zahlreichen diagnostischen Leistungen kann ebenso abgeleitet werden, dass Lehrer im Unterricht in der Regel routiniert und eben wenig reflektiert das Unterrichtsgeschehen, das Schülerverhalten und die eigenen Handlungseffekte beurteilen. Diese Form der immanenten Urteilsbildung im Unterricht kann als eine Art „treatmentbegleitende Diagnostik“ verstanden werden (siehe Teil II).

Darüber hinaus lassen sich aber auch unschwer Situationen festmachen, wo diese impliziten Urteile nicht ausreichen, nämlich immer dann, wenn neuartige didaktische Entscheidungen anstehen, kritische Unterrichtsereignisse auftreten oder pädagogisch-psychologische Problemlagen gelöst werden müssen. Um diese Anforderungen zu bestehen, sind bewusst reflektierte und zielgerichtete Formen des Diagnostizierens erforderlich. Diese diagnostische Tätigkeit findet prinzipiell außerhalb des Unterrichts statt oder die Lehrkraft schafft sich durch ein entsprechendes didaktisches Arrangement die notwendige Zeit für differenziertes und zielgerichtetes Beobachten im Unterricht.

1.3.3 Dimensionen diagnostischer Urteile

Um die Vielfalt der Einzelfälle und Probleme, die Lehrkräfte im Alltag diagnostizieren müssen, in ein überschaubares System zu bringen, kann man die von Helmke (2007, S. 95f.) vorgeschlagenen Dimensionen diagnostischer Urteile als Strukturierungsgrundlage nutzen.

1. Personmerkmale versus Aufgabenmerkmale
Aus der exemplarischen Aufzählung der diagnostischen Aufgaben des Lehrers ist bereits deutlich geworden, dass für die Gestaltung eines adaptiven Unterrichts sowohl Informationen über Schülermerkmale als auch Aufgabenmerkmale gewonnen werden müssen. Dabei sollten die Aufgabenmerkmale optimal an die Schülermerkmale angepasst werden.

Die Diagnostik von Schüler- oder Personmerkmalen umfasst solche lern- und leistungsrelevanten Merkmale von Schülern wie Intelligenz, spezielle Begabungen, Vorwissen, Fähigkeitsselbstkonzepte, Lernmotivation, Interesse, Schul- und Leistungsängstlichkeit u.a.

Die Diagnostik der Aufgabenmerkmale bezieht sich dagegen auf die Einschätzung von Schwierigkeitsgraden bestimmter Aufgabenbatterien (z.B. welche Schüler können welche Aufgaben in einem Test oder einer Klassenarbeit lösen) und auf die Feststellung typischer Fehler oder Fehlermuster bei der Aufgabenlösung.

2. Fachlicher versus überfachlicher Bezug
Lehrkräfte müssen in der Lage sein, die fachlichen Qualifikationen und Leistungen der Schüler zu beurteilen. Hier geht es also insbesondere um die Diagnose von Lernergebnissen in Form bereichsspezifischer Kompetenzen (bereichsspezifisches Wissen, Lesekompetenz, Rechenkompetenz, fachspezifische Lernschwierigkeiten usw.).

Dagegen fokussiert der überfachliche Bezug auf die Erfassung bereichsübergreifender Kompetenzen oder Schlüsselqualifikationen (z.B. allgemeine Problemlösestrategien, Verfügbarkeit von allgemeinen Lernstrategien und deren metakognitiver Regulation, Kommunikationskompetenz, unspezifische Interessiertheit und Aufgeschlossenheit usw.).

3. Individuum versus Klasse
Lehrkräfte unterrichten in der Regel nur in Klassen oder Gruppen. Deshalb ist der diagnostische Perspektivenwechsel der Lehrkraft zwischen Einzelschülern und Klasse für die Realisierung von Unterricht unabdingbar. So müssen Lehrkräfte ihr Lehrtempo und das Anspruchsniveau der Lehre beispielsweise der Leistungsfähigkeit der gesamten Klasse anpassen. Andererseits bedarf ein adaptiver Unterricht vor allem der Kenntnis der intraindividuellen Lernvoraussetzungen der Schüler. Die Beurteilung, ob ein Schüler Lernschwierigkeiten aufweist, machen Lehrer jedoch nicht nur an Lehrzielkriterien fest, sondern sie orientieren sich dabei auch am Leistungsstand der gesamten Klasse. Die Diagnose interindividueller Unterschiede der Schüler wird für Lehrkräfte nur möglich, wenn der Bezugspunkt die ganze Klasse ist.

4. Status versus Potenzial

Die Beurteilung des Ist-Zustandes (= Status), d.h. die aktuelle Leistung eines Schülers, ist eine entscheidende Voraussetzung für die Bestimmung der Zone der nächsten Entwicklung nach Wygotski. Die Zone der nächsten Entwicklung umreißt den möglichen Lernfortschritt, den der Schüler durch eine adäquate Gestaltung der Lernumgebung erreichen kann.

Die Diagnose des Status ist also eine wichtige Leistung der Lehrkraft zur adaptiven Gestaltung von Unterricht. Die Zone der nächsten Entwicklung beinhaltet damit auch das Potenzial dessen, was der Schüler unter Anleitung in der Lage ist zu lernen und zu leisten.

Die Beurteilung des Leistungspotenzials eines Schülers bedeutet darüber hinaus auch die Einschätzung der Leistungsmöglichkeiten eines Schülers unter günstigen Kontextbedingungen (z.B. ausreichende Arbeitszeit, angstfreie Lern- und Leistungssituation etc.).

5. Bezugsnorm des diagnostischen Urteils

Das Lehrerurteil sollte möglichst genau und pädagogisch förderlich sein. Ob das Urteil adäquat oder akkurat ist, kann nur wirklich geprüft werden, wenn zum Vergleich dieses diagnostischen Urteils ein (objektiver) Maßstab oder ein Kriterium herangezogen werden kann. Für die Beurteilung der Güte des Urteils von Lehrkräften über kognitive Kompetenzen oder Lernvoraussetzungen der Schüler werden i.d.R. in der Forschung standardisierte Tests benutzt. Für die Einschätzung der Akkuratheit bei affektiven und motivationalen Schülermerkmalen bezieht man sich auf Selbstauskünfte der Beurteilten.

Aus der Dimension der Bezugsnorm des Lehrerurteils wird deutlich, dass die diagnostische Kompetenz von Lehrkräften nicht nur durch die Vielfalt der diagnostischen Aufgaben konstituiert wird, sondern auch durch den Anspruch an die Qualität oder Güte der Beurteilungsfähigkeit bei der Realisierung dieser Aufgaben.

1.3.4 Qualität diagnostischer Urteile: Der diagnostische Optimismus von Weinert und Schrader zur Beurteilungskompetenz von Lehrkräften

Die Qualität oder Genauigkeit von diagnostischen Urteilen wie von Schrader definiert, ist ein weiteres wichtiges Kriterium für die Wirkungen der zu treffenden pädagogischen Entscheidungen und des pädagogischen Handelns insgesamt. Dem liegt die Annahme zugrunde, dass pädagogische Maßnahmen nur dann eine optimale Wirkung erzielen, wenn eine ausreichende Passung zwischen den gestellten Anforderungen und den Schülermerkmalen vorliegt. Dieser Forderung kann die Lehrkraft aber nur gerecht werden, wenn sie neben der impliziten subjektiven Beurteilung von pädagogischen Situationen auch über eine professionelle Diagnosekompetenz verfügt, die eine genauere Beurteilung von Situationen oder Schülermerkmalen ermöglicht.

Die Qualität diagnostischer Urteile lässt sich in der Psychologie anhand der Gütekriterien der Diagnostik (Objektivität, Reliabilität und Validität) bewerten (siehe genauer Kapitel 2.3.2). Die Genauigkeit von Urteilen trifft dort die Frage, wie gut diese mit den objektiv gemessenen Merkmalen der beurteilten Personen übereinstimmen. Der Grad dieser Übereinstimmung hängt sowohl von der diagnostischen Kompetenz des Urteilers als auch von seinen Urteilstendenzen (Urteilstendenzen und -fehler siehe Kapitel 1.5) ab.

Helmke (2007, S. 85) argumentiert zwar, dass es nicht nur auf die Akkuratheit ankomme, wenn man die Diagnosekompetenz oder -expertise von Lehrern in den Blick nimmt. Es wird aber gerade diese Akkuratheit häufig als Kriterium für die empirisch überprüfte Diagnosekompetenz von Lehrern herangezogen. Diese Forschungsergebnisse sind allerdings nicht immer sehr positiv ausgefallen.

Wie genau sollten die diagnostischen Urteile von Lehrern sein oder anders gefragt, inwieweit gelten die psychometrischen Gütekriterien auch für die diagnostischen Leistungen der Lehrkräfte? Die Gütekriterien der Objektivität, Reliabilität und Validität beziehen sich ursprünglich auf psychologische Testverfahren. Und wer sich darin auskennt, wie aufwändig die Konstruktion eines solchen wissenschaftlichen Tests ist, der wird natürlich die oben gestellte Frage sofort relativieren.

Es gibt sicher gute theoretische Argumente dafür, dass die diagnostischen Urteile nicht immer genau sein müssen und können. Andererseits erwartet jedoch jeder Schüler ein faires und objektives Zeugnis am Schuljahresende, das seine Leistungen adäquat widerspiegelt. Die Beurteilungsqualität, welche Noten, Zeugnissen oder Schullaufbahnentscheidungen u.ä. zugrunde liegt, sollte schon ein hohes Maß an Genauigkeit auszeichnen.

Unter welchen Bedingungen und für welche Ziele genaue Urteile wichtig sind und wann bestimmte Fehleinschätzungen nicht nur tolerierbar, sondern sogar günstige Effekte im pädagogischen Prozess haben, hängt von verschiedenen Faktoren ab, die im Folgenden näher erläutert werden.

Weinert und Schrader (1986) beziehen zur oben gestellten Frage nach der Genauigkeit von Lehrerurteilen eine eher großzügige Position, wenn sie die Diagnosen des Lehrers als Diagnostiker während des Unterrichts im Blick haben. Diese Urteile der Lehrkräfte im Unterricht bräuchten keineswegs sehr genau zu sein und müssten nicht völlig mit formell erhobenen Daten übereinstimmen. Wir bezeichnen deshalb diese Position von Weinert und Schrader als *diagnostischen Optimismus.*

Sie formulieren dazu vier „alternative“ Gütemerkmale der diagnostischen Urteile von Lehrkräften:

1. Urteile brauchen ihrer Meinung nach dann nicht besonders genau zu sein, wenn die Lehrkräfte dafür *sensibel bleiben und eine gewisse Vorsichtigkeit walten lassen,* dass ihre Urteile eben ungenau, vorläufig und revisionsbedürftig sind.
2. Wichtig ist bei einer ungefähren Diagnose, dass die Lehrkraft im Verlauf des Unterrichts diese *permanent überprüft,* damit ihr nicht entgeht, wenn sich das Verhalten, das Wissen oder die Aufmerksamkeit der Schüler erwartungswidrig verändern und sie dann darauf angemessen reagieren kann.
3. Lehrerdiagnosen müssen *verschiedene Maßstäbe* berücksichtigen. Neben sozialnormorientierten (d.h. im Kontext Schule vorwiegend schulklassenbe-

zogen) sowie kriterien- oder lehrzielorientierten Bezugssystemen hat sich *die Verwendung eines individuumszentrierten Maßstabs als pädagogisch fruchtbar erwiesen.* Der Lehrer registriert und bewertet hier die Leistungen eines Schülers auf der Grundlage der früher erzielten Lernergebnisse und der dadurch erkennbaren Leistungsveränderung.

4. Lehrerdiagnosen im Unterricht werden *nicht immer durch neutrale Objektivität, sondern häufig auch durch eine pädagogisch günstige Voreingenommenheit* getragen. Eine solche Position verwundert den psychometrisch ausgerichteten Psychologen zunächst und vor allem vor dem Hintergrund der jahrzehntelangen Antipositionen der geisteswissenschaftlich orientierten Pädagogen und Schulpolitiker gegen professionelle Diagnostik in der Schule. Weinert und Schrader begründen ihre Position jedoch damit, dass die Forderung nach psychometrisch genauen Urteilen im Unterricht zwar durchaus wünschenswert sei, aber von Lehrern in einem so komplexen Geschehen, wie es der Unterricht nun einmal ist, nicht geleistet werden kann. Eine solche Position korrespondiert auch mit den zahlreichen Befunden der Lehrerexpertiseforschung (Bromme, 2005). Unter einer solchen realistischen wie pragmatischen Sicht sei es durchaus günstig, wenn Unterrichtende die *Leistungsunterschiede* zwischen den Schülern einer Klasse *mäßig unterschätzten, die Leistungsmöglichkeiten* der einzelnen Schüler *geringfügig überschätzten* und ihre *Kausalattributionen* bei Erfolgen der Schüler auf deren Begabung und bei Misserfolgen auf deren geringe Anstrengung ausrichteten. Unter einer solchen Beurteilungsperspektive können Lehrkräfte für sich immer wieder neue pädagogische Handlungsanreize generieren.

In gewisser Zuspitzung der Argumentation unterstellen Weinert und Schrader sogar, dass sich Lehrer mit einer so beschriebenen ungenauen, aber pädagogisch günstigen Diagnose auch dann noch um Lernfortschritte ihrer Schüler bemühten, wo sie möglicherweise bei objektiver Beurteilung längst resigniert hätten. Gleichzeitig wird aber auch vor einer diagnostischen Voreingenommenheit von Lehrkräften gewarnt, die genau in die entgegengesetzte Richtung weist. Wenn Lehrkräfte nämlich die Leistungsdifferenzen in der Klasse überschätzen, die Lernfähigkeit ihrer Schüler unterschätzen und die Ursachen für Lernerfolge der Schüler im Zufall oder besonderer Anstrengung und für Misserfolge in der geringen Begabung sehen, dann wird sich dies äußerst ungünstig auf die Lernentwicklung der Schüler auswirken.

Bei aller Zustimmung für den Optimismus von Weinert und Schrader bezüglich der impliziten Diagnosen von Lehrkräften im Unterricht sollten Lehrkräfte auch ein Bewusstsein darüber entwickeln, dass die handlungsleitenden Kognitionen an bestimmten Stellen im Prozess der Tätigkeit zielgerichtet reflektiert werden müssen, um zumindest die ungünstige Variante der impliziten Lehrerdiagnosen aufzudecken und zu korrigieren. Dafür brauchen Lehrkräfte wiederum theoretisches psychologisches Wissen und Methoden, wie sie eine solche Reflexion auch händeln können.

1.4 Empirische Befunde zur diagnostischen Kompetenz von Lehrkräften

Ohne die Position des diagnostischen Optimismus in Frage zu stellen, muss man jedoch gleichzeitig auch die Befunde aus den empirischen Studien zur diagnostischen Kompetenz von Lehrkräften zur Kenntnis nehmen und kritisch reflektieren, die insbesondere die *Genauigkeit* der impliziten Lehrerurteile abbilden.

Wir wollen solche ausgewählten empirischen Studien und ihre Befunde hier kurz vorstellen, weil wir glauben, dass die Frage nach der Genauigkeit und der Wirkung von Lehrerurteilen eben sehr kompliziert und komplex ist. Weder verkürzte Antworten noch eine vorschnelle Herabminderung der diagnostischen Kompetenz von Lehrkräften können die tatsächliche Lösung der anstehenden Probleme zur Verbesserung der diagnostischen Expertise bei Lehrkräften befördern.

So hat die Forschung zur Zensurengebung bei mündlichen und schriftlichen Leistungen (vgl. Ingenkamp, 1995) gezeigt, dass *Lehrerurteile nicht objektiv* sind, weil die gleiche Leistung eines Schülers von verschiedenen Lehrern unterschiedlich beurteilt wird. Lehrerurteile sind bezogen auf die Notengebung auch *nicht reliabel*, weil die gleiche Leistung eines Schülers nach einem längeren Zeitraum vom gleichen Lehrer anders beurteilt wird als zum ersten „Messzeitpunkt". Auch sind diese Lehrerurteile *wenig valide*, weil ihre Beurteilung durch andere Faktoren als das zu beurteilende Merkmal beeinflusst wird.

Lehrer orientieren sich bei der Leistungsbeurteilung i.d.R. an einem klasseninternen Maßstab und es fällt ihnen schwer, Leistungen klassenübergreifend nach einem absoluten Maßstab zu bewerten. Wenn es so ist, dass Lehrer im günstigsten Fall zuverlässige Leistungsurteile nur auf die Klasse bezogen abgegeben können, dann dürften solche Lehrerurteile überall da, wo es um die Verteilung von Zukunftschancen für Schüler geht, nicht allein den Ausschlag geben.

In der Vergangenheit hatte die Notengebung der Lehrkräfte einen schlechten Ruf und sie wurde häufig aus den hier kurz erwähnten Gründen als „Lotteriespiel" abqualifiziert.

Seit Mitte der 80er Jahre des vergangenen Jahrhunderts hat das Lehrerurteil durch empirische Studien zwar eine gewisse Rehabilitierung (vgl. Klauer 1982a) erfahren. Jedoch wurde in der empirischen Schulforschung der systematischen Untersuchung diagnostischer Kompetenz von Lehrkräften relativ wenig Aufmerksamkeit geschenkt. Neben einigen amerikanischen Studien (Coladarci, 1986; Hoge, 1983) hat sich das Forscherteam um F.E. Weinert am MPI für psychologische Forschung in den 80er und 90er Jahren des letzten Jahrhunderts mit Aspekten der diagnostischen Kompetenz beschäftigt.

Neuere Studien, die sich diesen Fragen widmen, sind z.B. das Projekt SALVE (Hosenfeld, Helmke & Schrader, 2002a), die Untersuchung von Spinath (2005).

Im Folgenden soll eine knappe Zusammenfassung wesentlicher Ergebnisse zur diagnostischen Urteilsfähigkeit von Lehrkräften gegeben werden:

- *Genauigkeit von Lehrerurteilen bezogen auf die Leistung von Schülern*

Das forschungsmethodische Vorgehen ist dabei darauf ausgerichtet, Lehrkräfte die Leistungen der Schüler in einem Test vorhersagen zu lassen, den die Schüler dann durchführen müssen. Anschließend werden die Lehrerurteile und die tatsächliche Schülerleistung hinsichtlich einer Übereinstimmung verglichen. Wird die Genauigkeit des Lehrerurteils über die Korrelation mit den Ergebnissen von Leistungstests bestimmt, so konnte in den betreffenden Studien festgestellt werden, *dass Lehrkräfte im Durchschnitt gute Diagnostiker der Schülerleistungen sind* (z.B. Hoge und Coladarci, 1989; Schrader & Helmke, 1987; Hosenfeld, Helmke und Schrader, 2002b).

In einer Metaanalyse ermittelten Hoge und Coladarci (1989) einen Median von r = .66 für die Korrelation zwischen Lehrerurteil und Leistungstest. Dabei streuen die Werte jedoch sehr breit zwischen .28 und .92. Das bedeutet, dass es beträchtliche interindividuelle Unterschiede zwischen einzelnen Lehrkräften bezüglich ihrer diagnostischen Fähigkeiten gibt.

- *Zusammenhang zwischen der Genauigkeit diagnostischer Kompetenz und leistungssteigernden Effekten von Strukturierungshilfen*

Schrader und Helmke (1987) konnten in einer Arbeit, die auf den Daten der Münchner Hauptschulstudie basiert, zeigen, dass die Genauigkeit der Leistungseinschätzung durch den Lehrer die Wirksamkeit bestimmter Unterrichtsverhaltensweisen moderiert. Es konnten *Zusammenhänge zwischen der Qualität der diagnostischen Kompetenz von Lehrkräften und leistungssteigernden Effekten von Strukturierungshilfen im Unterricht nachgewiesen werden.* Die Ergebnisse lassen sich wie folgt zusammenfassen:

> „Ist die diagnostische Kompetenz hoch *und* werden viele Strukturierungshilfen gegeben, ist das für den Lernerfolg (Leistungssteigerung im Fach Mathematik) optimal. Dagegen ist die Kopplung von Strukturierungshilfen mit unterdurchschnittlicher diagnostischer Kompetenz ungünstig und als fatal stellte es sich heraus, wenn trotz vorhandener diagnostischer Kompetenz (= gute Orientierung über Leistungsunterschiede zwischen den Schülern) keine didaktischen Förder- und Strukturierungsmaßnahmen ergriffen wurden" (Helmke, 2007, S. 93).

In Abbildung 1.3 wird dieser wichtige Zusammenhang zwischen vorhandener diagnostischer Kompetenz und didaktischen Fördermaßnahmen in Form von Strukturierungshilfen veranschaulicht.

Aus diesen Befunden kann geschlussfolgert werden: Es besteht keine einfache lineare Beziehung zwischen der Güte der diagnostischen Kompetenz von Lehrkräften und den Lernerfolgen der Schüler. Helmke bezeichnet deswegen die Diagnosekompetenz in diesem Zusammenhang als *Katalysatorvariable* (vgl. ebd., S. 94). Es scheint deshalb nur wenig aussagekräftig zu sein, wenn die diagnostische Kompetenz von Lehrkräften per se untersucht wird. Für zukünftige empirische Untersuchungen und ebenso für die Ausbildung von Lehrkräften lässt sich aus diesem Befund ableiten, dass die Diagnosekompetenz im engen Zusammenhang mit didaktischer Kompetenz oder Förderkompetenz untersucht und vor allem entwickelt werden sollte.

Abbildung 1.3: Lernerfolg (senkrechte Achse) in Abhängigkeit vom Ausmaß der Strukturierung und der Diagnosekompetenz der Lehrkräfte (Weinert & Helmke, 1987; zitiert nach Helmke, 2007, S. 94)

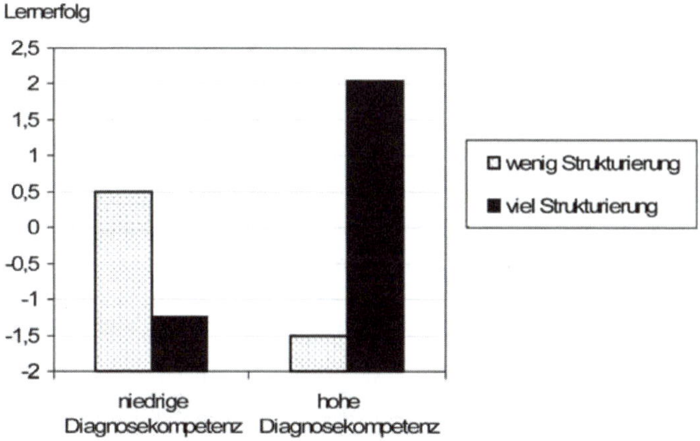

- *Güte der Lehrerbeurteilung bei der Feststellung von Intelligenz und Begabung der Schüler*

Inwieweit Lehrkräfte genaue Aussagen über die Intelligenz ihrer Schüler machen können, lässt sich anhand der Korrelation zwischen Lehrerurteilen und Intelligenzmaßen ablesen. Das forschungsmethodische Vorgehen ist so konzipiert, dass Lehrkräfte die Intelligenz oder Begabung der Schüler beurteilen sollen und diese Lehrerurteile dann mit den Intelligenztestwerten der Schüler verglichen werden. Die Korrelationsmaße liegen in einem ähnlichen Bereich wie die der lehrerbeurteilten Schülerleistungen.

Wild (1991) fasst den Schwankungsbereich der Lehrerdiagnose bei intellektuellen Lernvoraussetzung der Schüler mit $.40 \leq r \leq .70$ in der Marburger Hochbegabtenstudie zusammen und fand darüber hinaus, dass Lehrer die allgemeine Intelligenz von Drittklässlern gut ($r = .67$), spezifische Begabungsaspekte jedoch insgesamt weniger gut ($.45 \leq r \leq .61$) einschätzen konnten (Wild, 1991; Wild und Rost, 1995). Aus diesen Befunden lässt sich durchaus schlussfolgern, dass *Lehrkräfte die intellektuellen Lernvoraussetzungen der Schüler recht gut beurteilen können.*

In einigen Untersuchungen allerdings wird der Befund, dass Lehrer gute Diagnostiker von Schülerintelligenz seien, relativiert, weil sich die Lehrer bei der Beurteilung intellektueller Lernvoraussetzungen sehr stark an der schulischen Performanz (z.B. Rost und Hanses, 1997; Spinath, 2005) und weniger an den Potenzialen orientieren. Rost und Hanses (1997) weisen in ihrer Studie nach, dass Lehrkräfte große Schwierigkeiten damit haben, hochbegabte Schüler (intellektuelles Potenzial) mit schwachen Leistungen (Performanz), so genannte Underachiever, zu erkennen.

Diese Ergebnisse stimmen mit der verbreiteten Auffassung überein, dass Lehrer in erster Linie Leistungsdiagnostiker sind, die die intellektuelle Begabung nur grob und nur im Rahmen der Auswirkung auf die Schulleistung beurteilen können (Schrader, 2001). Diese Konnotation der Ergebnisse der empirischen Untersuchung zur Qualität der Beurteilungskompetenz von Lehrkräften in Bezug auf intellektuelle Lernvoraussetzungen erzeugt damit auch einen leicht negativen Eindruck. Die diagnostische Kompetenz der Lehrkräfte in diesem Zusammenhang ist eben doch nicht so gut, wie sie sein könnte. Nun muss man sich aber fragen, wozu Psychologen und Psychometriker äußerst aufwändig diagnostische Verfahren zur genaueren Messung der Intelligenz und Begabung konstruieren und dabei davon ausgehen, dass diese hypothetischen Konstrukte eben der direkten Beobachtung nur schwer zugänglich sind, man anderseits aber von Lehrkräften erwartet, sie müssten auch ohne diese Messwerkzeuge zu genauen Urteilen kommen.

Eine andere Richtung der kritischen Argumentation gegen diese Interpretation der Befunde könnte sich auf die Erkenntnisse der modernen Kognitionspsychologie stützen, die den besonderen Zusammenhang von Intelligenz und Vorwissen beim Zustandekommen von Schulleistung zugunsten der Variable Vorwissen mit zunehmender Klassenstufe hervorhebt. Wozu sollen Lehrer also die Intelligenz ihrer Schüler genau beurteilen können, wenn das Vorwissen für das Zustandekommen der Schulleistung weit mehr Bedeutung hat?

- *Zusammenhang der Genauigkeit der Intelligenzbeurteilung durch die Lehrkräfte in Abhängigkeit der Kontextvariable Klassengröße*

Die Untersuchung von Wild und Rost (1995) beruht auf einem Teildatensatz der Marburger Hochbegabtenstudie (n = 6120 Drittklässler, n = 261 Lehrkräfte). Zunächst scheint die Hypothese ganz plausibel zu sein, dass in kleineren Schulklassen genauere Diagnosen durch Lehrer möglich sind. Dagegen zeigen die Ergebnisse dieser Studie jedoch, dass die Genauigkeit der individuellen Beurteilung nicht von der Klassengröße abhängt (ebd. S. 86). Da die untersuchten Schülerstichproben und die damit korrespondierenden Lehrerstichproben sehr groß sind, kann von einer *Unabhängigkeit von Klassengröße und Beurteilungsgenauigkeit* ausgegangen werden. Die berichteten Befunde besagen nicht notwendigerweise, dass es in größeren Klassen nicht „schwieriger" sein könnte, die Fähigkeiten eines einzelnen Schülers treffend einzuschätzen. Möglicherweise werden solche mit größeren Klassen verbundenen „Schwierigkeiten" aber durch vermehrten Aufwand der Lehrkräfte kompensiert, so dass die Diagnose vergleichbar gut (oder schlecht) ausfällt.

- *Beurteilung nicht kognitiver Persönlichkeitsmerkmale der Schüler durch Lehrkräfte*

Hierzu gibt es nur wenige Untersuchungen (vgl. Schrader, 2001). Das forschungsmethodische Vorgehen solcher Studien ist so konzipiert, dass Lehrkräfte die Ängstlichkeit, die Fähigkeitsselbstwahrnehmung oder die Lernmotivation von Schülern beurteilen sollen und diese Lehrerbeurteilung mit Selbstauskünften der Schüler zu den entsprechenden Lernvoraussetzungen verglichen werden. Die Befunde offenbaren nur *schwache Zusammenhänge zwischen Lehrerurteilen und Selbsteinschätzungen der Schüler. Die Stärke der Zusammenhänge nimmt dabei mit zunehmendem Alter der Schüler zu.* Das spricht dafür, dass Schüler in Abhängigkeit von ihrer kognitiven Entwicklung mit zunehmender Klassenstufe auch adäquater in der Lage sind, Selbsteinschätzungen vorzunehmen.

- *Befunde zur diagnostischen Kompetenz von Lehrkräften aus der Schulstudie SALVE*

In der Schulstudie SALVE, in der es um die *Untersuchung der unterrichtlichen und individuellen Bedingungen der Lern- und Motivationsentwicklung bei Schülern der 5. und 6. Klassenstufe* geht, wurde der Frage zur diagnostischen Kompetenz von Lehrkräften ebenfalls intensiv nachgegangen (Hosenfeld, Helmke, Schrader 2002a, 2002b). Das Ziel dieser Unterrichtsstudie wird bereits aus dem Namen deutlich: SALVE = Systematische Analyse des Lernverhaltens und des Verständnisses in Mathematik: Entwicklungstrends und Fördermöglichkeiten. Die Schülerstichprobe der Studie umfasst n = 654 Schüler aus 30 fünften Klassen unterschiedlicher Schularten (Hauptschule, Realschule, Gymnasium, integrierte Gesamtschule). Die Lehrerstichprobe setzt sich aus 27 Lehrkräften zusammen, die relativ gleich auf die einzelnen Schulformen verteilt sind.

Die Ausgangsüberlegung dieser Untersuchung fußt auf einer *zentralen Prämisse der Pädagogischen Psychologie, dass für eine effektive Unterrichtsgestaltung eine möglichst gute Passung zwischen Unterrichtsangebot und den Lernvoraussetzungen der Schüler* bestehen sollte. Für eine solche Passung ist es erforderlich, dass Lehrkräfte bei der Planung von Unterricht den aktuellen Wissensstand, das Aufmerksamkeits- und Verständnisniveau sowie die Lernmotivation der entsprechenden Schüler relativ genau kennen. Für die Bedeutsamkeit einer solchen diagnostischen Sensibilität in Bezug auf den Unterrichtserfolg gibt es auch erste empirische Belege (Schrader 1989, 2001). Dabei sollten die Erwartungen an die genaue Beurteilung der Lehrkräfte bezüglich der Lernvoraussetzungen auch nicht zu hoch sein, weil Lehrer nun einmal nur implizit diagnostizieren und nur selten explizite Diagnosen anstreben und dazu oftmals auch nicht in der Lage sind. Andererseits gilt auch hier, die pädagogisch günstige Wirkung von Über- und Unterschätzung (siehe Weinert und Schrader 1986) zu berücksichtigen. Die konkrete Fragestellung von SALVE (Hosenfeld et al., 2002a) lautet dementsprechend:

> Wie gut sind die Lehrkräfte über das Vorwissen (Vorleistungsniveau), die Freude an Mathematik (als motivationale Variable), das Verständnis, die Aufmerksamkeit und die Unter- bzw. Überforderung der Schüler ihrer Klasse im Bilde bzw. wie genau stimmen ihre Einschätzungen mit den Schülerangaben bzw. -leistungen überein?

In dieser Unterrichtsstudie wurde eine besondere Methodik eingesetzt. Neben Mathematiktest, Schülerfragebogen und Lehrerfragebogen wurden Mathematikstunden videografiert. Unmittelbar vor Beginn und nach Ende der videografierten Unterrichtsstunde wurden die Lehrkräfte zur Planung und zum Verlauf der Stunde befragt. In der Nachbefragung wurden die Lehrkräfte gebeten, einzuschätzen, wie viele Schüler den Stoff der Stunde gut nachvollzogen und alles verstanden haben, wie viele Schüler wirklich aufmerksam waren, die Stunde interessant fanden und mit dem Stoff der Mathestunde über- bzw. unterfordert waren.

Die Schüler wurden ebenfalls zur videografierten Stunde befragt. Jeder Schüler sollte, ähnlich wie der Mathematiklehrer, für sich selbst einschätzen, wie gut er den Stoff verstanden hat, wie deutlich es war, worauf die Lehrkraft hinaus wollte, wie gut aufgepasst wurde, wie interessant der Unterrichtsstoff war und ob der Stoff zu leicht oder zu schwer war. Auf einer 5- bzw. 6-stufigen Skala sollten die Schüler jeweils ihre Einschätzung vornehmen.

Die Ergebnisse der Studie zeigen, dass die Urteile von Lehrkräften und Schülern nicht immer übereinstimmen. Die Einschätzung der Aufgabenschwierigkeit beim eingesetzten Mathematiktest zeigt, dass die Lehrkräfte bei 58,7% ihrer Schüler davon ausgehen, dass diese die 12 zu beurteilenden Aufgaben lösen können. Die empirische Lösungshäufigkeit der Klassen liegt mit einer Ausnahme unter den Schätzungen der Lehrkräfte.

Im Durchschnitt überschätzen die Lehrkräfte ihre Klassen um 18% bezüglich der Aufgabenlösung; das Maximum liegt hier bei 45,5% (vgl. Hosenfeld et al., 2002b). Grund für diese deutliche Überschätzung könnte sein, dass Lehrkräfte eher die Kompetenz und nicht die tatsächlichen Leistungsmöglichkeiten in der Testsituation beurteilen. Das könnte darauf hindeuten, so meinen Hosenfeld et al., dass Lehrkräfte solche leistungsmindernden Faktoren wie das Vergessen von Stoff, unzureichende Zeit im Test, Flüchtigkeitsfehler, geringe Anstrengung, Aufregung und Angst nicht hinreichend ins Kalkül ziehen (vgl. ebd., S. 79).

Ein besserer Indikator für die diagnostische Kompetenz von Lehrkräften sind klassenspezifische Korrelationen zwischen den Aufgabenschwierigkeiten und den Lehrereinschätzungen. Sie sind ein Maß dafür, inwieweit Lehrkräfte unabhängig vom absoluten Niveau Schwierigkeitsunterschiede zwischen den Aufgaben erkennen können (vgl. ebd., S. 80). Es zeigte sich in der Untersuchung, dass die Lehrerurteile einerseits im Mittel recht zutreffend waren, anderseits es deutliche Unterschiede zwischen einzelnen Lehrkräften gibt. Bezüglich der Aufmerksamkeit schätzen die Lehrkräfte ein, dass mehr als die Hälfte (im Durchschnitt 72%) der Schüler dem Unterricht aufmerksam gefolgt ist. Die Schüler berichten hingegen zu erheblich größeren Anteilen, in der Stunde gut bzw. sehr gut aufgepasst zu haben (Durchschnitt bei 87,5%). Es wird deutlich, *dass die Mehrzahl der Lehrkräfte die Aufmerksamkeit ihrer Schüler unterschätzt* (maximal um knapp 70%). Die Überschätzung der Aufmerksamkeit durch die Lehrer kam eher selten vor (11,5%). Bei acht von 30 Klassen (d.h. ca. ein Viertel) wurden hohe Korrespondenzen zwischen Lehrerbeurteilung und Schülerangaben festgestellt (vgl. ebd., S. 75).

Wenn man unter der Perspektive des diagnostischen Optimismus von Weinert und Schrader diese Befunde zur leichten Unterschätzung der unterrichtlichen Aufmerksamkeit der Schüler durch die Lehrer betrachtet, dann könnte damit eine permanente Wachsamkeit der Lehrkräfte im Unterricht gesteuert werden, die Aufmerksamkeit von Schülern wach zu halten und auf die lernrelevanten Inhalte zu lenken. Für eine solche Interpretation spricht auch, dass die Überschätzung des Aufmerksamkeitsverhaltens der Schüler durch Lehrer eher selten vorkam.

Die Beurteilung, wie hoch der Prozentsatz der am Stoff interessierten Schüler ist, wird von den Lehrern zurückhaltender vorgenommen. Im Durchschnitt gehen sie von 63% interessierter Schüler aus. Auch hier *bei der Interessiertheit am Stoff unterschätzen die Lehrkräfte ihre Schüler, allerdings mit maximal nur 47, 7% in geringerem Ausmaß* (vgl. ebd., S. 76).

Bei der Lehrerbeurteilung des Verständnisses bezüglich des Stoffes ergibt sich ein ähnliches Muster wie bei der Einschätzung der Aufmerksamkeit. Im Durchschnitt gehen die Lehrkräfte davon aus, dass knapp zwei Drittel der Klasse (65, 7%) den Stoff wirklich verstanden haben. Dagegen geben hier durchschnittlich 80,2% der Schüler an, den Stoff gut oder sehr gut verstanden zu haben. D.h. *bezogen auf das Verständnis des Stoffs im Unterricht unterschätzen die Lehrkräfte ihre Schüler ebenfalls.* Im Durchschnitt ergeben sich Differenzen zwischen Lehrereinschätzung und Schülerangaben von knapp 15% (vgl. ebd., S. 78). D*en Anteil der unterforderten Schüler schätzen die Lehrkräfte mit durchschnittlich 20% zu gering ein.*

In den Befunden der Schulstudie SALVE zur Feststellung der diagnostischen Kompetenz von Lehrkräften ist somit erneut deutlich geworden, dass Lehrer die Lösungspotenzen der Schüler bei Testaufgaben relativ gut vorhersagen können bzw. überschätzen, jedoch Aufmerksamkeit, situatives Interesse und Verständnis des behandelten Stoffs der Schüler im Unterricht im Vergleich zu den erfassten Selbstauskünften der Schüler unterschätzen.

Die Forscher relativieren ihre Ergebnisse in der Diskussion dahingehend, dass sie auf die beiden möglicherweise unterschiedlich zuverlässigen Datenquellen hinweisen. Es kann sicher die Frage gestellt werden, wieweit Schüler der 5. und 6. Klassen in einer Befragung nach der Unterrichtsstunde ihre Aufmerksamkeit und ihr Verständnis des Stoffs tatsächlich adäquat einzuschätzen vermögen. Die Mittelwerte der Übereinstimmungen von Lehrerurteilen und Schüleraussagen sind durchaus als zufriedenstellend zu bewerten. Es ist zu vermuten, dass Lehrer, die die Aufmerksamkeit, das situative Interesse und das situative Verständnis der Schüler unterschätzen, wachsamer und methodisch flexibler sind, als Lehrkräfte, die diese Lernvoraussetzungen bei ihren Schülern überschätzen. Dagegen scheint der Befund, dass Lehrkräfte etwa ein Fünftel der Schüler (bezogen auf die Selbstauskünfte der Schüler) unterfordern, für eine optimale Passung von Schülervoraussetzungen und Unterricht ungünstig zu sein, weil dieses Fünftel eben mehr oder anspruchsvoller lernen könnte.

Zusammenfassend kann festgestellt werden, dass die Ergebnisse zur Beurteilungskompetenz der Lehrkräfte in SALVE neben den zufriedenstellenden Mittelwerten auch erhebliche interindividuelle Kompetenzunterschiede zwischen den Lehrern offenlegen, die aus der nicht unerheblichen Streuung der Daten ablesbar sind. Es ist also neben allem diagnostischen Optimismus auch erforderlich, ungünstige Routinen im Lehrerverhalten aufzubrechen und in Aus- und Fortbildungen das diagnostische Wissen und die Beurteilungskompetenz zu optimieren.

- *Kann bei Lehrkräften eine generelle diagnostische Fähigkeit nachgewiesen werden?*

Eine neuere Arbeit zur *Akkuratheit der Einschätzung von Schülermerkmalen durch Lehrkräfte* wurde von Spinath (2005) vorgelegt. Diese Untersuchung wollen wir aus zwei Gründen etwas ausführlicher reflektieren. Einmal, weil sie in der

Folge der „PISA-Enttäuschungen" konzipiert wurde und zum anderen, weil sie aus dem Rahmen der bisher vorgestellten Studien fällt, durch deren Ergebnisse die Diagnosekompetenz von Lehrkräften recht zufriedenstellend beurteilt wurde.

Spinath hat in ihrer Arbeit einen engen Begriff von diagnostischer Kompetenz gewählt. Sie versteht darunter, die „Fähigkeit zur treffenden Personenbeurteilung" (Spinath 2005, S. 86). Ihre Studie verfolgt zwei Fragestellungen:

(1) Inwiefern können Lehrkräfte lern- und leistungsrelevante Merkmale von Schülern akkurat einschätzen?
(2) Kann die Güte dieser Lehrerurteile über verschiedene Akkuratheitsindikatoren und verschiedene beurteilte Schülermerkmale hinweg als eine generelle Fähigkeit im Sinne diagnostischer Kompetenz aufgefasst werden?

Ziel- und Fragestellung begründet Spinath unter anderem damit, dass in der Literatur z.T. sehr widersprüchliche Aussagen über die Güte von Lehrerurteilen zu finden sind. Das liegt einmal daran, dass unterschiedliche Akkuratheitsmaße verwendet werden und zum anderen keine Richtlinien für die Bewertung der getesteten Akkuratheitsmaße vorliegen, nach denen das Ausmaß der Akkuratheit bestimmt werden könnte.

Wie bereits aus der Darstellung empirischer Arbeiten zur diagnostischen Kompetenz deutlich wurde, werden zur Kennzeichnung der Genauigkeit von Lehrerurteilen in der Regel Korrelationen zwischen Lehrerurteil und erhobenem Schülermerkmal (aus Testergebnis oder Selbstauskunft) oder Maße für die mittlere Abweichung zwischen beiden (Cronbach, 1955) berechnet.

Bei der Beschreibung der Genauigkeit der diagnostischen Urteile unterscheiden Schrader und Helmke (1987) drei voneinander unabhängige Komponenten: Niveau-, Streuungs- und Rangordnungskomponente. Die drei „Genauigkeitskomponenten" werden im Folgenden aus zwei Gründen ausführlicher dargestellt: 1. Zum besseren Verständnis der Befunde aus der Studie von Spinath und 2. Zur Vorbereitung der Selbstdiagnose der diagnostischen Kompetenz im Teil IV dieses Buches.

Mit der *Niveaukomponente* wird gekennzeichnet, ob die Lehrkraft im Mittel die Merkmale oder Leistungen von Schülern zu gut, adäquat oder zu niedrig einschätzt. Es wird dazu der Mittelwert etwa der Schülerleistungen berechnet (z.B. wie viele Aufgaben eines Leistungstests im Durchschnitt gelöst werden). Dieser Mittelwert wird mit dem Mittelwert der korrespondierenden Lehrereinschätzung verglichen. Wenn systematische Tendenzen der Unter- oder Überschätzung auftreten, können dafür viele Gründe verantwortlich sein (z.B. Beurteilungstendenzen, inadäquate Vergleichsmaßstäbe usw.).

Die *Streuungskomponente* erfasst den Vergleich der Verteilungsform der empirischen Angaben der Schüler und der entsprechenden Lehrerurteile. Ist der Streubereich der Lehrerangaben deutlich geringer als der der Schülerangaben (die dabei als Kriterium angesehen werden), dann kann auch eine systematische Urteilstendenz zugrunde liegen, nämlich die Tendenz zur Mitte. Damit wird der Streubereich unangemessen reduziert, d.h. die Lehrer neigen zur Homogenisierung der Differenz. Eine leichte Unterschätzung der Leistungsunterschiede einer Klasse ist im Sinne des diagnostischen Optimismus (Weinert & Schrader, 1986) pädagogisch förderlich. Es existiert aber auch das Gegenteil, d.h. der Streubereich der Lehrerangaben liegt deutlich über dem der Schülerangaben. Dann liegt eine sogenannte Überdifferenzierung vor.

Schrader und Helmke bezeichnen schließlich die *Rangordnungs-* oder *Korrelationskomponente* als das Kernstück der diagnostischen Kompetenz. Sie ist das Maß für die Erfassung der Fähigkeit von Lehrkräften, die Rangordnung oder die Fähigkeitsabstufung zwischen verschiedenen Schülern zutreffend zu bestimmen. Hierzu wird mit Hilfe korrelativer Verfahren geprüft, wie ähnlich sich die Reihenfolgen beider Verteilungen sind. Im Idealfall würden beide geschätzten Rangordnungen übereinstimmen ($r = 1.0$).

Spinath hat in ihrer Untersuchung alle drei Komponenten der Urteilsgenauigkeit berechnet. Die Schülerstichprobe ihrer Studie besteht aus 723 Grundschülern der 1. bis 4. Klassen. Diese Schülerstichprobe wurde aus vier Grundschulen gezogen. Die korrespondierende Lehrerstichprobe besteht aus 43 Grundschullehrern, die die jeweilige Schulklasse mindestens acht Monate oder seit der Einschulung führen.

Als lern- und leistungsrelevante Schülermerkmale werden Intelligenz, Fähigkeitsselbstwahrnehmung, Lernmotivation und Leistungsängstlichkeit untersucht. Als Instrument zur Erfassung der Intelligenz wurde ein entsprechender Intelligenztest (CFT 1; CFT 20) verwendet. Die Erhebung der motivationalen und affektiven Merkmale erfolgte über Selbstberichte der Schüler mittels Fragebögen. Für alle Items der Befragung war eine 5-stufige Antwortskala konzipiert worden (z.T. Abstufung durch grafische Symbole oder verbale Beschreibungen).

Die Erfassung der Einschätzung der Schülermerkmale durch die Lehrer erfolgte mittels Fragebogen. Für jeden Merkmalsbereich war ein Item pro Schüler mit einer 5-stufigen Ratingskala vorgesehen worden. Für die Beurteilung der allgemeinen kognitiven Leistungsfähigkeit (im Sinne von Intelligenz) wurden den Lehrkräften Hilfen im Sinne der prozentualen Häufigkeit pro Abstufung gegeben. Bei den nicht-kognitiven Merkmalen wurde z.B. so gefragt: „Bitte schätzen Sie die *schulische Lernfreude* (das *schulische Fähigkeitsselbstkonzept/die Schulängstlichkeit*) des Schülers/der Schülerin im Vergleich zu anderen Kindern seines/ihres Alters ein“ (vgl. ebd. S. 89).

Die Ergebnisse der Studie bezogen auf die drei Komponenten der Urteilsgenauigkeit ergaben folgendes Bild: In Bezug auf die Niveaukomponente zeigte sich für die Einschätzung des Fähigkeitsselbstkonzeptes und die Lernmotivation eine durchschnittliche Tendenz zur Unterschätzung dieser Schülermerkmale. Die Leistungsängstlichkeit wurde dagegen überschätzt. Das Niveau des Intelligenzquotienten wurde von den Lehrkräften sehr treffend eingeschätzt.

Die Werte der Differenzierungskomponente (Streuungskomponente) zeigen, dass Lehrkräfte im Durchschnitt dazu neigen, die Streuung des Intelligenzquotienten und der Leistungsängstlichkeit zu unterschätzen, während die Streuung des Fähigkeitsselbstkonzepts und der Lernmotivation überschätzt wurde, d.h. die Lehrkräfte neigen bei diesen beiden Schülermerkmalen zu einer Überdifferenzierung.

Die Akkuratheitswerte der Lehrereinschätzung, die im Rahmen der Rangordnungskomponente ermittelt wurden, können für IQ und Fähigkeitsselbstwahrnehmung als moderat bezeichnet werden, für die Lernmotivation und die Leistungsängstlichkeit dagegen als gering (vgl. ebd., S. 90f.). Das bedeutet, dass die Lehrkräfte besser in der Lage sind, eine differenzierte Abstufung unter ihren Schülern bezüglich der intellektuellen Fähigkeiten und der Fähigkeitsselbstwahrnehmungen vorzunehmen, als sie das bezogen auf Lernmotivation und Ängstlichkeit vermögen.

Die Prüfung der 2. Fragestellung fiel weniger günstig aus. Hier sollte geprüft werden, ob sich in den Lehrerurteilen über alle drei berechneten Akkuratskennwerte und über alle vier Schülermerkmale hinweg Zusammenhänge nachweisen lassen. Es konnte festgestellt werden, dass lediglich die Werte der Streuungskomponente einen moderaten positiven Zusammenhang (r = .42) aufweisen. Die Akkuratheitskennwerte der Niveaukomponente weisen nur in einem Fall einen signifikanten positiven Zusammenhang auf, wo Lehrkräfte, die die schulische Fähigkeitsselbstwahrnehmung genauer eingeschätzt hatten, auch das Niveau der Lernmotivation genauer bestimmen konnten (vgl. ebd., S. 92).

> „Die innerhalb der vier Schülermerkmale gemittelten Korrelationen der drei Akkuratheitskomponenten liegen zwischen .04 und .12. Mit zwei Ausnahmen sind alle Einzelkorrelationen nicht signifikant von Null verschieden. Die beiden signifikanten Korrelationen kennzeichnen moderat positive Zusammenhänge zwischen Niveaukomponente und Rangordnungskomponente für die Schülermerkmale IQ und schulische Lernmotivation“ (ebd. S. 93).

Die Ergebnisse der Studie werden von Spinath insgesamt relativ negativ diskutiert, d.h. sie bescheinigt den 43 untersuchten Klassenlehrern nur eine geringe Akkuratheit in ihrer Beurteilung der vier Schülermerkmale. Sie geht jedoch noch einen Schritt weiter und zieht den Schluss, dass das in der Studie gefundene Muster von Korrelationen nicht die Annahme einer zugrunde liegenden generellen Fähigkeit zur akkuraten Beurteilung von Schülern durch diese Lehrkräfte rechtfertige.

> „Für die weitere Beschäftigung mit dem Thema der Güte von Lehrerurteilen über Schülermerkmale legen diese Befunde nahe, auf die Verwendung des Begriffs der diagnostischen Kompetenz zu verzichten, soweit damit die Fähigkeit zu treffenden Beurteilungen von Personenmerkmalen gemeint ist. Aussagen bezüglich der Genauigkeit von Lehrerurteilen müssen nach Schülermerkmal und Akkuratheitskriterium spezifiziert werden. Die nach PISA häufig zu hörende Behauptung, Lehrer besäßen geringe diagnostische Kompetenzen, wäre demnach nicht haltbar“ (ebd., S. 94).

Die Schlussfolgerung, Lehrkräften eine generelle diagnostische Kompetenz abzusprechen, halten wir jedoch aus mehreren Gründen für überdenkenswert. Man könnte in einer umgekehrten Analogie zu Weinert und Schrader (1986) einen diagnostischen Pessimismus bezüglich der Urteilsfähigkeit von Lehrkräften unterstellen. Gerade unter Bezug auf Weinert und Schrader (1986) müsste die pädagogische Relevanz der zweiten Ausgangsfragestellung der Studie und die Interpretation der Ergebnisse von Spinath zumindest relativiert werden. Wozu brauchen Lehrkräfte solche geforderten genauen Urteile für erfolgreiches Unterrichten?

> „Lehrerdiagnosen während des Unterrichts brauchen im Gegensatz zu landläufigen Überzeugungen keineswegs besonders genau sein, wenn sich der Diagnostiker der Ungenauigkeit, Vorläufigkeit und Revisionsbedürftigkeit seiner Urteile bewusst ist. Es

gibt für die Unterrichtsarbeit im Klassenzimmer keine didaktischen Modelle, keine speziellen Lehrmethoden und keine rationalen Aufgabenzuweisungen an die Schüler, die durch extreme Genauigkeit der herangezogenen diagnostischen Informationen wesentlich verbessert werden könnten. Das gleiche gilt natürlich in verstärktem Maße für die häufig geforderte Übereinstimmung der Lehrerurteile mit vergleichbaren Testwerten. Wichtig allein ist eine ungefähre Diagnose des Lehrers und ihre permanente Überprüfung im Verlauf des Unterrichts“ (Weinert und Schrader, 1986, S. 18).

Weinert und Schrader interpretieren die empirischen Befunde einer ähnlich konzipierten Untersuchung auch moderater:

> „Innerhalb unserer Stichprobe konnte also niemand identifiziert werden, der sich generell als „guter pädagogischer Diagnostiker“ charakterisieren ließe. Auf der anderen Seite gibt es aber auch keinen Lehrer, der auf allen Urteilskennwerten gleichermaßen ungünstig abschneidet. Dies deutet darauf hin, dass es wahrscheinlich mehrere voneinander relativ unabhängige diagnostische Kompetenzen gibt“ (ebd., S. 25).

Auch aus forschungsmethodischen Gründen könnte die Schlussfolgerung von Spinath relativiert werden. Sie selbst schätzt in der Diskussion der Ergebnisse kritisch ein, dass die Methode für die Messung der Schülermerkmale eventuell nicht angemessen zur Bestimmung der Akkuratheit der Lehreurteile war (vgl. Spinath 2005, S. 93).

Es ist tatsächlich zu fragen, inwieweit Grundschulkinder und insbesondere Erstklässler zu einer Selbstauskunft über die erhobenen Merkmale und noch dazu auf einer 5-stufigen Ratingskala tatsächlich in der Lage sind. Andererseits wurde die Untersuchung lediglich an einer Stichprobe von *Grund*schullehren (n = 43) durchgeführt. Ob sich das Ergebnismuster auf Lehrkräfte anderer Schularten generalisieren lässt, müsste in weiteren Untersuchungen erst noch geprüft werden.

1.5 Systematische Beeinflussungstendenzen im Lehrerurteil: Urteilstendenzen, Urteilsvoreingenommenheit, Urteilsfehler

Die Darstellung der z.T. nicht befriedigenden Befunde zur Beurteilungskompetenz von Lehrkräften und der Terminus „Urteilsfehler“ in der Überschrift könnten den Schluss nahe legen, dass eine gewisse individuelle Schuld des Urteilers insbesondere für die fehlende Übereinstimmung zwischen Lehrerurteil und Testbefund oder zwischen verschiedenen Lehrerurteilen unterstellt werden könnte. Die unrealistische Annahme, ein Diagnostiker könne sozusagen den „wahren Wert“ eines Schülermerkmals bestimmen, wenn er nur sorgfältig genug verfährt und die richtigen „Werkzeuge“ für die Informationssammlung zur Verfügung hat, ist in der psychologischen Diagnostik längst präzisiert, geklärt und relativiert worden (vgl. dazu Teil II).

Der Versuch, ein bestimmtes Schülermerkmal gültig zu erfassen, wird durch vielfältige Probleme beeinträchtigt. Dieser Versuch kann nur im Sinne einer Annäherung durch Schätzen realisiert werden und unterliegt neben zufälligen

Schätzfehlern auch *systematischen Schätztendenzen*, die mehr oder weniger das Beurteilungsergebnis determinieren.

> „Urteile geben also nicht die Realität wieder, sondern sie bilden über Schätzvorgänge Realität modellhaft ab und ermöglichen dadurch eine Kommunikation über den wahrscheinlichen Gegenstand. Es muss ausdrücklich darauf hingewiesen werden, dass auch Testergebnisse in diesem Sinne nur Schätzurteile sind, wenn auch in der Regel die am besten abgesicherten" (Kleber, 1978, S. 595).

Wenn wir weiter vorn die Genauigkeit von Lehrerurteilen im Sinne des Bemühens um Gütekriterien (Objektivität, Validität, Reliabilität) gefordert haben, so ist damit auch in Anlehnung an die Testtheorie (vgl. Teil II) gemeint, *dass Lehrkräfte zufällige und systematische Fehler (= Urteilstendenzen) in ihren Urteilen verringern sollen.* Es ist deshalb notwendig, dass Lehrkräfte die systematischen Tendenzen, die ihre Urteile mitbestimmen, kennen und deren genetische Wirkungsweise durchschauen, damit sie verantwortungsbewusst diesen Tendenzen entgegenwirken und deren Anteil am Urteil mit Hilfe von antitendenziellen Haltungen und objektivierenden Beurteilungstechniken verringern können (ebd., S. 596).

Es gibt eine Fülle von Publikationen, die sich mit sehr unterschiedlichen Fehlern bei der Urteilsbildung allgemein und im Bereich der pädagogisch-psychologischen Diagnostik im Besonderen beschäftigen (Ulich und Mertens, 1974; Kleber, 1978; 1992). Im Folgenden sollen ausgewählte Urteilstendenzen und Urteilsfehler, die Relevanz für Lehrkräfte haben, besprochen werden.

Alle Informationen für ein Urteil stammen ursprünglich aus der Beobachtung, der Wahrnehmung. *Im Wahrnehmungsprozess spielen vorgeschaltete Urteile und ad-hoc-Interpretationen eine große Rolle.* Die Wahrnehmung insbesondere im Personbereich stellt bereits einen hochkomplexen Vorgang dar, in dem vielfältige modifizierende Tendenzen wirksam werden. Kleber nennt in diesem Zusammenhang Tendenzen, die aus der Biografie des Beurteilers stammen, die sich in Einstellungen und Vorurteilen niedergeschlagen haben und in Verbindung mit den konkreten Bedürfnissen des Beurteilers stehen. *Die so entstehende Informationssammlung wird vor allem durch implizite (Persönlichkeits-)Theorien strukturiert und je nach Reflexionsniveau und wissenschaftlicher Ausbildung des Urteilers durch einen explizit theoretischen Hintergrund ergänzt* (vgl. Kleber, 1978, S. 597).

1.5.1 Konstrukte als Beurteilungsbegriffe

Im Prozess der Beobachtung von Schülerverhalten benutzen Lehrkräfte zur Reduktion der Informationen über das Schülerverhalten oft psychologische Konstrukte. Konstrukte sind in der Psychologie angenommene, meist theoretisch modellierte (Erklärungs-)Konstruktionen von nicht direkt erfassbaren Merkmalen, die zur Erklärung bestimmter Verhaltensweisen herangezogen werden. Solche Konstrukte sind z.B. Intelligenz, Angst, Lernmotivation. Lehrkräfte beschreiben im Beurteilungsalltag weniger das konkret beobachtete Verhalten, sondern sie inferieren (schlussfolgern) aus dem Beobachteten eher Eigenschaften, wie beispielsweise Horst ist intelligenter als Ingrid. Brigitte ist sehr ängstlich. Max ist konzentrationsschwach.

Solche hochinferenten Urteile über Schüler durch Lehrkräfte sind nicht unproblematisch. Es soll im Folgenden gezeigt werden, wie Urteile von Lehrkräften über solche Merkmale zustande kommen. Dabei soll auch für die Entstehung möglicher Ungenauigkeiten und Fehler sensibilisiert werden.

Ein äußerst plausibles theoretisches Rahmenmodell für die Erklärung von Urteilsfehlern bzw. reduzierter Urteilsgenauigkeit ist das so genannte „Linsenmodell" von Brunswik (1956). Brunswik beschreibt den Beurteilungsvorgang als doppelt konvexe Linse, bei der auf der einen Seite das distale (ferne) Merkmal (Konstrukt) und auf der anderen Seite die Beobachter-Beurteiler-Instanz angeordnet ist. Die Beobachtung, das Sehen gewissermaßen des distalen Merkmals, ist aber nur über die proximalen (nahen) Merkmale möglich. Die Art oder Theorierelevanz der proximalen Merkmale, die eine Lehrkraft zur Beobachtung eines distalen Merkmals heranzieht, entscheiden über die Gültigkeit (Validität) und Akkuratheit des abgegebenen Urteils. Kleber hat diesen Beobachtungs-Beurteilungsvorgang in Anlehnung an Brunswik sehr eindrucksvoll am Beispiel des beurteilten distalen Merkmals „Intelligenz" veranschaulicht (Kleber, 1992).

Je theorierelevanter die kognitive Strukturierung des psychologischen Wissens einer Lehrkraft ist, desto eher wird sie die proximalen Merkmale, die die Grundlage ihrer Beobachtung sind und die sie zur Beurteilung des distalen Merkmals verwendet, bewusst reflektieren können. Der mögliche Theoriebezug und die explizite Reflexion lassen das Urteil valider ausfallen. Wie aus Abbildung 1.4 unschwer zu erkennen ist, wird die Lehrkraft, die über die Kompetenz zu einer theorierelevanten Merkmalskonstruktion bei der Beurteilung der Intelligenz eines Schüler verfügt, dieses kognitive Merkmal sicher exakter erfassen können.

Je geringer dagegen die kognitive Strukturierung der psychologischen Kompetenz ist, desto häufiger greift die Lehrkraft unreflektiert auf implizite Persönlichkeitstheorien zurück. Die Lehrkraft urteilt intuitiv. Diese Form der Beurteilung wird in Abbildung 1.5 illustriert. Die Konsequenzen für die Qualität eines solchen Urteils sind wenig günstig. Denn je weniger valide die Glieder einer proximalen Merkmals-Linse sind, desto weniger richtig ist ein Urteil über das betreffende Konstrukt.

Abbildung 1.4: Theorierelevante, psychologisch fundierte Merkmals-Linse zur Beurteilung von Intelligenz (zitiert nach Kleber, 1992, S. 131)

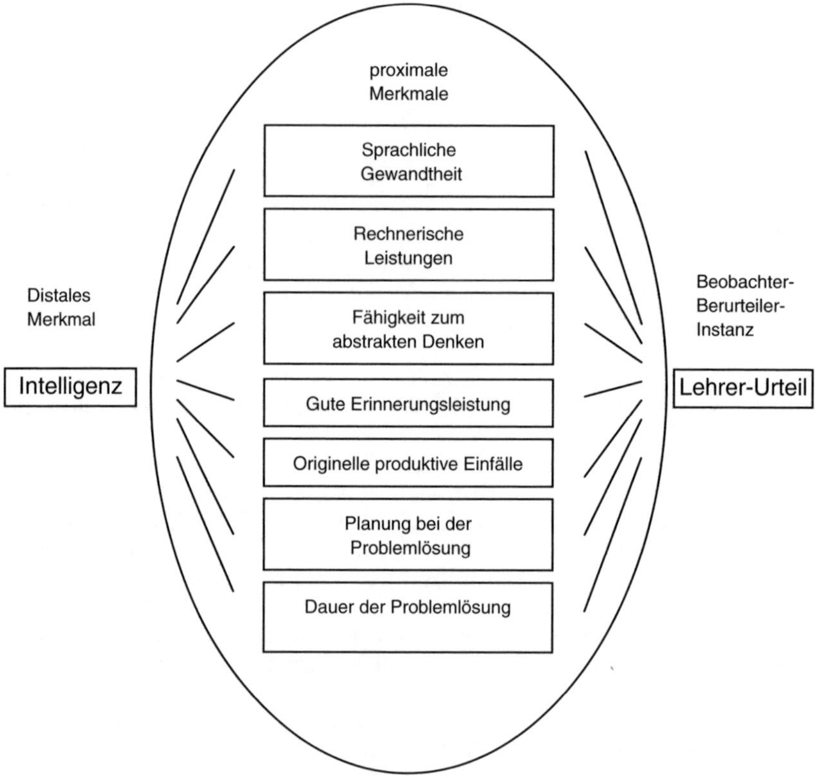

Abbildung 1.5: Merkmals-Linse, die auf einer psychologisch nicht fundierten, impliziten Theorie zur Beurteilung von Intelligenz beruht (zitiert nach Kleber, 1992, S. 132)

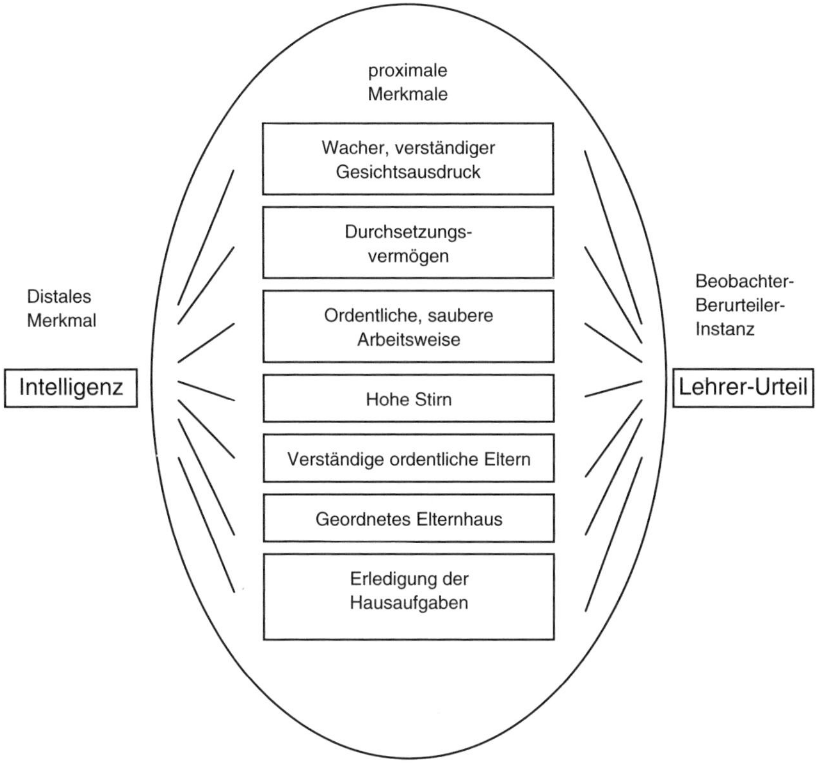

Zusammenfassend und schlussfolgernd lässt sich ableiten, dass Lehrkräfte für die Beurteilung von Schülermerkmalen, -leistungen und -verhalten nicht nur diagnostische Kompetenzen brauchen, sondern vor allem auch eine solide theoretische Wissensbasis in Pädagogischer Psychologie, damit die Ausrichtung ihrer Beurteilungs-Linse durch adäquate und valide Glieder der proximalen Merkmale gesichert wird.

1.5.2 Implizite Persönlichkeitstheorien von Lehrkräften

Die impliziten Persönlichkeitskonzepte von Lehrkräften bilden Raster der sozialen Wahrnehmung, innerhalb derer die Persönlichkeitseigenschaften von Schülern geordnet werden. Sie klären einen immerhin erheblichen Varianzanteil der Lernleistungsbeurteilung auf (vgl. Hofer 1969; 1986; Schwarzer, 1976).

Hofer (1969) konnte aber auch zeigen, dass ein erheblicher Varianzanteil nicht auf die Eigenarten der zu beurteilenden Personen, sondern wesentlich durch die in unserer Kultur geprägten Denkgewohnheiten und auf implizite Persönlichkeitskonzepte zurückzuführen ist.

Dabei werden Merkmale im ursächlichen Zusammenhang betrachtet, die zu ungerechtfertigten Urteilen führen können.

Höhn (1967, S. 61) ließ 35 Grundschullehrerinnen die Eigenschaften ihrer schlechteren und besseren Schülerinnen und Schüler charakterisieren. Die Beschreibung des „schlechten Schülers" ergab folgende Merkmalskette: faul, dumm, frech, geltungsbedürftig, unaufmerksam, unordentlich, schlecht sozial angepasst, moralisch fehlerhaft, milieubelastet. Die Merkmalskette des „guten Schülers" umfasste Beschreibungen wie fleißig, ehrlich, ordentlich, gut sozial angepasst, milieubegünstigt.

Hofer (1986) hat aus einer Vielzahl nationaler und internationaler Studien eine strukturierte Beschreibung der impliziten Persönlichkeitstheorien von Lehrern herausgearbeitet. Er gliedert vier allgemeine Dimensionen aus, wonach Lehrkräfte die Beurteilung von Schülern strukturieren:

(1) Intellektuelle Ausstattung des Schülers, seine rechnerische, sprachliche und praktische Begabung
(2) Motivation (Fleiß, Ehrgeiz, Interesse)
(3) Soziales Verhalten (Geselligkeit, Benehmen, Dominanz)
(4) Emotionale Stabilität/Labilität (Ängstlichkeit, Verschlossenheit)

Mit solchen impliziten Theorien erzielt der Beurteiler einen prägnanten subjektiven Referenzrahmen. Er kann die Fülle der Informationen schnell reduzieren, indem implizite Konzepte über Zusammenhänge von Eigenschaften und Fakten unreflektiert im Sinne von „Selbstverständlichkeiten" als Ordnungsschema verwendet werden und damit das Lehrerurteil in erheblichem Maße bestimmen.

Wieweit jedoch diese Beurteilungen von Schülern, die auf der Grundlage impliziter Persönlichkeitstheorien von Lehrern basieren, valide Urteile sind, bleibt fraglich. Lehrkräfte sollten deshalb sehr vorsichtig mit den Resultaten ihres Beurteilungsprozesses umgehen, wenn sie in Schullaufbahnentscheidungen u.ä. einmünden. Hier sollten stets formelle diagnostische Verfahren zur Überprüfung der Urteilsergebnisse herangezogen werden.

1.5.3 Erwartungen von Lehrkräften: Pygmalioneffekt im Klassenzimmer

Auch spezifische Erwartungen von Lehrkräften wirken als handlungsleitende Kognitionen häufig unreflektiert und beeinflussen dennoch damit Urteile und Verhalten entscheidend. Der Pygmalioneffekt stellt eine bereichsspezifische Variante „der sich selbst erfüllenden Prophezeiung" dar (vgl. Ludwig, 2001). Eine sich selbst erfüllende Prophezeiung ist eine Erwartung, die ihr Eintreten selbst verursacht. „Die mentale Antizipation eines Ereignisses bewirkt selbst das Ereignis der Antizipation" (ebd., S. 567).

In den 60er Jahren des vergangenen Jahrhunderts initiierte Rosenthal die pädagogische Forschung zur „sich selbst erfüllenden Prophezeiung" mit einem Aufsehen erregenden Feldexperiment, in dem überprüft werden sollte, ob die Erwartung von Lehrkräften bezüglich der Intelligenzentwicklung der Schüler die tatsächliche kognitive Leistungsfähigkeit der Schüler beeinflussen kann (Rosenthal & Jacobson, 1971; 1992).

Für die Bezeichnung dieser Studie benutzte Rosenthal den Namen des zypriotischen Königs „Pygmalion" aus der antiken Mythologie nach Ovid.[2] Auf die Schule bezogen bedeutet der so genannte Pygmalioneffekt ganz allgemein, dass Lehrkräfte auf der Grundlage ihrer spezifischen und z.T. wenig kontrollierten Erwartungen Schülerleistungen und Schülerverhalten „erschaffen" oder „formen".

Eine erste empirische Evidenz für diese Annahme erbrachten Rosenthal & Jacobson in dem bereits erwähnten Feldexperiment. Sie teilten den teilnehmenden Lehrkräften mit, dass bestimmte Schüler, die bei einem (vermeintlich) speziellen Intelligenztest sehr gute Werte erzielt hätten, in ihrer kognitiven Entwicklung im Verlaufe des Schuljahres große Fortschritte machen könnten. Tatsächlich waren diese Schüler jedoch nach dem Zufallsprinzip ausgewählt worden. In den Nachtests am Ende des Schuljahres wiesen diese Schüler im Vergleich zu ihren Mitschülern tatsächlich signifikant höhere Intelligenztestwerte auf.

Seit dieser Zeit wurde eine Fülle von Studien zum Pygmalioneffekt im Klassenzimmer durchgeführt, die z.T. die Ergebnisse von Rosenthal & Jacobson replizierten, aber auch kritisch hinterfragten. Kritiker an der Pygmalioneffekt-Forschung bezweifeln nicht die Existenz des Effekts in der Schule an sich. Die Kritik bezieht sich vielmehr auf das empirische Vorgehen bei der Datenerhebung und -auswertung (zur Übersicht vgl. Brophy & Good, 1976; Dusek, 1985).

Allmählich zeichnet sich ein gewisser Konsens darüber ab, welche Variablen in welchem Ausmaß von Lehrererwartungen empirisch nachgewiesen als beeinflussbar gelten (vgl. Ludwig, 2001, S. 569f.). Am stärksten beeinflussbar sind „Lehrer- und Schülerverhalten", „Einstellung und Selbstkonzept" und die „Schülerleistung". Die Wirkung der Lehrererwartung auf die „Intelligenzentwicklung" fällt in den Studien am schwächsten aus.

Die Frage, die in unserem Erklärungszusammenhang stark interessiert, ist die nach dem Wirkmechanismus der Lehrererwartung auf das tatsächliche Schülerverhalten und die Leistung. Nach Harris und Rosenthal (1985) erzeugen Lehrkräfte einen positiven Pygmalioneffekt durch bestimmtes günstiges Verhalten gegenüber Schülern, von denen sie gute Leistungen erwarten. So verhalten sie sich gegenüber diesen Schülern emotional aufgeschlossener und wohlwollender. Sie geben diesen Schülern häufiger und vor allem differenziertere Leistungsrückmeldungen. Sie bieten diesen Schülern vermehrt anspruchsvollen Lehrstoff an und

2 Zur Erinnerung oder zum Verständnis: Pygmalion modellierte als Bildhauer eine weibliche Statue aus Marmor, die so sehr seiner Vorstellung von einer Jungfrau entsprach, dass er sich in sie verliebte. Auf seine Bitte hin erweckte Aphrodite die Marmorstatue zum Leben. Daraufhin nahm er sein Geschöpf zu seiner Gemahlin. Diesen Effekt, jemanden zu formen nach den eigenen Vorstellungen, verarbeitete George Bernard Shaw in seinem gleichnamigen dramatischen Werk.

geben ihnen auch häufiger Gelegenheit, sich zu äußern, indem sie beispielsweise im Unterricht öfter aufgerufen werden.

Darüber hinaus hat der Pygmalioneffekt auch eine Wirkung bei der Leistungsbeurteilung von Schülern. Ludwig (1999, S. 54) beschreibt in diesem Zusammenhang neben dem *„objektiven Pygmalioneffekt“*, bei dem sich die Schülerleistung tatsächlich in die vom Lehrer antizipierte Richtung verändert, auch einen so genanten *„subjektiven Pygmalioneffekt“*, durch den lediglich die Wahrnehmung des Lehrers über die Schülerleistung verändert wird, nicht aber die Leistung selbst.

Der subjektive Pygmalioneffekt konnte bei der Schülerbeurteilung durch die Lehrkräfte empirisch bestätigt werden. Erwartungen, die den subjektiven Pygmalion konstituieren, ergeben sich aus der Kenntnis über vorhergehende Testleistungen der Schüler, aus den informell diagnostizierten Lernvoraussetzungen der Schüler sowie aus ihrem Geschlecht und Sozialstatus (vgl. Ludwig, 2001, S. 571).

Jusmin (1989) konnte in einer Längsschnitt-Feldstudie einen signifikanten Zusammenhang zwischen der Beurteilung der Anstrengungsbereitschaft und des Fleißes der Schüler durch Mathematiklehrkräfte und ihren erteilten Noten nachweisen. Diese von Lehrkräften hergestellte Beziehung zwischen der antizipierten Fleißbeurteilung und den tatsächlichen Mathematikleistungen konnte jedoch in einem standardisierten Mathematiktest nicht festgestellt werden. Schüler, die als fleißig beurteilt wurden, erhielten die besseren Mathematiknoten gegenüber ihren als faul eingestuften Mitschülern, obwohl die Schüler sich im Mathematiktest als gleich leistungsfähig erwiesen.

Als problematisch einzustufen sind die unreflektierten Leistungserwartungen von Lehrkräften dann, wenn diese bei bestimmten Schülern ungünstig ausfallen. Obwohl in der pädagogisch-psychologischen Forschung aus ethischen Gründen vor allem der positive Pygmalioneffekt im Klassenzimmer experimentell untersucht wurde, lässt sich doch aus den Befunden schlussfolgern, dass diese nachgewiesenen positiven Erwartungseffekte auch in einer entgegengesetzten Richtung wirken können, wenn die Erwartungen der Lehrkräfte gegenüber bestimmten Schülern gering sind, wie das aus den Ergebnissen der Studie von Jusmin auch ablesbar ist.

Es ist durchaus zu vermuten, dass nicht nur subjektiver, sondern auch objektiver Pygmalioneffekt negativ wirken kann. Denn wenn Lehrkräfte von bestimmten Schülern weniger gute Leistungen erwarten, ihnen ungünstige Lernvoraussetzungen unterstellen und den geringen Sozialstatus antizipieren, dann werden diese Schüler analog der Wirkkette des positiven Pygmalioneffekts von ihren Lehrern wohl weniger geschätzt werden, weniger positive Zuwendung erhalten, weniger im Unterricht aufgerufen, weniger anspruchvolle Lerngelegenheiten erhalten und weniger gelobt, aber mehr getadelt werden.

Über dieses subtile, wenig förderliche Lehrerverhalten, das eben durch die unreflektierten Kognitionen gesteuert wird, kann sich im Laufe der Schuljahre auch die Leistung der Schüler verschlechtern oder sie bleibt schlecht, weil es keine Förderangebote gab. Damit hat sich dann auch die Erwartung der Lehrkräfte, dass diese Schüler wenig leisten können, voll bestätigt!

Die Schlussfolgerungen, die sich bezüglich der Erwartungseffekte von Lehrkräften als ungünstige Beurteilungstendenzen ableiten lassen, beziehen sich vor allem auf die Notwendigkeit, bei schlechten Schülern der Klasse die Erwartungen bewusst zu reflektieren. Nur durch eine ständige Revision von Vorausurteilen vor allem bei schlechten (und ungeliebten) Schülern können Lehrkräfte versuchen, den Teufelskreis des negativen Pygmalioneffekts zu durchbrechen.

1.5.4 „Klassische" Urteilstendenzen und Beurteilungsfehler

Wie bereits gezeigt, sind Urteile und Beurteilungen von Lehrkräften in nicht unerheblichem Ausmaß durch verfälschende Tendenzen gefährdet. Solche Urteilstendenzen werden in der diagnostischen Literatur auf unterschiedliche Weise systematisiert. Die meisten Sammlungen orientieren sich an der Zusammenfassung von Guilford (vgl., 1954, S. 278f.), die auch als Grundlage der folgenden Darstellung dient.

1. Tendenz zur Mitte (error of central tendency)
Beurteiler reagieren im Bewertungsprozess mit einer Tendenz zur Mitte. Sie meiden extreme Aussagen und verwenden nur den mittleren Teil einer zur Verfügung stehenden Beurteilungsskala. Lehrkräfte, die dieser Tendenz unterliegen, geben beispielsweise in Prüfungsklausuren weder die Note 1 noch die Note 5.

2. Dichotomisierungstendenz (Tendenz zu extremen Urteilen)
Diese Beurteilungsrichtung stellt formal die Gegenrichtung zur zentralen Tendenz dar. Lehrkräfte unterscheiden dann insbesondere gute und schlechte Leistungen. Sie verwenden dann überwiegend die Noten 2 und 4. Wenn Lehrkräfte bei der Beurteilung über wenig exakte inhaltliche Differenzierungsmöglichkeiten verfügen, dann beurteilen sie die Könner mit der Note 1 und die Nichtkönner mit der Note 5 (vgl. Kleber 1992, S. 137). Guilford spricht in diesem Zusammenhang von einer Extremisierungstendenz.

3. Milde- oder Strenge- Effekt
Der Milde-Effekt (generosity error) eines Beurteilers besteht darin, dass prinzipiell zu gute Beurteilungen abgegeben werden. Schüler werden beispielsweise von einer Lehrkraft durchweg günstiger beurteilt, als dies von der Sache her angemessen ist, bzw. als sie von anderen Lehrkräften oder Vergleichspersonen beurteilt werden.

Gründe für den Milde-Effekt können sein, dass die Lehrkräfte einerseits glauben, eine schlechte Beurteilung von Schülern werfe ein ungünstiges Licht auf ihre pädagogischen Fähigkeiten oder ihre Beliebtheit leide ansonsten bei den Schülern. Andererseits werden zu günstige Beurteilungen abgegeben, weil sich Lehrkräfte für „schlechte Beurteilungen" rechtfertigen müssen oder sie einfach zu bequem sind, sich verantwortungsbewusst und gründlich mit der Beurteilungsaufgabe zu befassen.

Der Strenge-Effekt kommt bei Lehrkräften dann besonders zum Tragen, wenn sie ihre Fachkompetenz herausstellen wollen oder sie Schülern bewusst machen wollen, dass in ihrem Fach eine intensive Auseinandersetzung mit dem Stoff unabdingbar ist.

4. Reihungs- und rhythmische Schwankungseffekte
Eine allgemeine Tendenz bei der Beurteilung von schriftlichen Arbeiten (Klausuren) besteht darin, dass die ersten zu korrigierenden Arbeiten strenger beurteilt werden als die letzten. Es empfiehlt sich daher, die ersten fünf Klausuren am Ende noch einmal zu beurteilen. In ähnlicher Weise lassen sich bei mündlichen Prüfungen häufig rhythmische Schwankungen beobachten, die sich in einem periodischen Absinken und Aufsteigen der Bewertung äußern.

Ebenso lassen sich bei mündlichen und schriftlichen Leistungsbeurteilungen Schwankungen in dem Sinne bemerken, dass nach mehreren gleichen Beurteilungen aus sachfremden Gründen eine andere Note vergeben wird, so dies nicht durch ein objektives Bewertungsraster verunmöglicht wird.

5. Halo- oder Hofeffekt
Die höchste Beachtung unter den Beurteilungsfehlern erlangte der sogenannte Halo-Effekt (vgl. Thorndike, 1920; Cattell 1957; Cohen, 1969). Der sogenannte Hof bezieht sich dabei metaphorisch auf den Mondhof in klaren Nächten. Ähnlich wie der Mondhof kann auch die Bewertung eines Persönlichkeitsmerkmals auf die Beurteilung der anderen Merkmale ausstrahlen. Dabei sind es meist herausragende Eigenschaften, die dann die Beurteilung anderer nicht sehr gut beobachtbarer Eigenschaften bestimmen. Der Halo-Effekt tritt dann besonders häufig bei einem Beurteiler auf, wenn ein Personmerkmal der Beobachtung relativ unzugänglich ist, das Merkmal zudem auf Grund einer unzureichenden psychologischen Ausbildung nicht präzise definiert werden kann und dem Merkmal eine hohe soziale und moralische Bedeutung zukommt. Diese Kriterien gelten für die meisten der über die Lernleistungsbeurteilung hinausgehenden Beurteilungskategorien (vgl. Kleber, 1992, S. 136).

6. Logischer Fehler (logical error)
Damit wird die Tendenz eines Beurteilers beschrieben, Merkmale, die er für logisch zusammengehörig betrachtet, auch ähnlich zu bewerten. Solche logischen Fehler entstehen auf der Grundlage impliziter Persönlichkeitskonzepte oder Persönlichkeitstheorien, wie bereits weiter vorn ausgeführt wurde. Beurteiler gehen dabei möglicherweise von theoriefernen oder alltagsnahen Annahmen aus, dass bestimmte Eigenschaften bei Personen miteinander zusammenhängen.

Kleber (vgl. ebd., S. 134) beschreibt eine solche Urteilskette einer Lehrkraft, die einen verschlossenen Schüler beobachtet und beurteilt. Von fünf möglichen Verhaltensweisen, die relevant wären, nimmt diese Lehrkraft nur wahr, dass sich der betreffende Schüler nicht im Unterricht meldet. Das interne Urteil „verschlossen" wird von der Lehrkraft durch „uninteressiert" ergänzt. Die Lehrkraft inferiert nun folgende Urteilskette: verschlossen – uninteressiert – unkonzentriert – lernschwach – unintelligent – passt nicht in die 3. Klasse!

7. Referenzfehler
Lehrkräfte klassifizieren einzelne Schüler, indem sie sich sehr früh ein „Bild von ihnen machen“. Damit wird der Schüler in eine Referenzpopulation z.B. Problemschüler, langsamer Lerner eingeordnet. Referenzfehler entstehen immer dann, wenn der zu beurteilende Schüler einer falschen bzw. für ihn inadäquaten Gruppierung zugeordnet wurde.

Ein solcher Fehler auf mehr formalem Niveau entsteht bei der Benotung nach einem klasseninternen Bezugssystem. Die Beurteilung eines Schülers wird dann nicht an einem objektiven Kriterium (z.B. Güte der erreichten Lernziele oder Beherrschungsgrad von Kompetenzen), sondern anhand des Leistungsniveaus der Schulklasse, in der sich der Schüler zufällig befindet, festgemacht (vgl. ebd., S. 138).

Fazit: Die in Kapitel 1.5. aufgezeigten Urteilstendenzen und Urteilsfehler sollten Diagnostiker (Lehrkräfte) keineswegs zu einer resignativen Haltung veranlassen, etwa in dem Sinne, dass es bei so vielfältigen Möglichkeiten von Fehler- und Irrtumsquellen gar keinen Zweck hätte, sich um genaue Einschätzungen zu bemühen. Im Gegenteil, drei produktive Schlussfolgerungen können abgeleitet werden:

1. Nur wer die möglichen Beurteilungsfehler kennt, kann konstruktiv mit Ihnen umgehen, d.h. eine gewisse Vorsicht/Umsicht beim Diagnostizieren an den Tag legen und die eigenen Urteile niemals als absolut richtig und endgültig einstufen.
2. Das Wissen um die Urteiltendenzen und Urteilsfehler ermöglicht es darüber hinaus, besonders „relevante Fehlersituationen/Quellen“ zu identifizieren und zu kontrollieren, um sich antitendenziell verhalten zu können.
3. Lehrkräfte, die sich um die systematische Erweiterung und Vertiefung ihres pädagogisch-psychologischen Wissens und ihrer diagnostischen Kompetenzen bemühen, schaffen sich damit eine gute Basis für die „theoretische Ausrichtung ihrer Merkmalslinse“ zur validen Beurteilung.

1.6 Institutionalisierung von Diagnostik und Beratung im Kontext von Schule – Wer darf diagnostizieren?

In Lehrerfortbildungen wird uns häufig die Frage gestellt, ob Lehrkräfte überhaupt diagnostizieren bzw. testen dürften. Deshalb haben wir diese Frage auch in die Überschrift aufgenommen. Aus unseren bisherigen Erläuterungen müsste aber klar geworden sein, dass diese Frage nach der Befugnis von Lehrkräften in Bezug auf Diagnostik anders oder präziser gestellt werden muss.

Lehrkräfte diagnostizieren zwar täglich, wenn dies auch häufig implizit und weniger reflektiert abläuft. Aber gerade deshalb sollten sie zusätzlich auch gezielt und verstärkt diese impliziten Diagnosen oder mögliche Beurteilungstendenzen bewusst reflektieren. Darüber hinaus müssen Beurteilungen oder Urteile auch mit der bereits beschriebenen Vorsicht abgegeben und durch explizite und genauere

Diagnosen unter bestimmten Bedingungen ergänzt bzw. kontrolliert werden (siehe vor allem Teil III).

Wir sind durchaus der Meinung, dass Lehrkräfte Schulleistungstests und Schultests (siehe Teile II und III) zur expliziten Informationsbeschaffung einsetzen dürfen bzw. dies auch verstärkt praktizieren sollten. Solche genannten Tests wurden ursprünglich für die Diagnostik durch Lehrerkräfte entwickelt. Die entscheidende Voraussetzung für diesen Testeinsatz ist selbstverständlich präzises diagnostisches Wissen (siehe Teil II) und der eingeübte Umgang mit den entsprechenden Testmaterialien, damit die ethische Verantwortung des Testers auch voll gewährleistet ist. Außerdem werden diese Tests nur unter der Zielstellung der differenzierten Förderung der Schülerinnen und Schüler eingesetzt und nicht – wie von Testgegnern häufig unterstellt – zur Stigmatisierung und Selektion. Um Schüler nämlich zu stigmatisieren oder falschen Referenzgruppen zuzuweisen, bedarf es keiner Tests, wie wir weiter vorn gesehen haben. Dies geschieht weit häufiger eben durch die wenig reflektierten alltäglichen Beurteilungsprozesse. Aber gezielte, wirkungsvolle und darüber hinaus Ressourcen sparende pädagogische Förderung bedarf sehr wohl einer exakten Bestimmung der Ausgangslage des Schülers (seiner Schwierigkeiten, seiner internen und externen Ressourcen, seines Kontextes usw.).

Es ist andererseits selbstverständlich und in den Schulgesetzen der einzelnen Bundesländer z.T. auch juristisch verankert, dass Lehrkräfte keine Intelligenztests oder Persönlichkeitstests durchführen dürfen, weil ihnen dazu die entsprechende Ausbildung und Expertise fehlen. Es besteht für die Durchführung von solchen Tests im Kontext von Schule bzw. für die Realisierung pädagogischer Förderaufgaben auch keinerlei Notwendigkeit.

Der Umgang der Lehrkräfte mit Schultests dagegen ist nur wenig in den schulgesetzlichen Bestimmungen geregelt. Lehrkräfte haben aber den Auftrag, Schüler zu beraten und zu fördern, und daraus leitet sich für einen Pädagogischen Psychologen immer auch eine exakte Informationsbeschaffung mittels entsprechender diagnostischer Verfahren ab. Je nach diagnostischer Aufgabenstellung (siehe Teil II) sollte die Lehrkraft dann abwägen, wann z.B. ein Lesetest oder ein Mathematiktest zur genaueren Diagnose der Schulleistung von Schülern herangezogen werden muss.

Die gesetzliche Regelung zum Umgang mit bestimmten Tests ist kultushoheitlich für Förderpädagogen dagegen genauer ausgeführt, weil sie im Studium eine umfangreichere diagnostische Ausbildung erhalten haben und dort bereits eine entsprechende Expertise anbahnen konnten.

Für alle anderen Lehrkräfte enthalten die schulgesetzlichen Bestimmungen in der Regel keine Verbote oder Gebote. Es ist jedoch sicher unbestritten, dass Lehrkräfte der allgemeinbildenden Schulen während ihres Lehramtsstudiums nur wenige oder keine Lerngelegenheiten in pädagogisch-psychologischer Diagnostik hatten. Für diese Lehrkräfte bleibt dann nur die Möglichkeit, Kompetenzen im Umgang mit den entsprechenden diagnostischen Verfahren über differenzierte, einzufordernde Fortbildungen berufsbegleitend zu erlangen.

Hinter der Frage, wer im Kontext von Schule beraten und diagnostizieren „darf", verbirgt sich auch noch ein anderes Problem. Lehrkräfte teilen uns in den

Fortbildungsveranstaltungen häufig mit, dass Beratungslehrer der Schulen den Lehrkräften den Einsatz von Schulleistungstests vorenthalten möchten, um den Status quo zu sichern. Ebenso oft berichten Lehrer jedoch auch, dass sie alle „Problemfälle" – selbst die kleinen – an den Beratungslehrer überweisen, denn schließlich sei es seine Aufgabe, hier zu helfen und zu beraten. Beide geschilderten Extreme sind für eine effiziente Kooperation von Lehrkräften und Beratungslehrern kontraproduktiv.

Selbstverständlich existiert in unserem Bildungssystem eine festgelegte Institutionalisierung von Diagnostik und Beratung, d.h. die offiziellen Instanzen dafür sind Schulpsychologen bzw. schulpsychologischer Dienst und die Beratungslehrer. Schulpsychologen haben in der Regel eine universitäre psychologische Ausbildung und besitzen damit die Qualifizierung für wissenschaftliche Diagnostik und Beratung. Beratungslehrer sind ausgebildete Fachlehrer und sollten in der Regel eine Zusatzausbildung erworben haben, in der sie mit den notwendigen, wenn auch im Vergleich zu den Kompetenzen des Schulpsychologen eingeschränkten diagnostischen Qualifikationen ausgerüstet werden.

Schulpsychologische Beratung hat allgemein die Funktion, Schulen, d.h. Lehrer, Schüler, Eltern in ihrem Erziehungs- und Bildungsauftrag durch psychologische Erkenntnisse und Methoden zu unterstützen. Die ursprünglich im Bildungsplan der „Bund-Länder-Kommission" (1973) festgelegten Richtwerte des Betreuungsverhältnisses von Schulpsychologen, Beratungslehrern und zugeordneten Schülern werden bis heute enorm überschritten. Ursprünglich war vorgesehen, dass ein Schulpsychologe für jeweils 5000 Schüler und ein Beratungslehrer für 500 Schüler zuständig sein sollte. Man kann heute davon ausgehen, dass Schulpsychologen mindestens die doppelte Anzahl von Schülern betreuen müssen. Dieses ungünstige Betreuungsverhältnis ist umso kritischer zu beurteilen, als zahlreiche geforderte Rahmenbedingungen schulpsychologischer Arbeit damit nicht gegeben sind. So ist es für Schulpsychologen immer aufwändig und schwieriger bei Einzelfallberatungen neben der Diagnostik von Problemen und Schwierigkeiten der Schüler gleichzeitig auch eine Diagnose des Umfeldes, d.h. eine Situations- und Kontextdiagnostik vorzunehmen und aus der Diagnose auch praktische Fördermaßnahmen abzuleiten und durchzuführen. Häufig wurden und werden die Aufgaben der Intervention und Förderung an die Lehrer und Eltern zurückgegeben. Bei einer Delegation der Verantwortung für schulische Probleme an schulexterne Experten besteht auch generell die Gefahr, dass die im Umfeld von Schule und Familie vorhandenen Ressourcen zur Intervention nicht genügend genutzt werden können. In der Praxis der schulpsychologischen Beratung hat deshalb seit langem eine Fokusverlagerung vom Schüler auf den Lehrer und von der kurativen zur präventiven Arbeit stattgefunden.

Schulpsychologen sind demnach die geeigneten Experten für die gezielte Fortbildung der Lehrkräfte im Bereich der pädagogisch-psychologischen Diagnostik. Damit wird eine Optimierung zur Früherkennung und Prävention bei Lernschwierigkeiten, bei Verhaltensauffälligkeiten usw. der Schüler durch die Lehrkräfte und gleichzeitig eine Entlastung der schulpsychologischen Dienste von Einzelfallberatung erreicht.

Auch die Beratungslehrer sollten in die Fortbildung und Begleitung der Lehrkräfte beim Einsatz von diagnostischen Verfahren einbezogen werden. Es muss verstärkt an Schulen in einer Kooperation von Beratungslehrern und Lehrkräften entschieden werden, wer für welche diagnostischen Aufgaben und Interventionen die günstigeren Voraussetzungen hat. Lehrkräfte können bei einer gezielten diagnostischen und beraterischen Fortbildung wesentlich mehr Aufgaben übernehmen, um einerseits die überlasteten Beratungslehrer und Schulpsychologen für andere Aufgaben zu entlasten, andererseits aber auch um ihren vorhandenen „Heimvorteil" wirkungsvoller zu nutzen, denn sie kennen ihre Schüler am besten, sind durch den pädagogischen Alltag mit ihnen lange zusammen, sind den Schülern vertraut und könnten deshalb oft Probleme „nebenbei" mit Schülern und Eltern ohne große Schwellenängste lösen.

Wünschenswert und natürlich pädagogisch sinnvoll wäre, wenn zugunsten solcher wichtiger diagnostischer und beraterischer Tätigkeiten aller Lehrkräfte die hohe Pflichtstundenzahl reduziert werden könnte. Bei einer Neuorganisation der Tätigkeit im Rahmen von Ganztagsschulen oder prinzipiell beim Überdenken von realistischen und wirkungsvollen Innovationen zur Optimierung der Bildungs- und Erziehungsarbeit an Regelschulen liegen hier entscheidende Potenzen.

Bei allem diagnostischen Optimismus und dem großen Vertrauen in die diagnostischen Fähigkeiten von Lehrkräften bei entsprechenden diagnostischen Fortbildungen und Begleitungen müssen dennoch noch einmal die *Grenzen für Diagnostik und Beratung* durch Lehrkräfte in den Blick genommen werden. *Allgemein gilt, dass die Vorsicht beim Testeinsatz immer geboten ist und die Kooperation mit Fachkollegen und/oder Beratungslehrern immer die Auswertungs- und Interpretationsobjektivität sichert bzw. erhöht.* Ganz wichtig dabei ist, dass sich jede Lehrkraft vor jedem Testeinsatz bei einem Einzelschüler oder bei der gesamten Klasse prüft, ob das entsprechende diagnostische Wissen, Können und die Erfahrung tatsächlich ausreichen, um ethisch verantwortungsbewusst zu handeln. Im abschlägigen Fall ist die Delegation des diagnostischen Problems an einen Experten kein Prestigeverlust, sondern Ausdruck für die gebotene Vorsicht und Verantwortung.

Mit Abbildung 1.6 sollen noch einmal zusammenfassend Anlässe für die explizite Diagnostik durch Lehrkräfte aufgelistet werden, auf die im Teil III dann ausführlich eingegangen wird.

Zum Abschluss des ersten Teils dieses Buches, in dem das Ziel verfolgt wurde, bei Lehrkräften neben einem geschärften Bewusstsein über die Sinnhaftigkeit und Notwendigkeit pädagogisch-psychologischer Diagnostik als Bestandteil des Lehrerhandelns auch eine Motivation zur systematischeren Beschäftigung mit diagnostischen Fragen zu entwickeln, könnte jede Lehrkraft eine ***Selbstdiagnose ihrer diagnostischen Kompetenz durchführen***. Mit dieser Selbstdiagnose kann festgestellt werden, wie genau die Lehrkraft in einer selbst ausgewählten Situation diagnostizieren kann. Aus diesem empirisch gewonnenen Ergebnis zur Qualität der diagnostischen Kompetenz kann jede Lehrkraft dann ganz konkrete motivationale und inhaltliche Schlussfolgerungen für die weitere Beschäftigung mit theoretischen und praktischen Fragen der pädagogisch-psychologischen Diagnostik ableiten. Die präzise Anleitung zur Durchführung der Selbstdiagnose befindet sich im vierten Teil dieses Buches (siehe Kap. 4.1: Erfassung der diagnostischen Kompetenz von Lehrkräften).

Abbildung 1.6: Anlässe für die explizite Diagnostik durch Lehrkräfte

Anlässe für explizite Diagnostik durch Lehrkräfte:

(1) **Planen von Unterricht**

(2) **Feststellen von Lernvoraussetzungen der Schüler**
(z.B. Wie lernen die Schüler? Welche Lernstrategien wenden sie an? Wie motiviert sind die Schüler?)

(3) **Leistungsüberprüfung**
(z.B. Wie gut sind die Schüler im Vergleich zu einer repräsentativen Stichprobe?)

(4) **Vor der Einführung neuer Themen**
(z.B. Welches Vorwissen haben und brauchen die Schüler, um das neue Thema verstehen zu können?)

(5) **Analyse des eigenen Unterrichts**
(z.B. Verstehen die Schüler die Erklärungen, wird überhaupt auf Verstehen geachtet? Wie kann Verstehen geprüft werden? Ist der Unterricht adaptiv, d.h. sind die Lehrmethoden an die Lernvoraussetzung der Schüler angepasst? Werden ausreichend Strukturierungshilfen geben? Wie viel Zeit wird nicht fürs Lernen aufgewendet?)

(6) **Konstruktion und Bewertung von Klassenarbeiten und Tests**
(z.B.Werden alle curricularen Anforderungen mit Aufgaben abgedeckt? Wie ist die Verteilung des Schwierigkeitsgrades unter den konstruierten Aufgaben? Welche Beurteilungskriterien der Leistungen werden benutzt? Beurteilungsfehler?)

(7) **Bestimmung des Ausgangsniveaus bei jeder Fördermaßnahme**
(z.B. interne und externe Bedingungen des Schülers, Kontextvariablen, Ressourcen)

(8) **Vor jeder Nachhilfe oder Nachhilfeempfehlung**
(z.B. Erstellung einer strukturellen Analyse der Schulleistungen)

(9) **Bei Lernschwierigkeiten einzelner Schüler**
(z.B. Früherkennung)

(10) **Bei wichtigen Schullaufbahnentscheidungen**
(z.B. Nicht versetzen; Schulwechsel, Kurswahl)

(11) **Bei Übertritt in Klasse 5**
(z.B. gezielte und frühzeitige Förderungen einleiten)

(12) **Überprüfung der eigenen Bewertung und Zensurengebung**
(z.B. adäquat, zu streng, zu milde?)

Teil II: Theoretische Grundlagen der pädagogisch-psychologischen Diagnostik – Partizipation an einem fremden Werkzeug

Im zweiten Teil wird jetzt das Handwerkszeug der pädagogisch-psychologischen Diagnostik vorgestellt. Die folgenden Kapitel zielen darauf ab, in die theoretischen Grundlagen der pädagogisch-psychologischen Diagnostik einzuführen und für die Tätigkeit von Lehrkräften zu erläutern. Die Frage nach der Begriffsbestimmung der pädagogisch-psychologischen Diagnostik wurde in Zusammenhang mit der kritischen Reflexion der diagnostischen Kompetenz in Kapitel 1.3 bereits beantwortet; ebenso wurden die Gütekriterien angesprochen. An dieser Stelle werden diese Konzepte erneut aufgegriffen, aber systematisch entfaltet. Dabei wird explizit die Perspektive von Lehrkräften eingenommen.

In Übereinstimmung mit Klauer (1982b) wird die Position vertreten, dass die theoretischen Modelle und Methoden der so genannten Pädagogischen Diagnostik in der psychologischen Diagnostik wurzeln. Die „Pädagogische Diagnostik" benutzt demnach die Werkzeuge der psychologischen Diagnostik bei ihren Erkenntnisbemühungen im Dienste anfallender pädagogischer Entscheidungen (Klauer, ebd.). Die Begriffe „Pädagogische Diagnostik" und „pädagogisch-psychologische Diagnostik" werden synonym verwendet, weil sowohl die Zielrichtung als auch die Arbeitsweise übereinstimmen. Vor ca. 30 Jahren wollte Ingenkamp, der Begründer der „Pädagogischen Diagnostik", mit dieser Begriffswahl deutlich hervorheben, dass im pädagogischen Feld die Notwendigkeit einer exakten Diagnostik besteht, um die Bildungs- und Erziehungsarbeit zu professionalisieren. Gegenwärtig wird wieder eher der Begriff der pädagogisch-psychologischen Diagnostik verwendet, um insbesondere den Rückgriff auf das „fremde" psychologische Werkzeug zu unterstreichen, das die wissenschaftliche Diagnostik von geisteswissenschaftlichen Konzepten eindeutig abgrenzt. Um diesem Umstand Rechnung zu tragen, werden die konzeptuellen, messtheoretischen und methodischen Grundlagen in den für Lehrkräfte relevanten Bereichen vorgestellt. Eine vollständige Übersicht über die wissenschaftliche bzw. die pädagogisch-psychologische Diagnostik geben die einschlägigen Diagnostikwerke (bspw. Amelang & Zielinski, 2002; Ingenkamp & Lissmann, 2005; Jäger, 2007; Klauer, 1982a; Kleber, 1992; Lukesch, 1998; Tent & Stelzl, 1993). Nachfolgend werden die theoretischen Modelle unter der Leitfrage beleuchtet, welches Wissen und welche Kompetenzen für das diagnostische Handeln von Lehrkräften nützlich sind. Es wird im Folgenden das psychologische Handwerkszeug so vorgestellt wie Lehrer es benötigen.

Zu Beginn wird besprochen, wodurch sich Alltags- und professionelle Diagnostik unterscheiden (Kap. 2.1), um anschließend den Ablauf der einzelnen Schritte der diagnostischen Urteilsbildung zu beschreiben (Kap. 2.2). Danach wird die Frage nach den messtheoretischen Grundlagen beantwortet (Kap. 2.3). In diesem Zusammenhang wird geklärt, was Messen im Kontext der Erhebung diagnostischer Daten bedeutet. Schließlich werden einzelne Erhebungsmethoden dargestellt und hinsichtlich ihrer Handhabung durch Lehrkräfte diskutiert (Kap. 2.4).

2.1 Alltags- versus professionelle Diagnostik

Im Folgenden werden zunächst die Kriterien einer wissenschaftlich fundierten Diagnostik herausgearbeitet, indem die professionelle Diagnostik von der Alltagsdiagnostik abgegrenzt wird, um abschließend den Kern der pädagogisch-psychologischen Diagnostik herauszustellen.

Einleitend wird zu einem Gedankenexperiment eingeladen. Stellen Sie sich folgendes Szenario vor. Kurz vor Schuljahresende wird Ihnen als Klassenleiter von der Schulleiterin mitgeteilt, dass nach den Sommerferien ein neuer Schüler in die Klasse kommt. Der Schüler war soeben mit seinen Eltern zu einem Gespräch bei der Schulleiterin. Mit einem raschen Blick aus dem Fenster des Lehrerzimmers können Sie gerade noch erfassen, wie er mit seinen Eltern den Pausenhof überquert, so dass Sie sich einen ersten Eindruck von ihm verschaffen können. Schauen Sie dazu das Foto des Jungen im Praxisbeispiel an und beantworten Sie nebenstehende Fragen.

Praxisbeispiel:

Wie alt ist der Junge?
Welche Hobbys hat er?
Welches ist sein Lieblingsschulfach?

Schätzen Sie auf einer Skala von 1 (= niedrig) bis 10 (= hoch) ein,

wie humorvoll
wie pünktlich
wie fleißig

Ihr zukünftiger Schüler ist!

Bei der Beantwortung der Fragen wurde nichts Geringeres getan, als ein diagnostisches Urteil gefällt, also diagnostiziert. Der Begriff Diagnose, der aus dem Griechischen stammt, bedeutet ‚Entscheidung', ‚Beschluss', ‚Urteil' oder ‚Unterscheidung'. Gemeint sind die Mittel oder die Fähigkeit zu erkennen und zu unterscheiden.

Diese Tätigkeit des Unterscheidens und Urteilens ist aus dem Alltag hinreichend bekannt. Beständig treffen wir Urteile über unsere Mitmenschen und schätzen Situationen ein. Dabei wird größtenteils auf subjektive Theorien zurückgegriffen. Jeder hat eine Idee davon, welchem Hobby der abgebildete Junge in seiner Freizeit nachgehen könnte und kann sein Urteil entsprechend begründen: Computerspielen, weil das alle Jungen in diesem Alter machen; Musikhören, weil er in seinem Aussehen den Mitgliedern einer Popgruppe nacheifert; Lesen, weil wir einen Jungen aus der Nachbarschaft kennen, dem er ähnlich sieht und der ebenfalls liest. Einige werden den fiktiven Schüler aufgrund seines freundlichen Gesichtsausdruckes als höflich und demzufolge als pünktlich einschätzen. Andere sind überzeugt, dass die Gestaltung der aufwändigen Frisur am Morgen viel Zeit beansprucht, was wiederum für Unpünktlichkeit steht. Man könnte diese Liste ins Unendliche fortsetzen. Es wird aber bereits jetzt deutlich, dass die Beantwortung der Frage, worauf die Urteile über den Schüler gründen, nicht frei von Beurteilungsfehlern ist (vgl. Kap. 1.5).

Das Gedankenexperiment führt zusätzlich vor Augen, dass wir uns in unseren Alltagsurteilen spontan und unbewusst von Alltagstheorien leiten lassen und selten die Richtigkeit der von uns angenommenen Zusammenhänge, beispielsweise zwischen Haarfrisur und Pünktlichkeit, überprüfen. Bezogen auf die vielen Urteile und Entscheidungen, die wir unentwegt im Alltag zu treffen haben, ist das auch nicht erforderlich. Im Gegenteil, in diesen Fällen kann das rasche Beurteilen von Menschen und Situationen eher als eine Kompetenz zur Alltagsbewältigung eingestuft werden. Niemand betritt ein Zugabteil und prüft in ausführlichen Befragungen, welcher Fahrgast als geeigneter Sitznachbar in Frage kommen könnte. Hier lassen wir uns von unserem Gefühl, von einem freundlichen Lächeln leiten. Irren wir uns in unserem Urteil, hat der Beurteilungsfehler im schlimmsten Fall lediglich eine unangenehme Zugfahrt zur Folge.

In professionellen Kontexten dagegen kann ein Fehlurteil gravierende Konsequenzen nach sich ziehen. Deshalb muss die Tätigkeit des Unterscheidens und Urteilens in einem professionellen Kontext nach einem theoretisch begründbaren System von Regeln und Methoden zur Gewinnung und Analyse von Daten ablaufen. Die einzelnen Kriterien, denen sich die wissenschaftlich fundierte Diagnostik im Unterschied zur Alltagsdiagnostik verpflichtet fühlt, sind in Abbildung 2.1. im Überblick aufgeführt und werden anschließend erläutert.

Aus Abbildung 2.1 geht hervor, dass das zentrale Kriterium einer wissenschaftlichen, d.h. professionellen Diagnostik, darin liegt, dass sowohl eine theoretische, als auch eine messtheoretische Klärung der Merkmale, über die ein Urteil gefällt werden soll, vorgenommen wird. Soll beispielsweise – wie im einführenden Praxisbeispiel – ein diagnostische Urteil darüber gefällt werden, wie humorvoll jemand ist, müsste in einem ersten Schritt geklärt werden, was unter Humor zu verstehen ist. Es muss also eine *theoretische Präzisierung* des zu messenden Merkmals vorgenommen werden.

Abbildung 2.1: Kriterien einer wissenschaftlichen Diagnostik

Alltagsdiagnostik

Wissenschaftliche Diagnostik

„Lehre von der sachgemäßen Durchführung der Diagnose"

- Präzisierung der zu messenden Merkmale
- Klärung der messtheoretischen Annahmen
- Standardisierung und Präzisierung der Messoperationen
- Orientierung an den Gütekriterien
- Bereitstellen von Maßstäben zur Beurteilung individueller Messergebnisse
- Analyse der Randbedingungen
- empirische Verifizierung der diagnostischen Aussagen

Daran schließt sich die Frage an, wie Humor gemessen werden kann. Diese Frage bezieht sich auf die Klärung der *messtheoretischen Annahmen* und der *konkreten Messoperationen.* Dabei wird die Überführung eines theoretischen Konzeptes in ein zu messendes Konstrukt *Operationalisierung* genannt. Worüber wurde Humor im vorangestellten Beispiel operationalisiert? Über das Lächeln des Jungen, seine witzige Frisur? Wenn möglich, hätte ausgezählt werden können, wie viele Witze er spontan erzählt. Aus diesen unterschiedlichen Möglichkeiten der Operationalisierung bei ein und demselben theoretischen Konzept (z.B. Humor) geht hervor, wie wichtig es ist, die Messoperationen transparent zu machen. Die inhaltliche Bedeutung eines diagnostischen Urteils kann erst dann eingeordnet werden, wenn man Kenntnis darüber hat, wie das Urteil zustande gekommen ist, d.h. welche Messoperationen der Aussage über ein Merkmal zugrunde liegen.

Weiterhin ist die wissenschaftliche Diagnostik um eine *Standardisierung der Messoperationen* bemüht. Damit ist gemeint, dass die Messbedingungen für alle Untersuchungsobjekte möglichst identisch sein sollen. Hier klingt bereits an, dass sich die Messung im Rahmen einer wissenschaftlich fundierten Diagnostik an den so genannten *Gütekriterien* orientiert, die weiter unten (Kap. 2.3.2) näher ausgeführt werden. Eine hohe Standardisierung ermöglicht beispielsweise eine hohe Objektivität des diagnostischen Urteils, wenn die Durchführung der Messung sowie die Auswertung und Interpretation der Messergebnisse unabhängig von den Ausführenden ablaufen. Die Forderung nach Standardisierung zielt darauf ab, die Wahrscheinlichkeit zu erhöhen, dass alle Diagnostiker zum gleichen diagnostischen Urteil gelangen.

Durch das *Bereitstellen von Maßstäben zur Einordnung individueller Messergebnisse* soll zudem sichergestellt werden, dass sich die Ausprägung eines individuellen Merkmals übereinstimmend interpretieren lässt. In unserem Gedankenexperiment wurde die Skala 1 bis 10 vorgegeben, um die inhaltliche Bedeutung des zu beurteilenden Ausprägungsgrades an Humor, Pünktlichkeit oder Fleiß verstehen zu können. Welchen Aussagegehalt hätte dagegen das einfache Urteil, ‚der Junge ist sehr fleißig'? Diese Aussage ist ungenau, wenn keine Klarheit darüber besteht, was „sehr" bedeutet, wenn also kein Maßstab oder Referenzpunkt zur Beurteilung angegeben wird.

Schließlich werden im Rahmen einer professionell durchgeführten Diagnose die *Randbedingungen analysiert*. Die Beantwortung der Frage, unter welchen Bedingungen gemessen wurde, muss letztendlich in das zu fällende diagnostische Urteil einbezogen werden, um mögliche Interpretationsfehler ausschließen zu können. In unserem Praxisbeispiel genügt ein Blick aus dem Fenster sicher nicht, um feststellen zu können, ob der Schüler auf dem Weg zu einem Kostümfest ist oder ob er sich täglich derart kleidet und frisiert. Dennoch dürfte verständlich sein, warum das eine Information ist, die im Gesamtzusammenhang nicht vernachlässigt werden darf und die zum letzten Kriterium der wissenschaftlichen Diagnostik führt, der *empirischen Verifizierung des diagnostischen Urteils*, d.h. der anschließenden Prüfung der Richtigkeit. In unserem Beispiel hätten wir nach dem ersten Eindruck vom Schüler, nach dem ersten intuitiven Urteil mit der Schulleiterin Rücksprache halten können. Erst durch das Beschaffen weiterer Informationen lässt sich die Richtigkeit des Urteils bestätigen oder in Frage stellen.

Zusammenfassend kann festgestellt werden, dass eine wissenschaftlich fundierte Diagnostik in Abgrenzung zur Alltagsdiagnostik als ein theoretisch begründbares System von Regeln und Methoden zur Gewinnung und Analyse von Kennwerten für inter- und intraindividuelle Merkmalsunterschiede an Personen oder relevanten Charakteristika von Merkmalsträgern, d.h. Einzelpersonen, Personengruppen, Institutionen, Situationen und Gegenständen definiert wird. Zu einer professionellen Diagnostik gehören demzufolge die Formulierung diagnostischer Probleme und Fragestellungen, die Erhebung diagnostisch relevanter Daten und deren Integration zu Diagnosen, die Aufstellung von Prognosen (Folgeerwartungen im Hinblick auf verfügbare Behandlungsalternativen, die mit dem diagnostischen Urteil verknüpft sind). Mit dem Formulieren von Prognosen wird nicht zuletzt die Finalität von Diagnosen unterstrichen. Das bedeutet, dass die diagnostische Tätigkeit nicht um ihrer selbst Willen betrieben wird, sondern immer auf ein Ziel ausgerichtet ist.

Das Ziel jeglicher wissenschaftlicher Diagnostik ist die Bereitstellung von wissenschaftlich fundierten Entscheidungshilfen bei unterschiedlichen Handlungs- und Behandlungsmöglichkeiten im Rahmen konkreter Fragestellungen. Ausgangspunkt ist immer das zu lösende Problem aus der Praxis. Unabhängig davon, ob es sich um ein Problem aus dem medizinischen oder technischen Bereich handelt, orientiert sich das *professionelle Urteil* in allen Bereichen an den erläuterten Kriterien (vgl. Abb. 2.2) und ist immer darauf ausgerichtet, eine ‚Behandlung zur Behebung des Problems' einzuleiten.

Abbildung 2.2: Anwendungsfelder und Aufgabenbereiche

Anwendungsfelder:
Einschulung
Übertritts-/Schullaufbahnberatung
Hochschulzugang
Schulinterne Differenzierung
Förderdiagnostik
Begabung u. Hochbegabung
Leistungsbeurteilung

Diagnose spezieller Lernvoraussetzungen und Leistungsbereiche:
Diagnose kognitiver Lernvoraussetzungen
Diagnose motivationaler, emotionaler und sozialer Lernvoraussetzungen
Diagnose von Wissen, Kenntnissen, Fähigkeiten
Entwicklungsdiagnostik

Diagnose spezieller Schwierigkeitsbereiche:
Allgemeine und partielle Lernschwierigkeiten
(Lesen, Schreiben, Rechnen)
Verhaltensauffälligkeiten/Schulangst/Prüfungsangst

Wenn es sich um die Klärung eines Problems aus der pädagogischen Praxis handelt, dann muss zu dessen Lösung auf die pädagogisch-psychologischen Diagnostik zugegriffen werden. Pädagogisch-psychologische Diagnostik für Lehrkräfte ist deshalb in Anlehnung an Klauer (1982a), pädagogische Entscheidungen mit Hilfe psychologischer Mittel zu treffen. Abbildung 2.2 zeigt im Überblick Anwendungsfelder und Aufgabenbereiche für mögliche pädagogische Entscheidungen von Lehrkräften.

2.2 Diagnostische Urteilsbildung – ein Prozessmodell

Abbildung 2.3 zeigt den Weg vom Ausgangspunkt des zu lösenden Problems aus der Praxis bis hin zum diagnostischen Urteil auf. Je nachdem, ob hierbei eine Selektions- oder Modifikationsstrategie verfolgt wird, steht die Erstellung eines Gutachtens oder die einzuleitende Intervention am Endpunkt. Selektionsstrategien dienen der Auswahl von Personen, Modifikationsstrategien dagegen der Einleitung von Veränderungen im Sinne von Förderung oder Therapie. In einer Diskussion, die auf Gegensätzlichkeit von Selektions- und Modifikationsstrategien angelegt ist, werden Werthaltungen des Schulsystems mit Werthaltungen der Diagnostik vermischt bzw. gleichgesetzt. Objektiv betrachtet ist Selektion eine wertneutrale Strategie, die im diagnostischen Prozess in Abhängigkeit vom diagnostischen Problem verfolgt werden kann.

In Abbildung 2.3 wird einem weiteren Kritikpunkt begegnet, der oftmals gegenüber einer pädagogisch-psychologischen Diagnostik, die sich an den wissenschaftlichen Kriterien orientiert, hervorgebracht wird. Das Ablaufmodell der Urteilsfindung veranschaulicht, dass professionelles Diagnostizieren nicht mit Messen oder – wie im Zuge der Testkritik verkürzt und verfälscht polemisiert wurde – Testen gleichzusetzen ist. Die diagnostische Urteilsbildung durchläuft einen differenzierten Prozess, der in einer ersten Phase mit dem diagnostischen Urteil abschließt. Diese Diagnose markiert jedoch keinen Endpunkt, sondern leitet entweder direkt – oder indirekt über ein Gutachten – eine Intervention oder Beratung ein. Im schulischen Kontext handelt es sich dabei zumeist um den Förderunterricht oder eine gezielte Nachhilfe. Häufig ist auch der Fachlehrer selbst für die Realisierung der Fördermaßnahme in seinem laufenden Unterricht verantwortlich. Gutachten dagegen werden selten vom Lehrer selbst geschrieben. Diese Aufgabe fällt in den Aufgabenbereich der Schulpsychologen. Die Lehrkraft dagegen muss häufig die anschließende Intervention im Kontext Schule durchführen.

Abbildung 2.3: Ablaufmodell des diagnostischen Urteilens in Anlehnung an Lukesch, 1998

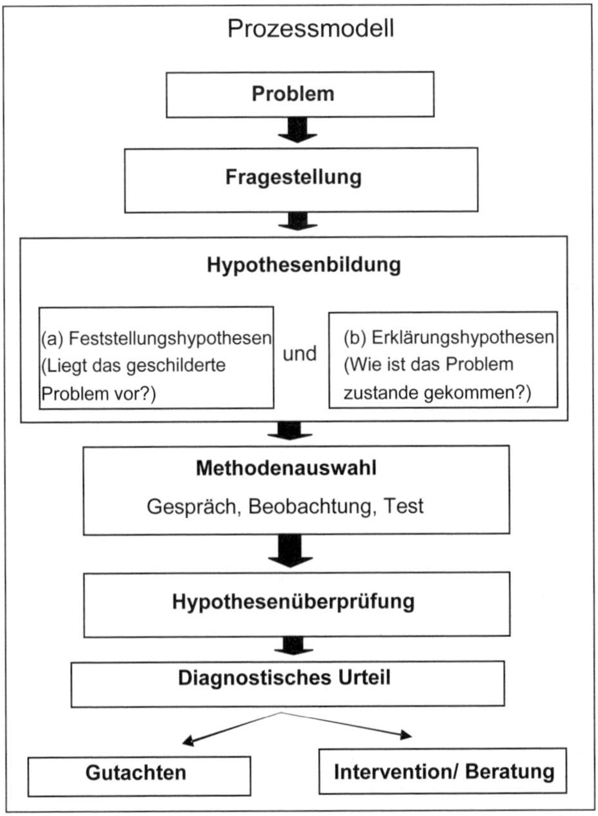

Jäger legte bereits 1986 ein Prozessmodell für die professionelle Diagnostik vor, aus dem hervorgeht, dass der diagnostische Prozess in mehreren voneinander unterscheidbaren Teilprozessen abläuft. Nachfolgend werden die einzelnen Teilschritte aus Abbildung 2.3 ausführlicher dargestellt:

> Am Beginn des diagnostischen Prozesses steht ein *Problem aus der Schulpraxis*, das von der Lehrkraft in eine ***diagnostische Fragestellung*** überführt werden muss. Um diese erste Aufgabe im diagnostischen Prozess erfolgreich zu meistern, ist es notwendig, adäquates pädagogisch-psychologisches Wissen zur Einordnung des Diagnoseanlasses zu aktivieren. Fällt ein Schüler der dritten Klasse beispielsweise durch unzählige Rechtschreibfehler im Diktat auf, kann nur die Lehrkraft theoretisch sinnvolle Vermutungen über mögliche Zusammenhänge oder Ursachen aufstellen, die über ein fundiertes Wissen zur Entwicklung des Rechtschreibprozesses verfügt. Fällt die kritische Selbsteinschätzung der Lehrkraft bezüglich des relevanten Vorwissens ungünstig aus, so dass der diagnostische Prozess nicht eigenständig durchlaufen werden kann, d.h. kommt die Lehrkraft beispielsweise zu der Schlussfolgerung, dass sie sich auf dem Gebiet der Rechtschreibentwicklung nicht ausreichend auskennt, um fundierte Vermutungen anstellen und prüfen zu können, ist es ratsam, Unterstützung von Experten in diesem Bereich einzuholen. Es empfiehlt sich, zuerst an Kollegen mit speziellem Fachwissen (z.B. Beratungslehrer, Fachberater, usw.) heranzutreten, bevor man sich an die schulpsychologischen Beratungsstellen (vgl. Teil IV) wendet.
>
> Auf der Grundlage des aktivierten Wissens werden nachfolgend, je nach Ausgangsproblem, ***Feststellungs- oder Erklärungshypothesen*** entwickelt, die im weiteren Prozess geprüft werden können. Feststellungshypothesen beziehen sich auf die Frage, ob ein Problem überhaupt vorliegt. In Zusammenhang mit beobachteten „Disziplinproblemen" gilt es beispielsweise, durch Unterrichtshospitation zu prüfen, ob der Schüler auch bei anderen Lehrkräften durch Störverhalten auffällt. Es muss zunächst festgestellt werden, ob ein Disziplinproblem vorliegt. Gibt es dagegen keine Unsicherheit darüber, ob ein Problem vorliegt, beispielsweise im Falle des Schülers mit vielen Diktatfehlern über mehrere Diktate hinweg, wird direkt eine Erklärungshypothese über mögliche Ursachen abgeleitet. Wie aus dem Schichtenmodell der Determinanten der Schulleistung hervorgeht (siehe Abb. 3.2, S. 95), können Erklärungshypothesen auf unterschiedlichen Ebenen der Verursachung von Problemen abgeleitet werden. Der professionelle Diagnostiker versucht stets solche plausiblen Hypothesen zu formulieren, die primär für die Entstehung der Probleme verantwortlich sind.
>
> Nach der Ableitung theoriegeleiteter Hypothesen steht der Diagnostiker nun vor der Aufgabe, die passende ***diagnostische Methode*** auszuwählen, um die aufgestellten Annahmen prüfen zu können. Es geht darum, Informationen und Daten zu sammeln, die am Ende zu einem diagnostischen Urteil verdichtet werden sollen. Das bedeutet, dass die Fragestellungen auf der Grundlage der erhobenen Daten beantwortet werden, indem die Gültigkeit der Hypothesen überprüft wird. Der Lehrkraft stehen dazu grundsätzlich Beobachtungsverfahren, Gesprächsmethoden oder Testverfahren zur Verfügung (siehe Kap. 2.3), die in Abhängigkeit von der spezifischen Fragestellung bzw. Hypothese eingesetzt werden: Soll in Erfahrung gebracht werden, ob und wie oft ein Schüler während des Unterrichts mit seinem Tischnachbarn schwatzt, bietet es sich eher an, den Schüler im Unterricht beobachten zu lassen, als ihn um die schriftliche Bearbeitung eines Fragebogens zu bitten. Es gibt demnach nicht *die* beste diagnostische Methode. Eine Methode kann nur in Bezug auf die Fragestellung als mehr oder weniger geeignet beurteilt und ausgewählt werden.

Wenn die aufgestellten Hypothesen mit den dafür geeigneten Methoden geprüft wurden und nicht bestätigt werden konnten, dann muss der diagnostische Prozess erneut am Punkt der Ableitung anderer Hypothesen ansetzen. Dieser Schritt im diagnostischen Prozess wird so lange durchgeführt, bis alle möglichen Hypothesen abgeklärt und die diagnostische Fragestellung ausreichend beantwortet werden kann. Alle so erhaltenen Informationen werden abschließend zu einer Diagnose, dem eigentlichen ***diagnostischen Urteil,*** verdichtet.

In Anbetracht des Sachverhalts, dass Lehrkräfte ihr diagnostisches Handeln stets auf die Einleitung von Fördermaßnahmen ausrichten müssen, folgt auf ein diagnostisches Urteil die Einleitung einer entsprechenden adaptiven Maßnahme, d.h. eine ***Intervention oder Beratung***. Deshalb wird der bisher beschriebene diagnostische Prozess auch als treatmentvorbereitende Diagnostik (Treatment = Maßnahme) bezeichnet (vgl. Krapp & Weidenmann, 2001). So gesehen müsste das Prozessmodell in Abbildung 2.3 um eine treatmentbegleitende Phase erweitert werden, die sich unmittelbar an die Diagnose anschließt. Sie ist darauf ausgerichtet, während der Durchführung der Intervention zu prüfen, ob der erwartete Erfolg eintritt oder ob das Treatment korrigiert werden muss.

Erst danach kann die eigentlich letzte Phase im diagnostischen Handlungsverlauf eingeleitet werden, die treatmentabschließende Diagnostik. Am Ende des Handlungsablaufs muss geprüft werden, ob sich die diagnostische Entscheidung bewährt hat, indem der Ausgangs- mit dem Endzustand verglichen wird, d.h. ist die gewünschte Veränderung eingetreten. Bezogen auf die messmethodische Ebene wird der Diagnostiker vor die Herausforderung gestellt, eine Messung vornehmen zu müssen, die einen Kompetenzzuwachs oder eine Veränderung abbilden kann. In diesem Zusammenhang muss beispielsweise bedacht werden, ob das Instrument, das zu Beginn des diagnostischen Prozess eingesetzt wurde, an dieser Stelle ein weiteres Mal angewendet werden kann (siehe z.B. A-Form und B-Form eines Testverfahrens).

Die differenzierte Entfaltung des diagnostischen Vorgehens im Rahmen des Prozessmodells kann belegen, dass die Tätigkeit des Diagnostizierens weit mehr beinhaltet als ‚nur' eine Messung vorzunehmen. Neben der eigentlichen „Messung" (treatmentvorbereitende Diagnostik) werden also darüber hinaus Fördermaßnahmen geplant, durchgeführt, kontrolliert und das erzielte Ergebnis geprüft. Alle drei Elemente dieses professionellen diagnostischen Handlungsprozesses (treatmentvorbereitende, treatmentbegleitende und treatmentabschließende Diagnostik) müssen im schulischen Kontext häufig von der Lehrkraft allein bewältigt werden.

2.3 Messtheoretische Grundlagen – ein Exkurs für Lehrkräfte

Bevor im nachfolgenden Kapitel die diagnostischen Methoden im Einzelnen besprochen werden, soll an dieser Stelle die Frage geklärt werden, was Messen im Kontext der Erhebung diagnostischer Daten bedeutet (Kap. 2.3.1). Dabei werden die Gütekriterien in ihrer Bedeutung für die diagnostischen Aufgaben von Lehrkräften erläutert (Kap. 2.3.2).

2.3.1 Messen

Kurz gesagt, beschäftigt sich die Messtheorie mit den Bedingungen und Voraussetzungen der Messbarkeit von Merkmalen. In allen einschlägigen Lehrbüchern (vgl. Bortz, 2005; Bortz & Döring, 2006; Orth, 1974) wird Messen als die Zuordnung eines numerischen Relativs zu einem empirischen Relativ definiert, sofern diese Zuordnung eine homomorphe Abbildung des empirischen Relativs in ein numerisches ist. Für jedes empirische Objekt muss eine Zahl existieren, wobei es im Gegensatz zur isomorphen Abbildung erlaubt ist, mehreren Objekten dieselbe Zahl zuzuordnen. Einfacher formuliert, besteht Messen im Zuordnen von Zahlen (= numerisches Relativ) zu Objekten oder Ereignissen (= empirisches Relativ), so dass die Relationen zwischen den Zahlen analoge Relationen zwischen den Objekten widerspiegeln (= homomorph). Eine Messung zielt darauf ab, exakte und vergleichbare Informationen über Merkmale zu erhalten. Die zugeordnete Zahl soll die gemessene Eigenschaft möglichst genau und fehlerfrei wiedergeben.

So wird in der Schule beispielsweise davon ausgegangen, dass die Notenzahl 3 im Fach Deutsch die entsprechende Deutschleistung des Schülers genau und fehlerfrei wiedergibt. Die Deutschleistung wird entsprechend der eingeführten Definition anhand der Zuordnung der Zahl 3 zu der Eigenschaft des Schülers gemessen. Darf man gleichzeitig auch davon ausgehen, dass die „(Deutsch)Eigenschaft" eines Schülers, dem die Notenzahl 6 zugeordnet wird, doppelt so hoch ausgeprägt ist wie die Eigenschaft des Schülers mit der Note 3? Es erübrigt sich, diese Frage zu beantworten. Das Beispiel eignet sich jedoch vortrefflich, um zu illustrieren, dass die gängige Relation zwischen den Zahlen, nämlich 6 ist doppelt so groß wie 3, im vorliegenden Fall nicht die Relation zwischen den Objekten widerspiegelt. Im Fall der Notenziffern besteht zwischen den Deutschleistungen der Schüler ‚lediglich' die Relation leistungsstärker bzw. leistungsschwächer, d.h. größer bzw. kleiner.

Daraus lässt sich schlussfolgern, dass Messen bzw. die Zuordnung von Zahlen zu Eigenschaften stets der Präzisierung der Abbildungsfunktion (die dieser Messung zugrunde liegt) bedarf. Diese Information wird durch die so genannten Skalen gegeben. Sie definieren die Funktion, die beide Relative verknüpft. Im Falle der Noten besteht zwischen den zu messenden Eigenschaften eine hierarchische Ordnung, eine Rangfolge. Betrachtet man einen Obstkorb voller Äpfel und Birnen und ordnet der Objektmenge Obst die Symbolmenge Zahlen zu, indem allen Äpfeln eine 3 und allen Birnen eine 6 zugeordnet wird, spiegeln die Ziffern die empirische Relation Gleich und Ungleich wider. Das heißt, die Bedeutung der Zahlen ergibt sich aus den beobachteten Eigenschaften. Kein Fußballexperte wird auf die Idee kommen, der Fußballspieler mit der Trikotnummer 10 spiele doppelt so gut wie der Spieler mit der Nummer 5. Allerdings wissen Fußballfreunde, dass die Spieler unterschiedliche Positionen besetzen, so dass die Ziffern in diesem Kontext ebenfalls eine Gleichheits- und Ungleichheitsrelation abbilden. Skalen repräsentieren demnach unterschiedliche Qualitäten zwischen den empirischen bzw. numerischen Relativa, die unterschiedliche Aussagen und entsprechende mathematische Berechnungen zulassen. Im Folgenden werden die gängigen Skalen aufgeführt und erläutert, welche Beziehungen sie wiedergeben:

- Eine Nominalskala ordnet Objekten des empirischen Relativs Zahlen so zu, dass Objekten mit der gleichen Merkmalsausprägung gleiche Zahlen und solchen mit verschiedener Ausprägung verschiedene Zahlen zugeordnet werden. Die Nominalskala bildet Unterschiede ab.
- Eine Ordinalskala ordnet den Objekten des empirischen Relativs Zahlen so zu, dass höheren Merkmalsausprägungen auch höhere Zahlen zugeordnet werden, d.h. eine größer-kleiner Relation zwischen den Merkmalsausprägungen muss durch die Zahlen abgebildet werden. Die Ordinalskala bildet demnach hierarchische Ordnungen ab.
- Eine Intervallskala ordnet den Objekten des empirischen Relativs Zahlen derart zu, dass gleiche Differenzen im empirischen Relativ gleichen Differenzen im numerischen Relativ entsprechen. D.h. der Abstand zwischen zwei beliebigen Skalenpunkten ist gleich und entspricht analogen Merkmalsausprägungen.
- Eine Verhältnisskala ordnet den Objekten des empirischen Relativs Zahlen derart zu, dass das Verhältnis zweier Zahlen dem Verhältnis des Merkmalsunterschieds entspricht. Es existiert ein natürlicher Nullpunkt, beispielsweise bei der Angabe des Gewichts oder der Länge. Dadurch wird die Angabe von Verhältnissen erst sinnvoll. Erst auf diesem Skalenniveau ist die Aussage, dass die Merkmalsausprägung von Objekt A doppelt so hoch ist wie die Merkmalsausprägung von Objekt B sinnvoll, so dass mit den Maßzahlen auch Multiplikation und Division durchgeführt werden können.

Tabelle 2.1 gibt einen Überblick über gebräuchliche Skalen, die zulässigen Aussagen und Rechenoperationen sowie empirische Beispiele.

Tabelle 2.1 Skalen, zulässige Aussagen und (empirische) Beispiele

Skalentyp	**Aussage**	**Rechen-operation**	**(Empirische) Beispiele**
Nominalskala	Gleichheit-Ungleichheit Unterschiede	= ; •	Matrikelnummern Lehrmethode
Ordinalskala	Größer-Kleiner Relation Hierarchische Ordnungen	< , >	Zensuren Prozentränge
Intervallskala	Gleichheit von Differenzen	+, –	Temperatur T-Werte, z-Werte
Verhältnisskala	Gleichheit von Verhältnissen	: ; .	Länge, Gewicht

Es trägt zum besseren Verständnis von Lehrkräften bei, wenn sie sich in Grundzügen mit der Tätigkeit des Messens und den damit verknüpften Skalen auseinandersetzen. Damit können die Möglichkeiten und Grenzen des Messens im Rahmen der diagnostischen Urteilsbildung in der Schule sicherer eingeschätzt werden.

Lehrkräfte messen unentwegt, beispielsweise bei der Vergabe von Zensuren in Zusammenhang mit Leistungskontrollen. Sie ordnen den Leistungen ihrer

Schüler Zahlen zu, addieren Noten und berechnen Mittelwerte. Oftmals ohne sich dessen bewusst zu sein, dass dieses Vorgehen messtheoretisch nicht zulässig ist. Denn es wird implizit davon ausgegangen, dass es sich bei Noten um Intervallskalen (oder sogar Verhältnisskalen) handelt, was bedeuten würde, dass die Abstände zwischen den Noten gleich groß sind. D.h. es wird angenommen, dass der Leistungsunterschied zwischen der Note 2 und der Note 3 dem Unterschied zwischen der Note 4 und der Note 5 entspricht, obwohl die Noten lediglich eine Größer-Kleiner-Relation, d.h. ein „besser" bzw. „schlechter" widerspiegeln.

Die Konsequenz für die Notenpraxis lautet jedoch nicht, sie in Frage zustellen. Vielmehr sollen Lehrkräfte durch die Beschäftigung mit grundlegenden Ideen des Messens dafür sensibilisiert werden, ihre Messungen, insbesondere in den Fällen, wo es um Entscheidungen für die weitere Schullaufbahn und somit um die Zuordnung von Lebenschancen geht, reflektiert und so genau wie möglich durchzuführen.

Zum anderen erleichtert dieses Wissen das Verständnis für die Qualität von Messverfahren, die im nachfolgenden Kapitel (2.3.2) besprochen werden. In Zusammenhang mit der Darstellung von standardisierten Testverfahren und den damit verbundenen Normen, kann ebenfalls auf das messtheoretische Wissen zurückgegriffen werden, um den dahinter liegenden Sinn zu begreifen.

Nicht zuletzt macht die Beschäftigung mit messtheoretischen Annahmen auf das grundsätzliche Problem der Messbarkeit von komplexen Phänomenen bzw. Merkmalen aufmerksam, die sich nicht unmittelbar in physikalische Maßeinheiten übertragen lassen. Möchte man im Hauswirtschaftsunterricht beim Kuchenbacken beispielsweise das Gewicht der Zutaten ermitteln, werden die entsprechenden Objekte auf die Waage gelegt, die angezeigte Zahl auf der Messskala abgelesen und schließlich von dieser Zahl auf das Gewicht geschlossen. Möchte der Sportlehrer die Leistungen messen, die seine Schüler beim Weitsprung erbracht haben, legt er ein Maßband an und liest die Länge der zurück gelegten Strecke ab. Möchte der Deutschlehrer die Deutschleistung seiner Schüler messen, steht ihm dagegen kein entsprechendes Messinstrument zur Verfügung, das er bei seinen Schülern anlegen kann, um auf einer entsprechenden Skala die Deutschleistung abzulesen. Im letzten Fall werden nämlich keine direkt beobachtbaren Eigenschaften, sondern theoretische Konstrukte gemessen. Intelligenz, Aufmerksamkeit, soziale Kompetenz, Ordnung, Fleiß, Mitarbeit, Ängstlichkeit, Begabung, Motivation sind solche theoretische Konstrukte oder gedankliche Hilfskonstruktionen, die nicht unmittelbar gemessen werden können, sondern über Indikatoren im beobachtbaren Verhalten erschlossen werden müssen. Dabei beschreibt der Vorgang der Operationalisierung die Überführung eines theoretischen Konstruktes in messbare Einheiten, d.h. in direkt beobachtbare Merkmale, den so genannten Indikatoren, die wiederum Rückschlüsse auf die Ausprägung des „dahinterliegenden" theoretischen Konstrukts zulassen. In Abbildung 2.4 wird die Messung eines theoretischen Konstruktes am Beispiel der Deutschleistung dargestellt, wobei die Operationalisierung der Dimension der Rechtschreibung beschrieben wird.

Abbildung 2.4 verdeutlicht den Kerngedanken der so genannten klassischen Testtheorie [KTT] nach Lienert (1969; Lienert & Raatz, 1994), die davon ausgeht, dass beim Messen von Konstrukten der interessierende wahre Wert nicht direkt erfasst, sondern über den beobachtbaren Wert erschlossen werden muss. Dabei gilt das Axiom, dass sich der beobachtete Wert additiv aus dem wahren Wert und den Messfehlern zusammensetzt. Unter der Annahme, dass die Messfehler wiederholter Messungen voneinander unabhängig sind und nicht mit dem wahren Wert zusammenhängen, kommt es bei wiederholten Messungen zum Fehlerausgleich. So kann sich dem wahren Wert angenähert werden. Daraus ergibt sich die Bestrebung der klassischen Testtheorie, die Fehlerquellen zu minimieren, um dadurch möglichst genaue und fehlerfreie Messwerte zu erreichen. Aus der Kritik an den Axiomen der klassischen Testtheorie, die auch Messfehlertheorie genannt wird, haben sich die probabilistischen Testmodelle, auch Rasch-Modelle oder Latent-Trait-Modelle genannt, entwickelt (Rasch, 1960; Rost, 1999; Tent & Stelz, 1993). Sie werden an dieser Stelle der Vollständigkeit halber erwähnt, jedoch nicht weiter ausgeführt, da sie kaum von praktischer Relevanz für die Einzelfalldiagnostik von Lehrkräften sind. Die gängigen Diagnoseverfahren, die beispielsweise auch in Teil III vorgestellt werden, sind nach wie vor in Anlehnung an die Grundannahmen der KTT konstruiert.

Abbildung 2.4: Messung eines theoretischen Konstruktes

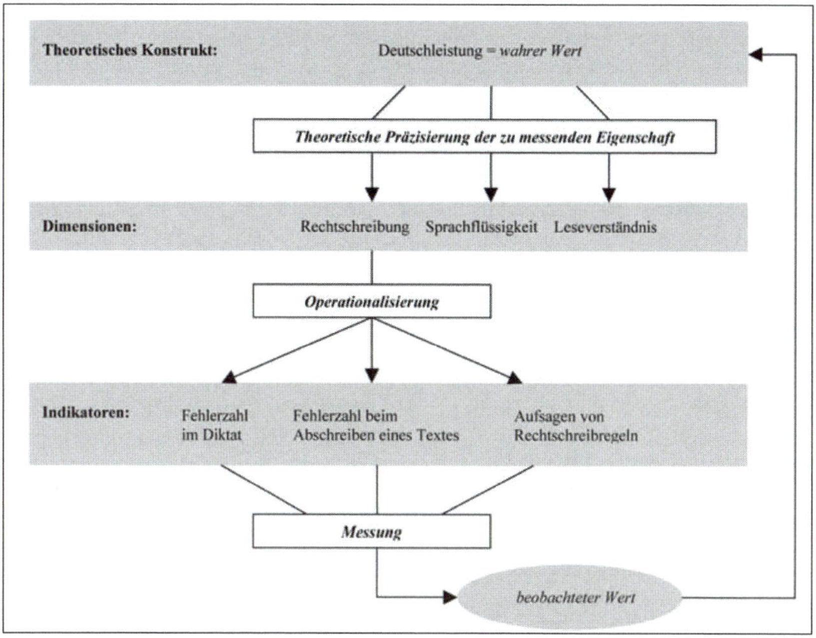

Axiom: Grundsatz einer Theorie / Wissenschaft

2.3.2 Gütekriterien

Es müsste deutlich geworden sein, dass im pädagogischen Prozess in der Regel keine physikalischen Größen, sondern Konstrukte gemessen werden (vgl. Abb. 2.4). Dafür sind Kriterien erforderlich, die uns anzeigen, wie gut die Messinstrumente ihren Zweck erfüllen. Im Rahmen der klassischen Testtheorie (vgl. Lienert, 1969) wurden die so genannten Gütekriterien entwickelt, die angeben „wie gut das Messinstrument ist“. Sie ermöglichen, den nicht direkt beobachtbaren hypothetischen Wert möglichst messfehlerfrei zu erfassen und den Fehleranteil der Messwerte möglichst genau, d.h. quantitativ zu beziffern.

Für die diagnostische Tätigkeit von Lehrkräften ist es nicht erforderlich, Gütekriterien zu berechnen. Es ist ausreichend, ihre Bedeutung zu kennen. Gütekriterien bieten den Lehrkräften einen Orientierungsmaßstab an, um einerseits die eigenen Messungen danach ausrichten und deren Messqualität erhöhen zu können. Andererseits ist die Kenntnis der Anforderungen, die Güterkriterien an Messinstrumente stellen, notwendig, um beurteilen zu können, ob die verwendeten diagnostischen Methoden den Kriterien des wissenschaftlichen Arbeitens (vgl. Abb. 2.1) genügen. Vor der Erläuterung der Hauptgütekriterien, *Objektivität, Reliabilität, Validität und Normierung,* werden zunächst die Nebengütekriterien *Ökonomie, Nützlichkeit, Testfairness* kurz skizziert (eine ausführliche Besprechung findet sich bspw. bei Ingenkamp, 1997; Lukesch, 1998) Diese Gütekriterien beziehen sich vorrangig auf standardisierte Testverfahren. Ein Verfahren ist dann ökonomisch, wenn es zur Durchführung und Auswertung wenig Zeit und Material braucht, unkompliziert und auch in Gruppen anwendbar ist. Mit Blick auf die Klagen über die Klassengröße und den umfangreichen Lehrplan, den es zu erfüllen gilt, ist dieses so genannte Nebengütekriterium für die diagnostische Tätigkeit von Lehrkräften nicht zu unterschätzen. Nimmt man das Ziel pädagogisch-psychologischer Diagnostik ernst, wissenschaftlich fundierte Entscheidungshilfen bereit zu stellen und legt die Betonung auf „Hilfen“, dann ist es für Lehrkräfte durchaus legitim, ein Verfahren auch danach zu beurteilen, ob man sich leicht selbstständig einarbeiten und mit der gesamten Klasse durchführen kann. Weiterhin wird von einem Verfahren eine hohe Nützlichkeit erwartet, die dann gegeben ist, wenn kein anderes Verfahren das Merkmal, das erhoben werden soll, misst. Liegt bereits eine Reihe von fundierten Verfahren vor, ist es überflüssig, ein weiteres anzuschaffen. Testfairness meint schließlich, dass die Testaufgaben oder Testfragen, auch Testitems genannt, keine Personengruppe benachteiligen.

> ***Die Objektivität*** eines Verfahrens bezeichnet den Grad, in dem ein Untersuchungsergebnis unabhängig vom Untersucher ist.

Ein Verfahren bzw. eine Messung wäre demnach vollkommen objektiv, wenn verschiedene Untersucher zu gleichen Ergebnissen gelangen. Entsprechend der Phasen einer Messung unterscheidet man zwischen der Durchführungsobjektivität, der Auswertungsobjektivität und der Interpretationsobjektivität. Die Durchführungsobjektivität fordert gleiche Durchführungsbedingungen für alle Messungen. Die Auswertungsobjektivität zielt darauf ab zu sichern, dass das gleiche Verhalten bzw. die gleiche Leistung mit derselben Zahl bewertet werden. Und schließlich kann von einer hohen Interpretationsobjektivität ausgegangen werden, wenn aus den Ergebnissen die gleichen diagnostischen Schlüsse gezogen werden.

Bezogen auf das Beispiel der Aufsatzprüfung wäre diese Messung dann hochobjektiv, wenn zwei Lehrkräfte unabhängig voneinander zu dem gleichen diagnostischen Urteil gelangen, d.h. die gleiche Note geben. Selbst bei Mathematikarbeiten können Lehrkräfte zu unterschiedlichen Ergebnissen kommen, wenn die Auswertungs- und Interpretationsstrategie nicht im Vorfeld festgelegt wird.

Die Reliabilität eines Verfahrens bezeichnet den Grad der Genauigkeit, mit dem ein Verfahren ein Merkmal misst – unabhängig davon, was es zu messen vorgibt.

Lukesch (1998) führt in diesem Zusammenhang das Beispiel von einem Maßband aus Gummi an, das zwar die Länge eines Gegenstandes messen, jedoch von Messung zu Messung unterschiedliche Messergebnisse hervorbringen würde. Übertragen auf pädagogisch-psychologische Messungen wird in gleicher Weise gefordert, dass das Instrument, beispielsweise die Aufsatzprüfung, bei wiederholter Messung zum gleichen Ergebnis führt. Aus diesem Beispiel lässt sich bereits ableiten, dass die Genauigkeit eines Messinstrumentes durch wiederholte Messungen und dem anschließenden Vergleich der einzelnen Messergebnisse bestimmt werden kann. Je nachdem wie bei der Überprüfung der Genauigkeit eines Messverfahrens vorgegangen wird, unterscheiden wir zwischen Retestreliabilität (Testwiederholung) und Paralleltestreliabilität (Vorgabe zweier gleichwertiger Tests; bspw. Form A und B).

Die Validität eines Verfahrens bezeichnet den Grad der Zuverlässigkeit, mit dem ein Verfahren das Merkmal, das es messen soll oder zu messen vorgibt, auch tatsächlich misst.

Ein Verfahren wäre demnach vollkommen valide, wenn seine Ergebnisse einen unmittelbaren Rückschluss auf den Ausprägungsgrad des zu erfassenden Merkmals zulassen. Von einer Waage erwarten wir, dass sie das Gewicht und nicht die Länge misst. Analog wird an eine Kurzkontrolle zum Beherrschen des Einmaleins die Anforderung gestellt, dass die mathematische Kompetenz und nicht die Ausprägung der Ängstlichkeit, beispielsweise vor der Klasse zu sprechen, gemessen wird. Validität ist jedoch keine generelle bzw. absolute Eigenschaft eines Verfahrens, sondern ist stets in Zusammenhang mit der diagnostischen Ausgangsfrage, die anhand der Messergebnisse beantwortet werden soll, zu begreifen. Dieser Sachverhalt spiegelt sich in der Unterscheidung verschiedener Validitäten wider: Inhaltsvalidität, curriculare Validität und prognostische Validität.

Wir bezeichnen ein Verfahren dann als inhaltsvalide, wenn die Aufgaben, den zu erfassenden Merkmalsbereich inhaltlich repräsentieren. Am viel zitierten Beispiel der Kompetenz, Schreibmaschine schreiben zu können, ist der Kerngedanke der Inhaltsvalidität leicht nachzuvollziehen. Wir zählen die richtigen Anschläge pro Minute und erfassen so die zu messende Kompetenz. Ebenso einfach können wir ein inhaltsvalides Verfahren konstruieren, um das Beherrschen des Einmaleins zu prüfen: Wir geben entsprechende Multiplikationsaufgaben zur schriftlichen Bearbeitung vor.

Ob dieses Verfahren jedoch auch curriculare Validität beanspruchen kann, hängt von den Lehrplanzielen bzw. dem zuvor in der Klasse bearbeiteten Lehr- und Lernstoff ab. Die curriculare Validität zeigt auf, inwieweit ein Messverfahren einem angegebenen Curriculum entspricht bzw. die Inhalte eines Curriculums und entsprechende Lernziele abbildet. Sie ist deshalb für die Schulleistungsmessung durch Lehrkräfte von hoher Relevanz, wenn sie die Leistungen ihrer Schüler in einem spezifischen Schulfach objektiv überprüfen möchten.

Ist die diagnostische Fragestellung jedoch auf die Vorhersage eines Merkmals ausgerichtet, wird die Forderung der prognostischen Validität an das Messinstrument gestellt. In Verbindung mit einer Schullaufbahn- oder Übertrittsentscheidung muss auf der Grundlage der gesammelten Daten ein diagnostisches Urteil darüber gefällt werden, ob der Schüler die entsprechende Klasse erfolgreich durchlaufen wird. Die „Richtigkeit" des abgegebenen Urteils, d.h. die Verifizierung (vgl. Abb. 2.1) zeigt sich erst in der Zukunft. Je genauer die Vorhersagen mit dem gewählten diagnostischen Instrumentes sind, desto höher ist auch seine prognostische Validität.

Die quantitative Bestimmung der Gütekriterien erfolgt durch den Korrelationskoeffizienten (r). Als Zusammenhangsmaß gibt er die Höhe des Zusammenhangs zwischen zwei Variablen, d.h. in unserem Kontext zwei Messungen, an. Dabei kann er einen Wert zwischen $r = \pm 1$ und $r = 0$ annehmen, wobei ± 1 einen maximalen positiven bzw. negativen Zusammenhang und 0 keinen Zusammenhang markiert.

Bezogen auf die Auswertungsobjektivität würde die Angabe eines Koeffizienten von $r = 1$ bedeuten, dass zwei unabhängige Auswerter zu exakt den gleichen Auswertungsergebnissen gekommen sind; zwei Lehrer stimmen in der Beurteilung einer Klassenarbeit einer Schulklasse völlig überein.

Würde ein Lehrer dieselbe Klassenarbeit im Abstand von einer Woche zweimal schreiben lassen und dann die Übereinstimmung seiner Notenurteile berechnen, hätte er ein Maß für die Genauigkeit seines Messinstrumentes, d.h. für die Reliabilität (genau genommen die Retest-Reliabilität) der Klassenarbeit als diagnostisches Verfahren. Käme er bei der zweiten Messung zu exakt umgekehrten Ergebnissen, d.h. alle Schüler, die bei der ersten Messung die Note 1 erhalten haben, erhalten bei der zweiten die Note 6 usw., würde ebenfalls ein maximaler Zusammenhang zwischen den Messungen vorliegen, allerdings ein umgekehrt proportionaler, was durch das Minuszeichen vor der 1 zum Ausdruck gebracht wird.

Die Höhe der prognostischen Validität lässt sich beispielsweise dadurch bestimmen, dass wir den Zusammenhang zwischen den Vorhersagen aufgrund eines Testergebnisses und der Zeugnisnote am Ende des Schuljahres (als Indikator für das Bestehen) ermitteln.

In Tabelle 2.2 sind die Möglichkeiten zur Überprüfung der Gütekriterien bzw. der Bestimmung der entsprechenden Korrelationskoeffizienten veranschaulicht. Neben der einfachen prozentualen Übereinstimmung als Maß für die Höhe des Zusammenhangs zwischen zwei Urteilen bzw. Messergebnissen, die jede Lehrkraft schnell ermitteln kann, lässt sich auch der exakte Korrelationskoeffizient berechnen. Dazu kann man auf entsprechende Rechenprogramme[3] zurückgreifen, die ebenfalls einfach zu handhaben sind. Für eine kleinere Datenmenge, beispielsweise für einen Klassensatz, lassen sich die Koeffizienten auch „per Hand" berechnen. Die einzelnen Rechenschritte werden im folgenden Rechenexkurs am Beispiel der Berechnung der Retest-Reliabilität (r_{tt}) aus Tabelle 2.2 aufgezeigt. Möglicherweise wirkt allein die Formel auf den ersten Blick beängstigend. Wir führen jedoch schrittweise durch das Rechenbeispiel, so dass es jedem möglich ist, dadurch ein Verständnis für die Bedeutung des Korrelationskoeffizienten aufzubauen und eine Berechnung selbstständig, auch ohne Rechenprogramm, durchzuführen.

Tabelle 2.2: Beispiel zur Bestimmung der Gütekriterien

	Objektivität		**Reliabilität**		**Prognostische Validität**	
Schüler	**Urteil Lehrer1**	**Urteil Lehrer 2**	**1. Messzeitpunkt**	**2. Messzeitpunkt**	**Testergebnis Schuljahresbeginn**	**Note Schuljahresende**
1	4	3	39	38	39	3
2	5	5	36	37	39	3
3	3	2	23	28	36	3
4	2	2	28	25	28	4
5	2	3	48	49	58	1
6	3	2	40	42	42	2
7	4	4	65	67	62	1
⋮						
n						
	r= .78		r_{tt}= .98		r= -.97	

Exkurs zur Berechnung eines Korrelationskoeffizienten:

$$r_{x,y} = \frac{\frac{1}{n}\sum_{i=1}^{n}(x_i - \overline{x})(y_i - \overline{y})}{\sqrt{\frac{1}{n}\sum_{i=1}^{n}(x_i - \overline{x})^2}\sqrt{\frac{1}{n}\sum_{i=1}^{n}(y_i - \overline{y})^2}}$$

Im folgenden Rechenexkurs wird der Zusammenhang zwischen zwei Variablen X und Y, in unserem Beispiel zwischen den Testergebnissen zum ersten Messzeitpunkt (Variable X) und den Testergebnissen zum zweiten Messzeitpunkt (Variable Y) berechnet.

In der abgebildeten Formel bezeichnet n die Anzahl der Schüler (in unserem Rechenbeispiel n= 7), x_i und y_i die Werte des Schülers i auf den Variablen X (Testergebnis zum ersten Messzeitpunkt) bzw. Y (Testergebnis zum zweiten Messzeitpunkt) und $\overline{x}$

3 bspw. Korrelationsberechnung mit Hilfe von Excel oder SPSS

und $\bar{y}$ die Mittelwerte der beiden Variablen, also den Mittelwert der Testergebnisse aller Schüler zum ersten ($\bar{x}$= 39.86) bzw. zum zweiten ($\bar{y}$= 40.86) Messzeitpunkt.

Die einzelnen Rechenschritte werden in Tabelle 2.3 illustriert. Um den Zähler zu ermitteln, wird für beide Messzeitpunkte jeweils für jeden einzelnen Schüler die Abweichung seines Testwertes vom Klassenmittelwert berechnet (Testwert – Klassenmittelwert; siehe Spalten 2 und 3), die jeweiligen Differenzen werden anschließend miteinander multipliziert (siehe Spalte 4). Danach bildet man die Summe der Produkte (1145.86) und teilt sie durch die Anzahl der Schüler. Das Ergebnis des Zählers lautet demnach 163.69.

Um den Nenner zu berechnen, bildet man für jeden Schüler die Differenz des Testwertes vom Klassenmittelwert und quadriert sie (siehe Spalten 5 und 6). Daraufhin bildet man jeweils die Summe (1138.86 bzw. 1190.86), teilt sie durch die Anzahl der Schüler (162.69 bzw. 170.12) und zieht die jeweilige Wurzel (12.76 bzw. 13.04). Um letztendlich den Nenner zu erhalten, werden die Wurzeln miteinander multipliziert. Das Ergebnis des Nenners lautet 166.37. Setzt man Zähler und Nenner in die Formel, ergibt sich ein Retest-Reliabilitätkoeffizient von r_{tt}= .98.

Tabelle 2.3: Teilergebnisse für die Korrelationsberechnung

Schüler i	**$(x_i - \bar{x})$**	**$(y_i - \bar{y})$**	**$(x_i - \bar{x})(y_i - \bar{y})$**	**$(x_i - \bar{x})^2$**	**(yi – $\bar{y}$)2**
1	- .86	-2.86	2.46	.74	8.18
2	- 3.86	-3.86	14.90	14.90	14.90
3	-16.86	-12.86	216.82	284.26	165.38
4	-11.86	-15.86	188.10	140.66	251.54
5	8.14	8.14	66.26	66.26	66.26
6	.14	1.14	.16	.02	1.30
7	25.14	26.14	657.16	632.02	683.30

Vergegenwärtigen wir uns in diesem Zusammenhang den Grundgedanken des Messens im Rahmen der KTT, so ist es offensichtlich, dass die einzelnen Korrelationskoeffizienten, d.h. die Maße für Objektivität, Reliabilität und Validität selten einen Wert von $r = \pm 1$ erreichen, denn die Messung wird immer von Zufallsfehlern beeinflusst sein. Konsequenterweise schließt sich an die quantitative Bestimmung der Gütekriterien, welche angeben „wie gut das Messinstrument ist“, die Frage an, welchen Wert wir als „gut“ akzeptieren. In Tabelle 2.4 ist eine Interpretationshilfe angegeben, um entsprechende Koeffizienten einordnen und dadurch die Qualität der eigenen Messung oder vorgefundener Messinstrumente abschätzen zu können. Als Faustregel in den Sozialwissenschaften gilt, dass ein Korrelationskoeffizient von $r > .80$ einen sehr hohen, ein Korrelationskoeffizient von $r < .30$ dagegen keinen zufriedenstellenden Zusammenhang mehr ausweist (vgl. Bortz, 2005; Bortz & Döring, 2006; Bühner, 2006; Wirtz & Nachtigall, 2004).

Tabelle 2.4: Interpretationshilfe zur Bewertung von Gütekriterien

0 • r < .20	kein bzw. sehr geringer Zusammenhang	„dürftig“
.20 • r < .50	schwacher bin mäßiger Zusammenhang	„moderat“
.50 • r • .80	mittlerer Zusammenhang	„substantiell“
.80 • r • 1	hoher bis perfekter Zusammenhang	„fast perfekt“

Die Interpretationshilfe in Tabelle 2.4 ist ausdrücklich als Orientierung zu verstehen. Eine rein mechanische Anwendung verbietet sich aus der Überlegung heraus, dass die Gütekriterien immer mit Blick auf den Untersuchungszweck zu beurteilen sind: Die Angabe der prognostischen Validität ist je nach Fragestellung mehr oder weniger relevant; ebenso spricht ein schwacher Zusammenhang zwischen den Ergebnissen eines Deutschtestes und den Ergebnissen eines Mathematiktestes (bspw. $r = .30$) dafür, dass der Deutschtest tatsächlich Deutschleistungen und keine mathematischen Kompetenzen oder grundlegende kognitive Fertigkeiten misst. In diesem Fall ist der niedrige Koeffizient als gut zu werten. Zudem muss in Rechnung gestellt werden, dass der Reliabilitätskoeffizient zumeist höher ausfällt als der Validitätskoeffizient (vgl. Kap. 3.2.1). Demnach ist neben der Höhe der einzelnen Koeffizienten stets die Art der Berechnung und der jeweilige Untersuchungszweck zu berücksichtigen, wenn die Frage nach der Güte eines Instrumentes beantwortet wird: Ein Instrument ist nicht per se gut oder schlecht, sondern in Abhängigkeit vom Untersuchungszweck für den das Instrument eingesetzt werden soll.

Über die klassischen Hauptgütekriterien hinaus wird die Angabe von Normen bzw. die Normierung als Gütekriterium eingefordert. Rogge (1995) fordert in diesem Zusammenhang sogar, der Normierung eine ebenso wichtige Rolle wie den oben genannten Gütekriterien einzuräumen, da Messergebnisse ohne eine Referenzgröße nicht aussagekräftig bzw. interpretierbar sind. Eine Waage oder ein Lineal ohne die Angabe von Maßeinheiten würde beim Einkauf sofort beanstandet werden. Das Gleiche sollte von diagnostischen Verfahren im schulischen Kontext gefordert werden, wie im Folgenden erläutert wird.

> ***Die Normierung*** bezeichnet die Bereitstellung eines Maßstabes, um ein konkretes Messergebnis interpretieren zu können.

Wie bereits an mehreren Stellen angesprochen wurde, ist ein konkretes Messergebnis nicht aus sich heraus, sondern nur unter Rückgriff auf eine Bezugsgröße interpretierbar. Jedes Messergebnis muss in ein Bezugssystem eingeordnet werden, um in seiner inhaltlichen Bedeutung verstanden zu werden.

Grundsätzlich unterscheidet man zwischen drei Arten von Bezugsnormen, die für den schulischen Kontext relevant sind und gewöhnlich als Referenzpunkt zur Einordnung eines Messergebnisses herangezogen werden können: die intraindividuelle, die interindividuelle und die kriteriale Bezugsnorm.

- Intraindividuelle Norm: Der Bezugspunkt liegt in der Person. Es werden Merkmale/Leistungen derselben Person mit zurückliegenden Ergebnissen verglichen: Vergleich der Leistung des einzelnen Schülers mit zurückliegenden Leistungen.
- Interindividuelle (soziale) Norm: Der Bezugspunkt liegt in anderen Personen. Es werden beispielsweise Merkmale/Leistungen einer Person mit Merkmalen/Leistungen anderer Personen verglichen: Vergleich der Leistung des einzelnen Schülers mit den Leistungen seiner Klassenkameraden oder allen Schülern seiner Klassenstufe (vgl. Kap. 3.2.1.1 Sozialnormorientierte Tests).

- Kriteriale (objektive, lehrzielorientierte) Norm: Standards, die außerhalb von Personen, in der Sache selbst liegen, beispielsweise die Inhalte des Lehrplans: Vergleich der Leistung eines Schülers mit den Lehrzielen des Curriculums.

Aber Normen bezeichnen im Kontext der diagnostischen Datensammlung bzw. Messung über die grundsätzliche Orientierung an einem Referenzpunkt hinaus auch die konkrete Angabe von Normskalen in Zusammenhang mit einem Messinstrument. Sie sind vergleichbar mit den Maßangaben auf einem Lineal. In der Regel handelt es sich dabei um Testnormen, d.h. die Angabe von Normskalen im Manual eines Testverfahrens. Deshalb beziehen wir uns bei der weiteren Erläuterung der Funktion von Normen bei der diagnostischen Urteilsbildung auf konkrete Beispiele aus solchen Testverfahren, die für Lehrkräfte relevant sind. Darüber sollte jedoch nicht vergessen werden, dass die Forderung nach Normen an jedes diagnostische Verfahren gestellt wird, d.h. auch an Gesprächs- oder Beobachtungsmethoden. Die Gewinnung von Normdaten im Laufe der Testkonstruktion wird Eichung genannt; die Stichprobe, an der die Daten erhoben werden, Eichstichprobe. Die Aussagekraft der Testnormen hängt davon ab, ob die Eichstichprobe in ihrer Zusammensetzung, ihren Merkmalen usw. der Population, über die eine Aussage getroffen werden soll, entspricht. Messen wir die Deutschkompetenz von Viertklässlern sollten die Normdaten ebenfalls an Viertklässlern erhoben worden sein. Abbildung 2.5 zeigt die gängigen Normskalen in ihrer Beziehung zur Normalverteilung.

Abbildung 2.5: Gängige Normskalen

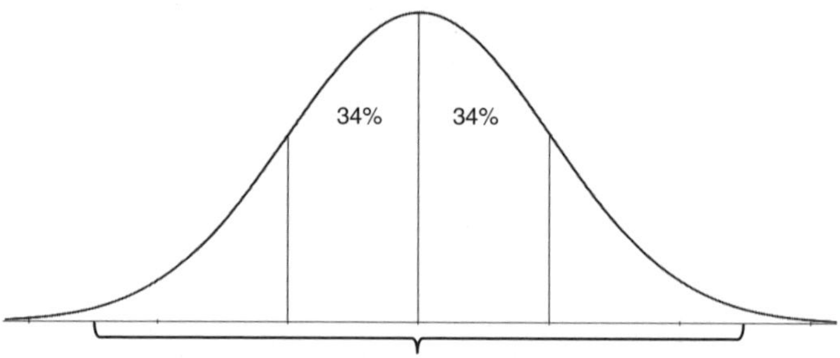

-3	-2	-1	0	+1	+2	+3	**z-Wert**
55	70	85	100	115	130	145	**IQ-Wert**
20	30	40	50	60	70	80	**T-Wert**
0.1	2	16	50	84	98	99.9	**Prozentränge**

Um die Bedeutung der Normskalen für Lehrkräfte und die Interpretation von Messwerten zu erklären, muss man auf die so genannte Normalverteilung zurückgreifen. Bei den meisten Messungen geht man davon aus, dass sich das untersuchte Merkmal in der Population normal verteilt, weshalb man sich folgende Eigenschaften der Normalverteilung bei der Interpretation und Einordnung der Messergebnisse zu Nutzen machen kann: a. Die Verteilung hat einen glockenförmigen Verlauf. b. Die Verteilung ist vollkommen symmetrisch, d.h. oberhalb und unterhalb des Mittelwertes liegen genau 50% aller Fälle – wie durch Abbildung 2.5 veranschaulicht wird. c. Zwischen den zu den Wendepunkten gehörenden Werten befinden sich ca. 2/3 der Gesamtfläche (68%). Die einzelnen Normalverteilungen unterscheiden sich durch ihren Mittelwert und die Streuung.

Unter diesen Normalverteilungen gibt es eine besondere, die einen Mittelwert von 0 und eine Streuung von 1 aufweist (siehe Abbildung 2.5). Diese Normalverteilung ist deshalb von herausragender Bedeutung, weil alle anderen Normalverteilungen durch eine einfache Transformation in sie überführbar sind (für die genaue Berechnung siehe Bortz, 2005). Denn bei Intervallskalen (siehe Tabelle 2.1) ist es möglich, durch eine lineare Transformation Mittelwerte und Standardabweichung durch Hinzufügen einer Konstanten zu jedem Einzelwert zu verändern, ohne dass sich die relative Position des Individuums in der Population verändert. Auf diese Weise, d.h. durch die so genannte z-Transformation, können alle Normalverteilungen standardisiert werden oder anders ausgedrückt, auf einen Standard, nämlich die so genannte Standardnormalverteilung, die **z-Wert-Skala**, gebracht werden.

Wenn man nun in der aktuellen Stichprobe keine Normalverteilung der Messwerte gefunden hat, aber dennoch eine Normalverteilung des untersuchten Merkmals in der Population annimmt, kann man die **T-Wert-Skala** benutzen, bei der ein Mittelwert von 50 und die Standardabweichung auf 10 festgelegt wurde. Ingenkamp (1997) spricht in diesem Fall davon, die aktuelle Verteilung zu normalisieren.

Eine weitere Normskala, die in Zusammenhang mit der Intelligenzmessung bedeutsam ist, ist die in Abbildung 2.5 angegebene **Intelligenz-Skala [IQ-Skala],** deren Skalenmittelwert bei 100 liegt und deren Standardabweichung 15 Intelligenzquotient-Punkte beträgt. Es handelt sich hierbei um den Abweichungs-Intelligenzquotienten, der anhand der Abweichung der einzelnen Messergebnisse vom Mittelwert der normalverteilten Messergebnisse berechnet wird. Obgleich dem IQ über alle aktuellen Intelligenztests hinweg die gleiche messtheoretische Bedeutung zukommt (d.h. die Bedeutung als Abweichungs-IQ im Gegensatz zum früher üblichen Intelligenzquotienten, der durch Division des Intelligenzalters durch das Lebensalter gewonnen wurde), ist es hilfreich, zusätzlich den jeweiligen Test, mit dem der IQ ermittelt wurde, anzugeben, um die Bedeutung des IQ für die jeweilige diagnostische Fragestellung inhaltlich näher bestimmen bzw. einordnen zu können.

Wie bereits im Zusammenhang mit der Besprechung unterschiedlicher Skalenniveaus beim Vorgang des Messens deutlich wurde (vgl. Tabelle 2.1), ist es bei Messungen auf Rang- oder Nominalskalenniveau nicht sinnvoll (und auch nicht erlaubt), mathematische Operationen durchzuführen. Es wäre beispielsweise unsinnig, einen Klassenmittelwert bei der Messung der Geschlechter (wir vergeben bei dem Merkmal „Mädchen" die Ziffer „1", bei dem Merkmal „Junge" die Ziffer „2") zu bestimmen. Um aber bei Messungen, die nicht auf einem solchen Skalenniveau durchgeführt werden, bei dem es erlaubt ist, eine Transformation in T-Werte oder z-Werte durchzuführen (bspw. Nominalskalen oder Rangskalen), dennoch die geforderte Normskala zur Verfügung zu haben, werden bei diesen Testverfahren, die ein Merkmal auf unteren Skalenniveaus messen, **Prozentrangskalen,** d.h. Prozentränge, angegeben. Abbildung 2.5 verdeutlicht graphisch, dass bei Prozenträngen im Gegensatz zu T-Werten oder z-Werten keine gleichen Skalenabstände angenommen werden dürfen, weshalb sich auch die Berechnung von Mittelwerten oder Streuungsmaßen verbietet.

Im Folgenden veranschaulichen und konkretisieren wir den Umgang mit Normwerten und Normskalen am Beispiel der Messung mathematischer Kompetenz mithilfe des Deutschen Mathematiktest für dritte Klassen [DEMAT 3+] von Roick, Gölitz & Hasselhorn (2004).

Führt man den Test mit einer Schülerin am Anfang der 4. Klasse durch, erhält man über die Anzahl der korrekt gelösten Aufgaben einen so genannten Testrohwert von 27. Der Rohwert 27 muss in einem weiteren Auswertungsschritt in einen standardisierten Wert transformiert werden. Dabei muss die Lehrkraft bzw. der Testanwender diese Transformation nicht selbst durchführen, sondern den (bereits von den Testkonstrukteuren berechneten) Wert in der entsprechenden Normtabelle im Testmanual ablesen. Für unseren fiktiven Fall wäre die Normtabelle für Mädchen am Anfang der Klassenstufe 4 relevant, weshalb sie in Tabelle 2.5 in Auszügen wiedergegeben wird.

Tabelle 2.5: Auszug aus der Normtabelle A20 des DEMAT 3+

Rohwert	Prozentrangnormen		T-Wert-Normen	
	Prozentrang	**Prozentrangband**	**T-Wert**	**T-Wert-Band**
26	89	81-95	62	59-66
27	**94**	**87-97**	**65**	**61-69**
28	97	94-99	69	65-73
29	99	97-100	73	69-77

(entnommen aus Roick, Gölitz, Hasselhorn, 2004, S. 71)

Aus der Normtabelle lässt sich ablesen, dass dem Rohwert 27 ein Prozentrang von 94 und ein T-Wert von 65 entsprechen. Welchen Mehrgewinn oder Nutzen kann die Lehrkraft aus der Kenntnis der standardisierten Werte ziehen? Welche Vorteile liegen in der Angabe des T-Wertes oder Prozentranges im Gegensatz zur bloßen Angabe des Rohwertes?

Zur Beantwortung dieser Fragen vergegenwärtigen wir uns eine Vergleichssituation, die Lehrkräften nicht unbekannt sein dürfte: Drei Schüler aus unterschiedlichen Klassen (Klasse a, b und c) erhalten jeweils die Note 4 im Deutschaufsatz. Gemessen an der Notenskala von 1 bis 6 erbringen alle Schüler die gleiche Leistung. Bezieht man jedoch die Information in das diagnostische Urteil ein, dass es in Klasse a lediglich einmal die Note 4 gibt, während alle übrigen Schüler die Noten 1 und 2 erreichen, in Klasse b wird dagegen eine einzige 4 unter Fünfen und Sechsen geschrieben, und in Klasse c verteilen sich die Noten gleichmäßig von 1 bis 6, dann ist jedem sofort klar, dass es sich bei den drei Ergebnissen im Deutschaufsatz um völlig unterschiedliche Leistungen handelt, trotz gleicher Benotung. An diesem Praxisbeispiel lässt sich leicht nachvollziehen, dass sich Messwerte lediglich dann vergleichen lassen, wenn Mittelwert und Streuung (der Population, aus der sie gezogen wurden) gleich sind. Wir müssen bei unserem diagnostischen Urteil beachten, dass der jeweilige Mittelwert und die entsprechende Streuung der Klassen a, b, und c unterschiedlich sind, wenn wir die Note eines einzelnen Schülers über den Klassenverband hinaus mit den Noten anderer Schüler vergleichen möchten. Oder wir „relativieren" die Note am Mittelwert und der Streuung, ohne dass die Position des einzelnen Schülers innerhalb des Klassenverbands verändert wird, d.h. wir transformieren den Rohwert in einen Normwert. Wie aus Abbildung 2.5 deutlich wird, liegt der Mittelwert aller T-Werte bei 50, aller z-Werte bei 0, aller IQ Werte bei 100, so dass durch die Transformation eines Rohwertes in einen standardisierten Normwert, die Möglichkeit gegeben ist, sämtliche Werte miteinander zu vergleichen. Und genau darin liegt der Vorteil von Normwerten gegenüber Rohwerten.

Übertragen wir den Sachverhalt auf das Beispiel der Testung mit DEMAT 3+, lässt der Rohwert von 27 lediglich die Aussage zu, dass die getestete Person 27 Aufgaben richtig gelöst hat. Je nachdem ob es sich dabei um ein Mädchen, einen Jungen, eine Dritt- oder Viertklässlerin oder etwa eine erwachsene Person handelt, bedeutet der Rohwert 27 Unterschiedliches in Bezug auf die gemessene mathematische Kompetenz.

Der entsprechende Prozentrang dagegen (vgl. Tabelle 2.5), definiert den Prozentsatz, der innerhalb der Gruppe von der Schülerin übertroffen wird. D.h. der Prozentrang von 94 sagt aus, dass die gemessene Leistung gleich gut oder besser als die von 94% „aller" Schülerinnen der Normstichprobe ist. Im vorliegenden Fall besteht die Normstichprobe aus 1.068 Schülerinnen der Klassenstufe 4. Nur 6% dieser Eichstichprobe haben noch bessere oder gleiche Leistungen. Mit Abbildung 2.5 wird nochmals graphisch veranschaulicht, dass die Leistung der Schülerin im oberen Bereich liegt. Der Prozentrang ist überdies ein sehr eingängiges und alltagsnahes Maß, so dass Lehrkräfte darauf zurückgreifen können, um in Beratungssituationen mit Eltern Testergebnisse besprechen, diagnostische Urteile transparent und Entscheidungen verständlich machen zu können.

Der T-Wert von 65 gibt die Leistung der Schülerin im Mathematiktest noch genauer wieder als der Prozentrang. Unter Zuhilfenahme der Verteilung in Abbildung 2.5 lässt sich ablesen, dass die Leistung der Schülerin weit über dem Durchschnitt von 50 liegt. Im Gegensatz zum Prozentrang ist der T-Wert jedoch kein gängiges Maß, das Eingang in die Alltagssprache gefunden hat. Für Lehrkräfte ist er bedeutsam, um Testergebnisse interpretieren, Gutachten lesen und mit Kolleginnen über Testergebnisse kommunizieren zu können. Vergleichbar mit dem Erlernen einer neuen Vokabel kann der Umgang mit standardisierten Normwerten sehr schnell ebenso selbstverständlich und vertraut werden wie mit Prozenträngen.

Aus Tabelle 2.5 lässt sich neben dem Prozentrang (94) und dem T-Wert (65) zudem ein so genanntes Prozentrangband (87-97) und T-Wert-Band (61-69) ablesen. Erinnern wir uns an die Grundidee des Messens im Rahmen der KTT (vgl. Abb. 2.4), so zeigen die Bänder an, in welchem Bereich wir den wahren Wert vermuten dürfen, den wir mit einer Messung nicht direkt erfassen können. Insbesondere bei T-Werten im Bereich um 40 oder 60, die jeweils Grenzbereiche markieren, ist es ratsam, das Band in die diagnostische Entscheidung einzubeziehen.

Oftmals wird die Frage gestellt, warum in den verschiedenen Messverfahren (zumeist Testmanualen) unterschiedliche Standard- bzw. Normwerte angegeben sind. Wäre es nicht einfacher, sich auf eine für alle Verfahren verbindliche Normskala zu einigen? Diese Frage kann unter Rückgriff auf die Ausführungen zum Messen und den damit verbundenen Skalen (siehe Tabelle 2.1) dahingehend beantwortet werden, dass wir Merkmale auf unterschiedlichen Skalenniveaus messen. Diese lassen wiederum unterschiedliche Messoperationen zu, so dass nicht für alle Merkmale T-Werte oder z-Werte berechnet werden können. In der Regel sind im Manual die Normskalen, die möglich sind, angegeben, so dass der spezifische Messwert mit Messwerten aus anderen Verfahren verglichen werden kann. Im Zusammenhang mit der diagnostischen Frage nach einer allgemeinen oder spezifischen Lernschwäche kann es beispielsweise erforderlich sein, sowohl kognitive als auch mathematische und sprachliche Kompetenzen zu erheben und im Ergebnis miteinander zu vergleichen. Während Rohwerte nicht miteinander verglichen werden können, ist es durchaus möglich, T-Werte über verschiedene Verfahren hinweg und unterschiedliche Normwerte miteinander zu vergleichen. Der IQ kann beispielsweise mit dem T-Wert und einem z-Wert in Beziehung gesetzt werden (siehe Abb.2.5), um sich ein Bild darüber zu verschaffen, ob die Leistung des Schülers möglicherweise nur bezüglich der sprachlichen Kompetenz in einem kritischen Bereich liegt, während die kognitiven und mathematischen Fertigkeiten im oberen Bereich sind.

Die Bedeutung von Normwerten für Lehrkräfte lässt sich abschließend in zwei Punkten zusammenfassen:

- Die Lehrkraft kann die Leistung eines Schülers über die soziale Bezugsnorm des Klassenverbandes hinaus mit einer größeren Stichprobe vergleichen. Dadurch lässt sich sowohl die Leistung des Schülers als auch das Urteil der Lehrkraft über die Leistung des Schülers objektiv überprüfen.
- Die Lehrkraft kann Mess- bzw. Testergebnisse unterschiedlicher Verfahren miteinander vergleichen.

Zum Abschluss der messtheoretischen Grundlagen ist nochmals hervorzuheben, dass es für Lehrkräfte im Rahmen der diagnostischen Urteilsbildung weder erforderlich ist, Gütekriterien zu berechnen, noch Rohwerte im mathematischen Sinne in Normwerte zu transformieren[4].

Allein das inhaltliche Verständnis hilft Lehrkräften einerseits Messungen zu optimieren, indem Maßstäbe bereitgestellt werden, an denen sie sich beispielsweise bei der Konstruktion von Klassenarbeiten oder der Durchführung von

---

4 Die mathematisch interessierte Lehrkraft kann die entsprechenden Koeffizienten auch berechnen; siehe den Exkurs zur Berechnung eines Korrelationskoeffizienten; für die Transformation von Rohwerten in Standardwerte siehe Bortz, 2005.

mündlichen Prüfungen orientieren können. Andererseits können Lehrkräfte bei der Anschaffung von Testverfahren im weitesten Sinne auf der Grundlage der angegebenen Gütekriterien deren Qualität abschätzen.

Bezogen auf Normwerte und entsprechende Normskalen genügt es in der Regel, die im Testmanual angegebenen Koeffizienten lesen und interpretieren zu können, den Normwert, der einem Rohwert entspricht, aus der Normwerttabelle ablesen zu können und sich durch die vielen Zahlen in einem Manual von der Anwendung eines Messverfahrens nicht abschrecken zu lassen. Der letztgenannte Aspekt stellt unserer Erfahrung nach die größte Hürde dar, standardisierte Testverfahren bei der diagnostischen Urteilsbildung einzusetzen. Die Verhaltensbeobachtung dagegen wird von Ingenkamp (1997) als „grundlegende Methode der pädagogischen Diagnostik" (S. 52) beschrieben, da sie fast ständig eingesetzt werden kann. Wir vermuten den Grund für die Dominanz der Verhaltensbeobachtung allerdings auch darin, dass Lehrkräften der Umgang mit Testverfahren (noch) nicht vertraut ist.

2.4 Diagnostische Methoden

Das Methodenrepertoire der pädagogisch-psychologischen Diagnostik lässt sich in drei Grobkategorien aufgliedern: Neben den standardisierten Testverfahren, die bereits im Zusammenhang mit den Gütekriterien angesprochen wurden, stehen dem Diagnostiker bei der Datensammlung die Verhaltensbeobachtung, sowie Gesprächsmethoden zur Verfügung. Von diagnostischen Instrumentarien sprechen wir jedoch nur dann, wenn die Verfahren den wissenschaftlichen Kriterien, die im Kapitel 2.1 aufgezeigt wurden, folgen. Graumann (1974) verdeutlicht diesen Sachverhalt sehr eindrücklich am Beispiel der Verhaltensbeobachtung:

> „... zumindest glaubt jeder, der Augen hat zu sehen und Ohren zu hören, dass er damit auch der Beobachtung fähig ist. Doch ohne zu wissen, **was, wo und wann zu beobachten** ist, hockt man ebenso als selbsternannter Tierbeobachter im Wald herum, wie man sich ungeschult in der Klasse oder sonst wo als Verhaltensbeobachter versucht" (S. 525).

Man könnte meinen, Beobachten oder ein Gespräch führen sei die einfachste Sache der Welt. Wir schauen uns das Geschehen in der Klasse an, beobachten das Verhalten der Schüler und fühlen uns sofort in der Lage, ein kompetentes Urteil zu fällen. Ebenso sicher scheinen wir aus dem Stehgreif Gespräche mit Kolleginnen, Eltern oder Schülern führen zu können, um ein Problem zu klären oder eine Fragestellung zu beantworten. Graumann (ebd.) weist in ironischer Weise darauf hin, dass sich die Beobachtung als diagnostisches Verfahren von der Alltagsbeobachtung, ebenso wie ein diagnostisches Gespräch von einem Alltagsgespräch, dadurch abgrenzen lassen, dass sie den bislang aufgezeigten wissenschaftlichen Kriterien genügen müssen: Sie sind auf Erkenntnis ausgerichtet, laufen unter bestimmten methodischen Regeln und unter methodischer Kontrolle ab (vgl. Abb. 2.2). Die Kriterien der wissenschaftlichen Erhebung werden in der Praxis jedoch eher mit standardisierten Testverfahren als mit einer Beobachtung oder einem Gespräch in Verbindung gebracht. Deshalb soll an dieser Stelle grundsätzlich besprochen werden, was unter einem diagnostischen Test (Kap. 2.4.1), einer Beobachtung (Kap. 2.4.2) und einem Gespräch (Kap. 2.4.3) verstanden wird und wie die jeweiligen Methoden von Lehrkräften zur Datensammlung im Prozess der diagnostischen Urteilsbildung eingesetzt werden können. Anschließend werden in Teil III konkrete Verfahren in Zusammenhang mit Diagnoseanlässen aus der Schulpraxis vorgestellt.

2.4.1 Diagnostischer Test

Ein ***diagnostischer Test*** ist ein wissenschaftliches Routineverfahren zur Untersuchung eines oder mehrerer empirisch abgrenzbarer Merkmale mit dem Ziel einer möglichst quantitativen Aussage über den relativen Grad der individuellen Merkmalsausprägung.

Bezieht sich das zu messende Merkmal direkt auf schulrelevante Inhalte, dann sprechen wir von einem ***Schultest***. Darunter fallen sowohl Testverfahren, die Lernvoraussetzungen erfassen, d.h. kognitive, motivationale, emotionale und soziale Aspekte des Lernens, als auch Verfahren, die grundlegende schulische Leistungen, messen. Diese Testverfahren, die Kompetenzen bzw. Inhalte des schulischen Curriculums erheben, werden auch Schulleistungstests genannt. Als spezifische Untergruppe der Schultests sind sie demnach wissenschaftliche Routineverfahren zur Feststellung des Kenntnisstandes in einem oder mehreren inhaltlich spezifizierten kognitiven Lehrzielbereichen; d.h. es werden fächerübergreifende, allgemeine Schulleitungstests und Testverfahren für bestimmte Schulfächer, die jeweils unter Berücksichtigung der Lehrplananforderung konstruiert wurden, unterschieden. Dabei werden Aussagen über die Leistungshöhe aufgrund des Vergleiches mit den Leistungen einer für die jeweilige Alterstufe, Klassenstufe oder Schulart repräsentativen Stichprobe, der so genannten Eich- oder Normstichprobe, getroffen. Deshalb wird der Großteil der vorliegenden Schulleistungstests auch sozialnormorientiert genannt: Der Referenzpunkt, um die gemessene Leistung einordnen und interpretieren zu können, wird durch eine soziale Gruppe gebildet, d.h. der Maßstab wird anhand der Leistungen einer repräsentativen Referenzgruppe, nicht anhand eines Kriteriums gebildet (vgl. dazu Kap. 3.2.1.1 Sozialnormorientierte Tests).

Schultests decken somit Bereiche ab, die Lehrkräfte ein Berufleben lang beurteilen: Leistungen, Wissen, Kompetenzen, Lernvoraussetzungen und die spezifischen Inhalte der Schulfächer. Deshalb versteht es sich von selbst, dass diese Verfahren, im Gegensatz zu Intelligenztests, Persönlichkeitstest und klinischen Verfahren, von Lehrkräften nicht nur eingesetzt werden dürfen, sondern eingesetzt werden sollen. Hier stehen den Lehrkräfte Messinstrumente zur Verfügung, die die geforderten Gütekriterien der Objektivität, Reliabilität und Validität in wesentlich höherem Maße erfüllen als die subjektiven Werkzeuge der Leistungsbeurteilung im Schulalltag. Neben der Beantwortung der Frage nach der Leitungsbeurteilung im weitesten Sinne, sollte ein standardisiertes Testverfahren auch in den Fällen eingesetzt werden, in denen die Informationsbeschaffung zur Abklärung von Hypothesen mit Methoden der Beobachtung, des Gesprächs oder

der Tätigkeitsanalyse nicht mehr ausreicht. So ist es beispielsweise sinnvoll, wenn Lehrkräfte standardisierte Tests zur Klärung von diagnostischen Fragestellungen einsetzen, die sich auf die Leistungsüberprüfung einzelner Schüler (bspw. bei Übertrittsentscheidungen) oder auf den Leistungsstand der gesamten Klasse (bspw. bei Unterrichtsevaluation) beziehen. Konkrete Anlässe und Situationen für den Einsatz von Testverfahren in der Schule werden im Teil III, insbesondere im Zusammenhang mit Schulleistungstests (Kap. 3.2.1), besprochen.

Mittlerweile sind ca. 133 Schultests über die Testzentrale des Hogrefe Verlag Göttingen[5] zu beziehen: 76 Schulleistungstests, 18 Schulfähigkeitstests, 16 Sozialverhaltenstests und nicht zuletzt 23 Trainingsprogramme. Einzelne davon werden im Teil III bezogen auf konkrete Diagnoseanlässe und Situationen besprochen. Einen vollständigen Überblick über alle aktuell verfügbaren Verfahren kann man sich anhand des jährlich erscheinenden Testkatalogs oder der Homepage der Testzentrale Göttingen verschaffen. Über diesen Link gelangt man auch zur Plattform „TestInform", die vom Zentrum für Testentwicklung und Diagnostik am Department für Psychologie der Universität Fribourg herausgegeben wird. Sie enthält alle Verfahren, die im Hogrefe-Test-System [HTS] (siehe http://www.Hogrefe-Testsystem.com) als computerbasierte Verfahren enthalten sind. Von den Tests werden Kurzinformationen, ausführliche Informationen und Beispielbefunde bereitgestellt – die Suche von Verfahren ist nach Kategorien und Merkmalen möglich.

TESTZENTRALE GÖTTINGEN
Robert-Bosch-Breite 25
D-370279 Göttingen
E-mail: testzentrale@hogrefe.de
Homepage: www.testzentrale.de

Anhand des nachstehenden Teststeckbriefes (Abb. 2.6) lässt sich einfach verdeutlichen, wie ein standardisierter Test aufgebaut ist und anhand welcher Kriterien die Lehrkraft beurteilen kann, ob das jeweilige Verfahren eine Entscheidungshilfe zur Beantwortung ihrer spezifischen diagnostischen Fragestellung bietet. Bei der Besprechung von Testverfahren im Zusammengang mit ausgewählten Diagnoseanlässen aus der Schulpraxis, werden die Tests unter folgender Struktur zusammengefasst: (1) Ziele des Einsatzes durch die Lehrkraft, (2) Konzept und Aufbau des Tests, (3) Durchführung, Auswertung und Interpretation, (4) Gütekriterien und Normen.

5 Der im Beltz Verlag von der Beltz Test GmbH unabhängige und dem Pädagogikprogramm angegliederte Bereich der Schultests wurde 1997 vom Hogrefe Verlag übernommen, da sich herausstellte, dass die Synergien bei der Integration in einen Testverlag größer waren als die Angliederung an ein pädagogisches Programm bei Beltz.

Abbildung 2.6: Struktur eines Teststeckbriefs allgemein

Name:
Autor/in:
Material/Art des Testes:
Altersbereich:
Anwendungsbereich/Beratungsanlässe:
Zweck/Ziel:
Aufbau/Aufgaben:
Durchführungsdauer:
Auswertung:
Gütekriterien:
Normen:
Interpretation:

Der Teststeckbrief in Abbildung 2.6 zeigt im Überblick, wie standardisierte Testverfahren aufgebaut sind. Standardisiert meint, „normiert“, „festgesetzt“, „reguliert“, „vereinheitlicht“. Im Grunde geht es darum, gleiche Bedingungen für alle zu schaffen, indem das Vorgehen bei der Durchführung der Messung sowie der Auswertung und Interpretation des Messergebnisses genau vorgegeben wird, was in der Konsequenz dazu führen soll, die wissenschaftlichen Kriterien (vgl. Abb. 2.1), insbesondere die Gütekriterien, zu erfüllen. Objektivität wird beispielsweise dadurch gewährleistet, dass das Testmanual genaue Angaben zur Durchführung, oftmals auch eine präzise Instruktion für den Testleiter und konkrete Anweisungen zur Auswertung und Interpretation enthält. Dazu sind häufig Interpretationsbeispiele angeführt, die die Deutung der Ergebnisse erleichtern.

In der Regel sind im Manual ebenfalls Angaben zum theoretischen Hintergrund, d.h. zum theoretischen Konstrukt (was gemessen wird) und seiner Operationalisierung (wie gemessen wird) zu finden. Diese Information wird in einigen Testmanualen explizit als theoretischer Hintergrund ausgewiesen und in anderen unter den Stichpunkten Konzept, Zweck/Ziel, Anwendungsbereich und Aufbau des Testverfahrens bzw. Aufgaben abgehandelt.

Letztlich sollte ein „guter“ Test Aussagen über die Art der Erhebung und die Höhe der Gütekriterien bzw. der entsprechenden Korrelationskoeffizienten treffen und differenzierte Normskalen enthalten. Wie bereits ausdrücklich betont wurde, ist es für die Handhabung eines Testverfahrens unerheblich, ob die zugrunde liegenden Konstruktions- und Rechenprozesse völlig nachvollzogen werden können. Wichtig ist es jedoch, die Qualität des Tests anhand der Gütekriterien beurteilen und die Normwerte ablesen und interpretieren zu können.

Nicht zuletzt soll eine Lehrkraft bei der Beurteilung, ob ein vorliegender Schulleistungstest im Rahmen ihrer diagnostischen Fragestellung brauchbar ist, darauf achten, dass die im normierten Test verwendeten Items auch den Lehrplaninhalten im jeweiligen Bundesland entsprechen und vor allen Dingen, ob sie auch mit den Schülern im Unterricht behandelt wurden.

Abschließend soll nochmals ausdrücklich darauf hingewiesen werden, dass die Beantwortung der Frage, ob Lehrkräfte überhaupt standardisierte Tests anwenden dürfen, sowohl vom Anwendungsbereich des Testverfahrens als auch von der diagnostischen Kompetenz der Lehrkraft abhängen (vgl. Kap. 1.3). Voraussetzung für den Einsatz von Tests ist es, eine ethisch verantwortungsvolle diagnostische Grundhaltung einzunehmen, die sich darin zeigt, dass

(1) die Lehrkraft sich der Gefahren bewusst ist, die durchaus mit der unsachgemäßen Handhabung von Tests verbunden sind, um ihnen entgegenwirken zu können. Testergebnisse können im Sinne von handlungsleitenden Kognitionen Erwartungseffekte und Vorurteile auslösen bzw. bestätigen.
(2) der Stellenwert, den ein Testverfahren im Rahmen des Prozessmodells diagnostischer Urteilbildung einnimmt, reflektiert wurde.
(3) bei Problemlagen adäquate Hypothesen gebildet werden können, um auf dieser Grundlage sorgfältig und theoriegeleitet das Testverfahren auswählen zu können.
(4) der theoretische Rahmen des eingesetzten Testverfahrens verstanden und Routine in der Testdurchführung, -auswertung und Interpretation erworben wurde.

Zusammenfassend kann die Empfehlung abgeleitet werden, dass Lehrkräfte im Team von 2-3 Fachkollegen Testverfahren im Selbststudium zuerst durcharbeiten, dann untereinander durchführen und auswerten sollten, um Routine und Sicherheit im Umgang mit ausgewählten Tests zu gewinnen. Eine entsprechende Aufgabenstellung bzw. Instruktion dazu finden interessierte Lehrkräfte im Teil IV (siehe Kap. 4.3.1). Weiterhin wäre zu überlegen, ob im Lehrerkollegium – in Kooperation mit dem Beratungslehrer oder dem Schulpsychologen – die Zuständigkeit für einzelne Verfahren aufgeteilt werden könnte, um mit Blick auf die viel beklagte Überbelastung Kapazitäten einzusparen. Die Experten für ausgewählte Testverfahren an einer Schule könnten dann allen Kollegen bei Fragen zur Seite stehen.

Auf diese Weise kann sichergestellt werden, dass Testdaten von Lehrkräften nur zur Planung und Auslösung von Förderung – also zur Hilfe – und nicht zur Stigmatisierung und Abqualifizierung von Schülern erhoben werden. Denn es gilt die Faustregel: Jede Lehrkraft, die ausgewählte standardisierte Tests benutzt, muss *Informationen zur gezielten Förderung beschaffen wollen* und Kompetenz und Routinen beim Einsatz der Tests erworben haben!!! Wer nicht fördern und helfen will, sollte Abstand von standardisierten Testverfahren nehmen.

2.4.2 Diagnostisches Gespräch

Unter dem Begriff diagnostische Gesprächsmethoden werden unterschiedliche *Gesprächsformen* zusammengefasst, die sich hinsichtlich ihres Strukturierungsgrades voneinander unterscheiden lassen: Die *Anamnese*, die *Exploration* und die *Interview-Befragung.*

Anamnese bezeichnet grundsätzlich die Vorgeschichte eines Problems. Entsprechend ist das anamnestische Gespräch im schulischen Kontext darauf ausgerichtet, zu Beginn des diagnostischen Prozesses, die bewusstseinsnahen, d.h. die erinnerten Aspekte der Entstehungsgeschichte des aktuellen Problems zu erfassen: Wie fing alles an? Gab es schon ähnliche Erlebnisse? Wie sieht die problematische Situation bzw. das Verhalten aus? Tritt das Problem des Schülers bei allen Lehrkräften auf? Wann wurde das Kind eingeschult? Diese angeführten Beispielfragen veranschaulichen den Charakter des anamnestischen Gesprächs, dessen konkrete Fragen an das jeweilige Problem angepasst werden müssen.

Die *Exploration* ist ein nicht-standardisiertes Erkundungsgespräch und verfolgt das Ziel, sich über die Entstehungsgeschichte hinaus, ein umfassenderes Bild von den involvierten Personen und den Kontextbedingungen zu machen: Geht das Kind gern zur Schule? Welches sind die Lieblingsfächer? Gibt es Geschwister? Wo werden die Hausaufgaben gemacht?

Anamnese und Exploration dienen als erste Quellen dazu, relevante Informationen über Kontextvariablen zu sammeln, das Problem einzugrenzen, eine diagnostische Fragestellung abzuleiten und Hypothesen zu generieren.

Die *Interview-Befragung*, das eigentliche diagnostische Gespräch, zielt dagegen darauf ab, im weiteren diagnostischen Prozess systematisch Erkenntnisse zur Überprüfung der Hypothesen zu gewinnen. Als hoch strukturiertes, planmäßiges Vorgehen mit wissenschaftlicher Zielsetzung strebt das diagnostische Gespräch an, den Gütekriterien zu genügen. Grundsätzlich sind Gespräche dann wichtig, wenn es kein angemessenes alternatives Verfahren gibt oder Schüler bzw. Eltern nicht in der Lage sind, einen Fragebogen oder Test zu bearbeiten. In Abgrenzung zu Alltagsgesprächen ergeben sich diagnostische Gespräche nicht spontan, sie müssen sorgfältig geplant, durchgeführt und ausgewertet werden. Dabei sind folgende Aspekte in den unterschiedlichen Gesprächsphasen zu beachten, um objektive, reliable und valide Daten erfassen zu können:

Vorbereitungsphase:
- Konkrete Zielbestimmung, was erreicht werden soll.
- Festlegen, welche Themenbereiche angesprochen, welche Informationen warum erhoben werden sollen.
- Einen Gesprächsleitfaden mit den zentralen Fragen erarbeiten.

Durchführungsphase:
- Gesprächsverlauf strukturieren und kontrollieren.
- Grundlagen der Gesprächsführung und nonverbale Sprachaspekte berücksichtigen.
- Zeit limitieren (bzw. vorher festlegen).
- Gesprächsbeendigung.
- Keine Tür- und Angelgespräche.

Auswertungsphase:
- Gedächtnisprotokoll sofort erstellen.

Sicherlich scheint die Durchführung eines Gesprächs auf den ersten Blick unproblematisch. In der Schulpraxis wird die Einhaltung der methodischen Regeln jedoch zu einer großen Herausforderung. Nicht selten kostet es große Anstrengungen, Tür- und Angelgespräche abzuwehren oder ein Gespräch höflich aber bestimmt zu beenden. Diese Beispiele verdeutlichen, dass durchaus auch die Durchführung von diagnostischen Gesprächen – und nicht nur die Testanwendung – diagnostische Kompetenzen voraussetzt, die jedoch durch Übung (siehe Kap. 4.3.1) oder in entsprechenden Trainings (siehe Pallasch & Kölln, 2002) erworben werden können.

2.4.3 Diagnostische Beobachtung

Aufgabe zum Selbstversuch für Lehrkräfte:

Die Frage, welche „Tücken“ mit einer Beobachtung verbunden sein können, lässt sich im Selbstversuch rasch beantworten: Vereinbaren Sie mit anderen diensthabenden Kollegen während ihrer nächsten Pausenaufsicht, das Geschehen auf dem Schulhof zu beobachten und sich anschließend über Ihre Beobachtungen auszutauschen: Einige werden Schüler beobachtet haben, die miteinander spielen; andere wiederum diejenigen die sich zankten, aggressiv oder traurig waren, weil sie vom Spiel ausgeschlossen wurden. Manches wird übereinstimmend erinnert, anderes überraschenderweise gar nicht. Aber in überzeugender Weise wird vor Augen geführt, dass Gefühle, Absichten, Motive, Ursachenerklärungen und nicht zuletzt Interpretationen und Schlussfolgerungen aus dem Verhalten mit dem beobachteten Verhalten gleichgesetzt werden.

Vor dem Hintergrund dieser möglichen Bobachterfehler wird deutlich, warum und wodurch sich eine diagnostische Beobachtung von einer Alltagsbeobachtung abgrenzt: Sie wird im Vorfeld genau geplant, die Beobachtungsstichprobe wird zielgerichtet ausgewählt, das beobachtete Verhalten wird systematisch aufgezeichnet bzw. kodiert und schließlich wird die Genauigkeit geprüft (vgl. Feger, 1983).

Zunächst soll in die grundsätzlichen Entscheidungen eingeführt werden, die vor jeder Beobachtung zu klären sind. Im Ergebnis der Auseinandersetzung mit den nachfolgend aufgeführten Fragen können Lehrkräfte ein Verständnis dafür entwickeln, was es im schulischen Kontext bedeutet, eine Beobachtung an den wissenschaftlichen Kriterien auszurichten. Diese Orientierungshilfe, die nachfolgend im Überblick wiedergegeben ist, ermöglicht es Lehrkräften, das eigene Vorgehen im Rahmen einer expliziten Diagnose mit Blick auf eine spezifische diagnostische Fragestellung zu planen:

Welche Art der Beobachtung wird durchgeführt?
- teilnehmend vs. nicht-teilnehmend
- offen vs. verdeckt
- technisch vermittelt (indirekt) vs. unvermittelt (direkte)

Wer oder was soll beobachtet werden; Auswahl der Bobachtungsstichprobe?
- Welche Personen sollen beobachtet werden?
- Welches Verhalten soll beobachtet werden?
- Wann und wie lange soll beobachtet werden?

Wie soll das beobachtete Verhalten kodiert werden?
- Verbalsysteme
- Zeichen- oder Indexsysteme
- Kategoriensysteme

Bei einer teilnehmenden Beobachtung begibt sich der Beobachter in die zu beobachtende Situation. Er ist Teil des Geschehens, wie beispielsweise eine Lehrkraft, die während ihres Unterrichts beobachtet. Im Gegensatz dazu hält sich der Beobachter bei einer nicht teilnehmenden Beobachtung aus dem Geschehen heraus und beobachtet „von außen“, beispielsweise ein Kollege, der hospitiert. Die offene Beobachtung zeigt an, dass die Teilnehmer, d.h. die beobachtete Schulklasse oder der Kollege über den Zweck der Beobachtung informiert sind, während bei der verdeckten Beobachtung das eigentliche Ziel nicht transparent gemacht wird. Um ein hoch komplexes Geschehen zu beobachten, bietet sich eine technisch vermittelte Beobachtung über Video- oder Tonbandaufnahme an, so dass einzelne Sequenzen oder das parallel ablaufende Verhalten mehrerer Personen im Anschluss einzeln ausgewertet werden können.

Mit Blick auf die begrenzte Gedächtniskapazität der Menschen muss im Vorfeld sorgfältig geprüft werden, wie das beobachtete Verhalten aufgezeichnet werden kann. Während die technisch vermittelte Beobachtung eine vollständige Schilderung des Verhaltens ermöglicht, kann ein Beobachter durch die Erfassung in Verbalsystemen, d.h. durch die sprachliche Erfassung und das Bemühen, das beobachtete Verhalten vollständig zu protokollieren, übermäßig belastet werden. Deshalb ist es günstiger, auf so genannte Checklisten zurückzugreifen, bei denen der Beobachter jeweils eine Ja/Nein-Entscheidung für das Auftreten eines vorab festgelegten Verhaltens treffen muss. Eine differenziertere Möglichkeit der Aufzeichnung bilden Zeichen-, Index- oder Kategoriensysteme, die ausgewählte Verhaltensweisen erfassen. Entsprechend der messtheoretischen Annahmen (vgl. Abb. 2.4) gelten die beobachtbaren Verhaltensweisen (z.B. Schlagen, Treten oder Stampfen) als Indikatoren für ein zu messendes Konstrukt (z.B. Aggressivität), das nicht direkt beobachtet bzw. gemessen werden kann. Deshalb erfordert die Planung einer Beobachtung auch eine sorgfältige theoretische Auseinandersetzung mit der Frage, was wodurch gemessen werden soll?

Um zu prüfen, inwieweit die Beobachtung die Gütekriterien der Objektivität bzw. Reliabilität erfüllt, kann die Übereinstimmung zwischen zwei Beobachtern berechnet werden.

Die Frage, bei welchen Diagnoseanlässen die Beobachtung die Methode der Wahl ist, wurde bereits implizit beantwortet: Immer dann, wenn gefragt ist, wie häufig, wie lange oder in welcher Intensität Lehrer und Schüler bestimmte Verhaltensweisen zeigen, dann sind die Methoden der Verhaltensbeobachtung nützlich. Zumeist treten diese Fragen in Zusammenhang mit Verhaltensauffälligkeiten auf.

Dabei erfüllt die Beobachtung im Prozess der diagnostischen Urteilbildung (vgl. Abb. 2.3) unterschiedliche Funktionen. Während sie zu Beginn der Präzisierung der diagnostischen Fragestellung und der Generierung von Hypothesen dient, kann sie im weiteren Verlauf auch zur Prüfung von Hypothesen eingesetzt werden:

Generierung von Hypothesen

Ist das pädagogische Ausgangsproblem noch sehr unspezifisch, eignen sich gerade solche Beobachtungstechniken, die ein breites Spektrum an Verhaltensweisen registrieren, dazu, sich ein umfassendes Bild über die Interaktion im Klassenzimmer zu machen. Auf dieser Datenbasis lässt sich das Problem eingrenzen. Spezifische Hypothesen über mögliche Entstehungsbedingungen können gebildet werden. In dieser Funktion entspricht die Beobachtung dem anamnestischen und explorativen Gespräch und kann dazu eingesetzt werden, erste Informationen zu sammeln.

Um noch nicht erkannte Zusammenhänge zu finden, hat es sich beispielsweise bewährt, mittels einer minutenweisen Beobachtung [MB] kontinuierlich über eine Unterrichtsstunde hinweg Notizen zu machen. Bedingungen, die einem Verhalten vorausgehen, haben die Eigenschaft, dass sie dieses Verhalten hervorrufen können. Beobachtet man deshalb das Aufeinanderfolgen von Situationen und Reaktionen, so kann man verschiedene Hypothesen darüber bilden, welche Bedingungen einer Situation zu welchen Reaktionen führen. Tabelle 2.6 zeigt einen Ausschnitt aus dem Protokoll einer minutenweisen Beobachtung, bei dem entsprechend des vorgegebenen Zeittaktes pro Minute je eine Eintragung in der Situations- und Reaktionsspalte gemacht wird.

Tabelle 2.6: Ausschnitt aus dem Protokoll einer minutenweisen Beobachtung [MB]

Verhalten des Lehrers = Situation	**Nr. der Minute**	**Verhalten des Schülers M. = Reaktion**
notiert Schülerantworten an der Tafel	21	spielt mit Filzstiften
steht an der Tafel, ermahnt	22	schaut zum Lehrer
notiert Schülerantwort an Tafel	23	spielt
notiert Schülerantwort an Tafel	24	spielt
stellt Frage	25	schaut zum Lehrer
erteilt Strafarbeit	26	schaut zum Lehrer
stellt Frage	27	ruft Antwort in die Klasse
sagt zu M, er dürfe gleich etwas sagen	28	ruft, er müsse etwas sagen
ruft M. auf	29	M. gibt Antwort
ruft andere Schüler auf	30	spielt
notiert Schülerantworten	31	spielt

Überprüfung von Hypothesen

Liegen bereits konkrete Hypothesen über Zusammenhänge vor, eigenen sich Beobachtungssysteme, bei denen Verhaltensweisen genau aufgezählt (Strichlisten) oder Schülerreaktionen in ausgewählten Situationen genau beobachtet (Beobachtung in relevanten Situationen [BIRS]) werden, um die Gültigkeit der Hypothesen zu prüfen. Im Gegensatz zur Generierung von Hypothesen fokussiert die Beobachtung zur Hypothesenüberprüfung jene Ausschnitte der Lehrer-Schüler-Interaktion, die für die diagnostische Fragestellung relevant sind.

Geht es um sehr selten auftretende, gut wahrnehmbare Ereignisse, kann der Lehrer selbst die Aufgabe der Registrierung übernehmen; handelt es sich dagegen um häufige oder verdeckte Verhaltensweisen, so ist ein Fremdbeobachter, z.B. ein Kollege erforderlich.

Die Beobachtung mit Hilfe von Verhaltensstrichlisten kann nach dem in Abbildung 2.7 skizzierten Schema durchgeführt werden. Die Anzahl der Spalten und Zeilen richtet sich nach der genannten Operationalisierung, d.h. den Indikatoren für das zu messende Konstrukt.

Abbildung 2.7: Schema zur Protokollierung anhand einer Strichliste

Schülerverhalten **Lehrerverhalten**	

Beim Umgang mit Strichlisten ist es wichtig, darauf zu achten, dass die Verhaltensweisen eindeutig definiert sind, damit der Beobachter keine Zuordnungsprobleme hat. Eine Beobachtungszeile sollte dabei nicht nur durch einen treffenden Begriff, sondern möglichst auch durch einige typische Beispiele beschrieben werden. Der Beobachtungsbogen selbst sollte einfach und übersichtlich sein, also möglichst wenige Zeilen und Spalten enthalten.

Die Beobachtung in relevanten Situationen [BIRS] folgt dem Grundgedanken, solche Situationen ausfindig zu machen, die besonders wichtig und informativ erscheinen. Der Lehrer kann sich dann von der Unterrichtstätigkeit entlasten und über einen bestimmten Zeitraum hinweg (z.B. einige Minuten) ganz gezielt auf bestimmte Verhaltensweisen von Schülern achten. Solche Situationen ergeben sich etwa in Pausen, bei Einzel-, Partner- oder Gruppenarbeit, bei Spielsituationen im Sportunterricht, wenn Schüler an der Tafel etwas vorrechnen, ein Referat vortragen usw. Gelingt es dem Lehrer, sich genügend von seinen didaktischen und pädagogischen Aufgaben über eine kurze Beobachtungszeit hin zu entlassen, so kann auf einen Fremdbeobachter verzichtet werden. Natürlich ist es günstig, wenn die Beobachtungstätigkeit selbst so einfach wie möglich beschaffen ist. Hierzu zählen etwa das Notieren wichtiger Stichworte, das Führen einer Strichliste usw. Wichtigste Voraussetzung für eine gelungene Beobachtung in relevanten Situationen ist die vorausgehende Phase der Hypothesenbildung. Durch Problemanalyse und minutenweise freie Beobachtung sollte der fragliche Verhaltensbereich so eng eingegrenzt sein, dass es dem Lehrer leicht fällt, eine derartige Situation herzustellen, wobei er auch Vorstellungen darüber besitzen muss, welche Schülerverhaltensweisen für oder gegen die Hypothese sprechen.

Zudem liegen für den schulischen Kontext standardisierte Beobachtungssysteme vor, die ebenfalls über die Testzentrale zu beziehen sind (siehe bspw. das Beobachtungssystem zur Analyse aggressiven Verhaltens in schulischen Settings [BASYS], Wettstein, 2008).

Teil III: Ausgewählte Anlässe und Situationen im Schulalltag für explizite Diagnostik

Ziel des dritten Teils ist es, Lehrkräften an konkreten Situationen ihres pädagogischen Alltags aufzuzeigen, wann und wie effektiv explizit diagnostiziert werden kann.

Aus den bisherigen Ausführungen zur diagnostischen Kompetenz müsste deutlich geworden sein, dass Lehrkräfte täglich im Unterricht implizit diagnostizieren und ihr pädagogisches Handeln daran orientieren. Diese impliziten Diagnosen sind für eine Vielzahl von pädagogischen Situationen angemessen und sinnvoll, weil Lehrer nur so schnell und sicher im Unterricht handeln können. Bewusste Reflexionsprozesse oder explizites Diagnostizieren wären in laufenden Unterrichtsprozessen eher schädlich als nützlich. Darüber hinaus gibt es aber Situationen bzw. Anlässe im pädagogischen Schulalltag, wo diese impliziten Diagnosen nicht ausreichen, um nachhaltige Verbesserungen der Situation zu erreichen, relativ gerechte Zukunftschancen zu verteilen oder potenzielle Problemlagen frühzeitig zu erkennen. Wenn der Lehrer zu seinen bisherigen Sichtweisen und Urteilen zusätzlich in der Lage ist, zielgerichtet und systematisch weitere Informationen einzuholen, kann er auf dieser Grundlage sein bisheriges Urteil und Handeln reflektieren, überdenken, bestätigen, korrigieren oder neu konzipieren.

Dieses explizite Diagnostizieren setzt jedoch eine ganz bestimmte Grundhaltung bei Lehrern voraus. So müssen sie sich darüber im Klaren sein, dass ihre implizit gewonnenen Urteile über Schüler und deren Lern- und Leistungsverhalten möglicherweise ungenau und vorläufig sind. Lehrer mit einer solchen Einstellung verfolgen mit der Beschaffung von zusätzlichen Informationen dann einerseits das Ziel, ihre Beurteilungen überprüfen, andererseits ihren Unterricht verändern bzw. optimieren und Schüler gezielt fördern zu wollen. Explizite Diagnosen der Lern- und Unterrichtssituation sind darüber hinaus auch dann notwendig, wenn an Schulen aufwändige neue didaktische Konzepte eingeführt werden. Denn wenn vorher die präzise Ausgangslage nicht bestimmt wird, dann können auch tatsächliche Effekte und Lernzuwächse nicht ausgemacht werden.

Neben dieser Grundhaltung ist für das explizite Diagnostizieren außerdem erforderlich, dass Lehrkräfte über pädagogisch-psychologisches Theoriewissen verfügen, um relevante Hypothesen zur Erklärung der Entstehung von Problemlagen aufstellen zu können, die sie dann systematisch mit passenden diagnostischen Methoden bzw. Verfahren überprüfen können.

An verschiedenen Stellen des vorliegenden Buches wurde auf die Bedeutung des pädagogisch-psychologischen Theoriewissens für die Lehrertätigkeit aufmerksam gemacht. Für den diagnostischen Begründungszusammenhang sei an das so genannte „Linsenmodell“ von Brunswik (1956) (vgl. Kap. 1.5.1) erinnert. Dort wurde herausgearbeitet, je geringer die theorierelevante Ausrichtung des Urteilenden im Beurteilungsprozess, d.h. je weniger die Lehrkraft in der Lage ist, valide Glieder für ihre „proximale Merkmalslinse“ zu generieren, desto weniger treffend und genau ist ihr Urteil über das betreffende Konstrukt oder die betreffende Situation.

Hat die Lehrkraft nun das Ziel, explizit zu diagnostizieren, wird ihr Beurteilungsprozess bewusster und kontrollierbarer. Sie benötigt dabei für die bewusste „Einrichtung der proximalen Merkmalslinse“ psychologisches Wissen über Lernen, Lehren und Entwicklung, um adäquate theoriegeleitete Hypothesen im diagnostischen Prozess bilden und daraus geeignete diagnostische Methoden entwickeln oder auswählen zu können.

Anhand des folgenden Beispiels soll verdeutlicht werden, dass psychologisches Wissen nicht nur die Hypothesenbildung, die adäquate Wahl der diagnostischen Methoden und damit die genaue Diagnose der Situation/des Problems, sondern auch das pädagogische Handeln ausrichtet.

Praxisbeispiel

Ein Schüler in der 6. Klasse fällt durch Lernschwierigkeiten in Mathematik auf und damit ist seine Versetzung in die 7. Klasse gefährdet. Sein Klassenlehrer möchte verhindern, dass diese Situation eintritt und eine schnelle Hilfe einleiten. Der Lehrer ist sich darüber bewusst, dass die Ursachen für die Entstehung dieser Lernschwierigkeiten explizit diagnostiziert werden müssen. Welches Erklärungsmodell für die Entstehung von Lernschwierigkeiten hat er für die Hypothesenbildung parat? Ist der Lehrer davon überzeugt, dass Lernschwierigkeiten in erster Linie durch ungünstige familiäre Bedingungen, d.h. wenig unterstützende oder hart fordernde und kontrollierende Eltern entstehen, dann wird er zunächst zur Überprüfung seiner Hypothese einen Elternbesuch oder ein Gespräch mit den Eltern vereinbaren, um sich Informationen zu beschaffen.

Sind die Eltern des Schülers dann möglicherweise auch noch den pädagogischen Ratschlägen des Lehrers gegenüber wenig aufgeschlossen, könnte es sein, dass dieser Lehrer seine Bemühungen einstellt, weil er resigniert. Andererseits sind Lehrer keine Familientherapeuten und somit ist auch der Anspruch, im System Familie intervenieren zu wollen, unrealistisch.

Mit diesem Vorgehen bei der Diagnostik von Lernschwierigkeiten hat der Lehrer unnötig Zeit investiert, ohne dem Schüler wirklich geholfen zu haben. Denn dessen Mathematikprobleme bestehen nach wie vor und möglicherweise ist in der verflossenen Zeit noch eine weitere schlechte Note in der letzten Mathematikleistungskontrolle hinzugekommen. Die Furcht vor dem Mathematikunterricht des Schülers ist noch größer geworden.

Unter der Perspektive eines theoretischen Modells zur Entstehung von Lernschwierigkeiten hat dieser Lehrer eine Hypothese gebildet, die die Entstehung von Lernschwierigkeiten in Mathematik nur am Rande oder moderierend erklärt. Weit sinnvoller und theorierelevant wären Fragen nach der Art und Tiefe der Wissenslücken in Mathematik, nach dem Verständnis des Schülers in Bezug auf mathematische Zusammenhänge, nach seiner Lernmotivation oder nach der Qualität des Mathematikunterrichts gewesen. Aus der Prüfung dieser theorierelevanten Hypothesen und der genaueren Diagnose der Lernschwierigkeiten des Schülers hätten sich dann auch gezielte und wirkungsvolle Fördermaßnahmen einleiten lassen.

Wenn dieses Beispiel auch recht konstruiert für gestandene und erfahrene Lehrkräfte erscheinen mag, so belegt es jedoch erneut die Relevanz von pädagogisch-psychologischem Theoriewissen für die Diagnostik und Intervention von Lehrern bei konkreten Problemlagen im Schulalltag.

Für die nachfolgende Darstellung des konkreten diagnostischen Vorgehens bei aktuellen Problemlagen im pädagogischen Prozess wird deshalb eine Struktur gewählt, die prinzipiell aus vier Schritten besteht (siehe Abb. 3.1).

Abbildung 3.1: Elemente professioneller Diagnostik

(1) Skizzierung des theoretischen Rahmens für das Problem, die Situation, die pädagogisch-psychologischen Diagnoseanlässe (theoretische Grundlagen zur Hypothesenbildung)
(2) Ableitung von konkreten Hypothesen (Feststellungs- und Erklärungshypothesen)
(3) Erläuterung entsprechender diagnostischer Methoden/Verfahren zur Prüfung der Hypothesen
(4) Hinweise für mögliche Interventionen

Mit dieser vierstufigen Vorgehensweise beim professionellen Diagnostizieren im pädagogischen Prozess soll auch dazu beigetragen werden, dass Lehrkräfte Strategien und Denkweisen für explizites Diagnostizieren entwickeln, die nicht nur auf den relativ unüberlegten, zusätzlichen Einsatz von diagnostischen Verfahren gerichtet sind. So haben wir in unseren Diagnostikseminaren oder auch bei Lehrerfortbildungen häufig die Erfahrung gemacht, dass die Teilnehmer sofort eine präzise Anleitung „aus dem Diagnostikkoffer“ erwarten, um standardisierte Verfahren einsetzen zu lernen. Bei einer solchen weitgehend unreflektierten Vorgehensweise erhalten Lehrkräfte zwar zusätzliche Informationen, die sie aber einerseits nicht in eine theoretisch fundierte Diagnose integrieren und daraus andererseits keine gezielten und wirkungsvollen Interventionen erarbeiten können.

Der Schwerpunkt in der folgenden Darstellung liegt deshalb auf der ausführlichen Erläuterung der ersten drei Schritte: (1) theoretischer Rahmen des pädagogisch-psychologischen Diagnoseanlasses, (2) Generierung von theoriegeleiteten Hypothesen, (3) diagnostische Methoden zur Prüfung der Hypothesen. Für den äußerst wichtigen vierten Schritt beim professionellen Handeln des Pädagogen werden im vorliegenden Buch auch ausgewählte Hinweise für (4) Intervention und Förderung gegeben.

Die vorgeschlagene vierstufige Denk- und Vorgehensweise beim Diagnostizieren von Problemlagen ist jedoch nicht statisch aufzufassen. Dementsprechend ist Teil III so aufgebaut, dass von allgemeinen und umfassenden pädagogisch-psychologischen Diagnoseanlässen – wie z.B. der Diagnostik der Determinanten der Schulleistungen oder der Feststellung des Lernerfolgs der Schüler – ausgegangen wird, die gewissermaßen den theoretischen und diagnostischen Rahmen des Lehrerhandelns ausmachen.

Im Anschluss werden dann speziellere Anlässe und Situationen diskutiert, bei denen explizites Diagnostizieren im Schulalltag sinnvoll ist. Dabei wird sehr deutlich werden, dass die Lehrkraft bei ganz speziellen Anlässen oder Problemlagen immer wieder auf das Grundgerüst ihres theoretischen und diagnostischen Wissens zurückgreifen und auf dieser Basis häufig progressive Transformationen vornehmen kann, ohne ständig neue bzw. zusätzliche Methoden und Verfahren zur Diagnostik einsetzen zu müssen.

3.1 Determinanten der Schulleistung und die Konsequenzen für die Diagnostik

Eine grundlegende Voraussetzung, um Hypothesen für eine genaue Diagnose von Schulleistungen generieren zu können, ist die Verfügbarkeit von pädagogisch-psychologischem Wissen über Lernprozesse und das Zustandekommen von Schulleistungen. Allerdings existiert in der Pädagogischen Psychologie eine ganze Reihe theoretischer Modelle des schulischen Lernens und zu Determinanten der Schulleistungen. Da im Rahmen dieses Buches kein Überblick über diese Modelle gegeben werden kann (siehe dazu: Helmke & Weinert, 1997; Hasselhorn & Gold, 2006), soll besonders auf wesentliche Grundlagen eingegangen werden, die für das Diagnostizieren von Lehrkräften relevant sind.

Weinert (2001) geht in einem Aufsatz der Frage nach, ob es sich bei Schulleistungen um Leistungen der Schule oder des Schülers handelt. „Schulleistungen sind stets Leistungen der Schule und der Schüler“ (ebd. S. 73). Weinert beantwortet die aufgeworfene – durchaus nicht triviale – Frage mit einem ausdrücklichen „Und“. Er benennt damit zwei der drei Hauptdeterminanten der Schulleistung, die in fast allen Modellen enthalten sind: (1.) die relevanten Personmerkmale des Lerners bzw. seine individuellen Lernvoraussetzungen und (2.) die Leistungen der Schule, die vor allem durch die Quantität und Qualität des unterrichtlichen Angebots bestimmt werden. Hinzu kommt als weitere maßgebliche Determinante in den einschlägigen Modellen der Schulleistung (3.) der Einfluss schulexterner und -interner Kontextbedingungen familiärer, sozialer und organisatorischer Art.

In Abbildung 3.2 sind diese zentralen Einflussgrößen auf die Schulleistung schematisch dargestellt.

Abbildung 3.2: Schichtenmodell der Schulleistung

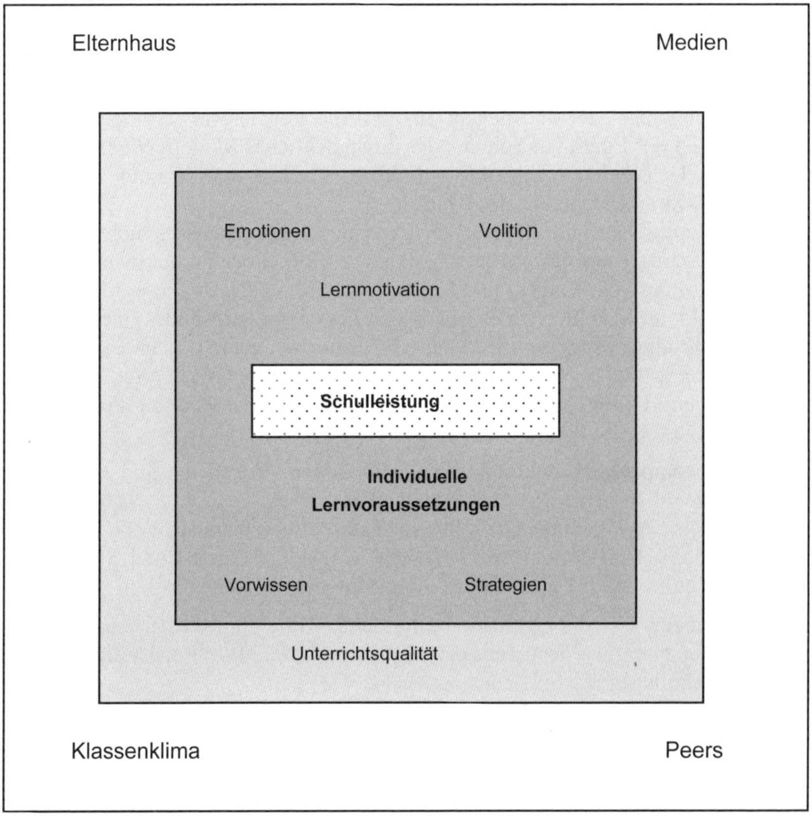

Für die schematische Darstellung in Abbildung 3.2 wurde gezielt ein Schichten- oder Schalenmodell verwendet, um die unterschiedlichen Analyseebenen der Determinanten der Schulleistung besonders hervorzuheben. Hier wird auf einen Blick deutlich, dass es Einflussgrößen gibt, die für die Erklärung der Schulleistung kausal näher (so genannte proximale Faktoren) bzw. weiter entfernt (so genannte distale Faktoren) liegen. Somit zählen die individuellen Lernvoraussetzungen sowie die Prozess- und Qualitätsmerkmale von Unterricht zu den proximalen Faktoren. Zu den eher distalen Faktoren gehören die strukturellen Merkmale der Familie, das Schul- und Unterrichtsklima oder die Peer-Beziehungen.

Für Lehrkräfte oder Lehramtsstudierende entsteht durch die Platzierung der distalen Faktoren häufig ein Widerspruch zu ihren subjektiven Konzepten, weil sie daraus ableiten, dass diese Faktoren weniger bedeutsam seien. Die distalen Faktoren sind nicht weniger bedeutsam, sie sind jedoch in der Wirkungskette des Zustandekommens von Schulleistungen weiter entfernt, als das Vorwissen des Lerners oder die Strukturierungshilfen des Lehrers. So hat beispielsweise die Sozialschicht der Eltern keinen eigenständigen Erklärungswert für die unterschiedlichen Lese- oder Rechtschreibkompetenzen der Schüler. Auch die Ehescheidung der Eltern übt keinen unmittelbar direkten Einfluss auf die Entstehung von Lernschwierigkeiten der Kinder aus. Allerdings haben die mit der sozialen Schichtzugehörigkeit verbundenen Merkmale wie Bildungsnähe oder -ferne der Eltern, das Anregungspotenzial der häuslichen Umwelt, die Leistungserwartungen und die Einstellungen der Eltern zur Schule oder ihr sprachliches Modellverhalten auf der Wirkebene der familiären Interaktion durchaus Einfluss auf die Entwicklung der Lese-Rechtschreibkompetenz des Kindes.

Zur theoretischen und empirischen Untermauerung unseres Schichtenmodells der Schulleistung kann das allgemein bekannte Modell der Produktivitätsfaktoren der Schulleistung von Walberg und Kollegen (1986) herangezogen werden. In diesem Modell wurden mittels eines gewaltigen Forschungsaufwandes (mehr als tausend Einzelstudien wurden in Metaanalysen zusammengefasst) neun Faktoren der Schulleistung extrahiert (Fraser, Walberg, Welch & Hattie, 1987; Fraser, 1991).

Diese neun Faktoren, die in Tabelle 3.1 vollständig wiedergegeben werden, wurden in die folgenden drei Gruppen zusammengefasst:

1. Schülerkompetenzen wie kognitive Fähigkeiten, Vorwissen und Motivation sowie der allgemeine Entwicklungsstand
2. Unterrichtsvariablen wie Quantität und Qualität von Unterricht
3. Psychologisches Umfeld wie häusliche Umwelt, Klassen- und Schulklima, außerschulische Peer-Beziehungen und Massenmediennutzung

Aus der Tabelle 3.1 sind ebenfalls die mittleren Korrelationskoeffizienten für die einzelnen Faktoren aus den Metaanalysen (Fraser et al. 1987) ersichtlich, die die Nähe zur Schulleistung explizit ausweisen.

Tabelle 3.1: Produktivitätsfaktoren der Schulleistung

	Beispielvariablen	**Mittleres *r* mit Schulleistung**
Schülerkompetenz		
1. Kognitive Fähigkeiten/Vorwissen	IQ/Leistungstest	0.44
2. Entwicklungsstand	Alter/Reifung	0.10
3. Motivation	Interesse/Lernausdauer	0.29
Unterrichtsvariablen		
4. Quantität des Unterrichts	Unterrichtszeit	0.38
5. Qualität des Unterrichts	Lehrstrategien	0.48
Psychologisches Umfeld		
6. Häusliche Umwelt	Elterliche Hausaufgabenkontrolle	0.31
7. Klassen- und Schulklima	Klassenkohäsion	0.20
8. Außerschulische Peer-Beziehungen	Bildungsaspiration des Freundeskreises	0.19
9. Massenmediennutzung	Fernsehzeiten	-0.06

Anmerkungen. Hinzugefügt wurden die mittleren Korrelationskoeffizienten aus den Metaanalysen (B.J. Fraser et al., 1987; zitiert nach Cortina, 2006, S. 491)

Die Auflistung der neun Produktivitätsfaktoren ist an sich wenig spektakulär. Die wissenschaftliche Bedeutung dieses Modells besteht jedoch in seinem Exklusivitätsanspruch. Denn es wird angenommen, dass kein weiterer Produktivitätsfaktor zu finden ist, der nicht unter einen der aufgelisteten zu subsumieren wäre oder zumindest mittelbar über diesen wirkt (Cortina, 2006).

Für den Diagnostiker bzw. den professionell tätigen Pädagogen ist über diese Auflistung der Produktivitätsfaktoren von Schulleistung hinaus jedoch vor allem von Bedeutung, wie die Faktoren zusammenwirken. Darüber sind die Auffassungen recht unterschiedlich. Für die fünf Kernfaktoren aus den Bereichen „Schülerkompetenz" bzw. Lernvoraussetzungen und „Unterricht" wird eine wechselseitige Substituier- bzw. Kompensierbarkeit häufig ausgeschlossen. Damit gelten diese Kernfaktoren in ihrer Ausprägung als notwendige Bedingungen für das Zustandekommen des Lernerfolgs. Im Gegensatz dazu wird für die vier Faktoren des psychologischen Umfeldes eine Substituierbarkeit angenommen. Man spricht bei diesen Faktoren auch davon, dass sie moderierenden Einfluss auf die Schulleistung haben, d.h. sie wirken entweder verstärkend oder abschwächend auf die proximalen Faktoren der Schulleistung. Walberg selbst war der Meinung, dass die neun Produktivitätsfaktoren nicht additiv, sondern multiplikativ verbunden seien.

Welche Konsequenzen lassen sich nun aus diesen Modellierungen der Schulleistung für die praktische diagnostische Tätigkeit des Lehrers ableiten?
Zum einen sollte bedacht werden, dass plausible Hypothesen für das Zustandekommen von Schulleistungen zuerst aus den proximalen Merkmalen gebildet werden sollten, um den Lernerfolg oder die Lernschwierigkeiten von Schülern valide zu erklären. Zum anderen muss der Diagnostiker versuchen, die Befunde der einzeln erhobenen Merkmale (z.B. Vorwissen, Motivation, Angst etc.) miteinander in Beziehung zu setzen, um diese Einzelbefunde in eine kohärente Diagnose zu integrieren, weil die Produktivitätsfaktoren eben nicht additiv, sondern multiplikativ verbunden sind. Das bedeutet unter Umständen für die Erklärung der Diagnose und Planung der Intervention: Kompensationen eines Defizits bei einer der Determinanten „werden um so schwieriger, je niedriger die Ausprägung dieser notwendigen Determinante ist; in diesem Fall muss das Defizit durch verhältnismäßige ‚Mehrleistung' bei anderen Faktoren wettgemacht werden" (Helmke & Weinert, 1997, S. 140).

3.1.1 Diagnostik ausgewählter Lernvoraussetzungen

Die zentrale Gruppe innerhalb der Produktivitätsfaktoren zur Erklärung der Schulleistungen bilden unbestritten die individuellen Lernvoraussetzungen der Schüler. Wenn man die mittleren Korrelationskoeffizienten der jeweiligen Faktoren dieser ersten Gruppen mit der Schulleistung im Modell von Walberg betrachtet (siehe Tabelle 3.1), dann wird deutlich, dass ein engerer Zusammenhang zwischen den kognitiven Fähigkeiten einschließlich des Vorwissens und der Schulleistung ($r = 0.44$) besteht als zwischen Motivation und Schulleistung ($r = 0.29$).

Der letztgenannte Zusammenhang widerspricht häufig der subjektiven Theorie der Lehrkräfte. Wir werden im Teilkapitel zur Diagnostik der Lern- und Leistungsmotivation auf die Auflösung dieses Widerspruchs zurückkommen.

Bevor die wesentlichen Lernvoraussetzungen und die Methoden zu ihrer expliziten Erfassung sukzessive dargestellt werden, soll noch einmal verdeutlicht werden, dass der gute Lehrer und Diagnostiker die Lernvoraussetzungen eines einzelnen Schülers immer in ihrer wechselseitigen Abhängigkeit erfassen und verstehen muss. Dies soll an einigen Beispielen deutlich gemacht werden.

Praxisbeispiele

Ein Schüler, dessen Wissen bezüglich der englischen Sprache große Lücken aufweist, kann im Englischunterricht nur noch wenig verstehen. Damit sinkt die Lust, sich mit englischer Lexik und Grammatik zu befassen, stetig und möglicherweise nimmt die Furcht vor Tests und Klassenarbeiten zu, nicht aber die Anstrengung, die Leistungsrückstände auszugleichen. Damit werden die Lücken im Wissen immer größer. Die einzelnen ungünstigen Bedingungen verstärken sich in einer Art Teufelskreis intraindividuell negativ.

Ein anderer Schüler mit guten intellektuellen Voraussetzungen muss nicht immer ein guter, erfolgreicher Lerner sein. Er hätte zwar das Potenzial dafür, aber seine Lust zu lernen ist so gering, dass er das vorhandene Potenzial nicht ausschöpft. Dadurch entstehen auch bei ihm immer größere Wissenslücken, die das Verstehen neuer Inhalte erschweren und die Schulunlust noch stärker werden lassen.

Ein dritter Schüler lernt zu Hause viel und fleißig, weil seine Eltern es von ihm erwarten. Er verfügt aber ganz offensichtlich über ineffektive Lernstrategien, so dass trotz der intensiv eingesetzten Zeit nicht die gewünschten Lernerfolge erreicht werden.

Besonders aus den beiden letzten Beispielen wird deutlich, dass eine hohe Lernmotivation oder eine gute intellektuelle Befähigung allein nicht ausreichen, um erfolgreich zu lernen. Eine hilfreiche Orientierungsgrundlage für den Diagnostiker zur Feststellung von sich gegenseitig günstig unterstützender Lernvoraussetzungen ist das von Pressley, Borkowski und Schneider (1989) ausgearbeitete Modell der „guten Informationsverarbeitung" (GIV-Modell).

Dieses GIV-Modell bündelt eine Reihe von Merkmalen, die aus unterschiedlichen Befunden der kognitiven und motivationalen Forschungstradition abgeleitet wurden und eine Beschreibung des erfolgreichen Lernens liefern.

Erfolgreiche Lerner als gute Informationsverarbeiteter zeichnen sich nach Pressley et al. (1989) durch folgende Merkmale ihres Lernverhaltens aus:

- Sie sind reflexiv.
- Sie planen ihr Lernverhalten.
- Sie nutzen effiziente Lernstrategien und wissen, wie, wann und warum diese Strategien eingesetzt werden.
- Sie können diese Lernstrategien zunehmend automatisch anwenden.
- Sie überwachen permanent ihre Lern- und Leistungsfortschritte.

- Sie verfügen über ein Arbeitsgedächtnis mit hoher funktionaler Arbeitskapazität.
- Sie haben ein umfangreiches Weltwissen.
- Sie vertrauen in ihre Lernfähigkeiten und sind davon überzeugt, dass sie sich stets weiter verbessern können und halten dies auch für wünschenswert.
- Sie stellen sich immer neue Ziele und Anforderungen.

Aus dieser Auflistung der Merkmale des guten Informationsverarbeiters bzw. des erfolgreichen Lerners ist erkennbar, wie die kognitiven und motivationalen Lernvoraussetzungen sich in diesem Fall gegenseitig positiv verstärken. Entscheidend für den Lernerfolg ist nach Pressley et al. (1989) vor allem aber die Nutzung kognitiver und metakognitiver Lernstrategien und das reflexive Verhalten. Dieses GIV-Modell kann dem Diagnostiker auch dann als Erklärungsrahmen dienen, wenn durch die Diagnose weniger günstiges Lernverhalten bei Schülern festgestellt wird. Das GIV-Modell bietet in diesen Fällen die Grundlage für die Generierung von Soll- oder Förderzielen zur Optimierung des Lernverhaltens.

Abschließend kehren wir zurück zur Ausgangsfrage, wann und wozu Lehrkräfte die individuellen Lernvoraussetzungen ihrer Schüler genau diagnostizieren sollen. Lehrer, die längere Zeit in einer Schulklasse unterrichten, haben durchaus eine Vorstellung von den individuellen Lernvoraussetzungen ihrer Schüler, die mehr oder weniger genau und adäquat sein kann (vgl. Kap. 1.5). Solange Lehrkräfte die intraindividuellen Lernvoraussetzungen der Schüler leicht überschätzen, werden sie alle Schüler an der oberen Leistungsgrenze fordern und fördern. Solange sie die interindividuellen Unterschiede zwischen den Schülern ihrer Klassen leicht unterschätzen, wird dadurch ihr pädagogischer Tatendrang nicht eingeschränkt bzw. nicht erschüttert und es besteht offensichtlich kein Anlass zu expliziter Diagnostik.

Es bleibt aber die Grundfrage, woraus kann die Lehrkraft die Gewissheit ableiten, dass ihr pädagogisches Urteil auch so günstig ausgerichtet ist, wie oben beschrieben. Kann eine „ungefähre" Beurteilung der individuellen Lernvoraussetzungen der Schüler tatsächlich ausreichen, wenn Lehrer solche wichtigen pädagogisch-didaktischen Ziele wie adaptiven Unterricht und Individualisierung von Lernprozessen realisieren wollen?

Um solche didaktischen Zielsetzungen verantwortungsbewusst und mit positiven Effekten umzusetzen, kann sich die Lehrkraft folgenden Fragen nicht entziehen:

- Wie genau sind die Vorstellungen über das Vorwissen der einzelnen Schüler in einem Fach, wenn eine neue Stoffeinheit begonnen wird?
- Ist der zuvor vermittelte Stoff auch bei der Mehrzahl der Kinder im Langzeitgedächtnis angekommen und kann somit zum Verstehen der neuen Lerninhalte herangezogen werden?
- Welches sind die bevorzugten Lernstrategien von Schülern, wenn im Zuge des Lernen Lernens neue Strategien angeboten und vermittelt werden sollen, um das Lernen der Schüler zu optimieren?

- Wie ist die Lern- und Leistungsmotivation der Schüler, wenn deren Lernmotivation befördert werden soll bzw. wird registriert, was die Lernmotivation behindert?
- Welche Schüler passen in gut funktionierenden Lerngruppen wirklich zusammen?
- Welche Ursachen haben die Lernschwierigkeiten einzelner Schüler?
- Welche Hilfe und Förderung ist für Lernschwierige günstig? Reicht es aus, wenn diese Schüler die häusliche Lernzeit verlängern?
- Kann sich auf die Benotung der Vorgänger verlassen werden, wenn man eine Klasse neu übernimmt?
- Kann man aus den Zeugnissen der Schüler tatsächlich auf ihr Wissen und Können schließen?

Wenn diese aufgeworfenen Fragen pädagogisch produktiv beantwortet werden sollen, dann ist das ohne eine Präzisierung und Überprüfung der impliziten Urteile von Lehrkräften nicht zu leisten. Adaptiver Unterricht bzw. die Individualisierung von Lernprozessen im Unterricht erfordern eine genaue Diagnose der Lernvoraussetzungen der Schüler, damit die Anforderungen, die Förderung und Hilfe tatsächlich für den einzelnen Schüler passfähig gemacht werden können.

Im Folgenden wird die Diagnostik wichtiger Lernvoraussetzungen der Schüler sukzessive besprochen: Vorwissen und Intelligenz (Kap. 3.1.1.1), Lernstrategien (Kap. 3.1.1.2), Lernmotivation (Kap. 3.1.1.3) und lernrelevante Emotionen (Kap. 3.1.1.4). Dabei richtet sich die Darstellung nach den vorgeschlagenen Schritten der professionellen Diagnostik (vgl. Abb. 3.1): (1) theoretischer Rahmen, (2) Hypothesen, (3) Vorschläge für die Diagnostik (diagnostische Verfahren), (4) Hinweise zur Förderung bzw. pädagogischen Intervention.

3.1.1.1 Diagnostik von Vorwissen und Intelligenz

(1) Theoretischer Rahmen und (2) Hypothesen

Der Logik des professionellen Vorgehens bei der Diagnostik folgend, werden zunächst die notwendigen theoretischen Grundlagen erörtert.

(a) Zusammenhang von Wissenserwerb und Vorwissen

Wissenserwerb ist ein wesentliches, wenn nicht sogar das wichtigste Ziel schulischen Lernens. Lernen als Wissenserwerb oder als Konstruktion von Wissen ist heute auch die zentrale Perspektive der psychologischen Lernforschung. Wissenserwerb wird in der Pädagogischen Psychologie als bereichsspezifischer, komplexer und mehrstufiger Prozess aufgefasst, der die Teilprozesse des Verstehens, Speicherns und Abrufens von Informationen umfasst (Steiner, 2006). Erst unter der Voraussetzung, dass diese Wissenserwerbsprozesse beim Schüler erfolgreich verlaufen, ist er auch in der Lage, das angeeignete Wissen auf neue bzw. ähnliche Situation zu übertragen oder es beim Problemlösen zu nutzen. Werden dagegen die Prozesse der Wissensvermittlung und des Wissenserwerbs schon bei der Reproduktion des gelernten Wissens (Abrufen der Informationen aus dem Langzeitgedächtnis) abgeschlossen, dann kann das neu erworbene Wissen nicht ausreichend konsolidiert und durchgearbeitet in die vorhandenen Wissensstrukturen eingepasst werden. Dann bleibt das Wissen der Schüler oberflächlich und flüchtig; es kann nicht transferiert werden.

Darüber hinaus geht es beim Wissenserwerb nicht nur um den Aufbau neuer Wissensstrukturen, sondern immer auch um die Veränderungen der bereits vorhandenen Strukturen. Dieser kumulative Charakter des schulischen Lernens muss bei der Diagnose des Wissens der Schüler unbedingt berücksichtigt werden. Dabei darf man sich diese Veränderungen der Wissensstrukturen nicht als Addition neuer Informationen – also nur quantitativ – vorstellen. Im positiven Fall verändert sich diese Wissensstruktur auch qualitativ, d.h. sie wird immer dichter und somit bedeutungsmäßig vernetzter und im Sinne von Über- und Unterordnungen strukturierter.

Im negativen Fall können bei Schülern auch statt des Wissens die Wissenslücken kumulieren. Das ist immer dann der Fall, wenn sich bei Schülern relativ unbemerkt und schleichend Lernrückstände einstellen, weil sie sich nicht ausreichend mit dem Lernstoff beschäftigt haben (motivationale Defizite), sie den neuen Stoff nicht verstehen und dies nicht bemerkt wird, oder sie für die Erwerbsprozesse einfach mehr Zeit brauchen als andere Schüler, diese Zeit ihnen aber im Unterricht nicht eingeräumt wird. In der Folge verstehen die Schüler den neuen Stoff dann immer seltener, weil sie keine Anknüpfungspunkte mehr in ihren Vorwissenstrukturen besitzen. Der Wissenserwerb verläuft bei Schülern demnach nur so lange erfolgreich, wie sie in der Lage sind, aus ihren vorhandenen, bereits angeeigneten Wissensstrukturen, relevantes Vorwissen zum Verstehen der neuen Informationen zu aktivieren. So gelingt ihnen gleichzeitig auch der intelligente Einbau der neuen Informationen in die Wissensstrukturen. Es ist also evident, dass das Wissen, über welches Lerner bereits verfügen, nicht nur zum Repräsentationsinhalt ihres Langzeitgedächtnisses geworden ist, sondern zugleich eine der wesentlichen Bedingungen für weiteres Lernen darstellt. Das so genannte Vorwissen beeinflusst damit in entscheidender Weise die Qualität und die Schnelligkeit der Informationsverarbeitung bzw. des Wissenserwerbs.

Das Ausmaß und die Qualität des inhaltsbezogenen Vorwissens sind für einen hohen Anteil der interindividuellen Unterschiede des sichtbaren Lernerfolgs der Schüler verantwortlich. Ob Schüler gute oder schlechte Lerner sind, hängt also in entscheidendem Maße von ihrem (Vor)Wissen ab. Daraus leitet sich die wichtige Aufgabe für Lehrkräfte ab, den Stand des (Vor)Wissens der Schüler explizit zu kennen, um Verstehen beim Wissenserwerb zu ermöglichen, Lernschwierigkeiten vorzubeugen oder wenigstens frühzeitig zu erkennen, damit die Wissenslücken in den Wissensstrukturen noch behebbar sind.

(b) Dimensionen des (Vor)Wissens

Vorwissen als entscheidende kognitive Lernvoraussetzung ist nach Dochy und Alexander (1995) das gesamte Wissen des Lerners, das dynamischen Charakter trägt; das vor der Bearbeitung einer Lernaufgabe zur Verfügung steht und somit aktiviert werden kann; das strukturiert ist und in unterschiedlichen Formen vorliegt; das sowohl explizit als auch implizit existiert und konzeptuelle und metakognitive Komponenten einschließt.

In Anlehnung an Krause und Stark (2006) werden im Folgenden wesentliche Dimensionen von Vorwissen beschrieben, die eine Orientierungsgrundlage für Lehrkräfte bei der Wissensvermittlung und Diagnostik des Vorwissens sein können.

(1) Vorwissen besitzt immer eine *inhaltliche Dimension.* In der Psychologie wird zunächst in diesem Zusammenhang in deklaratives Wissen (Fakten, Bedeutungen von Symbolen, Konzepte, Regeln und Prinzipien in einem Wissensbereich) und prozedurales Wissen (Handlungen, Fertigkeiten, Können) unterschieden. Für die Übertragbarkeit des Gelernten ist das konditionale Wissen (Paris, Lipson und Wixson, 1983) ebenfalls von Bedeutung. Es ist häufig entscheidend, dass Schüler das erworbene Wissen nur anwenden können, wenn sie auch darüber Bescheid wissen, in welchen Situationen das Wissen sich sinnvoll anwenden lässt bzw. wo die Grenzen der Anwendung zu ziehen sind.

(2) Dochy und Alexander (1995) unterscheiden *domänenspezifisches und domänenunspezifisches Wissen.* Aus der Expertiseforschung ist heute bekannt, dass für erfolgreiches Lernen deutlich mehr domänenspezifisches als domänenunspezifisches Wissen notwendig ist. Die Verfechter der formalen Bildungsidee vertraten lange unwidersprochen die Ansicht, dass in bestimmten formalbildenden Schulfächern wie Latein oder Mathematik zugleich eine allgemeine Verbesserung der Methodenkompetenz bzw. des logischen Denkens ermöglicht würde und eine formale Schulung des bereichsunspezifischen (also breit anwendbaren, prozeduralen) Wissens sinnvoll und notwendig sei. Dagegen spricht das empirisch gut abgesicherte gesetzmäßige Phänomen, das Weinert (1994) als Anwendungsextensitäts-Nutzungsintensitäts-Disproportionalität bezeichnet. Hinter dieser komplizierten Bezeichnung verbirgt sich ein einleuchtender, jedem Lehrer plausibler, Sachverhalt: „Je allgemeiner eine Regel, eine Strategie oder eine Heuristik ist, d.h. in je mehr Situationen sie genutzt werden kann, desto geringer ist ihr Beitrag zur Lösung anspruchsvoller inhaltsspezifischer Probleme“ (Weinert, 1994, S. 202). Für erfolgreiches schulisches Lernen sind offenkundig beide Wissensbereiche (domänenspezifisches und bereichsübergreifendes) erforderlich.

(3) Für die Diagnostik des Wissens ist auch die Dimensionen der *Bewusstheit* des Wissens von entscheidender Bedeutung, nämlich inwiefern das Vorwissen explizierbar (explizit) oder in impliziter Form aufgebaut worden ist. Explizites Wissen (vor allem deklaratives Wissen, Algorithmen) ist verbalisierbar, kann also bewusst aktiviert werden. Dagegen kann implizites Wissen (zum großen Teil prozedurales Wissen) nur schwer verbalisiert werden; es wird automatisch und unbewusst aktiviert. Wenn bei der Diagnostik des Vorwissens Schüler dazu aufgefordert werden, laut zu denken, dann sollte der Spezifik des Sachverhalts impliziten Wissens Rechnung getragen werden, um Schülern nicht kurzschlüssig zu unterstellen, „sie wüssten es nicht“.

(4) Die Dimension des *Repräsentationsformats* des (Vor)Wissens ist für den Diagnostiker insofern von Bedeutung, als dass qualitativ hochwertiges deklaratives Wissen im Langzeitgedächtnis in bedeutungsmäßig zusammenhängenden Netzwerken abgespeichert werden muss. Je vielfältiger diese bedeu-

tungsmäßigen Verbindungen zwischen Konzepten und Regeln in diesem Wissensnetz sind, desto schneller und sicherer kann Vorwissen aktiviert werden. Der bewusste Zugriff kann demnach über ganz unterschiedliche Assoziationen im Netzwerk erreicht werden. Je weniger Eintragungen im Netzwerk bedeutungsmäßig verknüpft sind, desto länger dauert das Absuchen nach der relevanten Information. Gute Lerner haben Teile ihres Wissens darüber hinaus auch noch in doppelter (dualer) Weise eingespeichert. Sie haben neben der sprachlich-begrifflichen Einspeicherung von Wissen auch noch eine adäquate bildhafte Vorstellung dazu angelegt, die es ihnen ermöglicht, u.a. Visualisierungen des Wissens (z.B. Skizzen) anzufertigen, um den Lösungsprozess von Aufgaben oder Problemen systematischer und besser durchschaubar zu gestalten. Prozedurales Wissen ist nicht in solchen semantischen Netzwerken abgespeichert, was die Verbalisierung erschwert. Nach Newell und Simon (1972) wird prozedurales Wissen in Form von so genannten Produktionsregeln abgespeichert. Diese Produktionsregeln sind Wenn-dann-Regeln und als konkrete Anleitungen des Handelns, Problem- oder Aufgabenlösens zu verstehen, in dem Sinne, dass der Lerner in einem inneren Dialog mit seinem Lösungswissen und den Aufgabenbedingungen relevante Lösungsbedingungen konstruiert und darauf hin handeln/lösen wird.

(5) Wie bei der Repräsentation des deklarativen Wissens bereits deutlich wurde, ist die *Strukturiertheit* dieses Wissens für seine Qualität von entscheidender Bedeutung. Je besser das Wissen vernetzt ist, desto schneller laufen die Abrufprozesse und das Auffinden ab, was wiederum das Verstehen von gesprochenen oder geschriebenen Informationen und eine zügige Aufgabenlösung ermöglicht.

(6) Mit der Dimension der *Wissenschaftlichkeit* von Wissen wird der Sachverhalt beschrieben, inwieweit das vorhandene Wissen tatsächlich adäquat, d.h. mit wissenschaftlichen Theorien vereinbar ist. Schüler verfügen zum Teil über vielfältiges Alltagswissen und entwickeln aufgrund ihrer Erfahrungen subjektive Theorien über Objekte und Zusammenhänge. Diese Erklärungs- und Deutungsmuster haben sich im Alltag vielfach bewährt und werden daher auch für schulische Lernprozesse herangezogen. Das bedeutet jedoch keineswegs, dass solches Alltagswissen mit dem wissenschaftlichen Wissen übereinstimmt. Häufig liegen Misskonzepte vor, die den Erwerb wissenschaftlichen Wissens beeinträchtigen können (vgl. z.B. Stark, 2003). Der Wissenserwerb wird zumindest in zweifacher Weise gemindert. Einmal veranlassen solche Fehlkonzepte die Schüler dazu, unaufmerksam zu sein, weil sie in dem Glauben sind, den betreffenden Sachverhalt bereits zu kennen und andererseits erfolgt das Verstehen des neuen Lernstoffs möglicherweise in inadäquater Weise. Es gehört deshalb zur diagnostischen und didaktischen Aktivität des Lehrers, die subjektiven Erklärungen und Misskonzepte von Schülern verbalisieren zu lassen, damit die Diskrepanz zwischen fehlerhaftem Vorwissen und neuem Lernstoff bewusst wird und die Modifikation von Wissensrepräsentationen erfolgreich verlaufen kann.

(7) Die Lerner, die über *viel* Wissen verfügen, sind im Vorteil, vorausgesetzt es ist auch gut und intelligent vernetzt. Die Dimension der Wissensbeschreibung

bezieht sich hier auf den *Umfang* des Wissens. Wer viel weiß, versteht mehr, weil sich durch das reichhaltige Vorwissen mehr Anknüpfungspunkte ergeben. Dieser Sachverhalt wird in der Psychologie, in Analogie zu einer Stelle im Matthäus-Evangelium, als Matthäus-Prinzip bezeichnet: „Wer da hat, dem wird gegeben".

(8) Schließlich wird mit der *Handlungsrelevanz* des Vorwissens eine oft unterschätzte Dimension beschrieben. Bei der Handlungsrelevanz geht es um die Frage, welche Operationen das Vorwissen generell oder in einer bestimmten Lernsituationen erlaubt. Häufig glauben Lehrer und Schüler, dass mit der Vermittlung bzw. Reproduktion von deklarativem und prozeduralem Wissen bereits die Möglichkeiten zur Anwendung und Nutzung gegeben sind. Ist das Vorwissen wenig konsolidiert und durchgearbeitet, wenig flexibel, d.h. nicht in vielfältigen Kontexten geübt und der Anwendungsrahmen des Wissens ist unbekannt, dann kann dieses Wissen im Alltag und beim Problemlösen nicht angewendet werden. In schulischen und universitären Prüfungssituationen ist es oft ausreichend, Wissen zu reproduzieren, um gute Noten zu bekommen, weil es nur abgefragt wird. Dieser Umstand darf aber nicht mit Handlungsrelevanz des Wissens gleichgesetzt werden.

(c) Hochwertiges Vorwissen von Experten

Eine anerkannte Methode zur Analyse von Vorwissenseffekten beim Lernen und Behalten neuer Informationen ist der Vergleich von Experten und Novizen in einer bestimmten Wissensdomäne. Lerner, die in einem Fach über Expertise verfügen, besitzen nicht nur viel, sondern qualitativ höherwertiges (intelligent organisiertes) Wissen (vgl. u.a. Bransford, 2000). In diesem Kontext kann diagnostisch geprüft werden, wie erfolgreiche Lerner ihr Wissen organisieren und welche Auswirkung die Qualität eines solchen Vorwissens auf den Lernprozess hat. Folgende Thesen dienen der Lehrkraft als Orientierung bei der diagnostischen Analyse:

- Experten richten ihre Aufmerksamkeit vor allem auf die relevanten Aspekte des Lernstoffs und der Aufgabenlösung.
- Sie bemerken Merkmale und Bedeutungsmuster im Lernstoff, die von Novizen gar nicht wahrgenommen werden können, weil diese ihr weniges Wissen auch nur oberflächlich und flüchtig abgespeichert haben.
- Experten dagegen haben ihr umfangreiches Wissen auf einem sehr hohen Verstehensniveau sinnvoll organisiert.
- Das Vorwissen von Experten besteht nicht aus isolierten Fakten. Es spiegelt vielmehr zugleich eine Vielzahl von Anwendungskontexten wider.
- Experten können mehr Informationen gleichzeitig verarbeiten, weil sie viele Informationen in übergeordnete Sinneinheiten zusammenfassen können; dadurch wird das Arbeitsgedächtnis entlastet.
- Experten sind in der Lage, relevante Aspekte des Vorwissens ohne große Anstrengung flexibel abzurufen.
- Experten sind deshalb auch Novizen beim Problemlösen und Denken überlegen, weil sie über äußerst variable und flexible Reaktionsmuster im Umgang mit neuen Aufgaben und Problemen verfügen.

(d) Zusammenhang von Intelligenz und Vorwissen für erfolgreiches Lernen
Der Klärung dieses Zusammenhanges wird eine kurze Zusammenfassung von Positionen zum Intelligenzbegriff vorangestellt. Intelligenz wird in einschlägigen Lehrbüchern der Pädagogischen Psychologie immer noch als die wichtigste Lernvoraussetzung angesehen. Allerdings wird ihr Einfluss auf den Lernerfolg heute durch die Befunde der Experten-Novizen-Forschung sehr viel differenzierter beschrieben. Unter Intelligenz wird die zusammengesetzte allgemeine Fähigkeit zum Lernen, Denken und Problemlösen verstanden. Die Neuigkeit oder Vertrautheit einer kognitiven Anforderung spielt für die Beurteilung der Intelligenz eine entscheidende Rolle. Intelligenz im Sinne von Denken und Problemlösen ist immer dann gefordert, wenn eine Situation unbekannt ist und keine Lösungen abrufbereit sind. Ist eine Aufgabe vertraut, lässt sie sich über den Wissensabruf (Expertise) bewältigen.

Intelligenz ist ein anerkanntes wissenschaftliches Konstrukt in der Psychologie. Dieses relativ stabile Persönlichkeitsmerkmal wird mit Hilfe von standardisierten Testverfahren gemessen. Der (Test)Intelligenz wird eine relativ gute prognostische Validität (Vorhersagbarkeit von Schul- und Berufserfolg) zugeschrieben. Man kann davon ausgehen, dass die mit diversen Intelligenztests erfassten kognitiven Merkmale in der Regel zwischen 25% und 45% der Schulleistungsvarianz erklären. Die verbalen Intelligenztestleistungen sagen zumindest im Grundschulbereich den Schulerfolg besser vorher als nonverbale Intelligenzfaktoren. Der Erklärungsanteil der Intelligenz für die Prognose von Schulerfolg nimmt bei gleichzeitiger Kontrolle anderer prognoserelevanter Variablen (z.B. Lernmotivation, Arbeitsverhalten, Vorwissen etc.) ab.

Die Beziehung zwischen Intelligenz und Schulleistung ist auch teilweise von der Qualität des Unterrichts abhängig. Sie ist bei einem weniger individualisierten, „testähnlichen" Unterricht größer als bei stärker offenen Unterrichtsbedingungen (Weinert u. Petermann, 1980).

In der Psychologie besteht allerdings keineswegs Einigkeit über die theoretische Modellierung der Intelligenz. Es ist deshalb nicht unerheblich darauf zu achten, welches theoretische Intelligenzmodell einem Test zugrunde liegt, auf dem das diagnostische Urteil über die Fähigkeiten einer Person beruht.

In der Theorie von Cattell (1971) werden beispielsweise zwei Faktoren der Intelligenz postuliert. Die fluide oder flüssige Intelligenz einerseits umfasst das weitgehend angeborene Fähigkeitspotenzial. Die kristalline Intelligenz andererseits bezieht sich auf solche Fähigkeiten, die sich unter Kultureinflüssen und Sozialisation herausbilden („herauskristallisieren"). Fluide Intelligenzanteile werden häufig sprachfrei erfasst, z.B. über Ergänzen unvollständiger Matrizen oder Erschließen räumlicher Regeln.

Es gibt andere Intelligenzansätze, die Intelligenz als globale, allgemeine Fähigkeit betrachten oder unterscheidbare, voneinander relativ unabhängige Fähigkeiten bzw. Intelligenzen ausgliedern. Ein klassisches Modell der unabhängigen Intelligenzen sind die sieben Primärfaktoren von Thurstone (1938) (verbales Verständnis, numerisches Verständnis, Gedächtnis, Wahrnehmungsgeschwindigkeit, räumliches Denken, verbale Flüssigkeit, schlussfolgerndes Denken), das einigen im Kontext von Schule verwendeten Intelligenztests zugrunde liegt.

Moderne Intelligenzansätze werden als hierarchische Strukturmodelle der Intelligenz konzipiert, in denen verschiedene Ebenen der Intelligenzfaktoren und Zusammenhänge von Teilkomponenten der Intelligenz abgebildet werden. Im Berliner Intelligenzstrukturmodell (A.O. Jäger, 1984) werden beispielsweise drei inhaltliche Dimensionen (verbal, numerisch, figural-bildhaft) mit vier Operationen (Bearbeitungsgeschwindigkeit, Merkfähigkeit, Einfallsreichtum, Verarbeitungskapazität) kombiniert. Damit lassen sich 12 Teilfähigkeiten ausgliedern. Gleichzeitig kann aus den 12 Teilfähigkeiten die allgemeine, bzw. generelle Intelligenz (IQ) als Integral bestimmt werden.

Die allgemeine Intelligenz wird mit dem so genannten IQ-Wert ausgedrückt. Heute wird dieser IQ als Abweichungsquotient bestimmt, der die Abweichungen der individuellen Leistung einer Person von der Durchschnittsleistung einer Bezugsgruppe markiert. Die Testkonstrukteure gehen davon aus, dass sich Intelligenz wie biologische Merkmale normal verteilt. Wenn man das numerisch ausdrücken will, nimmt man einen Mittelwert von M = 100 (Punkten) an (vgl. dazu Kapitel 2). Die Standardabweichungen auf der IQ-Skala werden mit SD = 15 (Punkten) festgelegt. Der mittlere Bereich der Intelligenz liegt demnach zwischen 85 und 115 Punkten. Das trifft für etwa 68% der Bevölkerung zu. Unterdurchschnittliche Intelligenz beginnt demnach bei einer Punktzahl von < 85 und überdurchschnittliche Intelligenz beginnt ab dem Punktwert >115.

Die Bestimmung des so genannten IQ als Ausdruck des Fähigkeitspotenzials von Schülern hat für Lehrer allgemein wenig informativen Wert. Ein solcher Testwert kann lediglich eine Orientierung für das kognitive Potenzial eines Schülers bei kritischen Entscheidungen der Schullaufbahn liefern. Die aus psychologischer Perspektive wesentlich interessantere Frage ist die, ob Intelligenz Vorwissen ersetzen kann oder in welchem Zusammenhang Intelligenz und Vorwissen beim Zustandekommen von Lernerfolg stehen. In vielen Wissensbereichen lässt sich tatsächlich ein überzufälliger, jedoch geringer statistischer Zusammenhang zwischen dem Vorwissen und der allgemeinen Intelligenz nachweisen (vgl. Sternberg u. Wagner, 1985). So konnten diese Forscher feststellen, dass Experten in verschiedenen Inhaltsbereichen (Physik, Musik, Geschichte) tatsächlich im Vergleich zu zufällig ausgewählten Novizen (Personen, die über wenig Wissen verfügen) bessere Intelligenzwerte hatten. Dieses Forschungsergebnis lässt den Schluss zu, dass die Expertise in einem Bereich (= viel Vorwissen) durch das bessere intellektuelle Potenzial zustande kommt. Diese Hypothese stimmt durchaus mit unseren Alltagsüberzeugungen überein.

Lehrer haben aber auch im Laufe ihrer Schulpraxis solche Erfahrungen gemacht, dass Schüler zwar ein gutes intellektuelles Potenzial haben, aber dieses Potenzial nicht nutzen, weil sie die entsprechenden schulischen Fächer nicht interessieren oder sie wenig Antrieb besitzen, sich anzustrengen und zu lernen. Diese Schüler haben dann in höheren Klassen einen regelrechten Leistungsabfall, das heißt, sie können anspruchsvollere Aufgaben nicht mehr gut lösen. Offensichtlich nützt dann das gute intellektuelle Potenzial hier nur noch wenig. Ihnen fehlt es jedoch ganz entschieden am Vorwissen.

Schneider, Körkel und Weinert (1989, 1990) haben diesen Zusammenhang zwischen Intelligenz, Vorwissen und Leistung in einer umfangreichen Untersuchung nachgewiesen (vgl. Abbildung 3.3). Wir referieren daraus ein leicht zugängliches Beispiel, an dem grundsätzliche Einsichten veranschaulicht werden können. Für ihre empirischen Untersuchungen wurde die Domäne „Fußball" ausgewählt, weil in diesem Gebiet offensichtlich der Umfang und die Qualität des Vorwissens nicht statistisch bedeutsam mit der allgemeinen Intelligenz zusammenhängen. Bei einer großen Stichprobe von Schülern der dritten, fünften und siebten Klassen wurden das spezifische Fußballvorwissen und die allgemeine Intelligenz zunächst geprüft. Den Schülern wurde dann eine Geschichte über ein Fußballspiel vorgelesen, deren Inhalt sie danach wiedergeben sollten. Die Geschichte war auch für die Drittklässler gut verständlich. Sie enthielt jedoch einige Auslassungen und Widersprüche.

Abbildung 3.3: Leistung beim Nacherzählen einer Fussballgeschichte in Abhängigkeit vom Vorwissen

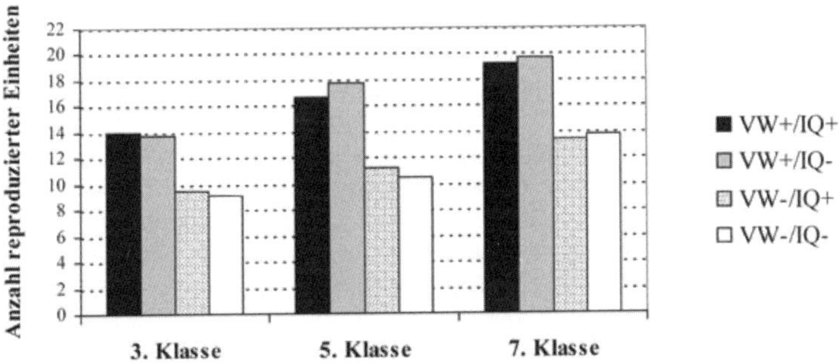

Vorwissen (hoch: VW+; niedrig: VW-), Intelligenz (hoch: IQ+; niedrig: IQ-) und Klassenstufe (Daten aus Schneider, Körkel & Weinert, 1989); zitiert nach Hasselhorn & Gold, 2006, S. 85.

Die Befunde dieses Experiments weisen im Wesentlichen zwei Effekte aus, wie aus Abbildung 3.3 ersichtlich ist:

1. Mit zunehmendem Alter waren die Kinder immer besser in der Lage, die Geschichte vollständig zu reproduzieren, Schlussfolgerungen aus dem Text zu ziehen und Widersprüche zu entdecken.
2. Unabhängig vom Lebensalter waren die Fußballexperten stets den Kindern mit wenig Vorwissen überlegen. Selbst die Kinder mit dem niedrigsten IQ profitierten ab der fünften Klasse von ihrem Vorwissensvorteil gegenüber den Kindern die einen guten IQ, aber wenig Vorwissen haben.

Demnach ist selbst bei guter Testintelligenz ein umfangreiches bereichsspezifisches Vorwissen nicht entbehrlich, wenn anspruchsvolle Leistungen erzielt werden sollen.

Fazit für den Diagnostiker: Mit zunehmender Klassenstufe (= Fortschreiten des kumulativen Wissens in einem Inhaltsbereich) wird das Vorwissen der Schüler für erfolgreiches Lernen wichtiger als ihr Intelligenzpotenzial. Die Lösung anspruchsvoller Aufgaben kann ohne differenziertes, bereichsspezifisches Vorwissen nur auf der Basis eines guten IQ-Testwertes nicht mehr realisiert werden. Fleiß, Zielstrebigkeit, Anstrengungsbereitschaft und Gewissenhaftigkeit sind jedoch notwendige Faktoren, um ein umfangreiches und gut organisiertes Domänenwissen aufzubauen. Allerdings fällt der Wissenserwerb in der Regel den intelligenten und motivierten Schülern leichter und sie müssen deshalb weniger Zeit und Kraft in den Lernprozess investieren als weniger intelligente Schüler. Im Umkehrschluss können aber weniger intelligente Schüler (in einem bestimmten Toleranzbereich) bei hoher Motivation durchaus reichhaltiges Vorwissen aufbauen und den „faulen", aber intelligenteren Klassenkameraden in den schulischen Leistungen überlegen sein.

Im Folgenden werden ausgewählte Verfahren zur Diagnostik des Vorwissens und der Intelligenz besprochen.

(3) Diagnostische Verfahren zur Erfassung des Vorwissens und der Intelligenz

(3.1) Diagnostische Verfahren zur Erfassung des Vorwissens

(a) Konventionelle Klassenarbeiten

Jede Lehrkraft lässt regelmäßig Tests und Klassenarbeiten schreiben, in denen Aufgaben aus einem zeitlich und inhaltlich begrenzten Gebiet des aktuell behandelten Lehrstoffs von den Schülern bearbeitet werden müssen. Die Ergebnisse dieser Arbeiten sind in den meisten Schulen die wichtigste Grundlage der Leistungsbewertung und Zensierung. Die mit diesen Arbeiten verbundene günstige Möglichkeit der expliziten Wissensdiagnose gerät im Schulalltag bei Lehrkräften manchmal etwas aus dem Blickfeld, weil Lehrer in erster Linie damit die Benotung verbinden. Die Klassenarbeiten können aber differenzierte Informationen über den Umfang und die Qualität des aufgebauten Wissens bei jedem Schüler liefern. Für die frühzeitige Erkennung von Wissenslücken und Lernrückständen sind diese schriftlichen Arbeiten eine zuverlässige und regelmäßige Datenquelle.

Wenn die Lehrkraft Klassenarbeiten zu einer solchen systematischen Wissensdiagnose nutzen will, dann müssen mindestens drei Anforderungen erfüllt werden:

1. Sorgfältige Konstruktion der Aufgaben
Bei der Ausarbeitung von Aufgaben muss beachtet werden, dass wesentliche Wissensinhalte (= Wissensumfang) und Verstehens- und Anwendungsqualität dieser Inhalte in gleichen Anteilen der Aufgaben erfasst werden. Der Schwierigkeitsgrad und der Umfang der Aufgaben für eine Klassenarbeit sollten bewusst hinterfragt werden. Aufgaben in einem mittleren Schwierigkeitsgrad differenzieren die Leistungsmöglichkeiten der Schüler am besten. Wie viele Aufgaben für die Schüler zumutbar sind, sollte von den Lehrkräften experimentell herausgefunden werden (vgl. Kap. 3.2.1.2: Konstruktion informeller Schulleistungstests).

Die Gütekriterien von Klassenarbeiten könnten prinzipiell optimiert werden, wenn die Lehrer eines Fachbereiches regelmäßig die ausgearbeiteten Klassenarbeiten analysieren, diskutieren und austauschen würden.

2. Erfassung der Mängel und Fehler
Jeder Fachlehrer kann in einer wenig aufwändigen Statistik bei jeder Klassenarbeitskontrolle wesentliche Fehler und Misskonzepte, gravierende Verstehensmängel, Defizite im Grundwissen, das Voraussetzung für den weiteren inhaltlichen Lehrgang ist, für jeden Schüler erfassen. Eine solche Statistik dürfte gestandenen Lehrern leicht fallen, weil sie die wesentlichen Fehlermuster des Stoffs, die Verstehensschwierigkeiten, den kumulativen Aufbau und die Zusammenhänge des Stoffs in ihren Unterrichtsfächern über die Schuljahre hinweg differenziert durchschauen. Erst mit einer solchen schriftlichen Auflistung der Wissensmängel wird eine gezielte Förderung der Schüler effektiv und kontrollierbar.

3. Fehlerkorrektur und zielerreichendes Lernen
So genannte Fehlerberichtigungen im Anschluss an Klassenarbeiten – wenn sie überhaupt von der Lehrkraft explizit eingefordert werden – stellen für Schüler häufig eine formale Lernsituation dar, deren Nützlichkeit sie zum Teil nicht durchschauen. Schülern muss zunächst deutlich erklärt werden, dass aktive Fehlerkorrekturen, Umarbeiten und nochmals neu lernen nach Misserfolgen die entscheidenden Strategien sind, um Leistungsverbesserungen zu erzielen. Für das Erlernen dieser Strategien bedürfen die Schüler einer differenzierten Anleitung durch die Lehrkräfte und Einübungsphasen mit Anfrage- und Rückmeldemöglichkeiten. Nacharbeiten von Fehlern, Defiziten, Verstehensrückständen kann z.T. im Unterricht in Individualisierungsphasen oder über Partnerlernen realisiert werden. Dieser „Aufwand" sollte stets betrieben werden, wenn es sich um gravierende aktuelle Verstehensprobleme von Schülern und um Knotenpunkte im Lehrstoff handelt. Natürlich können Schüler auch in häuslicher selbstständiger Arbeit einen Teil der diagnostizierten Rückstände aus Klassenarbeiten aufholen. Das setzt aber voraus, dass Lehrkräfte die Aufgaben für Fehlerberichtigungen und Nachholen präzise formulieren, kontrollieren und Rückmeldungen geben.

Ein solches Vorgehen ist eine sehr effektive Möglichkeit für die didaktische Methode der Individualisierung von Lernprozessen. Die Argumentation mancher Lehrkräfte, die in solch scheinbar aufwändigem, zusätzlichem, Ziel erreichendem Lernen der Schüler eine Gefährdung der Erfüllung des Lehrplanes sehen, kann theoretisch und praktisch entkräftet werden. Wenn nämlich die (Vor)Wissenslücken kumulieren, weil Schüler nach Klassenarbeiten und Tests keine angeleiteten Lerngelegenheiten zum Ziel erreichenden Lernen hatten, dann werden die neuen curricularen Anforderungen immer weniger oder gar nicht mehr erfüllbar sein, weil ein Teil der Schüler dem Unterricht nicht mehr folgen kann. Durch vermeintliche Zeiteinsparung kann der Lehrplan zwar formal abgearbeitet werden, aber er kann so niemals erfüllt werden.

(b) Strukturanalyse des (Vor)Wissens

Klassenarbeiten und informelle lehrzielorientierte Tests liefern „Momentaufnahmen" und z.T. nur Ausschnitte aus dem individuellen Wissensstand eines Schülers. Wenn die Lehrkraft Entscheidungen darüber fällen muss, ob ein Schüler eine Klasse wiederholen soll, ein Schulwechsel notwendig ist, ein pädagogisches Förderprogramm eingeleitet werden soll oder Eltern empfohlen wird, dem Kind Nachhilfeunterricht zu erteilen, dann ist eine sehr viel umfangreichere Analyse des Vorwissens dieser Schüler erforderlich. Erst wenn explizit diagnostiziert wurde, wie umfangreich die Wissenslücken und wie groß die Lernprobleme sind, können geeignete adaptive pädagogische Handlungsmöglichkeiten überlegt werden. Um den Aufwand einer solchen strukturellen Diagnose des Wissens von Schülern für Lehrkräfte beherrschbar zu halten, wird ein Vorgehen in vier Schritten empfohlen (Wahl, Weinert & Huber, 2007).

1. Diagnose der Breite der Wissensmängel
Zunächst muss festgestellt werden, in wie vielen Fächern und Themengebieten der betreffende Schüler Wissensrückstände bzw. -mängel aufweist. Für diese Diagnose müssen innerhalb eines begrenzten Zeitraumes Leistungstests durchgeführt werden, die den aktuellen Leistungsstand in möglichst allen wichtigen Fachgebieten offen legen. Die diagnostischen Einzeldaten von den Fachlehrern sollte der Klassenlehrer sammeln und zu einem Gesamtbild verdichten. Wie erfolgversprechend Förderprogramme und Hilfsmaßnahmen (z.B. Nachhilfeunterricht) sind, hängt auch davon ab, wie eng umgrenzt bzw. eingrenzbar die Lernschwierigkeiten und Wissenslücken sind. Die Hilfen werden sich immer dann schwieriger gestalten, wenn die Leistungsprobleme des Schülers bereits in vielen Gebieten vorliegen.

2. Diagnose der Schwere der Wissensmängel
Nachdem sorgfältig diagnostiziert wurde, wie breit die Wissensmängel sind, d.h. in wie vielen Fächern oder Gebieten eines Faches der Schüler Wissenslücken hat, muss überprüft werden, wie schwerwiegend diese Leistungsmängel sind. Dazu müssen die Abweichungen des tatsächlichen vom erwarteten Leistungstand aufgedeckt werden. Das sollte in zweifacher Weise geschehen:

Die Lehrkraft legt erstens anhand des verbindlichen Lehrplans vor der Überprüfung fest, was ein Schüler eigentlich wissen und können muss (Lernziele). Gleichzeitig sollte definiert werden, bei welchen Aufgabenlösungen und Fehlerzahlen eine Leistung gerade noch als ausreichend angesehen werden kann. Dies ist natürlich immer nur im Hinblick auf bestimmte Schwierigkeitsgrade der Aufgaben möglich. Deshalb gibt es auch keinen objektiven Maßstab dafür, wie schwierig beispielsweise eine mathematische Sachaufgabe, eine Übersetzung oder ein Aufsatzthema tatsächlich ist oder sein sollte. Da Leistungen und Lernschwierigkeiten immer auch von der Schwierigkeit der gestellten Aufgaben abhängen, ist es notwendig, wenigstens annäherungsweise eine Übereinstimmung zwischen angestrebtem und in Klassenarbeiten oder Tests tatsächlich realisiertem Schwierigkeitsgrad der Anforderung zu erreichen. Die verantwortungsbewusste Reflexion der damit verbundenen Fragen ist um so dringlicher, je schwerwiegender die Konsequenzen nicht mehr tolerierbarer schlechter Leistungen für den Schüler sind. Es ist beispielsweise pädagogisch nicht verantwortbar, dass ein Schüler eine Klasse wiederholen muss, weil die Aufgaben bei drei Klassenarbeiten schwieriger und der Bewertungsmaßstab strenger als üblich waren.

Bei der sorgfältigen Bestimmung der Diskrepanz zwischen erwartetem und tatsächlichem Leistungsstand des Schülers muss zweitens als zusätzliches Kriterium der Bewertung hier der soziale Vergleich hinzugezogen werden. Dadurch kann beurteilt werden, wie groß der Leistungsabstand eines Schülers oder einer Gruppe vom Durchschnitt der Klasse ist. Sind die festgestellten Leistungsabweichungen des betreffenden Schülers im Verhältnis zum Klassendurchschnitt sehr groß, so wird es für den Schüler schwer sein, dem weiteren Unterricht noch zu folgen.

Erzielen Schüler in einer leistungsstarken und gut geförderten Klasse im Vergleich zu ihren Mitschülern nur schlechte Ergebnisse, entsprechen diese Leistungen aber noch den Anforderungen des Lehrplans, so liegen aber keine Lernschwierigkeiten im engeren Sinne vor. Klassenwiederholungen oder gar Wechsel der Schulform als Folge einer Leistungsbewertung, die ausschließlich auf der sozialen Bezugsnorm beruht, sind pädagogisch ebenfalls nicht tolerierbar. Bei der Beurteilung des Schweregrades der Wissens- und Lernmängel kommt es deswegen immer auf die verantwortungsbewusste Kombination des lehrplanorientierten und sozialen Maßstabes an.

3. Diagnose der Tiefe der Wissensmängel

Für das Erstellen einer günstigen Prognose zur Beseitigung von Leistungsmängeln genügt es nicht, lediglich das Nichterreichen der aktuellen Lernziele festzustellen. Vielmehr entscheidend ist es zu diagnostizieren, wie weit die Wissenslücken in die vergangenen Schuljahre zurückreichen. In diesem Zusammenhang stellt sich die Frage, wie die Lehrkraft zu Aufgabensammlungen aus den vorangegangenen Schuljahren kommt, die die lehrplanadäquaten Lernziele repräsentieren, um die individuellen Wissenslücken der Schüler zu bestimmen.

Wollte man diese Aufgabe sehr gründlich erfüllen, so müsste für eine Vielzahl von Lernzielen jeweils eine möglichst umfassende Systematik aller dafür relevanten Vorkenntnisse erstellt werden. Das würde sicher in manchen Fächern nicht nur große methodische Schwierigkeiten bereiten, sondern auch die Ressourcen jedes Lehrers zeitlich überfordern.

Um einen Aufgabenpool zu erarbeiten, wird in der Schulpraxis von Lehrkräften ein relativ einfaches Vorgehen praktiziert, das praktikabel und effektiv ist. Dabei stellen Lehrkräfte aus ihren eignen Akten oder mit Hilfe von Fachkollegen eine große Anzahl von Aufgaben aus tatsächlich gestellten Klassenarbeiten von etwa zwei bis vier Schuljahrgängen zusammen, die vor der Klassenstufe des betreffenden Schülers liegen. Diese Aufgaben müssen auch von einem Teil der Mitschüler bearbeitet werden, weil die meisten Lehrer unterschätzen, wie viel Wissen aus früheren Schuljahren auch von guten Schülern vergessen wird.

Relevant für die Beurteilung leistungsschwacher Schüler sind demnach vor allen jene Wissenslücken und Verstehensprobleme, die durchschnittlich leistungsfähige Schüler nicht aufweisen. Auf diese Weise erfährt man relativ schnell und zuverlässig, wie weit die Vorwissensmängel zurückreichen, wie tief sie verwurzelt sind. Dieses Vorgehen lässt sich praktisch in jedem Unterrichtsfach durchführen. Als effektiv erweist sich, wenn die Lehrkräfte in den Aufgabensammlungen der einzelnen Jahrgänge auch noch die Aufgaben markieren, die Kenntnisse erfordern, die für den weiteren Lernfortschritt unabdingbar sind. Auf diese beschriebene Art und Weise können Lehrkräfte eine sehr detaillierte Diagnose des Wissenssystems von Schülern und die darin enthaltenen Mängel und Lücken erstellen.

4. Orientierung über Verbesserungsmöglichkeiten bei Leistungsmängeln
Zu einer professionellen Diagnostik der Wissensmängel eines Schülers gehört auch die Erstellung einer realistischen Prognose über die Verbesserungsmöglichkeiten dieses Schülers. Wenn die Aussichten unterschiedlicher pädagogischer Interventionen abgeschätzt werden sollen, so ist zusätzlich zu beurteilten, wie leicht oder schwer sich die Wissensrückstände bei dem betreffenden Schüler beheben lassen, wenn von den untersten bzw. tiefsten Vorwissenslücken ausgegangen werden soll. Viele Förderpläne von Lehrkräften oder Nachhilfen scheitern häufig deshalb, weil sie sich in der Regel ausschließlich auf die aktuellen unterrichtlichen Leistungsprobleme beziehen. Wie soll ein leistungsschwacher Schüler aber Fortschritte erzielen, wenn ihm die fundamentalen Vorkenntnisse fehlen, um von den zusätzlichen Fördermaßnahmen profitieren zu können?

Hierin liegt einer der entscheidenden Mängel manchen Förderunterrichts oder der teuer bezahlten Nachhilfe, die nicht auf den individuellen Lernvoraussetzungen und auf den diagnostizierten Vorwissenslücken aufbauen. Um zu prüfen, in welchem Ausmaß und mit welcher Wahrscheinlichkeit Leistungsverbesserungen überhaupt möglich sind, müssen dem betreffenden Schüler vorkenntnisspezifische Lernaufgaben gestellt werden, die er unter Mithilfe eines Lehrers, eines Mitschülers oder eines Elternteils zu bewältigen hat. Nur aus einem systematischen Vergleich zwischen Wissenslücken und erreichbaren Lernfortschritten lässt sich die „Zone der nächsten Entwicklung" abschätzen. Nur auf dieser beschriebenen Grundlage wird es effektiv möglich sein, pädagogische Fördermaßnahmen zu planen oder Eltern begründete Empfehlungen für Schulaufbahnentscheidungen zu geben.

Zusammenfassend muss festgestellt werden, je breiter, schwerer und tiefer die Vorwissensmängel eines Schülers sind, umso geringer sind die Möglichkeiten der Lehrkraft, auch bei bestem Willen und großem Engagement im Rahmen von Unterricht wirkungsvoll helfen zu können. Bei eng umgrenzten Lernproblemen und bei Früherkennung der Wissenslücken von Schülern sind die pädagogischen Handlungsmöglichkeiten der einzelnen Lehrkraft sehr aussichtsreich.

(3.2) Diagnostische Verfahren zur Erfassung der Intelligenz

In der schulpsychologischen Beratung werden zur Prüfung des intellektuellen Potenzials von Kindern verschiedene Testverfahren benutzt, um Entscheidungen über bestimmte Schullaufbahnen und Fördermaßnahmen von Schülern differenzierter treffen zu können. In diesem Beratungskontext der Schulpsychologen kommen solche Intelligenztests zur Anwendung wie der Hamburg-Wechsler-Intelligenztest für Kinder – IV (HAWIK®-IV) von Petermann und Petermann (2008) (eine Übersetzung und Adaption der WISC-IV® von David Wechsler), der nur im Einzelversuch eingesetzt werden kann; die Grundintelligenztest Skala 1 (CFT 1) von Cattell, Weiß und Osterland (1997); die Intelligenztest Skala 2 (CFT 20) von Weiß (1998 bzw. die revidierte Version (CFT 20-R) von Weiß (2008), die sprachfreie Tests sind und eine hohe Ladung im Bereich der fluiden Intelligenz aufweisen, oder der Kognitive Fähigkeitstest für 4. bis 12. Klassen, Revision (KFT 4-12+ R) von Heller und Perleth (2000).

Prinzipiell dürfen Lehrkräfte keine Intelligenztests einsetzen. Für die Diagnoseanlässe in ihrem Verantwortungsbereich ist das in der Regel auch nicht erforderlich, weil die wichtigere Variable für die Beurteilung der Güte der Schulleistungen das Vorwissen der Schüler ist. Es soll hier aber ein schulrelevanter Intelligenztest näher besprochen werden, um Lehrkräften einerseits differenziertere Vorstellungen über die Messung kognitiver Fähigkeiten zu vermitteln, andererseits bei ihnen auch Wissen und Kompetenz zu verbreitern, damit sie zielsicherer Schulpsychologen bei bestimmten Problemen im Schulalltag um eine Intelligenzdiagnostik ersuchen und um daraufhin die Ergebnisse der Testung auch verstehen und einordnen zu können.

Exemplarisch wird nun in den KFT 4-12+ R von Heller und Perleth (2000) eingeführt. Die Auswahl gerade dieses Tests lässt sich erstens damit begründen, dass er wichtige schulrelevante Fähigkeiten abprüft und zweitens breit einsetzbar ist, weil er für 10 Jahrgangsstufen von Schülern normiert wurde. Im Folgenden wird der KFT 4 – 12+ R steckbriefartig mit für Lehrkräfte notwendigen Erläuterungen vorgestellt.

Kognitiver**F**ähigkeits**T**est 4-12+ R [KFT 4-12+ R]

Der KFT 4-12+ R ist ein differenzierter Intelligenztest zur Ermittlung der kognitiven Ausstattung der Schüler von der 4. bis zur 13. Klasse.

Testmaterial
Der komplette Testkoffer besteht aus dem Manual, 2 getrennten Aufgabenheften für 4. und für 5. bis 12./13. Klassen jeweils in Form A und Form B, 9 Antwortbögen (jeweils ein Exemplar für jede Klassenstufe), deren Rückseite gleichzeitig als Auswertungsbogen konzipiert ist. Für die Auswertung sind 18 Schablonen vorrätig (je zwei pro Klassenstufe). Die Schüler benötigen zur Testdurchführung einen weichen Bleistift, Radiergummi und Konzeptpapier.

Grundkonzept und Testaufbau
Der KFT 4-12 + R ist die revidierte und um zwei Subtests gekürzte Fassung des KFT 4-13 (Heller; Gaedicke u. Weinländer, 1985). Der vorliegende Test ist eine deutsche Bearbeitung des Cognitive Abilities Test (CAT) von Thorndike und Hagen (1971, 1993). Das theoretische Konzept des KFT basiert vor allem auf den Intelligenzmodellen von Thurstone (1938) und Jäger (1984).

Im Rahmen des KFT 4-12 + R kann sowohl ein Fähigkeitsprofil erstellt, als auch Kennwerte für einen verbalen, quantitativen, einen nonverbalen Teil sowie eine Gesamtleistung bestimmt werden. Die Aufgaben der einzelnen Subtests sind nach Schwierigkeitsgrad gestaffelt angeordnet. Jede Klassenstufe bearbeitet eine ihrem Alter angemessene Aufgabenmenge (Itemteilmenge). Der Test ist so konstruiert, dass durch überlappende Itemteilmengen jedes Item für durchschnittlich fünf Klassenstufen verwendet werden kann.

Der KFT 4-12 + R besteht aus insgesamt drei Teilen, die jeweils drei Subtests ausweisen. In Tabelle 3.2 werden Testaufbau und Zeitbedarf bei der Durchführung explizit und übersichtlich dargestellt.

Die Testautoren weisen ausdrücklich darauf hin, dass sich je nach Klassengröße, Leistungsfähigkeit und Motivation der Schüler Abweichungen im Zeitbedarf ergeben können. So brauchen Schüler an Gymnasien eher weniger Zeit, Hauptschüler dagegen mehr, wenn die Instruktionen des Testleiters häufig wiederholt werden müssen oder viele Anfragen kommen. Der KFT kann als Gruppentest und Einzeltest eingesetzt werden. Es existieren Form A und Form B als Paralleltests. Bei der so genannten Kurzform des KFT 4-12+ R wird auf die Subtests V2, Q3 und N3 verzichtet. Damit wird die Bearbeitungsdauer um eine Schulstunde verkürzt (ca. 90 Min.).

Tabelle 3.2: Testaufbau und Zeitbedarf des KFT 4-12+ R

		Zeitbedarf in Min : Sek		
	Aufgabenzahl (insgesamt)	**Instruktion**	**KFT Aufgaben**	**Summe**
Einführung		4:00	--	4:00
Verbaler Teil				
V1 Wortschatz	25	3:00	7:00	10:00
V2 Wortklassifikationen	25	1:30	9:00	10:30
V3 Wortanalogien	20	2:30	7:00	9:30
V-Teil Gesamt	70	7:00	23:00	30:00
Quantitativer Teil		--	--	--
Q1 Mengenvergleiche	25	3:30	10:00	13:30
Q2 Zahlenreihen	20	2:00	9:00	11:00
Q3 Gleichungen bilden	15	5:30	13:00	18:30
Q-Teil Gesamt	60	11:00	32:00	43:00
Nonverbaler Teil				
N1 Figurenklassifikation	25	3:00	9:00	12:00
N2 Figurenanalogien	25	2:30	8:00	10:30
N3 Faltaufgaben	15	3:00	8:00	11:00
N-Teil Gesamt	65	8:30	25:00	33:30
KFT Gesamt	195	30:30	80:00	130:00* bzw. 3 Schulstunden

Anmerkung: * = Ca.-Zeitangaben inkl. Pausen
(nach Heller & Perleth 2000, S. 8f.)

Anlässe für den Einsatz des KFT 4-12+ R

Der KFT 4-12+ R kann zur Sicherung von Entscheidungen der Schullaufbahnberatung eingesetzt werden; zum Beispiel, ob einem Viertklässler eine Bildungsempfehlung für das Gymnasium gegeben werden kann, ob ein leistungsschwächerer Schüler in der achten Klasse des Gymnasiums den von ihm gewünschten Schulwechsel auf die Realschule vollziehen sollte bzw. ob ein Realschüler der siebten Klasse, dessen Freunde alle das Gymnasium besuchen, im neuen Schuljahr noch auf das Gymnasium wechseln könnte. Es versteht sich von selbst, dass für die genannten Schullaufbahnentscheidungen zusätzlich zur Überprüfung des Fähigkeitspotenzials das Vorwissen, die lernrelevante Anstrengung und das Arbeitsverhalten der betreffenden Schüler überprüft und in die Laufbahnentscheidung einbezogen werden müssen. Der KFT 4-12+ R kann auch zur Prüfung von Lernfortschritten durch Trainings- bzw. Fördermaßnahmen herangezogen werden, weil zwei Parallelformen (A und B Form) vorliegen. Damit kann mindestens zweimal mit dem gleichen Test gearbeitet werden.

Welche Art von Aufgaben müssen die Schüler bei den einzelnen Subtests lösen? Abbildung 3.4 fasst die Beschreibung der Subtests durch die Testautoren zusammen.

Abbildung 3.4: Beschreibung der einzelnen Subtests des KFT 4-12+ R

V1 (Wortschatz)
Gegeben ist jeweils ein Wort, zu dem aus einer Reihe von fünf weiteren Wörtern dasjenige herauszufinden ist, dass am ehesten zu dem gegebenen Wort passt (Oberbegriff oder Synonym).

V2 (Wortklassifikationen)
Gegeben sind drei Wörter, die sich entweder unter einen gemeinsamen Oberbegriff fassen oder nach einem Begriffsmerkmal klassifizieren lassen. Aus fünf weiteren ist dasjenige herauszufinden, das unter den gleichen Oberbegriff oder in die gleiche Wortklasse fällt.

V3 (Wortanalogien)
Gegeben ist ein Wortpaar, dessen Teile in einem bestimmten Verhältnis zueinander stehen. Zu einem dritten Wort ist aus fünf Antwortalternativen diejenige herauszufinden, die mit dem dritten Wort in gleicher Relation (Analogie) steht wie die beiden ersten.

Q1 (Mengenvergleiche)
In zwei nebeneinander liegenden Feldern sind Mengen, Zahlen (durch verschiedene Terme), Vielfache verschiedener Einheiten, Flächen, Winkel, Strecken und Rauminhalte dargestellt. Zu entscheiden ist, ob diese Größen in der Relation „kleiner", „größer" oder „gleich“ stehen. Diese Aufgaben sind relativ heterogen und beziehen sich größtenteils auf schulmathematische Probleme.

Q2 (Zahlenreihen)
Gegeben ist jeweils eine Reihe von fünf Zahlen, die nach einer bestimmten Regel angeordnet sind. Diese Regel soll erkannt werden. Aus fünf weiteren Zahlen soll dann diejenige herausgesucht werden, die die Reihe folgerichtig fortsetzt.

Q3 (Gleichungen bilden)
Gegeben sind drei bis vier Zahlen und eine entsprechende Anzahl von Operationszeichen, mit denen die Zahlen verknüpft werden sollen. Es ist jene Kombination von Verknüpfungen zu finden, die ein Ergebnis liefert, das unter den fünf Auswahlantworten zu finden ist. Alle Zahlen und Zeichen müssen einmal verwendet werden. Es ist jeweils nur eine richtige Lösung möglich.

N1 (Figurenklassifikation)
Gegeben ist eine Reihe von drei oder vier Figuren, die sich nach bestimmten Merkmalen klassifizieren lassen (Form, Schraffur, Lage ...). Aus fünf weiteren Figuren ist diejenige herauszufinden, die zu der Klasse der vorgegebenen Figuren gehört.

N2 (Figurenanalogien)
Analog zu V3. Statt um Wortpaare geht es in diesem Test um Figurenpaare.

N3 (Faltaufgaben)
Ein „Blatt Papier“ wird gedanklich mehrmals gefaltet; anschließend werden (ebenfalls virtuell) Löcher hineingestanzt Es muss entschieden werden, welches von fünf vorgegebenen Mustern sich nach dem Auffalten ergibt.

(nach Heller & Perleth 2000, S. 10)

Testdurchführung
Der Testleiter muss die detaillierten Instruktionen einschließlich der Beispielaufgaben zu jedem Subtest aus dem Manual vorlesen. Die Schüler können diese Instruktionen zugleich auch in ihren Aufgabenheften mitlesen. Die Schüler bearbeiten jeweils die für ihre Klassenstufen vorgesehenen Aufgaben. Für die Klassenstufe 4 liegen zwei gesonderte Aufgabenhefte (A und B Form) vor. Schüler der Klassenstufen 5-12/13 verwenden pro Form (A und B) jeweils das gleiche Aufgabenheft, in dem die Aufgaben gestaffelt mit klaren Instruktionen für das Beginnen und Aufhören präsentiert werden. Bei den Viertklässlern kann die Testdurchführung auf zum Beispiel drei Termine gesplittet werden. Für diese Art der Testdurchführung liegen jedoch keine gesonderten Normen vor.

Auswertung
Für die Handauswertung liegen entsprechende Schablonen vor, die auf den ausgefüllten Antwortbogen gelegt werden. Die Zahl der richtigen Lösungen (im entsprechenden Kästchen auf Schablonen markiert) wird dann pro Subtest ausgezählt. Dieser Rohwert (RW) wird auf dem Auswertungsbogen zum jeweiligen Subtest (V1, V2...) eingetragen. Wenn die Leistungen mittels Jahrgangs- und Schulformnormen interpretiert werden sollen, müssen beide Auswertungsfelder ausgefüllt werden. Danach werden die Summen der Rohwerte für V-, Q-und N-Teil gebildet und in die vorgesehenen Felder eingetragen. Abschließend wird die Gesamtleistung (KFT-GL) als Summe über alle Testteile gebildet und eingetragen. Um die Testergebnisse interpretieren zu können, müssen die gebildeten Rohwerte in T-Werte transformiert werden. Der Mittelwert bei der T-Standardisierung liegt bei M = 50; die Standardabweichung beträgt SD = 10. Dazu können die Normtabellen im Teil 3 des Manuals genutzt werden. Die Rohwerte können jeweils in jahrgangsspezifische Standards (T-JG) und/oder für jeden Jahrgang (Klassenstufe) in separate schulspezifische Standards (T-ST) transformiert werden und in der entsprechende Spalte auf dem Auswertungsbogen ergänzt werden. Zur Veranschaulichung der KFT-Leistungen können individuelle Testprofile auf dem Auswertungsbogen gezeichnet werden.

Beispiel für die Interpretation der Testergebnisse
Die Durchführung des KFT 4-12+ R und seine Auswertung könnten von Lehrern sicher sorgfältig geleistet werden. Für die Interpretation der Ergebnisse sollte jedoch in der Regel ein Schulpsychologe (oder ein anderer Experte) herangezogen werden.

Das vorgestellte Fallbeispiel ist in leicht veränderter Form aus dem Manual des KFT 4-12+ R entnommen (Heller & Perleth, 2000, S. 131f.).

Im vorliegenden Fall sind sich die Eltern unschlüssig, ob sie ihren Sohn Florian auf das Gymnasium schicken sollen. Deshalb wird der KFT 4-12+ R u.a. eingesetzt. Die Testung ergab folgende Werte (siehe Tab. 3.3).

Zunächst fällt auf, dass Florian in der Gesamtleistung im Vergleich zu den Schülern seines Jahrgangs (4. Klasse) gute durchschnittliche Leistungen erzielte (GL = 56). Wenn man aber die Leistungen der drei Testteile vergleicht (V, Q, N), so fällt auf, dass hier erhebliche Schwankungen im Testprofil zu Tage treten. Wie sind diese Schwankungen zu interpretieren? Handelt es sich um zufallsbedingte oder echte Profildifferenzen, die möglicherweise dann signifikant unterschiedliche Merkmalsausprägungen bzw. Fähigkeitsschwerpunkte bei Florian vermuten lassen? Die Frage kann mit Hilfe der kritischen Differenzen beantwortet werden.

Tabelle 3.3: Übersicht über die erreichten Leistungen KFT von Florian (9;10 Jahre, Testform A)

KFT-Form A	Rohwert	T -Wert (Jahrgang)	Profildifferenzen
V1	16	49	
V2	15	45	*
V3	14	52	
V	45	48	*
Q1	17	56	
Q2	18	50	
Q3	10	50	
Q	45	52	
111	24	63	
N2	24	62	
N3	14	59	
N	62	65	*
GL	155	56	

Legende: RW = Rohwerte; T-JG = T-Werte, bezogen auf die Jahrgangsnormen (4. Schuljahrgang); Profildifferenzen = signifikante Leistungsstärken bzw. -schwächen (*) im KFT Profil (Vergleich mit der Gesamtleistung) des Schülers laut Tabelle für die kritischen Differenzen (nach Heller & Perleth 2000, S. 131)

Aus den Ergebnissen der Tabelle 3.3 ist ersichtlich, dass der V-Bereich den T-Wert von 48 und der N-Bereich den T-Wert von 65 ausweist. Nach den Regeln für die Interpretation von Profildifferenzen sind die gesuchten kritischen Differenzwerte für den vorliegenden Fall jeweils im Schnittpunkt der nacheinander verglichenen Skalentypen aufzusuchen. Demnach sind die Differenzen zwischen V und N signifikant, da deren Differenz im T-Wert größer als neun ausfällt (Differenz beträgt 17). Gleichermaßen kann Florians Leistung im N-Teil signifikant besser als die im Q-Teil interpretiert werden. Hier beträgt die Differenz in den T-Werten 13. Diese signifikanten Differenzen in den T-Werten können so interpretiert werden, dass Florian im intraindividuellen Vergleich der nonverbalen zu den verbalen und qualitativen Fähigkeitsdimensionen über sehr stark ausgeprägte Fähigkeiten im anschauungsgebundenen Denken und beim räumlichen Problemlösen verfügt. Wenn man von der theoriegeleiteten Annahme ausgeht, dass der N-Teil des KFT 4-12+ R eher Anteile der fluiden Intelligenz (im Sinne von Cattell) repräsentiert und die Teile V und Q stärker soziokulturell beeinflusste Fähigkeitsdimensionen darstellen, dann könnte man für das Testergebnis von Florian die Hypothese bilden, dass die überdurchschnittlichen Leistungen im N-Teil auf das fluide Intelligenzpotenzial zurückzuführen sind und die immer noch durchschnittlichen T-Werte im V- und Q-Teil (V= 48, Q= 52) die familiären und schulischen Bildungseinflüsse widerspiegeln.

Im Fall von Florian sind geeignete sprachliche und mathematische Fördermaßnahmen erfolgversprechend und sollten schnellstens eingeleitet werden, damit eine Schullaufbahn am Gymnasium zum Beginn der fünften Klasse eingeschlagen werden könnte. Dazu könnte eine Testwiederholung mit der Parallelform B in einem halben Jahr über den Erfolg des Treatments genauer Auskunft geben und die endgültige Schullaufbahnentscheidung erleichtern.

Gütekriterien
Das Testmanual weist die Gütekriterien explizit aus. Die Objektivität ist in Bezug auf die Durchführung, Auswertung und Interpretation gegeben. Reliabilität und Validität sind zufriedenstellend. Das Testmanual weist sehr differenzierte Normen aus. Es existieren einschließlich der Klassenstufen 9 sowohl jahrgangs- als auch schulformspezifische Normen für Hauptschule, Realschule und Gymnasium in Form von T-Werten (siehe Kapitel 2). Diese Normierung ist jeweils für die A-Form und B-Form des Tests ausgewiesen. Ab der 10. Jahrgangsstufe bis zur 12. Jahrgangsstufe werden nur noch Jahrgangsnormen und T-Werte für Gymnasialschüler angegeben. Das Manual enthält auch die entsprechenden Normtabellen für die Kurzform des KFT. Das methodische Problem bei der Kurzform besteht darin, dass sie nicht speziell in dieser Form normiert wurde, sondern die Testkonstrukteure benutzen die entsprechenden Werte der ausgewählten Subtests der Normierungsstichprobe der Langfassung. Aus diesem Grunde sollte bei kritischen Entscheidungen besser die Langform eingesetzt werden, weil die Normwerte dann doch zuverlässiger sind.

Es soll nicht nur bei der Feststellung von diagnostischen Urteilen stehen geblieben, sondern ansatzweise auch auf Möglichkeiten der Förderungen kognitiver Fähigkeiten hingewiesen werden.

(4) Förderung kognitiver Fähigkeiten

So ist es nicht nur für Psychologen, sondern auch für Lehrkräfte eine wichtige Frage des professionellen Handelns, wie die kognitiven Lernvoraussetzungen bei Kindern und Jugendlichen verbessert und auf diese Weise die Prozesse der intellektuellen Entwicklung unterstützt werden können. Hier sind die Denktrainingsprogramme von Klauer (1989, 1991, 1993) sehr geeignete Instrumente zur Realisierung dieses formulierten Anspruchs. Die Denktrainingsprogramme haben das Ziel, eine systematische Förderung von Denkprozessen zu bewirken, die sowohl für die Schule als auch für den Alltag bedeutsam sind.

Trainings- bzw. Fördergegenstand ist das *induktive Denken.* „Beim induktivem Denken geht es darum, Regelhaftigkeiten oder Ordnung selbst im scheinbar Ungeordneten zu erkennen“ (Klauer, 1993. S. 5). Um solche Regelhaftigkeiten erkennen zu können, ist es notwendig, Beobachtungen und Erfahrungen zu systematisieren und sinnvolle Hypothesen aus Einzelbeobachtungen abzuleiten. Somit ist das induktive Denken ein klar umgrenzter Bereich, zu dem Trainingsaufgaben konstruiert werden können.

Außerdem sind die im Training erlernbaren Prozesse des Analysierens, Vergleichens und Systematisierens sehr grundlegende und damit gut transferierbare Kompetenzen. Klauer (2000) schreibt dem Denktraining einen doppelten Nutzen zu; einmal werden bei der Förderung konkrete Strategien des induktiven Denkens bei den Trainingspersonen herausgebildet, die zusätzlich einen Lerntransfer auf allgemeinere Strategien bewirken. Bei praktisch tätigen Lehrern bestehen häufig Zweifel am Nutzen solcher standardisierten Trainingsprogramme für die Optimierung realer schulischer Lernprozesse der Schüler.

Die Effektivität des Denktrainings wurde in mehreren Evaluationsstudien geprüft. In ihrer Gesamtheit stützen die Ergebnisse die Vermutung, dass die trainierten Kinder einen signifikanten Zuwachs solcher kognitiven Fähigkeiten erzielen, die mit Intelligenztests gemessen werden. Darüber hinaus konnte jedoch auch nachgewiesen werden, dass die trainierten Kinder stärker von Lernstrategieprogrammen profitierten als die Kinder einer Kontrollgruppe. Hinzu kommt noch, dass das Denktraining auch Verbesserungen der schulischen Lernleistungen bei den trainierten Kindern bewirkt. Im Unterschied zu den meisten kognitiven Trainingsprogrammen ist die Zielsetzung des Denktrainings nicht an Defiziten oder Störungsbildern bei Kindern orientiert. Klauer hat vielmehr den generellen Anspruch, eine Optimierung von häufig benötigten Grundstrukturen des Denkens zu bewirken.

Das Denktraining liegt in drei Versionen vor:

(1) *Denktraining für Kinder I (*Klauer, 1989). Mit diesem Programm können Kinder im Alter von fünf bis acht Jahren trainiert werden.
(2) *Denktraining für Kinder II* (Klauer, 1991). Dieses Programm ist für Kinder zwischen zehn und 13 Jahren konzipiert und kann im Unterricht oder Förderkursen eingesetzt werden.
(3) *Denktraining für Jugendliche* (Klauer, 1993). Diese Version des Denktrainings wurde für leistungsschwächere Jugendliche zwischen 14 und 16 Jahren erarbeitet und kann in Abschlussklassen von Sonderschulen, Berufsvorbereitungsklassen und ähnlichen Institutionen genutzt werden, um Probleme bei der beruflichen Eingliederung zu kompensieren.

Das Grundkonzept aller drei Trainingsprogramme ist identisch: In 10 Trainingssitzungen (à 45 Minuten) werden jeweils 120 Aufgaben (40 verbalen, 40 numerischen und 40 figuralen Inhalts) zu den trainierten grundlegenden Denkstrukturen (Generalisierung, Diskrimination, Kreuzklassifikation, Beziehungserfassung, Beziehungsunterscheidung) von den Teilnehmern bearbeitet. Es werden die gleichen Lösungsschemata vermittelt, die sich jedoch in Bezug auf die Aufgabeninhalte, den Schwierigkeitsgrad und das Abstraktionsniveau unterscheiden. So lernen die Kinder im Denktraining I spielerisch die Grundstrukturen an Beispielaufgaben erkennen und angemessene Lösungs- und Kontrollprozesse auszuführen. Der Transfer wird somit systematisch eingeübt. Im Denktraining II kommen die verbalen und numerischen Aufgabenformen hinzu, weil die Kinder jetzt am Ende der Grundschule die Kulturtechniken so weit erworben haben, dass korrespondierende Aufgabeninhalte einsetzbar sind.

Das Training des induktiven Denkens kann im Einzel-, Paar-, Kleingruppen- oder Großgruppensetting durchgeführt werden. Klauer (1998) hat die Wirksamkeit des Trainings in Abhängigkeit von der Gruppengröße untersucht und kam zu dem Ergebnis, dass „die optimale Gruppengröße mit wachsendem mittleren Lebensalter zunimmt. Offenbar tragen andere Lernende zum Lernen des Einzelnen bei, und zwar bei älteren Kindern umso mehr, je mehr Mitschüler daran teilnehmen“ (S. 319). Damit liegt das Optimum beim Denktraining I eher beim Einzel- und Paartraining. Dagegen profitieren ältere Schüler in höherem Maße vom gegenseitigen Austausch, was bei der Durchführung des Denktrainings II und des Trainings für Jugendliche für Klein- und Großgruppenarbeit als günstige Sozialform spricht.

Als Trainingsmethode empfiehlt Klauer das „gelenkte Entdecken lassen“. Schüler sollen während des Trainings in hohem Maße selbstständig denken, permanent zum lauten Denken und zur Selbstreflexion veranlasst werden. Der Trainingsautor selbst macht keine Angaben dazu, wer das Training durchführen soll bzw. darf. Wir halten es durchaus für möglich und sinnvoll, wenn Lehrkräfte dieses Training im Rahmen des Unterrichts, in zusätzlichen Förderkursen oder als sinnvolles Angebot in der Ganztagsschule durchführen.

Als Voraussetzung für eine professionelle Durchführung besteht die Notwendigkeit, dass sich ausgebildete pädagogische Fachkräfte vor der Durchführung des Trainings prinzipiell mit den theoretischen Grundlagen des Denktrainings beschäftigen (vgl. dazu Klauer 1998, 2000, 2001; Souvignier, 2003). Danach muss das Trainingsmanual der ausgewählten Version gründlich durchgearbeitet und Routinen in der Trainingsführung angebahnt werden. Als günstig hat sich dabei erwiesen, wenn eine kleine Gruppe von Lehrkräften einer Schule die Erarbeitung gemeinsam vornimmt und die im Trainingsmanual äußerst differenziert geplanten und ausgearbeiteten Trainingssitzungen im gegenseitigen Rollenwechsel (Trainingsleiter, Übender) einübt.

Die Anschaffung der für die Schule geeigneten Version des Trainingsprogramms sollte durch die Schulleitung erfolgen. Der Trainingskasten könnte dann beim Beratungslehrer hinterlegt werden, damit interessierte Lehrer jederzeit einen Zugriff haben. Das Trainingsprogramm kann bei der Testzentrale in Göttingen bestellt werden und besteht komplett aus Handanweisung (Manual) und einem Satz Tafeln, die jeweils auf der Vorderseite die entsprechende Aufgabe und auf der Rückseite die Aufgabenlösung abbilden.

3.1.1.2 Diagnostik der Lernstrategien

Praxisbeispiele

Olga schmeißt ihren Ranzen in die Ecke. Schon wieder nur eine Vier in Sachkunde. Dabei hat sie doch so viele Stunden gelernt. Viel länger als Harald, der wieder mal eine Zwei bekommen hat!

Tim freut sich. Vokabeln waren eigentlich nie seine Stärke. Aber letzte Woche war seine Cousine Ingrid zu Besuch, die ihm einen guten Trick gezeigt hat. Vokabeln in Fünferpäckchen wiederholen und immer kleine Pausen dazwischen machen. Jetzt kann sich Tim die Vokabeln viel besser merken und Zeit fürs Tennis bleibt auch noch.

Maria sitzt jetzt schon eine Stunde vor den Deutschhausaufgaben. Sie soll ein Gedicht auswendig lernen. Sie liest es sich wieder und wieder durch, aber die blöden Verse wollen sich einfach nicht einprägen.

Olga, Harald, Tim, Ingrid und Maria, sie alle sind motiviert zu lernen und gute Lernergebnisse zu erreichen. Die Schüler aus dem einführenden Beispiel unterscheiden sich jedoch darin, wie viel Zeit und Aufwand sie investieren und welchen Lernerfolg sie erzielen. Nicht selten sind Schüler enttäuscht und traurig darüber, dass sie zwar viel Freizeit für die Erledigung schulischer Aufgaben ‚opfern', ihr Lerneinsatz sich jedoch nicht in einer entsprechenden Note niederschlägt. Die Ursache hierfür liegt nicht selten in einem ineffizienten Lernverhalten. Lernen kann durchaus an den falschen Strategien scheitern. Schulischer Erfolg hängt somit auch von der Kompetenz ab, das eigene Lern- und Arbeitsverhalten den Lernanforderungen anpassen zu können. Die Techniken und Strategien des Lernens und der Informationsverarbeitung bestimmen die Qualität, mit der Informationen im Lernprozess verarbeitet werden und zählen demnach zu den zentralen Determinanten der Schulleistung (vgl. Abb. 3.2, Schichtenmodell der Schulleistung). Lehrkräfte sollten deshalb bei der Feststellung des Lernerfolgs stets auch prüfen, ob ihre Schüler wissen, wie sie strategisch am effektivsten lernen können. Um differenzierte Hypothesen über den Zusammenhang von Lernstrategien und Lernerfolg ableiten zu können, ist es erforderlich, sich zunächst theoretisch mit Lernstrategien auseinanderzusetzen.

(1) Theoretischer Rahmen und (2) Hypothesen

(a)Klassifikation von Lernstrategien

Lernstrategien sind allgemeine und spezielle, mental repräsentierte Handlungspläne zur Steuerung des eigenen Lernverhaltens (Friedrich & Mandl, 1992). Pressley et al. (1989) betonen darüber hinaus, dass diese Prozesse, die auf Lern- und Behaltensziele ausgerichtet sind, über die obligatorischen Vorgänge bei der Bearbeitung einer Lernanforderung hinausgehen.

Lernstrategien dienen der Optimierung des Lernens. Wobei der Einsatz von Lernstrategien sowohl auf das schnellere und effektivere Aufnehmen, Verstehen und Behalten als auch auf das Abrufen und Anwenden von Wissen ausgerichtet ist. Der Schüler Tim aus dem oben angeführten Praxisbeispiel hat das Vokabellernen dadurch optimiert, dass er die Vokabeln zu Gruppen zusammengefasst und auf diese Weise besser organisiert hat.

Grundsätzlich werden drei Klassen von Lernstrategien unterschieden (vgl. Friedrich & Mandl, 1997; Wild, 2000): Die Informationsverarbeitungs-, die Kontroll- und die Stützstrategien, die wiederum jeweils unterschiedliche Substrategien umfassen. In Tabelle 3.4 werden die Lernstrategien im Überblick dargestellt und im Folgenden näher erläutert.

Die **Informationsverarbeitungsstrategien** werden auch kognitive Lernstrategien genannt, da sie sich direkt auf die kognitiven Verarbeitungsprozesse des Lernstoffs, Informationsaufnahme, Informationsverarbeitung und Informationsspeicherung des Lerninhalts beziehen. Innerhalb dieser Strategieklasse werden Wiederholungs-, Elaborations- und Organisationsstrategien sowie das kritische Prüfen unterschieden:

Wiederholungsstrategien meinen u.a. das einfache Auswendiglernen. Die neue Information wird durch mehrmaliges Aufsagen, Memorieren oder Repitieren einzelner Fakten in das Langzeitgedächtnis überführt. Die Schüler lesen sich z.B. den Hefter mehrmals durch, sprechen Vokabellisten nach oder schreiben Merksätze mehrfach ab. Auf diese Weise wird die neue Information zwar aufgenommen, jedoch kaum mit dem bereits vorhandenen Vorwissen vernetzt, weshalb diese Strategie auch als Oberflächenstrategie bezeichnet wird. Es ist beim Einsatz von Wiederholungsstrategien nicht garantiert, dass der Lernstoff auch verstanden wurde.

Elaborationsstrategien sind dagegen auf ein tieferes Verstehen des Lernstoffes ausgerichtet. Der neue Stoff wird nicht nur aufgesagt, sondern beim Lernen durch weitere Information angereichert (= elaboriert), indem sich Schüler Eselsbrücken bauen, Beispiele für Regeln und Fakten suchen, ein Vorstellungsbild zu einem Begriff generieren oder Querverbindungen zu bereits Gelerntem herstellen. Durch dieses Vorgehen kann das neu aufzunehmende Wissen in ein Netzwerk notwendiger bedeutungsmäßiger Bezüge eingebettet und in das bereits vorhandene Vorwissen integriert werden.

Organisationsstrategien zielen darauf ab, den zu bewältigenden Lernstoff in geeigneter Weise zu reorganisieren. Schüler fassen einen gelesenen Text beispielsweise mit eigenen Worten zusammen, sie finden Überschriften für einzelne Textabschnitte, sie erarbeiten sich eine Übersicht in Form eines Schemas, Diagramms oder einer so genannten Mindmap, d.h. einer Gedankenkarte. Mindmaps bezeichnen die äußere materialisierte Darstellung der wichtigen Gedanken bzw. Begriffe eines Textes. Man notiert das Hauptthema auf der Mitte eines Blattes und ordnet Schlüsselwörter auf Linien in maximal zwei Ebenen an. Auf diese Weise werden die Notizen nicht wie üblich hinter- oder untereinander geschrieben, sondern es entsteht eine leicht einprägsame Abbildung der zu lernenden Inhalte. Je systematischer ein Lernmaterial zusammengefasst wird, desto höher ist sein Verständlichkeitsniveau für den Lerner und desto wahrscheinlicher wird der Abruf des neu gelernten Wissens.

Kritisches Prüfen ist wortwörtlich zu nehmen und bezeichnet das kritische Analysieren von Aussagen und Begründungszusammenhängen der aufzunehmenden Information. Schüler prüfen beispielsweise die Inhalte eines Textes, indem sie im Text dargestellten Zusammenhänge hinterfragen: Passt Aussage A zu Aussage B? Ist die Schlussfolgerung ausreichend belegt? Dieses aktive Verarbeiten der zu lernenden Information dient – wie im Zusammenhang mit den Elaborationsstrategien bereits beschrieben wurde – dem vertieften Verständnis des Lernstoffes.

Metakognitive Lernstrategien oder **Kontrollstrategien** beziehen sich auf die Steuerung und Optimierung des Lernprozesses. Es handelt sich also um der Informationsverarbeitung übergeordnete Strategien der Planung, Überwachung und Bewertung des Lernprozesses. Je höher die Anforderungen an das Lernen und je anspruchsvoller die Lernziele sind, desto schneller stößt der bloße Einsatz von kognitiven Strategien an seine Grenzen. Mit zunehmender Klassenstufe und der damit einhergehenden zunehmenden Komplexität des Lernstoffes steigt die Anforderung, die eigenen Lernhandlungen selbstständig zu kontrollieren und zu steuern. Diese interne Steuerungskomponente bildet den gemeinsamen Kern aller Modelle zum selbstgesteuerten Lernen (vgl. Hasselhorn & Gold, 2006) und kann als wichtigste Kompetenz erfolgreicher Lerner herausgestellt werden. Denn nur diejenigen Schüler, die neben der strategisch ausgerichteten Informationsverarbeitung auch in der Lage sind, ihren Lernprozess durchgängig zu reflektieren, werden auch langfristig gute Schulleistungen erbringen.

Dabei umfasst die *Planungskomponente* alle Aktivitäten zur inhaltlichen Vorbereitung konkreter Lernphasen. Der Lerner formuliert Planungsziele (= primäre Ziele, die sich direkt auf die Lerninhalte beziehen) und Effizienzziele (= sekundäre Ziele, die sich auf den schonenden Umgang mit den Ressourcen des Lerners beziehen). Zudem legt er die einzelnen Lernschritte fest.

Die *Überwachungskomponente* zielt darauf ab, den Lernprozess zu überwachen, indem der Bearbeitungsfortschritt einer Aufgabe kritisch begleitet wird. Dazu führt der Lerner während des Lernprozesses stets Ist-Soll-Vergleiche durch, um auftretende Diskrepanzen sofort korrigieren zu können. Erfolgreiche Lerner prüfen beispielsweise, ob der erreichte Lernfortschritt dem antizipierten Teilziel entspricht dadurch, dass sie z.B. die gelernten Inhalte ohne Lernvorlage wiederholen. Auf diese Weise können Wissenslücken sofort festgestellt und behoben werden.

Die *Bewertungskomponente* schließlich ermöglicht, den Lernprozess nach Beendigung der Lernaufgabe zu evaluieren und Schlussfolgerungen zur Optimierung des eigenen Lernens abzuleiten: Stimmen die Ergebnisse mit den geplanten Zielen überein? Konnte der vorgegebene Zeitplan eingehalten werden? Ist der Lernprozess so abgelaufen, wie er geplant wurde? Sind die eingesetzten Lernstrategien wirklich hilfreich gewesen? Anhand der kritischen Bewertung unterschiedlicher Aspekte des Lernprozesses können Schwierigkeiten identifiziert werden, was nicht nur zur Verbesserung des Lernprozesses allgemein, sondern auch zum grundsätzlichen Aufbau von strategischer Expertise beiträgt.

Unter **Stützstrategien** oder **Ressourcenstrategien** werden Aktivitäten zusammengefasst, die auf die Optimierung innerer und äußerer Ressourcen des Lerners gerichtet sind. Es geht darum, sich bewusst auf das Lernen konzentrieren zu können, indem Störquellen (z.B. Handy) ausgeschaltet werden (= Aufmerksamkeitssteuerung). Insbesondere im Zusammenhang mit Themen, die als schwierig oder uninteressant erlebt werden, ist willentliche Anstrengungsbereitschaft eine zentrale Voraussetzung für den Lernerfolg. Eine gute Zeitplanung und -kontrolle (= Zeitmanagement) ermöglicht es, die Zeitspanne, die für das Erlernen eines bestimmten Sachverhaltes zur Verfügung steht, effektiv zu nutzen. Auch eine geeignete äußere Lernumgebung bzw. eine entsprechende Gestaltung des Arbeitsplatzes erleichtern das Lernen. Darüber hinaus kann der Lernprozess dadurch unterstützt werden, dass der Lernende die notwendigen Hilfsmittel und Informationsquellen selbstständig sucht und nutzen kann. Außerdem wählt der strategisch geschickte Lerner, die für die Erreichung seines Lernziels angemessene Arbeitsform aus (kooperatives oder individuelles Lernen).

Tabelle 3.4: Klassifikation von Lernstrategien

Informationsverarbeitungs-strategien	**Metakognitive Strategien**	**Stützstrategien**
• Wiederholen • Elaborieren • Organisieren • Kritisches Prüfen	• Planen • Überwachen • Bewerten	• Aufmerksamkeitssteuerung • Anstrengungssteuerung • Zeitmanagement • Gestaltung der Lernumgebung und des Arbeitsplatzes • Nutzung zusätzlicher Informationsquellen • bewusste Auswahl der Lernformen

Der effektive Einsatz von Lernstrategien ist sowohl eine zentrale Voraussetzung des Wissenserwerbs als auch ein zentrales Ergebnis schulischen Lernens. In dem Maße, in dem selbstgesteuertes Lernen als Ziel schulischer Ausbildung in den Mittelpunkt des Interesses rückt, kommt Lehrkräften auch die Aufgabe zu, den Aufbau und den Einsatz effizienter Lernstrategien zu befördern. Erfolgreiche Schüler verfügen über vielfältige Lernstrategien und die Fähigkeit, ihr Lernverhalten und den Einsatz von Lerntechniken den Erfordernissen der Lernaufgabe anzupassen. Sie sind in der Lage, den eigenen Lernprozess selbstständig zu initiieren, zu kontrollieren, zu überwachen und am Ende kritisch zu reflektieren. Leistungsschwache Schüler dagegen planen, überwachen und kontrollieren ihr Lern- und Arbeitsverhalten kaum und verfügen über wenig effiziente Lernstrategien. Die Klassifikation von Lernstrategien, wie sie in Tabelle 3.4 vorgestellt wird, liefert wichtige Anhaltspunkte für Lehrkräfte, um die Qualität der Lerntätigkeit der Schüler differenziert erfassen und konkrete Hinweise für eine gezielte Förderung ableiten zu können. Jedoch reicht das Wissen über Lernstrategien allein nicht aus, um die Ausbildung von Lernstrategien gezielt fördern zu können. Lehrkräfte müssen darüber hinaus auch über die Entwicklung von Lernstrategien Bescheid wissen.

(b) Entwicklung von Lernstrategien

Einfache Behaltensstrategien (bspw. Wiederholen) werden schon von Kindern in der Grundschule spontan gezeigt. Komplexe Lernstrategien werden dagegen erst von Schülern der Sekundarstufe erworben. Baumert und Köller (1996) konnten nachweisen, dass sich ein Repertoire differenzierter Lernstrategien erst im Alter von 15-16 Jahren ausbildet. Dies gilt vor allem für komplexe und metakognitive Lernstrategien. Der Aufbau und die Anwendung von Lernstrategien lassen sich als Abfolge folgender Entwicklungsstadien beschreiben:

Zunächst wenden (Grundschul-)Kinder Behaltens- oder einfache Klassifikationsstrategien an, für komplexere Lernstrategien scheint es noch an den notwendigen kognitiven Vorraussetzungen (= Mediatoren) zu mangeln. Denn selbst wenn der Lehrer als Modell eine Strategie vormacht, können die Kinder sie nicht nachmachen, weshalb man von einem *Mediationsdefizit* spricht.

Im Laufe der kognitiven Entwicklung verfügen die Schüler zwar über die notwendigen kognitiven Voraussetzungen, können Lernstrategien jedoch noch nicht spontan anwenden (= *Produktionsdefizit*). Das lässt sich daran beobachten, dass eine Strategie wieder aufgegeben wird, sobald nicht mehr explizit zur Nutzung aufgefordert wird. Möglicherweise ist den Schülern der Nutzen der Strategie nicht klar. Besonders deutlich wird dies am Beispiel der Probe im Zusammenhang mit der Subtraktions- und Divisionsrechnung in Mathematik, solange Schüler ihre Lehrer fragen, ob sie zusätzlich zur entsprechenden Rechnung auch eine Probe durchführen sollen.

Der Übergang vom Produktionsdefizit zum spontanen Gebrauch von Lernstrategien wird als Phase des *Nutzungsdefizits* bezeichnet. Kinder bringen Strategien zwar spontan hervor, die Strategienutzung wirkt sich jedoch noch nicht verbessernd auf die entsprechende Lernleistung aus. Das lässt sich durch die unzureichende Automatisierung von Lernstrategien erklären. In dieser Phase wird noch zuviel Kapazität des Arbeitsgedächtnisses für den Einsatz von Lernstrategien verbraucht. Deshalb ist es dringend notwendig, Lernstrategien so lange einzuüben, bis sie in das routinierte Lernstrategierepertoire der Schüler übergegangen sind.

Wenn Lehrer in Erfahrung bringen wollen, wie Schüler lernen, insbesondere welche Lernstrategien sie einsetzen, müsste man im Idealfall Schüler *beim Lernen beobachten*. Somit darf die Diagnostik von Lernstrategien nicht beim bloßen Abfragen von Wissen über Strategien und die Häufigkeit ihrer Nutzung stehen bleiben, sondern es sollte versucht werden, eine handlungsnahe Erfassung zu realisieren. Artelt (2000) hat im Zusammenhang mit der Erfassung von Informationsverarbeitungsstrategien vorgeschlagen, Schüler Aufgaben lösen zu lassen und sie direkt hinterher zu befragen, wie sie dabei vorgegangen sind. Dieses Vorgehen ist jedoch nicht immer anwenbar, weshalb im Folgenden unterschiedliche Diagnosemöglichkeiten zur Erfassung des Arbeitsverhaltens vorgestellt werden. Dabei werden sowohl Möglichkeiten und Verfahren für allgemeine Strategien als auch für spezifische Strategien (Lesestrategien) besprochen.

(3) Diagnostische Verfahren zur Erfassung des Lern- und Arbeitsverhaltens

Der Arbeitsstil eines Schülers ist sowohl für die Sicherung des Lernerfolgs als auch für die Entstehung und Überwindung von Lernschwierigkeiten von größter Bedeutung. Für die Diagnose kann sich der Lehrer (zusammen mit dem Schüler) folgende Fragen stellen, die unterschiedliche Aspekte der Kontroll- und Stützstrategien ansprechen:

(1) Wie viel Arbeitszeit wird überhaupt aufgewendet?
(2) Wer kontrolliert die Arbeitszeit?
(3) Wieviel Zeit wird während der Arbeitszeit tatsächlich gearbeitet?
(4) Wie konzentriert wird gearbeitet?
(5) Wie effektiv wird während der Arbeitszeit gelernt?

Der fünfte Aspekt des Arbeitsverhaltens ist wesentlich schwerer zu diagnostizieren als die in den ersten vier Schritten berücksichtigten Merkmale. Dabei geht es nämlich um folgende Fragen:

- Wird die Aufmerksamkeit jeweils auf die wesentlichen Teile einer Aufgabe gerichtet oder nicht?
- Erfolgt eine Anpassung des Arbeitsstils an wechselnde Schwierigkeitsgrade von Aufgaben?
- Wie verhält sich jemand, wenn bei der Lösung einer Aufgabe Schwierigkeiten auftreten?

Im Grunde geht es bei diesen Fragen gar nicht mehr um das Arbeitsverhalten im engeren Sinn, sondern um die Qualität der Bearbeitung von Aufgaben. Wie effektiv das geschieht, hängt nicht nur und nicht einmal in erster Linie von der Ausdauer, der Intensität und der Anpassungsfähigkeit des Arbeitsverhaltens ab, sondern auch und sogar weit mehr von der Verfügbarkeit notwendiger Strategien für die Lösung der Aufgaben. Die Diagnose erfordert vom Lehrer eine intensive Beschäftigung mit dem betroffenen Schüler. Dabei steht ihm die Möglichkeit zur Verfügung, den Schüler während oder direkt nach der Aufgabenbearbeitung zum lauten Denken aufzufordern. Lehrkräfte können zur Diagnostik der Lernstrategien auch einen der nachfolgenden Tests einsetzen.

X **A**rbeits**v**erhaltens**i**nventar [AVI]

Das Arbeitsverhaltensinventar von Thiel, Keller und Binder (1979) erfasst, wie der Name schon sagt, das Arbeitsverhalten von Schülerinnen und Schülern der Sekundarstufe II.

Testmaterial
Beim AVI handelt es sich um einen Fragebogen mit 200 Items plus 6 Zusatzfragen. Das Verfahren besteht aus einem Testheft mit Handanweisung, dem Fragebogen, einem Antwortbogen, einem Profilbogen sowie einer Anleitung zur Verhaltensmodifikation. Er ist als Einzel- oder Gruppentest anwendbar.

Konzept und Testaufbau
Ziel des AVI ist die Messung des komplexen Konstrukts „Arbeitsverhalten", das als bedeutender Prädiktor des Schul- und Studienerfolgs angesehen wird. Arbeitsverhalten wird dabei als multidimensionales Konstrukt verstanden, das sich neben der angemessenen Verwendung von Lern- und Arbeitstechniken auch aus motivationalen, emotionalen, personalen und sozialpsychologischen Komponenten zusammensetzt. Diese Aspekte werden über die folgenden 20 Skalen erfasst:

> (1) Anspruchsniveau, (2) Bedürfnisaufschub, (3) Erfolgsmotivation, (4) Lernmotiviertheit, (5) Misserfolgsmotivation, (6) Selbstwertbild, (7) Stoffverarbeitung, (8) Aktualisierungsphase, (9) Gestaltung der Lernbedingungen, (10) Denken, (11) Lernen, (12) Misserfolgstoleranz, (13) Rezeptionsphase, (14) Leistungskontrolle, (15) Stressresistenz, (16) Lernfeldunabhängigkeit, (17) Lernverhalten, (18) Lerntechniken, (19) Einstellung zur Schule, (20) Leistungsgefühle.

Jede Skala wird durch 10 Items repräsentiert. Jedes Item ist in Form einer Aussage formuliert; als Antwortformat ist eine dreistufige Skala (3: voll zutreffend; 2: teilweise zutreffend; 1: nicht zutreffend) vorgegeben. Die Items sind teilweise negativ gepolt.

Anlässe für den Einsatz des AVI
Der AVI kann bei allen diagnostischen Fragestellungen eingesetzt werden, die eine Abklärung des Arbeitsverhaltens bzw. Lernverhaltens erfordern. Im Zusammenhang mit der Schullaufbahndiagnostik lässt sich anhand des AVI beispielsweise prüfen, ob das Arbeitsverhalten den Anforderungen am Gymnasium entspricht. Bei grundsätzlichen Arbeits- und Lernverhaltensproblemen kann der AVI nicht nur zur Diagnostik eingesetzt werden, sondern ermöglicht darüber hinaus die Ableitung konkreter Fördermaßnahmen. Denn für jede Skala des AVI werden entsprechende Anregungen zur Modifikation des Arbeitsverhaltens (AVM) gegeben: Methoden, Techniken und Lerntipps zur Verbesserung der Motivation, der Organisation, der kognitiven Verarbeitung sowie der Konzentration. Der AVI ist zwar sehr umfangreich, seine Stärke liegt jedoch darin, dass die Lehrkraft nach der Diagnostik eine differenzierte Förderung einleiten kann.

Durchführung, Auswertung, Normen, Interpretation
Bearbeitungszeit inklusive Instruktion liegt bei ca. 40 bis 45 Minuten.

Die Auswertung erfolgt von Hand auf der Basis des Antwortbogens. Dazu werden zunächst die Rohwerte pro Skala durch Addition der Itemwerte ermittelt. Dabei ist auf unterschiedliche Itempolungen zu achten. Bei negativ gepolten Items werden die numerischen Werte der Antworten umgekehrt. Entsprechende Items sind im Antwortbogen markiert. Die Rohwerte der Skalen werden mit Hilfe von Tabellen getrennt für Mädchen und Jungen in T-Werte transformiert. Die transformierten Skalenwerte werden schließlich in einen Profilbogen eingetragen, so dass die Stärken und Schwächen im Arbeitsverhalten der Schüler auf einen Blick deutlich werden. Die Schwächen können dann mit Hilfe des AVM (s.o.) behoben werden.

Lern- und **A**rbeits**v**erhaltens**i**nventar [LAVI]

Das Lern- und Arbeitsverhaltensinventar von Keller und Thiel (1998) erfasst das schulbezogene Lern- und Arbeitsverhalten in Klasse 5 bis Klasse 10. Damit ermöglicht es im Gegensatz zum AVI eine breitere Erfassung schon ab der Klasse 5. Es wird von den Autoren ebenfalls aufgrund seines deutlich geringeren Testumfanges als Alternative zum AVI ausgewiesen. Es besteht aus einem Testheft mit Handanweisung, Frage- und Antwortbogen, Auswertungsbogen und Auswertungsschablonen.

Konzept und Aufbau
Das LAVI erfasst schulbezogenes Lern- und Arbeitsverhalten, das als wesentlicher Prädiktor schulischen Erfolgs bzw. Misserfolgs angesehen wird. Zur Erfassung des Lern- und Arbeitsverhaltens enthält der Test 58 Items, die drei faktorenanalytisch

gewonnene Skalen repräsentieren: (1) Arbeitshaltung, (2) Stressbewältigung und (3) Lerntechnik. Arbeitshaltung erfasst die grundsätzliche Bereitschaft des Schülers zum pflichtbewussten, konzentrierten und gründlichen Lernen und Problemlösen. Stressbewältigung erfasst die Fähigkeit des Schülers, Lernprozessstörungen zu meistern und Lerntechnik, die Fähigkeit zur wirksamen Stoffverarbeitung. In Tabelle 3.5 ist für jede Skala jeweils ein Beispielitem aufgeführt. Der Schüler wählt zu jedem Item diejenige Antwortalternative aus (a, b oder c), die seinem eigenen Verhalten am ehesten entspricht.

Tabelle 3.5: Beispielitems aus dem LAVI

Arbeitshaltung	**Stressbewältigung**	**Lerntechnik**
Du musst eine Textaufgabe lösen.	Der Lehrer teilt die Klausur aus.	Du musst Dir ein schwieriges Fachwort einprägen.
a. Bevor ich zu rechnen beginne, denke ich die Aufgabe genau durch.	a. Ich habe mich gut vorbereitet, folglich brauche ich mich nicht verrückt zu machen.	a. Ich merke es mir über eine Eselsbrücke.
b. Ich denke etwas nach und beginne dann mit dem Rechnen.	b. Vor lauter Aufregung bin ich zunächst wie gelähmt.	b. Ich schaue es mir an und sage es mir dann mehrmals vor.
c. Ich beginne rasch mit dem Rechnen.	c. Ich bemühe mich darum, ruhig zu bleiben.	c. Ich schaue es mir an.

Anlässe für den Einsatz

Das Haupteinsatzgebiet des LAVI liegt im schul- und eignungsdiagnostischen Bereich, insbesondere in der Analyse von Lern- und Leistungsschwierigkeiten, sowie zur Feststellung von Trainingsbedarf im Bereich der Lern- und Arbeitstechniken.

Durchführung, Auswertung, Normen

Die Durchführung beträgt ca. 30 Minuten und kann als Gruppen- oder Einzeltestung durchgeführt werden.

Die Auswertung erfolgt von Hand mittels Schablonen. Dabei wird zunächst der Punktwert pro Antwort ermittelt, und die Punktwerte pro Skala werden zu einem Skalenrohwert addiert. Anhand einer Normwerttabelle werden die Skalenrohwerte in T-Werte transformiert und in ein Auswertungsprofil eingetragen. Weiterhin ist eine Auswertung der Verteilung von günstigen, weniger günstigen und ungünstigen Antworten wiederum für jede Skala getrennt anhand einer zweiten Schablone vorgesehen.

Wie **L**ernen **S**ie [WLS]

Der Fragebogen „Wie lernen Sie?“ [WLS] von Souvignier und Gold (Gold, 2005; Souvignier & Gold, 2004) ist ein Verfahren zur lernstrategischen Selbstdiagnostik von Oberschülern und Studierenden. Dieses Instrument ist nicht über die Testzentrale zu beziehen, sondern u.a. in Hasselhorn und Gold (2006) abgedruckt.

Ziele beim Einsatz durch die Lehrkraft
Der WLS kann eingesetzt werden, um Informationsverarbeitungs- und Ressourcenstrategien von Schülern der Oberstufe genauer zu erfassen, um gezieltes Lernstrategietraining zur Optimierung des Lernens einleiten zu können.

Konzept und Aufbau
Der WLS ist auf der Basis bereits vorhandener Instrumente konstruiert worden. Er enthält 35 Items, die zu den 6 Skalen zusammengefasst werden: Memorieren, Elaborieren, Veranschaulichen, Transformieren, Zeitmanagement und Anstrengung. Die ersten vier Skalen beziehen sich auf kognitive Primärstrategien und die letzten beiden auf die so genannten Stützstrategien (Ressourcenstrategien). In Abbildung 3.5 ist eine an Schüler angepasste Modifikation des Fragebogens wiedergegeben.

Abbildung 3.5: Der Fragebogen WLS in Anlehnung an Hasselhorn und Gold, 2006, S. 311ff.

Wie lernst Du? Im Folgenden möchten wir gerne mehr darüber erfahren, wie Du Dein Lernen gestaltest. Die nachfolgenden Aussagen beschreiben Aktivitäten, die zum Lernen gehören. Bitte schätze ein, wie häufig Du diese Lernaktivitäten ausführst. Die Antworten können von 1 (sehr selten) bis 5 (sehr oft) abgestuft werden. Mache bitte ein Kreuz auf der für Dich zutreffenden Ziffer.

		sehr selten	**selten**	**manchmal**	**oft**	**sehr oft**
	Wenn ich lerne, ...					
1	halte ich mich an einen bestimmten Zeitplan.	1	2	3	4	5
2	übe ich, indem ich mir den Stoff mehrfach aufsage.	1	2	3	4	5
3	präge ich mir alles Neue möglichst so ein, dass ich es hersagen kann.	1	2	3	4	5
4	sage ich mir alle wichtigen Sachen immer wieder auf.	1	2	3	4	5
5	vergleiche ich das Neue mit Ähnlichem, das ich schon kenne, um es besser zu verstehen und behalten zu können.	1	2	3	4	5
6	versuche ich einige Beispiele zu finden, die zum Stoff passen.	1	2	3	4	5
7	versuche ich auch Gedanken aus anderen Fächern mit dem Neuen zu verbinden.	1	2	3	4	5
8	schreibe ich zur Wiederholung die wichtigsten Zusammenhänge noch einmal mit eigenen Worten auf.	1	2	3	4	5
9	halte ich oft mit dem Lesen ein und schreibe die Hauptaussagen des Textes heraus.	1	2	3	4	5
10	mache ich mir kurze schriftliche Zusammenfassungen der wichtigsten Sachverhalte.	1	2	3	4	5
11	fasse ich die wichtigsten Inhalte mit eigenen Worten zusammen.	1	2	3	4	5
12	versuche ich, Zusammenhänge zwischen verschiedenen Inhalten, Ideen, Themen herzustellen.	1	2	3	4	5
13	mache ich mir währenddessen Zeichnungen und Skizzen, damit ich den Stoff besser verstehe.	1	2	3	4	5

		sehr selten	selten	manch-mal	oft	sehr oft
	So lerne ich:					
14	Ich lege im Vorhinein fest, wie weit ich mit der Durcharbeit des Stoffes kommen möchte.	1	2	3	4	5
15	Ich strenge mich auch an, wenn mir der Stoff überhaupt nicht liegt.	1	2	3	4	5
16	Ich gebe nicht auf, auch wenn der Stoff sehr schwierig und komplex ist.	1	2	3	4	5
17	Gewöhnlich dauert es nicht lange, bis ich mich entschieden habe, mit dem Lernen anzufangen.	1	2	3	4	5
18	Vor einer Klausur nehme ich mir ausreichend Zeit, um den ganzen Stoff noch einmal durchzugehen.	1	2	3	4	5
19	Ich nehme mir mehr Zeit zum Lernen als die meisten meiner Mitschüler.	1	2	3	4	5
20	Ich arbeite so lange, bis ich mir sicher bin, eine Klausur gut bestehe zu können.	1	2	3	4	5
21	Ich lege bestimmte Zeiten fest, zu denen ich dann lerne.	1	2	3	4	5
22	Ich lege die Stunden, die ich täglich mit Lernen verbringe, durch einen Zeitplan fest.	1	2	3	4	5
23	Ich lege vor jeder Lernphase eine bestimmte Zeitdauer fest.	1	2	3	4	5
24	Wenn ich mich auf eine Klausur vorbereite, versuche ich alles auswendig zu lernen, was drankommen könnte.	1	2	3	4	5
25	Wenn ich mich auf eine Klausur vorbereite, versuche ich möglichst viel auswendig zu lernen.	1	2	3	4	5
26	Ich versuche, Beziehungen zu finden zwischen dem, was ich gerade lerne, und dem, was ich bereits weiß.	1	2	3	4	5
27	Was ich gerade lerne, versuche ich mit meinen eigenen Erfahrungen in Verbindung zu bringen.	1	2	3	4	5
28	Ich versuche zu erkennen, wie sich das, was ich lerne, auf meinen Alltag beziehen könnte.	1	2	3	4	5
29	Ich erstelle einfache Listen, Tabellen und schematische Darstellungen, um den Unterrichtsstoff zu ordnen und zusammenfassen.	1	2	3	4	5
30	Wenn ich ein Referat vorbereite, fertige ich zur Gliederung eine Skizze oder eine Tabelle mit den wichtigsten Inhalten an.	1	2	3	4	5
	Wenn ich einen Text lese, ...					
31	schreibe ich kurze Zusammenfassungen der wichtigsten Punkte.	1	2	3	4	5
32	versuche ich, die wichtigsten Aspekte in meinen eigenen Worten wiederzugeben.	1	2	3	4	5
33	veranschauliche ich mir die wichtigsten Zusammenhänge in einer Skizze.	1	2	3	4	5
34	schreibe ich mir während des Lesens die wichtigsten Punkte heraus.	1	2	3	4	5
35	versuche ich den Stoff in Übersichten, Tabellen oder Skizzen zusammenzufassen.	1	2	3	4	5

Auswertung, Normen, Interpretation

In Tabelle 3.6 ist das Auswertungsschema für den WLS vorgegeben. In einem ersten Schritt werden die Werte aller Items (= Fragen) einer Skala addiert. Die Items, die sich jeweils auf die gleiche Skala beziehen, sind in Tabelle 3.6 unter der Spalte „Frage" angegeben. Anschließend wird die Summe durch die Anzahl der Items einer Skala dividiert, um den Skalenmittelwert zu berechnen. Die zu jeder Skala angegebenen Skalenmittelwerte (= M) und Standardabweichungen (= SD) können als Referenzpunkt zur Interpretation der Skalenwerte der Schüler herangezogen werden. Dabei ist jedoch zu beachten, dass sich die Normstichprobe aus Studierenden zusammensetzt. Die Skala von 1 bis 5 kann ebenfalls als Bezugsnorm zur Interpretation der eigenen Ergebnisse herangezogen werden.

Tabelle 3.6: Auswertungsschema zur Ermittlung der Skalenwerte für den WLS

Skala		Frage	Mittelwert
Memorieren	M= 2.9 SD= .85	(1+3+4+24+25)	(Summe) / 5 =
Transformieren	M= 3.8 SD= .76	(8+9+10+11+31+32+34)	(Summe) / 7 =
Veranschaulichen	M= 2.7 SD= .89	(13+29+30+33+35)	(Summe) / 5 =
Elaborieren	M= 3.4 SD= .67	(5+6+7+12+26+27+28)	(Summe) / 7 =
Zeitmanagement	M= 2.7 SD= .91	(1+14+21+22+23)	(Summe) / 5 =
Anstrengung	M= 3.1 SD= .70	(15+16+17+18+19+20)	(Summe) / 6 =

Würzburger **L**esestrategie-**W**issenstest [WLST 7-12]

Der Würzburger Lesestrategie-Wissenstest für die Klassen 7-12 (WLST 7-12) von Schlagmüller & Schneider (2007) ist ein Verfahren zur Erfassung des Wissens über Lesestrategien.

Die Lernstrategieforschung hat sich seit etwa 35 Jahren auch mit solchen Fragen beschäftigt, die sich auf die Beschreibung und Erfassung des Wissens über die angemessene Verarbeitung von Texten bei Schülern beziehen. Es ist evident, dass Schüler erst in einem relativ späten Stadium reichhaltiges Wissen über angemessene Strategien beim Lernen und Behalten aus Texten besitzen. Lernstrategien werden dabei in der Regel als potenziell bewusste, häufig auch automatisierte Handlungsfolgen aufgefasst, die in bestimmten Lernsituationen aus dem Strategierepertoire abgerufen und passend eingesetzt werden können, um die antizipierten Lern- und Leistungsziele auch zu erreichen. Wissen über Lernstrategien wird als deklaratives metakognitives Wissen eingestuft und damit prinzipiell als verbalisierbar angesehen.

Bei der Erfassung von Lernstrategiewissen über herkömmliche Fragebögen treten häufiger Probleme bei der Validität der Antworten auf, d.h. ob hinreichend gesichert werden kann, dass Schüler wahrheitsgemäß und nicht sozial erwünscht antworten. So kann es passieren, dass Schüler, die hohe Werte im Strategiewissenstest aufweisen, dann aber nur niedrige Werte bei der Überprüfung der Lesekompetenz zeigen. Schlagmüller und Schneider haben versucht, in ihrem Test dieses Validitätsproblem besser zu lösen.

Ziele des Einsatzes durch Lehrkräfte

- Differenzierte Erfassung (nach Klassenstufen, Schulformen, Geschlecht) des Wissens über Lesestrategien von Schülern ganzer Klassen.
- Überprüfung der Hypothese, ob Lernprobleme von Schülern u.a. auf Defizite im Lesestrategiewissen zurückgeführt werden können.
- Überprüfung der Ausgangslage zum Wissensstand, bevor (im Handel verfügbare) Strategietrainingsprogramme zur gezielten Verbesserung des Lesestrategiewissens eingesetzt werden.

Konzept und Aufbau des Tests
Das mit dem WLST 7-12 vorgelegte Verfahren zur Erfassung metakognitiven Wissens über Lesestrategien ist für die Untersuchung von Schülern der Klassenstufen 7 bis 12 konzipiert und deckt damit ein breites Altersspektrum ab. Die Autoren gehen davon aus, dass der Test insbesondere für Lehrkräfte (Deutschlehrer und Klassenlehrer) im Zusammenhang mit der Förderung von Lesekompetenz und der Optimierung des Wissenserwerbs aus Texten in der Sekundarstufe eine entscheidende Hilfe darstellen könnte.

Im WLST 7-12 wird Wissen über Lernstrategien so erhoben, dass die Schüler bei vorgegebenen Lern- und Lesesituationen bewerten sollen, welche der aufgelisteten Strategien bzw. Lerntechniken die effektivsten wären, um die jeweiligen Ziele optimal zu erreichen. Das erhobene Wissen über Lernstrategien bezieht sich dabei auf Techniken, die beim Lesen, Verstehen und Reproduzieren von (Wissen aus) Texten wichtig sind.

Im Test werden den Schülern sechs verschiedene Lernszenarien vorgelegt (z.B. was zu tun ist, um einen Text gut verstehen, den Textinhalt gut beherrschen und wiedergeben zu können, ob Bilder, die den Text auflockern, zum besseren Verständnis beitragen etc.).

Jedem Lernszenario sind fünf bzw. sechs verschiedene Vorgehensweisen zur Erreichung der im Szenario formulierten Lernziele angefügt. Die Schüler sollen jeweils die *Qualität und Nützlichkeit aller Antwortalternativen* auf einer Zensurenskala von 1 bis 6 einschätzen. Dabei können die gleichen Skalenwerte bzw. Zensuren auch mehrfach vergeben werden.

Der Test wurde so konzipiert, dass die aus den Einschätzungen entstehende Rangordnung der Vorgehensweise der Schüler mit einer von Experten (Lehrkräfte und Pädagogische Psychologen) erstellten Rangordnung verglichen wird.

Das Ausmaß der Überseinstimmung zwischen Schüler- und Expertenbeurteilung drückt sich im Testwert aus. Hohe Werte können dabei als Hinweis auf gutes Wissen über effektive Strategien zum Lernen aus Texten interpretiert werden.

Der durch den Test ermittelte Prozentrangwert eines Schülers sagt etwas über die Qualität seines metakognitiven Wissens beim Wissenserwerb aus Texten insgesamt aus, weniger über die Ausprägung einzelner Lernstrategien.

Durchführung, Zeit, Auswertung
Der WLST 7-12 sollte jeweils in der zweiten Hälfte des entsprechenden Schulhalbjahres eingesetzt werden, da in diesem Zeitraum die Normierung vorgenommen wurde.

Der Test kann sowohl als Gruppen- als auch als Einzeltest durchgeführt werden. Die Durchführungsdauer ist nicht begrenzt und richtet sich nach dem Arbeitstempo der jeweiligen Klasse. Im Durchschnitt kann die Bearbeitungsdauer einschließlich der Instruktionszeit etwa zwischen 20 und 35 Minuten angesetzt werden.

Die Schüler erhalten ein Testheft für die Durchführung, auf dessen erster Seite einige Angaben von den Schülern ausgefüllt werden sollen. Die Anleitung liest die Lehrkraft dann gemeinsam mit den Schülern, die auf der zweiten Seite des Testheftes fett gedruckt steht. Alle Instruktionen für den Testleiter enthält das Testmanual sehr präzise. Danach bearbeitet jeder Schüler die sechs Lernszenarien selbstständig.

Die Auswertung erscheint auf den ersten Blick nicht ganz unkompliziert zu sein. Lehrkräfte sollten sich deshalb aber nicht abschrecken lassen. Die Auswertung für jeden Schüler wird auf einem Auswertungsbogen, der in der Testmappe mitgeliefert wird, vorgenommen. Dieser Auswertungsbogen enthält für alle 6 Szenarien bzw. Aufgaben jeweils ein Pfeildiagramm. Dort wird in die vorbereiteten und mit Großbuchstaben gekennzeichneten Kästchen (Buchstaben entsprechen dabei der Antwortalternative auf dem Schülerbearbeitungsbogen) die vom Schüler angegebene Note für die jeweilige Antwortalternative eingetragen. Danach werden die Schülerantworten jeweils nach ihrer Güte durch Punkte beurteilt, die in die vorbereiteten Kreise im Pfeildiagramm zwischen zwei Kästchen eingetragen werden. Dazu geht der Auswerter folgendermaßen vor: Bepunktet wird jeweils der Vergleich zwischen zwei Kästchenwerten bzw. -noten. Wenn die Note im rechten Kästchen größer ist als die im zu vergleichenden linken Kästchen, dann werden 2 Punkte vergeben und dies in den Kreis zwischen den beiden Kästchen eingetragen. Das heißt, der Schüler bekommt zwei Punkte, weil er der besseren Antwortalternative die bessere Note gegeben hat (entsprechende Kästchen stehen im Diagramm immer links). Hat der Schüler beiden Antwortalternativen die gleiche Note erteilt, so erhält er dafür einen Punkt in den entsprechenden Kreis. Wenn jedoch die im rechten Kästchen stehende Note besser ist als die im linken, so erhält der Schüler keinen Punkt (0 Punkte) in den vorbereiteten Kreis, weil er die Strategien falsch beurteilt hat, d.h. er hat der ineffizienteren Strategie die bessere Benotung gegeben.

Danach wird für die ausgewertete Aufgabe die Gesamtpunktzahl bestimmt, d.h. die in den Kreisen vermerkten Punkte werden aufaddiert. Analog wird mit jedem Lernszenario verfahren. Abschließend wird der Gesamtrohwert durch Aufaddieren aller Aufgabenpunkte bestimmt.

Insgesamt betrachtet, werden Lesestrategien im Vergleich dann positiver bewertet, wenn sie genaues und systematisches Lesen betonen, Zusammenfassen von Textinhalten mit eigenen Worten und das Markieren von relevanten Textstellen präferieren.

Der Gesamtrohwert kann dann in einer entsprechenden Tabelle im Testmanual in einen Prozentrang transformiert werden. Durch das Aufsuchen des Normwertes wird der Vergleich von Schülern mit der Normierungsstichprobe bezüglich des jeweiligen Geschlechts, der Klassenstufe und der Schulform möglich. Die entsprechenden Differenzierungen enthalten die Normtabellen im Anhang des Testmanuals.

Die den Prozenträngen entsprechenden Leistungen (von ausgezeichnet bis sehr schwach) sind in einer Übersicht mit sieben Abstufungen auf Seite 16 des Manuals zur besseren Interpretation angegeben worden.

Wenn sich für eine Klasse mittlere Prozentrangwerte von 50 und besser ergeben und es nur wenige Ausreißer nach unten gibt, kann die Lehrkraft davon ausgehen, dass ihre Schüler mehrheitlich über metakognitives Wissen verfügen und das Leseverständnis normal entwickelt ist. Hier empfiehlt sich eine differenzierte Förderung lediglich für die betreffenden einzelnen Schüler im Rahmen von individualisiertem oder Förderunterricht.

Wenn dagegen festgestellt wird, dass eine größere Zahl von Schülern durchschnittliche Prozentrangwerte unter 50 erreicht hat, dann sollte die Lehrkraft verstärkt im Unterricht effektive Lernstrategien des Wissenserwerbs aus Texten an konkreten Lerninhalten vermitteln und einüben lassen.

Gütekriterien

Objektivität: Alle Bereiche der Objektivität werden durch das Testmanual gut gewährleistet.

Reliabilität: Die drei Verfahren zur Überprüfung der Reliabilität (Retest, Split-Half und interne Konsistenz) weisen gute Reliabilitätskoeffizienten auf.

Validität: Die kriteriumsbezogene Validität ist zufrieden stellend.

Normen: Es liegen Prozentrangnormen (und T-Werte) für die erreichte Rohwertpunktzahl aus den Paarvergleichen vor. Für die Klassenstufen 7 bis 10 liegen nach Geschlecht und Schulformen (außer Förderschule) differenzierte Normtabellen vor. Für Klassenstufe 11 und 12, die nur das Gymnasium betreffen, wurde ebenfalls eine Differenzierung in Mädchen und Jungen vorgenommen.

Die Normierungsstichprobe bezieht sich auf insgesamt 4.490 Schüler aus allen Bundesländern (differenziert vgl. Testmanual, S. 17).

(4) Förderung

Neben allgemeinen Richtlinien zur Gestaltung des Unterrichts, die in allen Fächern zur Anwendung kommen können, gibt es Förderprogramme, die gezielt allgemeine oder spezifische Strategien trainieren (vgl. Friedrich & Mandl, 1997; Weinert & Schrader, 1997). Es liegen Programme zur direkten Vermittlung von allgemeinen, d.h. auf verschiedene Lerninhalte und Aufgabentypen bezogene Strategien vor und Programme zur Vermittlung spezifischer, d.h. domänenbezogener Strategien. Den Großteil dieser Programme machen dabei diejenigen aus, die auf die Vermittlung von Strategien zur Optimierung des Lernens mit Texten ausgerichtet sind. Um die Effektivität solcher Programme zu steigern und den

Lerntransfer zu sichern, ist es notwendig, dass alle Fachlehrer ihre Schüler zum strategischen Lernen anleiten. Denn wie bereits im Zusammenhang mit dem Produktivitätsdefizit aufgezeigt wurde, gewährleistet das Wissen um Lernstrategien nicht unbedingt deren Einsatz bei der Bearbeitung einer konkreten Aufgabe. Deshalb ist es notwendig, dass Schüler explizit zur Anwendung von geeigneten Lernstrategien aufgefordert werden und ihnen Gelegenheit gegeben wird, Lernstrategien einzuüben. Im Folgenden wird das Selbstinstruktionsprogramm zum Training reduktiver Textverarbeitungsstrategien (REDUTEX) nach Friedrich (1995) exemplarisch vorgestellt, weil die strategisch effektive Zusammenfassung von Texten eine Schlüsselkompetenz lebenslangen Lernens darstellt.

Zu Beginn werden die Anwendung von Makroregeln und die Analyse von Textstrukturen demonstriert und eingeübt. Danach werden sie in einer Heuristik für das Zusammenfassen von Texten kombiniert. D.h. konkret, die folgenden 4 Schritte werden mit den Schülern durchgesprochen und danach anhand eines konkreten Textes durchgearbeitet: Die Schüler werden aufgefordert, den Text zu überfliegen (siehe 1.Schritt), danach sollen sie Stichpunkte an den Rand des Textes schreiben (siehe 2. Schritt) usw. Dabei werden die Ergebnisse der einzelnen Schritte verglichen und mit den Schülern besprochen.

1. Orientierendes Lesen: Text zunächst überfliegen, um sich einen Eindruck von Inhalt und formaler Organisation zu verschaffen.
2. Analyse der formalen Organisation des Textes: Am rechten Rand die formale Organisation des Textes durch Marginalien kennzeichnen.
   Vorauswahl: Kennzeichnen der Textabschnitte, welche für die Zusammenfassung wichtige Infos enthalten.
3. Absatzweises Zusammenfassen der ausgewählten Textabschnitte in folgenden Schritten:
   - Bestimmung des Themas des Textabschnittes
   - Knappe Auflistung dessen, was zum Thema gesagt wird
   - Auswahl der Informationen mit Hilfe der Makrooperatoren: Tilgen, Generalisieren, Konstruieren
   - Zusammenfassung des Textabschnittes in ein bis zwei Sätzen
4. Integration der Zusammenfassungen der Abschnitte zu einem kurzen, kohärenten Text

Schüler sollten wissen, dass das Zusammenfassen von Texten ein rekursiver Prozess ist. Dies kann auch speziell mit den Schülern geübt werden, d.h. sie werden aufgefordert, einen bereits zusammengefassten Text noch weiter zusammenzufassen.

3.1.1.3 Diagnostik der Lernmotivation

Praxisbeispiele

Lea ist seit der 1. Klasse eine gute Schülerin. Wenn Sie in einem Leistungstest einmal die Note 2 erhält, ist sie enttäuscht und strengt sich das nächste Mal noch mehr an. Ihrem Freund Peter dagegen machen schlechtere Noten nichts aus. Die Schule interessiert ihn nicht besonders. Nur in Geschichte strengt er sich an. Da hat er immer Einsen. Hierfür liest er sogar zusätzliche Aufsätze und Bücher. Seinem Freund Christian hängt die ganze Schule schon lange zum Halse heraus. Er ist froh, wenn er die Lehrer nicht mehr sieht und endlich Geld verdienen kann.

Paul hat in letzter Zeit an den Wochenenden immer häufiger so etwas wie ein schlechtes Gewissen. Denn eigentlich müsste er sich ja längst auf die bevorstehenden Prüfungen vorbereiten und nicht jede freie Minute zum Klettern fahren. Aber irgendwie bekommt er das nicht in den Griff, obwohl er sich die ganze Woche ernsthaft vornimmt, am kommenden Wochenende nur zu lernen.

Gabi langweilt sich in den Französischstunden bei den furchtbaren Grammatikübungen. Sie möchte doch sprechen lernen, um im Sommer mit ihrer Freundin allein nach Frankreich reisen zu dürfen.

Alle beschriebenen Situationen haben etwas mit der Lern- und Leistungsmotivation dieser Schüler zu tun. Die Hypothesen, dass gute oder schlechte Schulleistungen, Freude oder Anstrengungsvermeidung beim Lernen von der entsprechenden Lernmotivation der Schüler abhängen, sind für die meisten Lehrer plausibel. Für sie ist die Lernmotivation eine der wichtigsten, wenn nicht die wichtigste Einflussgröße für die Aufklärung der Schulleistungsunterschiede zwischen den Schülern.

Wenn man sich dagegen die Korrelationen von Leistungsmotivation und Schulleistung anschaut (z.B. Fraser, Walberg, Welch und Hattie, 1987), dann ist der durchschnittliche Zusammenhang enttäuschend niedrig ($r = 0.12$).

Die gute Absicht allein genügt eben oft nicht, sich in der Schule anstrengen und die unbefriedigende Note auf dem letzten Zeugnis ausmerzen zu wollen. Denn wenn das strategische Lernverhalten dieser Schüler wenig effektiv ist, wird die Leistung nur schwer zu verbessern sein. Mit den Hausaufgaben oder dem Lernen ewig nicht anfangen zu können, Hausaufgaben neben dem Fernsehen zu erledigen, Vokabeln dreimal mechanisch abzuschreiben – all das sind ungünstige Lernstrategien, die trotz aufgewendeter Zeit für das Lernen nicht die erhofften Erfolge bringen. Erfolgreich in der Schule zu sein, verlangt offensichtlich mehr als ein solides Vertrauen, den Anforderungen gewachsen zu sein oder die Wichtigkeit und den Wert schulischen Lernens für die eigene Zukunft zu akzeptieren oder sich verbessern zu wollen. Es bedarf neben dieser positiven Lernmotivation vor allem volitionaler (willentlicher) Kontrollprozesse und instrumenteller Kompetenzen wie der klugen Formulierung von Lernzielen und eines Repertoires an flexibel einsetzbaren Lernstrategien (siehe Kapitel 3.1.1.2), um Lernabsichten in tatsächlich erfolgreiche Lernhandlungen überführen zu können.

Um diese komplexen Zusammenhänge von Lernvoraussetzungen und Lernerfolg differenzierter klären zu können, ist es unumgänglich, sich mit den unterschiedlichen Formen der Lernmotivation auseinander zu setzen.

(1) Theoretischer Rahmen und (2) Hypothesen

Die Beantwortung der Frage, was in der Pädagogischen Psychologie unter Lernmotivation verstanden wird, ist durchaus nicht einfach, weil Lernmotivation kein einheitliches Konstrukt ist, wie es in subjektiven Theorien von Lehrern manchmal angenommen wird. Es geht dabei nicht nur darum, ob Schüler Spaß am Lernen haben, fleißig oder faul sind und im Unterricht gut mitarbeiten. In der Psychologie werden ganz unterschiedliche Formen von Lernmotiven beschrieben und empirisch untersucht: z.B. Interesse, intrinsische und extrinsische Lernmotivation, Leistungsmotivation, Zielorientierungen, motivationale Handlungskonflikte oder soziale Lernmotivation.

Im Folgenden sollen einige dieser theoretischen Konzepte und Modelle der Lernmotivation näher ausgeführt werden, weil mit diesem Wissen Lehrkräfte nicht nur die entsprechenden standardisierten diagnostischen Verfahren besser einordnen und anwenden können, sondern darüber hinaus für das informelle Diagnostizieren und vor allem für die permanente Förderung der Lernmotivation im Unterricht gerüstet sind.

(a) Interesse

Im Gegensatz zu vielen anderen motivationalen Konstrukten ist das Interesse unter psychologischer Perspektive stets *gegenstandsspezifisch* ausgeprägt (vgl. Krapp, 1998, 2002; Prenzel, 1998; Schiefele, 1996, 2001). Interesse bezeichnet die *besondere Beziehung* eines Lerners zu einem *Lerngegenstand* und wird als *individuelle Disposition* aufgefasst.

Ein wesentliches Merkmal von Interesse besteht darin, dass Lerner solchen Lerninhalten eine *herausragende subjektive Bedeutung* verleihen und sich über ihr Interesse selbst definieren. Dabei erleben sie sich beim Lernen aus Interesse als *selbstbestimmt* und frei von äußeren Zwängen. Die Beschäftigung mit interessebasierten Lerngegenständen wird mit *positiven Gefühlen* (Freude, Spaß, Angeregtheit) assoziiert. Schließlich leitet sich aus dem Interesse auch eine *epistemische Orientierung* des Lernens ab. Denn Lerner, die sich für ein Fach oder ein Thema besonders interessieren, möchten mehr darüber erfahren, sich kundig machen, ihr Wissen in Umfang und Differenziertheit erweitern. Damit ist das Interesse ein differenzierender, auswählender, aber äußerst starker Motor für das Lernen. Die mittlere Korrelation zwischen Interesse und Leistung (Noten, Tests) beträgt $r = .30$ (H. Schiefele, Krapp & Schreyer, 1993). Interesse steht damit in einem engeren motivationalen Zusammenhang mit Leistung als andere Formen der Lernmotivation.

Als pädagogische Schlussfolgerung lässt sich ableiten, dass Schüler in oberen Klassen ein solches gegenstandspezifisches Interesse bestenfalls für ein oder nur wenige Fächer entwickeln. Die Enttäuschung von manchen Lehrern darüber, dass sich Schüler nicht für alle Fächer interessieren, ist zumindest theoretisch nicht gerechtfertigt und sollte schon gar nicht persönlich gewertet werden.

Ein anderes von den Interessen unbedingt zu unterscheidendes Konzept ist die *Interessantheit* des Unterrichts. Hier wird insbesondere die gefühlsbezogene Valenz angesprochen, d.h. Lernen in dieser Unterrichtstunde macht Spaß und aktiviert die Aufmerksamkeit der Schüler. Über eine solche situative Interessantheit kann sich langfristig möglicherweise auch Interesse am Fach entwickeln. Ein Dilemma ist jedoch oft, dass sich Lehrkräfte zunächst stets in der Pflicht fühlen, den Unterricht *interessant zu machen*. Dieser lobenswerten pädagogischen Intention sind jedoch durch bestimmte Lehrstoffe und durch eine gewisse „Bringschuld“ der Schüler natürliche Grenzen gesetzt. Deshalb ist es erstrebenswert, wenn über das Interesse und die Interessantheit hinaus noch andere motivationale Komponenten das Lernen der Schüler anregen und steuern.

(b) Intrinsische und extrinsische Motivation

Eng verknüpft mit dem Konzept des Interesses ist der Begriff der intrinsischen Motivation. Intrinsisch motiviert ist Lernen dann, wenn sein Beweggrund im Lerngegenstand oder in der Tätigkeit selbst begründet liegt. Das Lernen, das durch Eigenschaften des Gegenstandes ausgelöst wird, ist offensichtlich interessenbasiert. Es ist aber durchaus auch denkbar, dass das Lernen im Fach Deutsch (Literatur) durch die Freude am Lesen, im Kunstunterricht durch die Freude am Zeichnen und in Teilen des Matheunterrichts durch die Freude am Knobeln und Problemlösen gespeist wird.

Als Antrieb gegenstandszentrierter intrinsischer Motivation im Bereich schulischen und akademischen Lernens wird das Streben des Lerners nach persönlicher Verursachung des eigenen Handelns als besonders wichtig angesehen (DeChamrs, 1968). Wenn Lerner ihr eigenes Handeln in hohem Maße als selbst verursacht erleben, dann entsteht ein innerer Belohnungsmechanismus (Stolz, Genugtuung, Wohlbefinden etc.), der das Lernen (intrinsisch) motiviert. Dieser wichtige Aspekt intrinsischer Motivation wurde von Deci & Ryan (1985) weiter ausgearbeitet. Lernen ist immer dann hoch intrinsisch motiviert, wenn es die Grundbedürfnisse des Lerners nach Autonomie, Kompetenz und sozialer Eingebundenheit befriedigt. Auf den Schulkontext übertragen heißt das: Immer dann, wenn Schüler sich im Unterricht und beim Lernen als kompetent, autonom und in Teilen selbstbestimmt und in die Lerngruppe integriert wahrnehmen können, wird die Wahrscheinlichkeit des intrinsisch motivierten Lernens ansteigen. Intrinsische Motivation wird dagegen immer da verunmöglicht, wo Schüler in hohem Maße fremdbestimmt werden, d.h. obwohl sie vieles selbst entscheiden und tun könnten, erhalten sie dafür keine Gelegenheiten und erleben sich dadurch als inkompetent oder als Außenseiter.

Bestehende intrinsische Motivation kann aber auch dadurch verloren gehen, wenn Schüler für das, was sie aus freien Stücken gern und gut tun, zusätzlich von außen belohnt werden (= extrinsischer Anreiz) (DeCharms, 1968; Steiner, 2001). Als Erklärung für diesen Korrumpierungseffekt wird die wahrgenommene Überveranlassung des eigenen Lernens angenommen (Greene & Lepper, 1977). Durch diese zusätzliche Belohnung von außen wird der Lerner darüber unsicher, was der eigentliche Beweggrund für das eigene Lernen ist. Bei anhaltenden Belohnungen (häufig materielle Verstärker) erhält das Lernen zunehmend intrumentellen Charakter, d.h. es wird nur noch wegen der Belohnung gelernt und die selbstbestimmte, intrinsische Motivation wird geschwächt.

Extrinsisch motiviert ist Lernen dann, wenn es von äußeren, nicht in der Lernhandlung oder im Lerngegenstand liegenden Anreizen verursacht bzw. gesteuert wird. So kann Lernen durch in Aussicht gestellte materielle Belohnungen, durch soziale Anerkennung (Lob), durch Zensuren, aber auch durch das Vermeiden von Strafen, schlechten Noten oder sozialer Blamage extrinsisch motiviert sein. Somit sind Leistungsmotivation, Leistungszielorientierung und soziale Motivation über die Folgen des Lernens veranlasste, extrinsische Motivation.

Die im pädagogischen Diskurs häufig zitierte unterschiedliche Wertigkeit von extrinsischer versus intrinsischer Motivation für das Lernen ist wenig fruchtbar. Rheinberg und Krug (2005) bezeichnet die Bestimmung der intrinsischen Motivation als „Jagd nach einem Phantom". Die Forderung, dass Schüler in der Schule nur oder verstärkt intrinsisch motiviert lernen sollten, wird über einen pädagogischen Mythos und nicht über ein pädagogisch-psychologisches Theorieverständnis zum Lernen und zur Lernmotivation erhoben. Häufig sind in der Praxis die Anteile von extrinsischer und intrinsischer Motivation nicht zu identifizieren. So lernt ein Schüler zunächst, weil er gute Noten möchte und im Laufe der Zeit nimmt er sich zunehmend als kompetent wahr und lernt selbstbestimmt und aus freien Stücken weiter. Gute Noten sind aber in der Schule trotzdem nicht zu verachten.

Es erweist sich für Lehrkräfte als hilfreich, wenn sie lernschwache Kinder oder äußerst unmotivierte Schüler dennoch zum Lernen veranlassen wollen, dass sie auf Mechanismen der materiellen und sozialen Verstärkung (= extrinsiche Motivation) zurückgreifen können. Schüler, die äußerst unmotiviert sind, können leichter über Verstärkungspläne ins Lernen zurückgeholt werden als über Einsicht und Überzeugung in die Notwendigkeit des Lernens für das Leben.

Erfahrene Lehrkräfte haben sicher im Blick, dass sie durch ihren Unterrichtstil, ihre konkrete didaktische Unterrichtsorganisation, ihre häufig unreflektierten handlungsleitenden Kognitionen (Vorurteile im Sinne des Pygmalioneffekts, typische Kausalattributionen der Schülerleistung) und ihre Kommunikation mit den Schülern die Bedürfnisse nach Selbstbestimmung, Kompetenz und sozialer Integration in hohem Maße befriedigen können und damit automatisch die Schüler zum intrinsisch motivierten oder selbstbestimmten Lernen veranlassen. Diese Grundbedürfnisse der Schüler können aber auch täglich und von Lehrkräften unreflektiert frustriert werden, was dann zu Lernunlust, zur Arbeitsverweigerung und zu einer hohen Abneigung gegen Schule führen kann.

(c) Leistungsmotivation

Leistungsmotiviert ist das Lernen dann, wenn Schüler nach Erfolgen und Vermeidung von Misserfolgen streben und wenn dieses Lernen in Auseinandersetzung mit einem selbst auferlegten Gütemaßstab auf die Selbstbewertung der eigenen Tüchtigkeit abzielt (Wild, Hofer, Pekrun, 2006). Der Schüler will ein Leistungsziel erreichen oder übertreffen und strengt sich deshalb besonders an. Der Gütemaßstab (= Anspruchsniveau), den sich ein Lerner dabei auferlegt, entscheidet darüber, was als Erfolg und was als Misserfolg bewertet wird. Die Schülerin Lea (siehe Ausgangsbeispiele) hat ganz offensichtlich einen sehr hohen Gütemaßstab für ihre Leistungen, ein sehr hohes Anspruchsniveau, denn sie erlebt bereits die Note Zwei als verfehlten Erfolg. Andere Schüler sind mit Dreien und Vieren zufrieden, d.h für sie ist das schon Lernerfolg, weil sie nicht mehr Anstrengung in das Lernen investieren wollen oder weil sie ihre Fähigkeiten für begrenzt halten und sich nicht mehr zutrauen.

Leistungsmotivation wird mit Hilfe der Erwartungs-Mal-Wert-Theorie (Atkinson, 1957) erklärt. Die Stärke der Leistungsmotivation wird in diesem Kontext von dem erwartbaren Erfolg des Handlungsergebnisses (= Erwartungskomponente) und vom Anreiz des Handlungsergebnisses (= Wertkomponente) bestimmt. Wenn ein Schüler annimmt, dass er dem Prüfungsstoff gewachsen ist und ihn versteht (Erfolgserwartung) und die Prüfungsnote für seine Studienbewerbung (Wertkomponente) ausschlaggebend ist, dann wird die Stärke seiner Motivation hoch sein, d.h. er wird viel Anstrengung und Zeit in die Prüfungsvorbereitung investieren. Wenn dagegen die Noten von Zettelarbeiten nicht ins Klassenbuch eingetragen oder die Hausaufgaben nicht kontrolliert werden, dann ist der Anreiz des Handlungsergebnisses gering und der Arbeitsaufwand dieser Schüler wird sich dementsprechend in Grenzen halten.

Neben der *Stärke* ist auch die *Richtung* ein wesentliches Merkmal der Leistungsmotivation. Bei der Leistungsmotivation können zwei Tendenzen auftreten, die sich über die Erfahrung der eigenen Kompetenzen und sozialer Vergleichsprozesse im Verlaufe der Lernkarriere bei jeder Person herausbilden: *Hoffnung auf Erfolg = Erfolgsmotiv* oder *Furcht vor Misserfolg = Misserfolgsmotiv*. Schüler mit stark ausgeprägter Tendenz zum Erfolgsmotiv suchen Leistungssituationen auf und erleben sie als Herausforderung, während Schüler mit ausgeprägtem Misserfolgsmotiv leistungsthematische Situationen lieber meiden, weil sie von ihnen als Bedrohung erlebt werden. Es wird angenommen, dass Leistungsmotivation auf einem sich selbst stabilisierenden Selbstbewertungssystem beruht (Heckhausen, 1972).

Abbildung 3.6: Das Selbstbewertungsmodell der Leistungsmotivation

		Motivausprägung	
Teilprozesse der Selbstbewertung		**erfolgs-zuversichtlich**	**misserfolgs-meidend**
Anspruchsniveau, Zielsetzung		realistisch, mittelschwere Aufgaben	unrealistisch, extrem leichte/schwere Aufgaben
Typische Ursachenzuschreibung nach:	Erfolg	Anstrengung, eigene Tüchtigkeit	Glück, leichte Aufgaben
	Misserfolg	mangelnde Anstrengung, Pech	mangelnde eigene Fähigkeiten, Begabung
Bewertung des Handlungsergebnisses		positive Erfolgs-Misserfolgsbilanz	negative Erfolgs-Misserfolgsbilanz

(nach Heckhausen, 1972)

Wie aus Abbildung 3.6 ersichtlich ist, unterscheiden sich erfolgszuversichtliche und Misserfolg befürchtende Lerner gravierend in Bezug auf Anspruchsniveau und Zielsetzung, auf typische Attributionsstile (Ursachenzuschreibungen) bei Erfolg und Misserfolg der Leistungen und auf ihre Lernbilanz insgesamt.

Erfolgsmotivierte Lerner besitzen ein angemessenes Anspruchsniveau und wählen mittelschwere Aufgaben als realistische Zielsetzung. Die Wahl mittelschwerer Aufgaben lässt sie den Handlungserfolg noch erwarten, stellt damit aber gleichzeitig auch eine Herausforderung (Anreiz) dar, weil der Erfolg bei diesen Aufgaben nicht garantiert ist. Mittelschwere Aufgaben machen am besten deutlich, was ein Lerner zu leisten im Stande ist. Misserfolgsbefürchter dagegen haben häufig eine unrealistische Zielsetzung. Sie wählen entweder zu leichte oder zu schwere Aufgaben. Bei der Wahl der leichten Aufgaben ist für sie der Handlungserfolg wahrscheinlich. Der Wert (Anreiz) des Handlungsergebnisses ist jedoch äußerst gering und stabilisiert damit nicht das Selbstkonzept der eigenen Fähigkeiten, weil ja jeder Schüler im Prinzip solche leichten Aufgaben lösen kann. Verwunderlich erscheint auf den ersten Blick die Wahl extrem schwieriger Aufgaben, weil die Erwartung des Handlungserfolgs praktisch ausgeschlossen ist. Dagegen liegt der Anreiz für Misserfolgsmotivierte bei der Wahl extrem schwieriger Aufgaben darin, dass sie ihr Selbstkonzept schützen können, denn das Verfehlen von Leistungen bei solchen Aufgaben fällt nicht besonders ins Gewicht, weil nur ganz wenige Schüler solche Aufgaben überhaupt lösen können. Misserfolgsmotivierte vermeiden – wenn sie die Wahl haben – immer mittelschwere Aufgaben, weil dadurch ihr vermeintliches Unvermögen besonders deutlich zu Tage tritt.

Ein weiterer Teilprozess der Selbstbewertung der Leistung bezieht sich auf die typische Ursachenzuschreibung bei erfolgreicher oder verfehlter Leistung (Weiner, 1975).

Abbildung 3.7: Taxonomie der Kausalattributionen bei Erfolg und Misserfolg

	Internal		External	
	Stabil	**Variabel**	**Stabil**	**Variabel**
Kontrollierbar	Wissen	Anstrengung	Lernumgebung	Aufgabenwahl
Nicht Kontollierbar	Begabung	Krankheit	Schwierigkeit des Faches	Zufall

(nach Weiner, 1975)

In enger Beziehung zum Selbstkonzept des Lerners sind die Ursachen zu sehen, die er seinen Erfolgen und Misserfolgen zuschreibt. Wie aus Abbildung 3.7 ersichtlich ist, kann die Kausalattribution auf drei Dimensionen bezogen werden:

1. Ort der Verursachung
   (internal = in der Person; external = außerhalb der Person, im Kontext).
2. Veränderbarkeit
   (stabil= nicht oder nur schwer veränderbar; variabel = veränderbar)
3. Kontrollierbarkeit
   (vom Lerner beeinflussbar; nicht beeinflussbar)

Wie aus der Abbildung 3.6 zum Selbstbewertungsmodell hervorgeht, erklären erfolgsmotivierte Lerner ihre Leistungserfolge mit Fähigkeiten und Begabung (= internal, stabil, wenig kontrollierbar) oder mit Anstrengung und Tüchtigkeit (= internal, variabel, kontrollierbar). Beide Möglichkeiten der Ursachenzuschreibung wirken selbstwertverstärkend, wobei die Anstrengung vom Lerner noch kontrollierbar ist, d.h. er kann selbst bestimmen, wann und wie sehr er sich anstrengt. Misserfolge begründen diese Lerner auch selbstwerterhaltend, indem sie dafür mangelnde Anstrengung oder Pech (= external, variabel, nicht kontrollierbar) verantwortlich machen.

Misserfolgmotivierte dagegen attribuieren gelegentliche Erfolge mit Glück (= external, variabel, nicht kontrollierbar) oder mit zu leichten Aufgaben (= external, variabel). Damit bessern Erfolge nicht ihr Fähigkeitsselbstkonzept auf, weil sie glauben, dass der Erfolg nicht von ihnen verursacht ist. Deshalb macht es auch wenig Sinn, solchen Lernern Erfolgserlebnisse zu verschaffen, ohne ihren Attributionsstil zu korrigieren, weil sie daraus keine Konsequenzen für die Aufpolierung ihres Selbstkonzeptes und keinen Nutzen für nachfolgende Lernmotivation ziehen können. Selbstbild vernichtend werden zusätzlich die häufigen Misserfolge beurteilt, weil diese nun auf mangelnde eigene Fähigkeiten zurückgeführt werden, die unbeeinflussbar sind.

Die vergleichsweise schlechte Selbstbewertungsbilanz der Misserfolgsmotivierten bewirkt, dass Leistungsverhalten für sie nicht positiv bekräftigend wirkt. Die extreme Art der Aufgabenwahl ermöglicht ihnen zwar, Selbstwert belastende Rückschlüsse über die eigenen Fähigkeiten möglichst zu vermeiden. Damit haben sie aber auch keine Chance, ihre tatsächlichen Leistungsmöglichkeiten zu erfahren und sich ein positives Selbstbewertungsverhalten anzueignen. Das ungünstige Motivsystem – im Falle der Misserfolgsmotivierten – stabilisiert sich selbst. Damit wird ein verhängnisvoller Teufelskreis ausgelöst, aus dem solche Lerner häufig nicht allein herausfinden. Sie bedürfen der Beratung und Veränderung ihrer unrealistischen Zielsetzungen und Selbstwert zerstörenden Attributionsmuster. Sie müssen lernen, dass Misserfolge und Erfolge über die eigene Anstrengung zustande kommen (typisches Attributionsmuster der Erfolgsmotivierten). Eine Ursachenzuschreibung auf Anstrengung verbessert die Selbstbewertungsbilanz und hält Leistungsbemühungen auch bei Leistungsverfehlungen aufrecht.

(d) Zielorientierungen

Zielorientierungen beim Lernen werden als motivationale Variable insbesondere im amerikanischen Sprachraum untersucht (goal theories: vgl. Pintrich & Schunk, 1996) und weisen eine gewisse konzeptuelle Ähnlichkeit zur Leistungsmotivation auf. Denn auch bei den Zielorientierungen steht die Frage im Mittelpunkt, aus welchen Beweggründen, Personen lernen. *Zielorientierungen sind gedächtnismäßig gespeicherte und im Selbstkonzept des Lerners verankerte Bewertungsmaßstäbe für den eigenen Lernerfolg.*

Zielorientierungen werden ähnlich wie intrinsische und extrinsische Motivation dichotom aufgefasst; neuerdings aber auch als relativ unabhängige Konstrukte. Dabei kann das Lernen einerseits von einer *Aufgaben- und Lernzielorientierung,* andererseits von einer *Leistungszielorientierung* gesteuert werden. Das Ausmaß der Lernzielorientierung wird daran festgemacht, wie sehr ein Lerner seine eigenen Fähigkeiten steigern und sein Wissen erweitern will. Dieses Lernen ist also vor allem auf die Lerninhalte und die Kompetenzerweiterung ausgerichtet.

Lerner mit einer Leistungszielorientierung richten dagegen den Lernanreiz auf die vorzeigbaren Folgen des Lernergebnisses. Sie lernen nicht der Inhalte oder Kompetenzerweiterung wegen, sondern um gute Note zu erhalten, besser als andere zu sein oder ihr Image bei Lehrern und Mitschülern zu steigern.

Beide Arten von Zielorientierungen beim Lernen sind *habituelle Dispositionen* und ermöglichen die relativ nachhaltige und situationsübergreifende Bewertung von Zielen und Valenzen.

Heute wird die Leistungszielorientierung häufig in zwei Unterformen beschrieben: (a) Annäherungsleistungszielorientierung und (b) Vermeidungsleistungszielorientierung. Diese Ausdifferenzierung findet im diagnostischen Verfahren der „Skalen zur Erfassung der schulischen Lern- und Leistungsmotivation" (SELLMO) (siehe unter Diagnostik der Motivation) bereits eine Anwendung. Damit wird in gewisser Weise die traditionelle Unterscheidung der Leistungsmotivkomponenten (Hoffnung auf Erfolg vs. Furcht vor Misserfolg) wieder aufgenommen.

(e) Fähigkeitsselbstkonzepte

Jeder Schüler entwickelt im Verlaufe seiner Schulzeit ein relativ stabiles Fähigkeitsselbstkonzept, das unter anderem das *Wissen über die eigenen Leistungsmöglichkeiten und die affektive Beurteilung (Selbstvertrauen)* enthält. Das Fähigkeitsselbstkonzept des Lerners beeinflusst ganz entscheidend das Kompetenzerleben, die Befindlichkeit, das Anspruchsniveau und das subjektive Erklärungsmuster für Erfolg und Misserfolg. Damit beeinflusst das Fähigkeitsselbstkonzept einer Person auch entscheidend ihre Lern -und Leistungsmotivation.

So wirken sich beispielsweise die Attributionen erfolgszuversichtlicher Lerner günstig für die Selbstbewertung aus. Die internale Ursachenzuschreibung (siehe genauer unter Leistungsmotivation) bei Erfolg erhöht mit jedem Erfolgserlebnis zugleich auch das Vertrauen in die eigenen Fähigkeiten. Somit ist es auch nicht verwunderlich, dass erfolgsmotivierte Lerner im Vergleich zu misserfolgsängstlichen in der Regel ein günstigeres Selbstkonzept der eigenen Fähigkeiten haben.

Die *individuellen Einschätzungen der eigenen Fähigkeiten müssen jedoch nicht immer den tatsächlichen Begabungen und Fähigkeiten der Person entsprechen*. Hierbei kann es zu *Überschätzungen* oder auch *Unterschätzungen* kommen, was sich nicht unwesentlich auf die Stärke und Richtung der Leistungsmotivation und auch auf die tatsächliche Leistung auswirkt.

Personen, die ihre Fähigkeiten hoch einschätzen oder leicht überschätzen, setzen sich hohe Ziele, trauen sich viel zu und sind hoch motiviert, Schwierigkeiten beim Lernen zu überwinden. Unter diesen günstigen motivationalen Bedingungen zeigen solche Lerner dann auch bessere Schulleistungen als jene, die ein zu niedriges Fähigkeitsselbstkonzept haben, obwohl sie sich in ihrem tatsächlichen Fähigkeitsniveau von jenen mit einem hohen Selbstkonzept nicht unterscheiden.

Diejenigen, die ihre Fähigkeiten zu gering einschätzen, setzen sich niedrige Ziele, weichen leistungsthematischen Situationen, wenn möglich, aus und machen sich in Leistungssituationen permanent Sorgen, ob sie es schaffen. Dadurch leisten sie dann tatsächlich weniger als sie könnten, was wieder negativ und bestätigend auf ihr ungünstiges Fähigkeitsselbstkonzept zurückwirkt.

Es besteht Konsens darüber, dass sich Fähigkeitsselbstkonzepte der Lerner durch ihre *Kompetenzerfahrungen* in den betreffenden Schulfächern herausbilden und dass bei der Bewertung dieser Erfahrungen *soziale, individuelle und dimensionale Vergleichsprozesse (Bezugsnormorientierungen)* eine wichtige Rolle spielen (zusammenfassend: Möller & Köller, 2004). Diese wichtige theoretische Prämisse liegt auch dem diagnostischen Verfahren der *„Skalen zur Erfassung schulischer Selbstkonzepte" (SESSKO)* zugrunde (siehe Diagnostik der Lernmotivation).

Lehrer sollten ein besonderes Augenmerk darauf richten, dass Selbstkonzepte als Ergebnisse sozialer Vergleichsprozesse immer von der durchschnittlichen Leistungsfähigkeit der Lerngruppe bestimmt werden, in der sich die Schüler befinden. So wird ein guter Schüler, der in einer sehr leistungsstarken Klasse ist, mit einer geringeren Wahrscheinlichkeit gute Noten erzielen und deshalb ein weniger positives lernrelevantes Selbstkonzept entwickeln als ein ebenso fähiger Schüler, der zufällig einer leistungsschwächeren Klasse angehört, deshalb häufig Einsen bekommt und dadurch über ein wesentlich positiveres Selbstkonzept verfügt.

Die Tatsache, dass sich zwei „objektiv" gleich gute Schüler durchaus in ihrer Selbstbewertung unterscheiden können, ist als *„BIG-fish-little-pond-Effekt"* (großer Fisch im kleinen Teich) bekannt geworden (Marsh, 1987, 2005). Im Schulalltag zeigt sich dieser Effekt darin, dass gute Hauptschüler ein positiveres Fähigkeitsselbstkonzept entwickeln können als leistungsschwächere Gymnasialschüler, obwohl letztere im Leistungstest die besseren Leistungen zeigen (Köller & Baumert, 2001). Dadurch verfügen diese Hauptschüler über die günstigere Motivation und ihr schulisches Wohlbefinden wird besser sein als das jener Gymnasiasten.

Besonders deutlich werden die beschriebenen Bezugsgruppeneffekte, wenn Schüler die Schulform wechseln. So kann es beim Übergang von der Grundschule in weiterführende Schulen zu einem relativen Auf- oder Abstieg innerhalb der Leistungshierarchie in der Bezugsgruppe kommen, der zum Teil wesentliche Veränderungen in den Ursachenzuschreibungen und Selbstbewertungen der Schüler nach sich ziehen kann (Möller& Jerusalem, 1997). Lehrkräfte sollten dieses Wissen bei der Schullaufbahnberatung der Schüler und Eltern unbedingt berücksichtigen.

Für die Diagnostik und Förderung der motivationalen Lernvoraussetzungen von Schülern ist darüber hinaus von Bedeutung, dass Lehrkräfte vor allem die Schüler identifizieren, die ihre eigenen Leistungsmöglichkeiten unterschätzen, ein zu niedriges Fähigkeitsselbstkonzept haben und sich damit in einer ungünstigeren Lern- und Leistungssituation befinden, als das von ihren tatsächlichen „objektiven" Lernvoraussetzungen her nötig wäre. Diese Schüler benötigen bei der Korrektur ihres Fähigkeitsselbstkonzeptes im Unterricht Beratung und Hilfe.

(f) Motivationale Handlungskonflikte

Diagnostik steht immer auch in der Gefahr, die Erklärung auf monokausale Ursachen zu reduzieren; Kinder und Jugendliche verfügen aber wie alle Erwachsenen über multiple Handlungsziele. Inwieweit *Lernziele* und *akademische Ziele* in der persönlichen Zielstruktur von Schülern verankert sind, hat Einfluss auf ihre Lern- und Leistungsmotivation.

Für das emotionale Wohlbefinden einer Person ist es wichtig, dass Ziele und Motive kongruent sind. Ein Schüler, der im Wesentlichen Ziele anstrebt, die nur im Freizeitbereich realisiert werden können, wird schwerlich eine ausreichende Lernmotivation für schulisches Lernen entwickeln und sein Wohlbefinden wird in der Schule und beim Lernen in hohem Maße beeinträchtigt sein.

Heutige Schüler erleben häufig einen „Wertekonflikt" zwischen Leistungserbringung und Wohlbefinden, weil Wohlbefindenswerte in der Regel nur noch außerhalb der Schule befriedigt werden können. Die Zahl der Schüler, die im schulischen Lernen gleichzeitig auch Wohlbefinden erleben, nimmt ab. Rational besteht bei den meisten Schülern zwar die Einsicht, dass sie nur mit guten Lernergebnissen und entsprechenden Schulabschlüssen die gewünschte berufliche Laufbahn einschlagen können. Andererseits hat der Wert Freizeit in der Gesellschaft einen so hohen Stellenwert erlangt und die Freizeitangebote und -wünsche der Schüler haben so stark zugenommen, dass sie mit den Lernerfordernissen in Konkurrenz und zum Teil in dauerhafte Konflikte geraten können.

Dem kompetenten Umgang mit multiplen Zielen (Freizeitziele, Hobbys vs. für die Schule lernen und gute Schulabschlüsse erlangen) kommt in postmodernen Gesellschaften eine wachsende Rolle zu. Klassische Motivationstheorien, wie etwa die Leistungsmotivationstheorie, haben solche Zielkonflikte von heutigen Schülern weniger im Blick. Auch Lehrkräfte denken bei der Qualität der Lernmotivation eher an Leistungserbringungen, Interesse, Fleiß und Anstrengung beim Lernen, als daran, dass ihre Schüler Zielkonflikte zwischen Freizeitinteressen und schulischen Anforderungen nicht effizient bewältigen können und darin ein Teil der Schul- und Lernfrustration der Schüler begründet liegen könnte.

Die Theorie der motivationalen Handlungskonflikte (Hofer, 2003, 2004; Hofer, Fries, Reinders, Clausen, Dietz & Schmid, 2004) beschreibt den Zustand rivalisierender Handlungstendenzen, ihre Entstehungsbedingungen und die Folgen solcher motivationalen Konflikte für die Schüler. All das spielt in traditionellen Lernmotivationsmodellen keine Rolle.

In einer Zeit gravierenden Wertewandels, in der Leistung zunehmend aus unterschiedlichen Gründen relativiert wird und dagegen die Wohlbefindenswerte und der Wert Freizeit an Bedeutung und Einfluss stetig in der Zielstruktur nicht nur bei Jugendlichen, sondern auch bei deren Eltern zunehmen, müssen Lehrkräfte verstärkt berücksichtigen, dass *das Lernen eben nur einen Teil des Schüleralltags ausmacht.* Wenn man das akzeptiert, sollte darüber nachgedacht werden, wie Schüler zum Managen von Lernen und Freizeit befähigt werden können.

> Für eine angemessen Diagnose ist die Frage wichtig: Wie entstehen nun solche Handlungskonflikte und welche konkreten Auswirkungen haben sie auf das Lernen der Schüler?

Schüler realisieren Leistungs- und Wohlbefindenswerte in interindividuell unterschiedlichem Ausmaß. Schüler, die mit dem Lernen sowohl Leistungs- als auch Wohlbefindenswerte in Einklang bringen, sind für Lernen und schulische Ziele hoch motiviert und werden in der Regel erfolgreiche Schüler sein. Die Schüler aber, die mit *einer* Handlung jeweils nur *ein* Ziel erreichen und damit die *Realisierung eines anderen Ziels ausschließen,* erleben so genannte *Zielkonflikte.* Das ist beispielsweise dann der Fall, wenn ein Schüler für eine Klassenarbeit lernen müsste, aber am Wochenende die Freunde zum Klettern fahren.

Ein motivationaler Handlungskonflikt entsteht also nur dann, wenn zu einem Zeitpunkt mehrere Tätigkeiten gleich hoch bewertet werden, die aber nicht gleichzeitig ausgeführt werden können. Es entsteht bei dem betreffenden Schüler nun ein situativer Zustand, der durch Unsicherheit geprägt ist.

Eine zentrale Aussage der Theorie von Hofer ist, dass im Falle des Wertekonfliktes auch *nach der Entscheidung* für eine Handlung der *Konfliktzustand erhalten* bleibt. Das kommt daher, weil die nicht ausgeführte Intention im Arbeitsgedächtnis aktiviert bleibt und zur Ausführung drängt. Damit stört sie die Ausführung der gewählten Handlung. Das trifft insbesondere dann zu, wenn die gewählte Handlung das Lernen ist. Dieses wird dann mit weniger Konzentration, Ausdauer und Qualität ausgeführt, weil es schwierig ist, die alternative Freizeitintention aus dem Arbeitsgedächtnis zu verbannen. Der Schüler, der sich für das Lernen auf die Klassenarbeit und gegen das Klettern mit Freunden entschieden hat, denkt beim Lernen permanent daran, was ihm am Wochenende alles entgangen ist und was die Freunde wohl Interessantes erlebt haben. Die Vorbereitung auf die Klassenarbeit geht dabei schleppend, missmutig und ineffektiv voran.

Aber auch dann, wenn der Freizeitinitiative nachgegeben worden wäre, tritt möglicherweise ein schlechtes Gewissen auf, das den Genuss beeinträchtigt, weil die nicht realisierte Lernhandlung im Arbeitsgedächtnis weiterhin präsend ist. Das würde für den Schüler bedeuten, der sich für das Klettern mit Freunden entschieden hätte, dass er sich das ganze Wochenende sorgende Gedanken macht, ob er in der Nacht auf Montag noch ausreichend lernen und wie er einen Misserfolg in der Klassenarbeit doch noch abwenden könnte. Bei diesen Gedanken kommt auch nicht die erwartete Freude beim Klettern auf.

Wie aber lösen Schüler nun solche motivationalen Handlungskonflikte?

In der Regel wenden sie inadäquate Lösungs- bzw. Sequenzierungsstrategien an (Hofer, 2004), die im Folgenden kurz erläutert werden.

Hinausschieben
Um mit anhaltenden Rivalitäten von Intentionen umzugehen, wird die schulische Lernhandlung zugunsten aktueller Wohlbefindenstätigkeit hinausgeschoben. Die Hausaufgaben werden z.B. zugunsten des Treffs im Park auf später verschoben. Hinausschieben ist aber nur dann sinnvoll, wenn ein günstiger Zeitpunkt für eine Handlung abgewartet wird. Das macht aber eine Vorausplanung der Lerntätigkeit erforderlich. Meist besteht jedoch die Gefahr, dass die aufgeschobene Tätigkeit unterlassen wird.

Springen
Der Schüler springt zwischen verschiedenen Tätigkeiten. So wechselt er zwischen Mathematikhausaufgabe und Übertragung eines Fußballspiels hin und her. Dabei kostet jeder Wechsel Zeit. Die Hausaufgaben sind zum Schluss flüchtig und fehlerbehaftet und vom Fußballspiel wurden auch die entscheidenden Szenen verpasst.

Mehrfachhandlungen
Diese Strategie folgt dem Prinzip, das eine zu tun, ohne das andere zu unterlassen. Es ist kaum vorstellbar, dass eine Schülerin auf einer Gartenparty effektiv für die Biologiearbeit lernen kann, obwohl sie vorsorglich alle Arbeitsmaterialien mitgenommen hat.

Aufgeben
Wenn während des Lernens Schwierigkeiten auftreten, so kann das entweder mit erhöhter Anstrengung kompensiert werden, oder die Tätigkeit wird vorzeitig abgebrochen. Das kann bei der Realisierung multipler Ziele adaptiv sein. Wenn das gewünschte Ziel nicht erreichbar ist, ist es für das Wohlbefinden günstig, das Ziel aufzugeben oder den Anspruch zu senken. Dabei müssen die betreffenden Schüler aber in Kauf nehmen, dass die schulischen Leistungen schlechter werden. Die damit verbundene Herabsetzung des Leistungsanspruchs als eine den Selbstwert schützende Strategie bedeutet häufig, dass die Schüler den Freizeitaktivitäten einen höheren Wert zumessen.

Für die Diagnostik ist in diesem Zusammenhang wieder bedeutsam, dass die Bewertung von Leistung und Wohlbefinden durch Schüler systematisch mit deren Lernverhalten (Noten, Hausaufgaben) zusammenhängt (Hofer et al., 2004). 1. Schüler, die Leistungen hoch bewerten, berichten über günstigere Sequenzierungsstrategien bei Handlungskonflikten zwischen schulischen und außerschulischen Tätigkeiten. 2. Schüler mit hohen Wohlbefindenswerten neigen eher zu ineffektiven Sequenzierungsstrategien (Springen, Aufgeben). 3. Schüler, die in Leistung und Wohlbefinden wichtige Ziele für sich sehen, berichten über mehr motivationale Handlungskonflikte.

Leistungsverluste durch das Erleben motivationaler Handlungskonflikte sind vor allem dann zu erwarten, wenn Schüler ihre Tätigkeiten nicht planen können. Schüler, die Handlungsinitiierung und Handlungsausführung planen können, haben wesentlich geringere Leistungseinbußen. Sie sind zu Metakognitionen in der Lage und können so das Auftreten von motivationalen Handlungskonflikten minimieren.

Eine zentrale Fördermöglichkeit durch Lehrkräfte liegt deshalb in der Befähigung der Schüler zum differenzierten Planen von Lernhandlungen und Tagesabläufen.

(g) Veränderung der Lernmotivation im Verlauf der Schulzeit
Für eine angemessene Diagnostik dieser Lernvoraussetzung sind auch entwicklungspsychologische Veränderungen in der Lernmotivation von Bedeutung.

Betrachtet man die Entwicklung der Lernmotivation der Schüler vom Schuleintritt bis zum Verlassen der Schule, dann wird ein *gravierender Umbau* der motivationalen Strukturen (Fend, 2000) sichtbar. Fend spricht nicht vom Abfallen, sondern vom Umbau der Lernmotivation über die Schuljahre, wenngleich Lehrkräfte diese Veränderung der Lernbereitschaft ihrer Schüler eher als ein Absinken erleben.

Jede Grundschullehrerin weiß aber auch, dass Kinder in der Regel hoch motiviert in die erste Klasse kommen. Die Identifikation mit der Schule ist noch globaler Art, denn Schule wird insgesamt als ganzheitlich gut und nur gelegentlich als überflüssig erlebt. Mit der Lehrkraft identifiziert sich das Kind total. Was die Schule verlangt, wird ohne kritische Rückfragen akzeptiert, was Lehrer und Eltern fordern, ist Gebot – bei allem möglichen kindlichen Widerstand, der aber noch nicht auf einer eigenen Position aufbaut.

Schulanfänger überschätzen häufig ihre eigenen Fähigkeiten und halten sich in der Regel für begabt und gute Schüler. Dieser natürliche (aber unrealistische) Überoptimismus ist ein wichtiger Schutzmechanismus, der die Überzeugung vermittelt, dass sich mit Anstrengung alles erreichen lässt. Dieses unrealistische Wunschdenken geht etwa mit acht Jahren verloren und macht einer realistischeren Selbsteinschätzung Platz, die zunehmend durch soziale Vergleiche und Lehrerrückmeldungen korrigiert wird.

Eine Gefährdung für die Etablierung einer positiven Lernmotivation besteht während der Grundschulzeit durch gehäufte Misserfolge und eine Erziehungshaltung der Eltern, die ihre Zuneigung zu einseitig von den Lernerfolgen des Kindes abhängig machen. Im ungünstigen Fall kann auch bereits in dieser Zeit das Lehrerverhalten zu einem Risikofaktor für die Entwicklung der Leistungsmotivation der Schüler werden. Wenn nämlich Schüler ihre Lehrer als wenig unterstützend, wenig verlässlich und unberechenbar erleben, dann geht das häufig mit negativen Kontrollüberzeugungen, einer geringen Unterrichtsbeteiligung und mit schlechten Schulleistungen einher (Skinner, Zimmer-Gembeck & Conell, 1998). Zeitstabile und situationsübergreifende Leistungsmotivstrukturen, die sich zwischen „Erfolgszuversicht“ und „Misserfolgsängstlichkeit“ ausprägen, sind aber erst am Ende der Grundschulzeit zu beobachten.

Für den deutschsprachigen Raum liefert die Münchner Längsschnittstudie (Helmke, 1993) interessante Befunde für die Entwicklung der Lernfreude vom Kindergarten bis zum Ende der Grundschule. *Von Schuljahr zu Schuljahr ist ein kontinuierlicher Rückgang der Lernfreude zu beobachten,* der jedoch fächerspezifisch ist. Bei Mädchen sinkt die Lernfreude insbesondere stark in Mathematik, bei Jungen im zweiten Schuljahr deutlich in Deutsch. Insgesamt bleibt die Lernfreude in der Grundschulzeit aber noch im positiven Bereich.

Der eigentliche Einbruch der Lernmotivation ist von der sechsten zur siebten Klasse zu verzeichnen. Die Anstrengungsbereitschaft bei schulischen Aufgaben sinkt von der sechsten zur neunten Klasse kontinuierlich. Die Veränderung wird von einem Anstieg disziplinarisch auffälligen Verhaltens, insbesondere bei Jungen, begleitet. *Die Distanz zur Schule vergrößert sich in dieser Zeit prinzipiell* (Fend, 2000).

Differenzierte Einblicke in die Entwicklung verschiedener Komponenten der Lernmotivation während der Schulzeit liefert die Arbeit von Pekrun (1993). Das wichtigste Ergebnis dieser Untersuchung ist, dass die *Leistungsmotivation der Schüler über die Schuljahre von der fünften Klasse an sehr stabil bleibt.* Das ist deshalb nicht verwunderlich, weil sich am Ende der Grundschulzeit die Leistungsmotivstrukturen zeitstabil und situationsübergreifend herausgebildet haben. Die Bedeutung von Erfolg bleibt darüber hinaus von der fünften bis zur zehnten Klasse konstant hoch. Die *intrinsische und die soziale Motivation fallen dagegen signifikant ab*. Auch das *Wohlbefinden der Schüler in der Schule nimmt von der sechsten zur zehnten Klasse signifikant ab* (Fend, 2000).

Diese gravierenden, ungünstigen Veränderungen in der Lernmotivation und in der Zuwendung zur Schule im Verlauf der Adoleszenz machen eine Ursachenaufklärung erforderlich. Ist der Rückgang der Anstrengungsbereitschaft und der Lernmotivation in einigen Bereichen ein unvermeidliches Entwicklungsphänomen oder von schulischen Kontextfaktoren abhängig?

Fend (2000) argumentiert in beide Richtungen. Zunächst setzt in dieser Altersphase eine Differenzierung der Lerninteressen ein, die dazu führt, dass die Schüler ihre Anstrengungsbereitschaft und ihre emotionalen Investitionen selektiver und dosierter gestalten. Die Schule als Entwicklungsaufgabe tritt in Konkurrenz zu anderen wichtigen Themen und Entwicklungsaufgaben – etwa zur Neuorganisation der Beziehungen zu Eltern, Erwachsenen und Peers oder zum Lernen des Umgangs mit Sexualität.

Gegen eine entwicklungsbedingte und somit unabänderliche Erklärung sprechen auch Vergleichsuntersuchungen der Lernmotivation von deutschen und schweizerischen Schülern (Fend, 1997). Da anzunehmen ist, dass schweizerische Schüler auch in die Pubertät kommen und von den entsprechenden Entwicklungsaufgaben belastet sind, bei ihnen aber Lernmotivation, Lernfreude und schulisches Wohlbefinden nicht absinken, liegt der Schluss nahe, dass die Veränderung der Lernmotivation deutscher Schüler vor allem auf eine ungünstige und sich im Verlaufe der Sekundarstufe verschlechternde Passung zwischen den Bedürfnissen der Schüler und den Kontextbedingungen der Schule zurückzuführen ist (z.B. Eccles & Midgley,1989; Roesner & Eccles,1998). Eccles und Kollegen beschreiben eine Reihe von Veränderungen in der Qualität der Lehrer-Schüler-Beziehungen, die für das Absinken der Lernmotivation der Schüler verantwortlich sein könnten:

- Schüler wünschten sich gerade in der Phase der Frühadoleszenz (6. bis 8. Klasse) eine erhöhte emotionale Unterstützung und Zuwendung durch ihre Lehrkräfte, die dies häufig aber nicht mehr als ihre Aufgabe ansehen.
- Im Verlauf der Sekundarstufe I würde nicht nur das intellektuelle Anspruchsniveau erhöht, sondern auch die Notenpraxis wird strenger. Damit entstünde eine offenkundige Diskrepanz im Erleben der Schüler zwischen der Verschlechterung der Noten und dem aber kontinuierlichen Anwachsen ihres Wissens und Könnens. Die Verschlechterung der Noten führt zu einer Verunsicherung im Selbstwerterleben und einer Verschlechterung der Fähigkeitsselbstkonzepte, was wiederum das Absinken der Lernmotivation zur Folge hat.
- Verschärfend käme hinzu, dass Lehrkräfte Leistungsbewertungen insbesondere im Rahmen einer sozialen Bezugsnormorientierung vornehmen und die Schüler, die sich entsprechend ihrer Entwicklungsaufgabe zunehmend an Gleichaltrigen orientieren, in einen Wettbewerb mit Mitschülern gedrängt würden.
- Der Unterricht in höheren Klassen sei stärker lehrerdominiert und lehrerzentriert und stünde damit im Widerspruch zum entwicklungsgemäßen Streben der Schüler nach Autonomie und Selbstbestimmung. Damit werden diese

ausgeformten Grundbedürfnisse der Schüler frustriert, was wiederum äußerst negativ auf die Lernmotivation zurückwirkt.

(3) Diagnostische Verfahren zur Erfassung der Lernmotivation

Die Hypothese, dass die Lernmotivation der Schüler gestört bzw. ungünstig ist, kann u.a. immer dann aufgestellt werden, wenn die schulischen Leistungen von Schülern absinken, sie schulische Anforderungen verweigern oder nur unzureichend erfüllen und wenn Schüler disziplinarisch auffällig werden. Für die Diagnostik der Lernmotivation gibt es für die Hand des Lehrers eine Reihe z.T. standardisierter Verfahren, die in der Regel jeweils einen Aspekt der Motivation näher hinterfragen.

Zur Erfassung des Leistungsmotivs (Hoffnung aus Erfolg/Furcht vor Misserfolg) liegen dagegen keine für Lehrer geeigneten ökonomischen und standardisierten Verfahren vor. Die Ausarbeitung und Handhabung solcher Verfahren ist deshalb kompliziert, weil sich einerseits die direkte verbale Erfassung des Leistungsmotivs aus theoretischen Gründen verbietet, andererseits die vorhandenen Verfahren, die auf Bildsituationen basieren (z.B. Leistungsmotiv-Gitter von Schmalt, 1976) sehr kompliziert in der Auswertung sind.

Bevor die Lehrkraft jedoch zur Hypothesenprüfung auf standardisierte Verfahren zurückgreift, sollte sie informelle Methoden zur Feststellung der Lernmotivation in Erwägung ziehen, z.B. Exploration, direkte mündliche Befragung oder schriftlich über Aufsätze.

Soll näher geprüft werden, wie die Schüler Erfolge oder Misserfolge attribuieren, so können Lehrer z.B. nach Klassenarbeiten, Leistungskontrollen u.ä. die Schüler beobachten, wie diese das Zustandekommen ihrer Leistung beurteilen. Schüler verbalisieren über das Zustandekommen von Erfolgen bzw. Misserfolgen häufig laut und wenig missverständlich.

Will die Lehrkraft in Erfahrung bringen, ob und welche motivationalen Handlungskonflikte die Schüler haben und wie sie diese lösen, kann ganz direkt schriftlich oder mündlich gefragt werden. Erfahrene Lehrkräfte erzählen zur besseren Einstellung der Schüler auf das Problem beispielsweise eine Fallgeschichte von einem Schüler, der solche Konflikte hat und nicht weiß, wie er damit umgehen soll (siehe in Analogie zu Paul in den vorangestellten Beispielen). Danach können die Schüler Vorschläge zur Lösung einbringen bzw. berichten, was sie selbst in solchen Situationen tun.

Im Folgenden werden zwei neuere standardisierte Verfahren zur Diagnostik von Aspekten der Lernmotivation, die Lehrkräfte zur Prüfung bestimmter Hypothesen einsetzen können, näher vorgestellt.

(a) Diagnostik des Fähigkeitsselbstkonzepts

Wenn ein Schüler schlechte Leistungen erbringt, Eltern oder Lehrer jedoch vermuten, dass seine kognitiven Fähigkeiten wesentlich über dem Niveau der erbrachten Leistung liegen könnten, sollte nach den Ursachen geforscht werden. Eine plausible Hypothese in diesem Beratungskontext könnte lauten: Der Schüler zeigt u.a. deshalb schlechte Leistungen, weil sein Fähigkeitsselbstkonzept ungünstig auf die Lernmotivation wirkt. Er traut sich möglicherweise nichts oder sehr wenig zu. Bei Klassenarbeiten richten sich seine besorgten Gedanken insbesondere auf die zugeschriebene geringe Leistungsfähigkeit, die sich dann auch einstellt, weil nicht ausreichend Zeit zur Aufgabenlösung blieb.

Ein diagnostisches Verfahren zur Feststellung des Fähigkeitsselbstkonzepts sind die ***Skalen zur Erfassung des schulischen Selbstkonzepts (SESSKO)*** (Schöne, Dickhäuser, Spinath & Stiensmeier-Pelster, 2002), die im Folgenden vorgestellt werden.

Skalen zur **E**rfassung des **s**chulischen **S**elbst**k**o̲nzepts [SESSKO]

Die SESSKO sind zur Erfassung des schulischen Selbstkonzepts bei Schülern der 4. bis 10. Klasse einsetzbar.

Konzept und Aufbau
Die SESSKO bestehen aus vier Skalen: schulisches Selbstkonzept (1.) kriterial; (2.) individuell; (3.) sozial; (4.) absolut; mit jeweils 5 bis 6 Items. Damit wird das Fähigkeitsselbstkonzept von Schülern unter systematischer Berücksichtigung verschiedener Bezugsnormen, die der Schüler zur Beurteilung seiner schulischen Fähigkeiten heranzieht, abgebildet. D.h. der Schüler beurteilt seine Leistungsfähigkeit jeweils in Bezug auf seine Mitschüler (soziale Bezugnorm), in Bezug auf seine eigene Leistungsentwicklung (individuelle Bezugsnorm), in Bezug auf ein Kriterium/eine Anforderung (kriteriale Bezugsnorm). Die Items der vierten Skala sind bezugsnormunspezifisch (= absolut) formuliert (siehe Abbildung 3.8).

Abbildung 3.8: Itembeispiele aus SESSKO-S

Wenn ich mir angucke, was wir in der Schule können müssen, halte ich mich für …						
nicht begabt	•	•	•	•	•	sehr begabt
Ich bin für die Schule …						
weniger begabt als früher	•	•	•	•	•	begabter als früher
Ich denke, ich bin für die Schule …						
weniger begabt als meine MitschülerInnen	•	•	•	•	•	begabter als meine MitschülerInnen
Ich bin für die Schule …						
nicht begabt	•	•	•	•	•	sehr begabt

(Bsp. 1: Skala „Selbstkonzept – „kriterial“, Bsp. 2: Skala „Selbstkonzept – „individuell“, Bsp. 3: Skala „Selbstkonzept – „sozial“, Bsp. 4: Skala „Selbstkonzept – „absolut“).

Durchführung, Auswertung, Interpretation
Die SESSKO-Fragebögen können zur Gruppentestung (z.B. mit der gesamten Schulklasse) oder zur Einzeltestung genutzt werden. In beiden Fällen bearbeiten die

Schüler den Fragebogen selbstständig. Zuvor erhalten sie vom Testleiter präzise Instruktionen zur Durchführung. Die Bearbeitungsdauer beträgt zwischen 7 und 15 Minuten. Für die Auswertung stehen eine Schablone und ein Auswertungsbogen zur Verfügung. Es können Prozentränge und T-Werte (Bänder) für alle vier Skalen ermittelt werden. Die ermittelten Normwerte für die vier Skalen können als Profil grafisch dargestellt werden. Sowohl für die Interpretation als auch für die Ableitung von Fördermaßnahmen sind diese vier Werte von entscheidender Bedeutung. Wenn beispielsweise der Wert der Skala „sozial" unterdurchschnittlich ausfällt (d.h. der Schüler bewertet sich im sozialen Vergleich zu seinen Mitschülern zu ungünstig), die Leistungen des Schülers aber über dem Klassendurchschnitt liegen, dann muss im Unterricht und im Beratungsgespräch mit dem Schüler an einer realistischeren Selbsteinschätzung gearbeitet werden.

Gütekriterien
Die SESSKO erfüllen aufgrund der standardisierten und detailliert beschriebenen Durchführungs-, Auswertungs- und Interpretationsinstruktionen im Testmanual das Kriterium der Objektivität.

Zahlreiche Befunde belegen die Reliabilität. Die Gültigkeit wird von den Autorinnen ebenfalls als zufriedenstellend bewertet. Ingenkamp und Lissman (2005, S. 303) beurteilen jedoch die Validitätsprüfung der SESSKO wesentlich kritischer und sind der Meinung, dass die Validität unbedingt weiter abgesichert werden muss.

Es liegen Prozentrangnormen und T-Werte für Schüler der 4. bis 10. Klassenstufe vor.

(b) Diagnostik unterschiedlicher Zielorientierungen
Lern- und Leistungsverhalten von Schülern wird auch durch ihre Zielorientierung beim Lernen bestimmt. Bei Schülern mit andauernden schlechten Schulleistungen besteht die Gefahr, dass bereits Vermeidungs-Leistungsziele aufgebaut wurden und sie zunehmend die Tendenz zur Arbeitsvermeidung zeigen. Mit der „Bevorzugung" einer solchen Lernzielorientierung ist die „Karriere" des schlechten Schülers häufig besiegelt, wenn dies vom Lehrer nicht rechtzeitig erkannt wird. Es ist für eine positive Leistungsentwicklung der Schüler entscheidend, dass sie frühzeitig eine motivationale Haltung ausbilden, die sich auf eine starke inhaltsgebundene Lernzielorientierung gründet.

Zur Diagnostik unterschiedlicher Zielorientierungen können die ***Skalen zur Erfassung der Lern- und Leistungsmotivation (SELLMO)*** (Spinath, Stiensmeier-Pelster, Schöne & Dickhäuser, 2002) eingesetzt werden, um diejenigen Schüler frühzeitig zu erkennen, die eine ungünstige Zielorientierung zum Lernen präferieren.

Skalen zur Erfassung der Lern- und Leistungsmotivation [SELLMO-S]

Die SELLMO-S sind bei Schülern der 4. bis 10. Klassenstufen und bei Studierenden (SELLMO-ST) einsetzbar. Im Folgenden werden nur die Skalen für Schüler erläutert.

Konzept und Aufbau
Mit den SELLMO liegt erstmals ein deutschsprachiges Verfahren zur Erfassung von zeitlich überdauernden und über Situationen hinweg konsistenten Zielorientierungen bei Schülern vor. Die Zielorientierung wird dabei über vier Dimensionen erfasst: (1) „Lernziele“, (2) „Annäherungs-Leistungsziele“,(3) „Vermeidungs-Leistungsziele“, (4) „Arbeitsvermeidung“.

Die *erste Dimension (Lernziele)* beschreibt Lerner mit einer starken Lernzielorientierung, d.h. diese bevorzugen leistungsbezogene Aufgaben als Lernchance und sind bemüht, permanent Lernfortschritte zu erzielen und Aufgaben trotz auftretender Schwierigkeiten zu meistern. Die motivationale Ausrichtung dieser Schüler beim Lernen bezieht sich vor allen auf den eigenen Wissens- und Könnenszuwachs. Eine solche ausgeprägte Lernzielorientierung hat positive Wechselwirkungen mit anderen motivationalen und kognitiven Variablen. So stehen die Zielorientierungen der Schüler auch im Zusammenhang mit ihren spezifischen Kausalattributionsstilen. Lernzielorientierte Schüler beispielsweise begründen ihre Leistungen im Gegensatz zu leistungsorientierten eher mit Anstrengung als mit Fähigkeiten (Ames, 1984). Eine solche Ursachenbegründung ist im Falle schlechter Leistungen (Misserfolgen) immer günstiger, weil man seine eigene Anstrengung stets kontrollieren kann. Schüler mit einer Lernzielorientierung erleben auch mehr positive Affekte gegenüber der Lern- und Leistungsaufgaben (Nicholls, Patashnick, Nolen, 1985) und ein stärkeres Interesse für den Lerngegenstand (Harackiewicz, Barron, Carter, Lehto & Elliot, 1997). Lernzielorientierte verwenden darüber hinaus mehr tiefenverarbeitende Lernstrategien, was sich wiederum günstig auf das Verstehen der Lerninhalte und die Leistungen auswirkt. Sie zeigen ebenfalls eine größere Ausdauer (Ames & Archer,1988). Insgesamt wurde durch eine Reihe empirischer Untersuchungen belegt, dass eine starke Lernzielorientierung mit dauerhaft guten Schulleistungen einhergeht.

Die *zweite Dimension (Annäherungs-Leistungsziele)* beschreibt eine Zielorientierung des Lerners, die vorwiegend darauf gerichtet ist, vorhandene eigene Kompetenzen besonders gut zur Geltung zu bringen. Die Zielrichtung ist hierbei weniger der Lerninhalt, sondern vielmehr das Vorzeigen guter Leistungen und Fähigkeiten. Schüler lernen beispielsweise deshalb, um die Besten in einer Klasse oder besser als Freunde zu sein. Solche Annäherungs-Leistungsziele können kurzfristig durchaus mit guten Leistungen gekoppelt sein. Sie gewährleisten jedoch nicht immer eine langfristige und intensive Beschäftigung mit Lerninhalten, die für nachhaltige Lernerfolge zusätzlich unerlässlich ist. Die Annäherungs-Leistungszielorientierung ist unter bestimmten Bedingungen jedoch äußerst vorteilhaft (Wettbewerbssituation, Prüfung).

Mit der *dritten Dimension (Vermeidungs-Leistungsziele)* werden Lerner gekennzeichnet, die versuchen, ihre vermeintlich nicht vorhandenen Kompetenzen zu verbergen. Sie verwenden ihre Anstrengung nicht darauf, Lernrückstände und Wissensdefizite aufzuholen, sondern das Nicht-Können zu bemänteln und Leistungssituationen, wo immer es geht, auszuweichen.

Beide Arten der Leistungszielorientierung wirken sich vor allem dann ungünstig auf das Lernen und die Leistung aus, wenn die Schüler über ein geringes

Fähigkeitsselbstkonzept verfügen. Für die Präzisierung der Diagnose zur Lernmotivation ist es deshalb von Vorteil, wenn SESSKO und SELLMO-S gekoppelt eingesetzt werden.

Bei der *vierten Dimension (Arbeitsvermeidung)* ist charakteristisch, dass beim Lerner weder Lern- noch Leistungsanreize vorhanden sind. Hier besteht die Tendenz, möglichst wenig Arbeit und Anstrengung in das Lernen zu investieren. Weder Lernerfolge, noch gute Noten werden von diesen Schülern angestrebt. Die Folge solcher Arbeitsvermeidung sind schlechte Schulleistungen und eine äußerst gering bzw. negativ ausgeprägte Lernmotivation.

Für die Interpretation der Testergebnisse der Lern- und Leistungsorientierung im Rahmen der vier Dimensionen ist jedoch zu bedenken, dass bei Schülern diese Formen der Zielorientierungen nicht isoliert auftreten müssen, sondern von ihnen parallel verfolgt werden können. So kann ein Schüler durchaus motiviert sein, permanent neues Wissen zu erwerben, aber gleichzeitig möchte er auch seine Kompetenzen in der Schulklasse zur Geltung bringen und zu den Besten gerechnet werden. Ein anderer Schüler verfolgt die Zielorientierung, seine Leistungen günstig zu präsentieren, aber parallel dazu will er auch seine Schwächen verbergen.

Die SELLMO umfassen insgesamt 31 Items zur Selbsteinschätzung (jeweils 8 Items zu „Lernzielen“, „Vermeidungszielen“, „Arbeitsvermeidung“ sowie 7 Items zu „Annäherungs-Leistungszielen“). Alle Items sind als Ergänzung der Aussage „In der Schule geht es mir darum …“ konzipiert. (siehe zur Illustration Abbildung 3.9) Auf einer 5-stufigen Antwortskala geben die Schüler an, in welchem Ausmaß die jeweilige Aussage für sie persönlich zutrifft.

Abbildung 3.9: Itembeispiel aus SELLMO-S.

	stimmt gar nicht	**stimmt eher nicht**	**weder noch**	**stimmt eher**	**stimmt genau**
In der Schule geht es mir darum, …					
LZ … zum Nachdenken angeregt zu werden	□	□	□	□	□
AL … das, was ich kann und weiß, auch zu zeigen	□	□	□	□	□
VL … dass niemand merkt, wenn ich etwas nicht verstehe	□	□	□	□	□
AV … mit wenig Arbeit durch die Schule zu kommen	□	□	□	□	□

Anmerkungen. LZ = Lernziele, AL = Annäherungs-Leistungsziele, VL = Vermeidungs-Leistungsziele, AV = Arbeitsvermeidung

Durchführung, Auswertung, Interpretation

Die SELLMO-S können sowohl zur Einzel- als auch zur Gruppentestung eingesetzt werden. Die Bearbeitungsdauer einschließlich der Instruktion und Erläuterung liegt zwischen 10 und 20 Minuten. Für die Auswertung liegen Schablonen vor, die dem Testauswerter die Aufrechnung der Rohwerte zu den vier Dimensionen (jede Dimension ist dort unterschiedlich farblich gekennzeichnet) erleichtert. Die addierten Skalenrohwerte lassen sich bei den SELLMO-S mit Hilfe von Normtabellen in Prozentränge und T-Werte transformieren. Dadurch wird das

Testergebnis der getesteten Person in Bezug auf die repräsentative Vergleichsstichprobe interpretierbar.

Gütekriterien
Die Objektivität wird gewährleistet durch eine differenzierte Instruktion zur Durchführung, Auswertung und Interpretation im Testmanual. Reliabilität und Gültigkeit sind zufriedenstellend.

Die Normierung der SELLMO-S basiert auf einer repräsentativen Stichprobe von Schülern der 4. bis 10. Klassen. Die Normtabellen enthalten Skalen-Rohwerte, Rohwertbänder, Prozentränge, T-Werte und T-Wertbänder. Die Berechnungsprozedur, die der Normierung zugrunde liegt, hat ergeben, dass getrennte Normtabellen einmal für die Schüler der 4. bis 6. Klassen und zum anderen für die Schüler der 7. bis 10. Klassen erstellt wurden. Eine Differenzierung der Normen in Bezug auf Schulform und Geschlecht erwies sich nach Aussage der Autoren (vgl. Spinath & Schöne, 2003) als nicht erforderlich.

(4) Förderung der Lernmotivation

- Die Lernmotivation der Schüler wird von benennbaren Faktoren beeinflusst (z.B. volitionale Kontrolle, Zielorientierung, Generierung präzisier Lernziele, Zeit-, Ziel- und Lernmanagement, Anspruchsniveausetzung, Kausalattribution bei Erfolg und Misserfolg, Interesse etc.). Die Förderung der Lernmotivation durch den Lehrer im Unterricht lässt sich nur schwer in einzelne Maßnahmen zerlegen. Dabei handelt es sich eher um ein sehr komplexes pädagogisches Treatment. Es erstreckt sich über die *permanente Berücksichtung der Grundbedürfnisse der Schüler nach Autonomie, Kompetenz und sozialer Eingebundenheit, über Strategievermittlung* bis hin zum *angemessenen Wechsel in der Bezugsnormorientierung bei der Leistungsbewertung* durch den Lehrer.
- So profitieren beispielsweise leistungsschwächere Schüler zur Stärkung ihrer Lernmotivation von einer individuellen Bezugsnormorientierung, d.h. wenn die Lehrkraft dem Schüler die individuellen Lernfortschritte zurückmeldet, die bei einer sozialen Bezugsnormorientierung nicht ins Gewicht fallen würden. Dagegen möchten leistungsstarke Schüler oder Schüler mit einer Annäherungs-Leistungszielorientierung schon auch eine Rückmeldung, dass sie im sozialen Vergleich gut sind. Lehrkräfte, die *bei der Bewertung Engagement und Leistung trennen,* d.h. die neben der unvermeidlichen Zensierung auch das Engagement und die kleinen Lernfortschritte der Schüler positiv anerkennen, fördern und erhalten die Lernmotivation der Schüler.
- Wichtig bei einer echten Lernmotivationsförderung ist aber auch, dass Lehrer den *Mythos, dass Lernen immer Spaß machen müsse*, für sich und die Schüler *korrigieren.* Lernen kann und wird mit positiven Emotionen einhergehen, wenn Schüler sich als kompetent erleben, gewissenhaft arbeiten, systematisch Wissen ohne Lücken aufbauen können, wenn sie über flexible Lernstrategien verfügen und vor allem, wenn sie Verantwortung für ihr Lernen übernehmen, die auf bestimmte Ziele gerichtet ist. Lernen ist aber darüber hinaus auch Verpflichtung und harte Arbeit und bedarf volitionaler (willensmäßiger) Anstrengung und

Kontrolle, um Störreize beim Lernen ausschalten, Schwierigkeiten beim Lernen überwinden, Lerninhalte und -aufgaben verstehen zu wollen.

- Lehrkräfte sollten ihre *eigenen Kausalattributionen für Erfolg und Misserfolg in der Schülerleistung überprüfen.* Die Lehrer, die in der Ursachenzuschreibung für Erfolg und Misserfolg bei ihren Schülern die Anstrengung, den Fleiß und den Zeiteinsatz präferieren, haben in der Regel lernmotiviertere Klassen, weil sie so den Schülern Veränderungsoptimismus und Kontrollautonomie kommunizieren. Wenn Schüler glauben, dass ihre Lehrer für die schlechten Leistungen ihren zu geringen Lernaufwand verantwortlich machen und nicht ihre mangelnden Kompetenzen und Begabungen, dann ist das selbstbilderhaltend und -förderlich, weil „man sich ja nun doch bald anstrengen und mehr lernen könnte, wenn man wollte".
- Lernaktivitäten und Lernmotivation der Schüler können in unteren Klassen auch durch das *Sammeln von Leistungspunkten auf ein Punktekonto* (Karteikarte) gefördert und verstärkt werden. Dabei wird zunächst gemeinsam von Lehrkraft und Schülern festgelegt, wofür es solche Punkte gibt. So kann es z.B. Punkte für das Überarbeiten oder Neuschreiben von Texten (Aufsätze, Projektmappen, Versuchsbeschreibungen), für besondere Gründlichkeit beim Kontrollieren der eigenen Mathematikaufgaben, des Diktates, des Aufsatzes, der Übersetzung etc. und für das Entdecken von überflüssigen Fehlern geben. Die gesammelten Punkte können zu einem festgelegten Zeitpunkt jeweils in vorher festgelegte Annehmlichkeiten transferiert werden (z.B. Eintauschen gegen eine Hausaufgabe, eine gute Fleißnote etc.) Wichtig dabei ist, dass es dem Schüler selbst obliegt, ob er solche Punkte sammeln will. Im gegenteiligen Fall erwachsen ihm keine Nachteile.
- Besonders motivationsfördernd und leistungsverbessernd hat sich erwiesen, wenn Lehrkräften ihre *Schüler bei der Formulierung, Ausarbeitung, Realisierung und Kontrolle von Lernzielen unterstützen.* Lernziele können auf unterschiedlichem Abstraktionsniveau formuliert und antizipiert werden (momentanes, sehr kurzfristiges, wenig komplexes Anliegen bis zu äußerst langfristigen, globalen Lebenszielen). Je weitreichender und umfassender Lern- und Verbesserungsziele von Schülern aufgestellt werden, desto mehr bedürfen diese Ziele der Unterteilung (Hierarchisierung) und Sequenzierung in Teilziele, einer differenzierten Planung der konkreten Umsetzung und der klugen zeitlichen Rahmung. Eine praktikable Möglichkeit für die Zielfestlegung, -realisierung und -kontrolle ist der so genannte *Zielvertrag,* der zwischen einem Schüler, seinen Eltern und/oder seinem (Klassen)Lehrer abgeschlossen wird. Schüler äußern am Schuljahresbeginn häufig den Wunsch, sich in einem oder mehreren Fächern zu verbessern. Da sie aber ihren Verbesserungswunsch oft nicht in Handlungsintention und Handlungen umsetzen können, folgt auf diesen Wunsch nur ein schlechtes Gewissen. Erstreckt sich das Lernvorhaben über ein Schulhalbjahr, dann ist der Abschluss eines Zielvertrags besonders effektiv. In Analogie zum Verhaltensvertrag sollte diese Vereinbarung folgende Punkte enthalten:

1. Benennung der konkreten Lernziele und den Zeitraum ihrer Realisierung
2. Planung der Umsetzung (was, wann, wo mit wessen Hilfe ...)
3. Antizipation möglicher Schwierigkeiten und Lösungsvarianten
4. Festlegung von Lernhelfern (Mitschüler, Eltern, Lehrer) und Realisierungskontrolleuren (zunächst Fremdkontrolle mit Zunahme der Selbstkontrolle)
5. Termine der Zwischenbilanzierung
6. Festlegung der Belohnung bei Zielrealisierung

Eine solche Zielvereinbarung zur Verbesserung der Lernleistung erhöht die Verbindlichkeit der Zielrealisierung für alle Seiten. Dabei machen Schüler die Erfahrung, dass durch eine konkrete schriftliche Planung die Umsetzung der positiven Lernabsicht in tatsächliche und regelmäßige Lernhandlungen besser gelingt, als wenn man es sich nur in Gedanken vorgenommen hätte, und dass sich durch den erhöhten Einsatz der Lernzeit und der Anstrengung die Schulleistungen tatsächlich verbessern lassen. Damit ist auch eine positive Rückwirkung auf die Lernmotivation und das Wohlbefinden des Schülers verbunden. Ebenso hat ein solcher Zielvertrag in seiner Realisierung auch Auswirkungen auf *die Verbesserung der metakognitiven Lernstrategien,* denn Schüler lernen dadurch, ihr Lernen selbstständiger zu planen und zu kontrollieren.

- Auch die Schüler, die häufige motivationale Handlungskonflikte erleben und dabei inadäquate Sequenzierungsstrategien anwenden, benötigen eine konkrete Anleitung durch Lehrkräfte, um sich bei der Realisierung schulischer Anforderungen nicht zu stark ablenken zu lassen und dennoch Freizeit genießen zu können. Die *Förderung von Kompetenzen im Umgang mit motivationalen Handlungskonflikten setzt Willenstärke beim Lernen voraus bzw. muss trainiert werden.* Ein Mittel dafür ist ein *Lerntagebuch, das der Selbstbeobachtung bei Planungs-, Diagnose-, und Steuerungsprozessen des Lernens* dient (siehe dazu auch Kap.3.2.2).

Handlungskontrolle (als volitionale Komponente) kann auch dadurch erreicht werden, dass sich Schüler die positiven Konsequenzen des Lernens vorstellen (z.B. etwas ohne fremde Hilfe verstehen, Verbesserung der Note, mehr Anerkennung durch Mitschüler und Lehrer, Freude für Eltern etc.), um negative Gefühle beim Lernen zu verändern.

Ein geeignetes Mittel für den Umgang mit motivationalen Handlungskonflikten ist demnach das *Bereitstellen von Strukturen.* Struktur ist die erwartbare Verknüpfung von Ort, Zeit und Lernhandlung und besteht vor allem in geregelten Zeitabläufen (Hofer, 2003). Solche festgelegten Strukturen (z.B. von ... bis ... Hausaufgaben und Lernpensum; von ... bis ... Freizeit, etc.) erleichtern dann das Ausblenden von alternativen Handlungsoptionen zum jeweiligen Zeitpunkt, weil die Reihenfolge, in der die unterschiedlichen Ziele realisiert werden, im Grundsatz festgelegt ist.

Lehrer sollten mit Schülern relativ frühzeitig solche Strukturen (Wochenpläne; Tagespläne, Pläne bei besonderen Arbeiten, wie z.B. Projekten oder der ersten selbstständigen wissenschaftlichen Arbeit am Gymnasium, etc.) in Varianten besprechen, eigene Erfahrungen mit geregelten Zeitabläufen kommunizieren und ausdrücklich deutlich machen, dass durch dieses Zeit- und Aufgabenmanagement Freizeit auch ohne schlechtes Gewissen genossen werden kann, ohne schulische Anforderungen zu vernachlässigen.

Die wesentlichen Erkenntnisse der Pädagogischen Psychologie zur Lern- und Leistungsmotivation wurden in konkreten Programmen und Maßnahmen zur Motivationsförderung umgesetzt (zusammenfassend Rheinberg & Krug, 2005; Rheinberg & Fries, 2001).

- Die vorliegenden wissenschaftlich begründeten Förderprogramme unterscheiden sich einerseits in ihrer theoretischen Begründung und andererseits in ihrer Zielrichtung der Förderung von Lernmotivation. So kann man die Programme grob klassifizieren in *kurative Interventionsmaßnahmen,* die auf die Behebung akuter Motivationsprobleme abzielen und in *Präventionsmaßnahmen,* die einem Absinken der Lernmotivation vorbeugen sollen.
- Ein interessanter Förder- bzw. Trainingsansatz wurde von Fries (2002) ausgearbeitet und auf seine Wirksamkeit empirisch geprüft. In diesem Training wurde eine *Kombination des Klauerschen Denktrainings II (1991) mit einem Motivtraining bei 10-bis 13-jährigen Schülern* vorgenommen. Bei dieser integrierten Förderung werden für die Motivationsverbesserung zentrale Übungen wie realistische Zielsetzung, erfolgszuversichtliche Ursachenzuschreibung und positive Selbstbewertung direkt auf Aufgaben des induktiven Denkens bezogen. In jeder der insgesamt 16 Lektionen finden sowohl eine Denk- als auch eine Motivationsförderung statt.

Dieser integrierte Trainingsansatz erscheint viel versprechend, weil die verbesserten kognitiven Fähigkeiten bei entsprechender motivationaler Unterstützung stärker zur Geltung kommen. Außerdem wirkt die Motivationsförderung im kombinierten Training auch deshalb verstärkend, weil sie gleichzeitig mit einer vom Schüler direkt erlebten Kompetenzsteigerung einhergeht.

Als Konsequenz für einen motivationsfördernden Unterricht lässt sich hieraus ableiten, dass die Lehrer, die systematisch das Wissen und die Kompetenzen ihrer Schüler anreichern, Rückmeldungen über Lernfortschritte und Fehler geben, Lernrückstände schnell bemerken und beheben, die Selbstständigkeit fordern und Schülern Vertrauen in ihre Fähigkeiten kommunizieren, damit immer gleichzeitig die Lernmotivation ihrer Schüler befördern.

Den Lehrern, die glauben, nur über Interessantheit, Spaß und gute soziale Beziehungen die Lernmotivation aller ihrer Schüler über die Schuljahre aufrechterhalten zu können, wird über kurz oder lang der Atem ausgehen, weil die Förderung einer positiven Lern- und Leistungsmotivation immer und vor allem dauerhaft nur über die Stärkung der kognitiven Lernvoraussetzungen und mehrerer motivationaler Variablen gelingt.

3.1.1.4 Diagnostik lernrelevanter Emotionen

Praxisbeispiele

Der Literaturunterricht seit der 10. Klasse macht Eva viel Freude. Mit Begeisterung liest sie nun auch die Klassiker, in die die neue Deutschlehrerin immer so spannend einführt.

Frank hat besonders viel Angst bei Referaten. Wenn er vor der ganzen Klasse vortragen muss, fallen ihm die einfachsten Dinge nicht mehr ein.

Seit Peter in die neue Schule geht, fühlt er sich nicht mehr wohl. Die Mitschüler behandeln ihn wie einen Eindringling. Was er auch tut, er ist der Außenseiter. Was hatten sie doch in der alten Klasse täglich für Spaß!

Ina langweilt sich in Geschichte maßlos. Diese ewigen Erzählungen über alles Tote und Vergangene gehen ihr wirklich ab. Wozu soll sie sich das alles merken, wenn sie doch Medizin studieren will?

(1) Theoretische Grundlagen und (2) Hypothesen

Gefühle von Lernern wurden in der Pädagogischen Psychologie lange Zeit nur als integraler Bestandteil übergreifender Motivkonstrukte thematisiert. So sind Freude und Spaß beim Lernen beispielsweise Ausdruck von Interesse und intrinsischer Motivation. Auch das Wohlbefinden von Schülern in der Schule und beim Lernen wurde eher unter motivationsnahen Aspekten untersucht (vgl. Teilkapitel 3.1.1.3).

Obwohl bereits jüngere Schüler ihre Gefühle recht differenziert erleben können, lassen sich Emotionen wissenschaftlich nur schwer definieren. Grundsätzlich wird der Begriff der Emotionen in zweifacher Weise verwendet:

(1) als situativer oder aktueller Zustand;
(2) als eine dispositionelle, überdauernde Reaktionstendenz.

Ängstlichkeit ist beispielsweise ein solches relativ überdauerndes Persönlichkeitsmerkmal, das Personen veranlasst, sich in vielen unterschiedlichen, real mit wenig Angst besetzten Situationen, dennoch ängstlich zu verhalten. Emotionen als situative Zustände ermöglichen dagegen, rasch und flexibel auf wichtige und gefährliche Ereignisse zu reagieren.

Emotionen werden als komplexe Muster von Veränderungen aufgefasst, die sich aus

(1) physiologischer Erregung (rote Flecken am Hals, Angstschweiß, Herzklopfen),
(2) Mimik und Gestik (grimassieren, Augen verdrehen),
(3) psychischem Erleben (Freude oder Angst haben, traurig sein),
(4) spezifischen Reaktionstendenzen (weglaufen, Aggressionen wie schlagen, treten, spucken etc.) sowie
(5) kognitiven Prozessen (z.B. Erwartungen oder Sorgen)

zusammensetzen können. Diese treten als Reaktion auf eine Situation auf, die ein Individuum als persönlich bedeutsam erlebt. Die Situation muss nicht wirklich aktuell erlebt werden, sondern man kann sie sich auch bloß vorstellen (vgl. Zimbardo & Gerrig, 2004, S. 547).

Nun sind aber Leistungssituationen und Wissenserwerb immer mit bestimmten Emotionen des Lerners verbunden, die sein Lernen sowohl positiv als auch negativ beeinflussen können. Pekrun und Schiefele (1996) klassifizieren Emotionen unter anderem nach zwei wichtigen Aspekten: einerseits bezüglich der Valenz (positiv versus negativ) und andererseits bezüglich der Art der Energetisierung (aktivierende versus desaktivierende Emotionen). So können beispielsweise positive Emotionen durchaus unterschiedlich wirken. Begeisterung und Freude aktivieren das Lernen, während Zufriedenheit die Lernanstrengung nicht gerade beflügelt. Angst als negative Emotion kann ebenfalls in zwei Richtungen wirken, einmal nicht handeln und Leistungssituationen vermeiden oder aber noch mehr Zeit und Anstrengung in das Lernen investieren, um der Blamage und dem befürchteten Misserfolg zu entgehen. Emotionen können sich dabei einmal mehr auf Aufgaben und Gegenstände und andererseits auf soziale Situationen beziehen.

Wir begegnen im pädagogischen Alltag vielfältigen emotionalen Reaktionen. Angst ist die am besten untersuchte Emotion. Zu Angst bzw. Prüfungsangst von Lernern liegen zahlreiche empirische Studien vor (vgl. Literaturübersicht Krohne, 1996).

Rost & Schermer (2001) haben typische Merkmale ängstlicher Schüler zusammengefasst. Sie

- zeigen ein hohes Maß an Hilflosigkeit und Unsicherheit,
- haben in der Regel ein negatives Selbstbild,
- sehen die Ursache für Erfolg in externalen und für Misserfolg in internalen Bedingungen (siehe Teilkapitel 3.1.1.3: Lernmotivation),
- fallen durch nervöses Hantieren und schlechte Arbeitshaltung auf,
- sind häufiger in ihrer Klasse isoliert,
- fehlen häufiger in der Schule und sind oft krank.

Für die Diagnostik von und den pädagogischen Umgang mit Angst ist es für Lehrkräfte von besonderer Bedeutung, neben diesen Verhaltenssymptomen auch die *Auswirkungen von Angst,* insbesondere Prüfungs- oder Leistungsangst auf das Lernen differenziert zu durchschauen. Wie vielschichtig und nachhaltig Angst das Lernen beeinflusst, wird im Folgenden dargestellt.

Auswirkungen von Angst auf die Lernmotivation

Angst, Scham oder Ärger und Wut (= aktivierende negative Emotionen) beeinträchtigten zwar die Freude und intrinsische Motivation am Lernen, sie können aber beträchtliche Aktivitäten freisetzen, um einen möglichen Misserfolg zu vermeiden oder dem ungeliebten Lehrer doch zu beweisen, dass man mehr kann, als er einem zutraut. Wenn diese negativen Emotionen dagegen durch Flucht aus der leistungsthematischen Situation (krank melden, Kurs wechseln, Ausreden, Ausflüchte, etc.) kompensiert werden können, dann ist eine Verringerung der Lernmotivation insgesamt sehr wahrscheinlich. Häufig ist die Flucht aus Prüfungssituationen jedoch wenig hilfreich, weil damit die Angst nur aufgeschoben wird. Effektiver für die Angstbewältigung ist es, mit vermehrter Leistungsanstrengung zu reagieren.

Auswirkungen der Angst auf kognitive Prozesse
Angst behindert die kognitiven Funktionen beim Lernen bereits bei der Fokussierung der Aufmerksamkeit. Lerner richten in diesem Zusammenhang die Aufmerksamkeit bzw. Gedanken nicht auf die zu lösende Aufgabe und den Lerninhalt, sondern auf die Sorgen über das mögliche Versagen, die Folgen des Misserfolgs oder die nicht ausreichende Prüfungsvorbereitung. Das führt zu einer massiven Beeinträchtigung der Informationsverarbeitungsprozesse während des Lernens und damit zu schlechten Leistungen (zusammenfassend Schnabel, 1998).

Auswirkungen der Angst auf die Lernstrategiewahl
Ängstliche Schüler neigen eher zur Wahl von wenig flexiblen, wenig verstehensorientierten, oberflächlichen Lernstrategien wie Wiederholungsstrategien. Kuhl (1983) geht davon aus, dass Informationen je nach Stimmungslage einmal mehr sequenziell-analytisch (d.h. detailgetreu an die genaue Lernvorlage halten, Reihenfolge der Lerninhalte im Lehrbuch beim Lernen einhalten etc.) und zum anderen intuitiv-holistisch (ganzheitlich, übergreifend, verstehend, Reihenfolge zur Herstellung einer globalen Kohärenz verändern) verarbeitet werden. Angst führt demnach eher zu vorsichtigen, riskante Wege vermeidenden Lernstrategien. Damit wird das zu lernende Wissen wenig elaboriert, d.h. wenig mit Vorwissen angereichert. Ängstliche Lerner legen eher Wert auf Vollständigkeit des Materials bei der Prüfungsvorbereitung als auf Verstehen und Durcharbeiten. Eine bevorzugte Strategie dabei ist das Auswendiglernen, das aber wenig Erfolg bringt.

Die *Entstehung von Angst* bei Schülern kann viele Ursachen haben. Übermäßiger und unangemessener Leistungsdruck kann Leistungsangst auslösen. In Klassen mit starker Wettbewerbsorientierung muss bei leistungsschwächeren oder sensibleren Schülern mit Prüfungsangst gerechnet werden. Auch Bestrafungen durch Eltern und Lehrer nach Misserfolgen befördern die Entstehung von dispositionell negativen Emotionen beim Lernen. Gerade in der Grundschule kann ein für Schüler nicht durchschaubarer Umgang mit schulischen Regeln und Standards zur Verunsicherung und zur Ausbildung leistungshemmender Ängste führen.

Mit Blick auf die Diagnostik von Ängsten bei Schülern kann zusammenfassend festgestellt werden, dass bei Schul- und Prüfungsangst oder generell bei Leistungsängsten zwei verschiedene Angstkomponenten besonders in Erscheinung treten (Krohne, 1996):

1) Aufgeregtheitskomponente
Sie umfasst alle physiologisch erfassbaren Veränderungen in einer Prüfungs- oder Leistungssituation und ist mit starken, unangenehmen Erregungszuständen verbunden.

2) Besorgtheitskomponente
Sie bezieht sich auf Selbstzweifel, antizipierte Versagensvorstellungen und Selbstwert schädigende Leistungsvergleiche.

Es ist erwiesen, dass die Besorgtheitskomponente der Leistungsangst für die Leistungsminderung relevanter ist als die Aufgeregtheitskomponente.

Lehrer sollten immer dann Hypothesen zur Leistungsangst bilden, wenn sich Schüler äußerst schüchtern und zurückhaltend verhalten, sich nicht melden oder wenn sie aufgerufen werden und vor Aufregung keine Antwort geben können. Allerdings können auch Schüler, die in Versagenssituationen demonstrativ frech oder aggressiv reagieren, damit ihre Ängste kompensieren. Lehrkräfte unterliegen gerade in solchen Situationen häufiger Beurteilungsfehlern, weil offene Aggression eher mit Delinquenz als mit Angst assoziiert wird. Leistungsschwache Schüler, insbesondere in leistungsstarken Klassen, neigen häufig zu Versagens- und Leistungsängsten. Andererseits neigen auch Lehrer dazu, die Leistungsängstlichkeit der Schüler zu überschätzen (vgl. Spinath, 2005). Das kann zu einer möglichen Unterforderung von Schülern führen.

(3) Diagnostische Verfahren zur Erfassung von Leistungsängsten

Insbesondere die Aufgeregtheitskomponente der Leistungsangst kann durch *Beobachtungen* von den Lehrkräften erfasst werden. Dabei ist davon auszugehen, dass Fremd- und Selbstbeobachtung nicht zu gleichen Ergebnissen führen müssen, da der Lehrer Veränderungen im Verhalten der Schüler bemerkt, die der aktuellen Selbstwahrnehmung des Schülers entzogen sein können. Inwieweit Schüler in Prüfungssituationen angstbezogene Verhaltensweisen zeigen, kann über differenzierte Beobachtungen erfasst werden. In Abbildung 3.10 wird ein Beispiel für einen Beobachtungsbogen gegeben.

Abbildung 3.10: Beobachtungsbogen für Angst in Prüfungssituationen (Lukesch, 1998, S. 330).

Anweisung **Bitte beurteilen Sie die folgenden Merkmale:** **(0 = nicht beobachtet, 1 = vorhanden, 2 = stark vorhanden)**
• Unnatürliche Gesichtsfarbe (Blässe, Rotwerden, Flecken, Schweiß) • Hautauffälligkeiten im Bereich der Hände (rot und fleckig, weiße Knöchel, kalte Hände) • Ungewöhnliche Atmung (flache Atmung, seufzend, schwer, bekommt keine Luft) • Nervöse Gesichtmotorik (Zuckungen, zittern, schlucken, Lippen ablecken) • Nervöse Hand- oder Beinmotorik (Knöchel reiben, Fäuste ballen, Finger knacken, Hände kratzen, mit Fingern spielen, Hände reiben, viele oder stereotype Bewegungen der Beine, zappeln) • Unruhige Gesamtmotorik (fahrige oder stereotype Bewegungen, Spielen mit Gegenständen, auffällig viele Bewegungen) • Erstarrte Gesamtmotorik (wenige Bewegungen, erstarrte Haltung, verkrampft) • Selbstmanipulationen (mit Haaren spielen, Nase reiben, Finger im Gesicht, Hände vor Augen, Stirnreiben, Saugen am Finger, Kopfkratzen) • Abwehrverhalten (Arme vor Brust, Festklammern am Stuhl, Vermeiden von Augenkontakt, betonte Abwendung vom Prüfer) • Unsicherheitsgesten (verlegenes oder unmotiviertes Lachen, unsicherer Gang, Schreckreaktionen) • Sprachauffälligkeiten (räuspern, seufzen, verhaspeln, zittern, Sprechblockaden, Füllwörter, tonlose Stimme)

Diese zielgerichteten Beobachtungen können von Lehrern während der Klassenarbeiten oder mündlichen Leistungskontrollen bei den Schülern durchgeführt werden, die für besonders leistungsängstlich gehalten werden.

Zur ersten Informationssammlung über potenzielle Leistungsängste aller Schüler einer neu übernommenen Klasse kann ein so genanntes *Angstthermometer* am Beginn von Klassenarbeiten eingesetzt werden. Es handelt sich dabei um ein Verfahren zur Selbsteinschätzung der Angst durch Schüler. Die Lehrkraft gibt zum Beispiel am Anfang des Aufgabenblattes der Klassenarbeit grafisch eine Skala vor, auf der die Schüler die Stärke ihrer aktuell erlebten Angst eintragen. In Abbildung 3.11 ist ein Beispiel für ein Angstthermometer vorgegeben.

Abbildung 3.11: Angstthermometer zur Selbsteinschätzung von Prüfungsangst

Bitte kreuze auf der angegebenen Skala (0 bis 10) an, wie viel Angst Du jetzt vor der bevorstehenden Klassenarbeit in ...... empfindest.

0	**1**	**2**	**3**	**4**	**5**	**6**	**7**	**8**	**9**	**10**

0 = überhaupt keine Angst 10 = panische Angst

Die Erfassung der aktuellen Prüfungsangst bei Tests mittels Angstthermometer kann in unterschiedlichen Fächern vorgenommen werden. Der Klassenleiter könnte die durch die Fachlehrer erhobenen Angstwerte insgesamt auswerten. Damit erhält er differenzierte Informationen über die aktuell erlebte Prüfungsangst der einzelnen Schüler, die über die Hauptfächer intraindividuell variieren kann. Dadurch können aber auch recht schnell jene Schüler identifiziert werden, die in allen Klassenarbeitssituationen hochängstlich sind. Darüber hinaus kann man Informationen erhalten, in welchem Fach viele Schüler der Klasse mit hohen Angstwerten reagieren. In solchen Fällen sollte vorsichtig das Anforderungsniveau und der Schwierigkeitsgrad der Aufgaben geprüft werden.

Zusätzlich können die Noten in den entsprechenden Arbeiten mit den eingeschätzten Angstwerten in Beziehung gesetzt werden. Dabei kann darauf geschlossen werden, bei welchen Schülern hohe Angstwerte noch eine aktivierende und bei welchen sie bereits eine desaktivierende Wirkung haben. Für die sich anschließende therapeutische Intervention zur Minderung der Angst sind besonders die Schüler auszuwählen, die hohe Angstwerte und schlechte Noten aufweisen.

Angst kann auch über *formelle diagnostische Angsterfassungsmethoden* festgestellt werden. Dazu liegt eine Vielzahl von Verfahren vor (Übersicht siehe Lukesch 1998, S. 139 f; siehe auch Lukesch, 1986).

Die Anzahl der Verfahren ist aber nicht unbedingt mit einer befriedigenden Qualität der Diagnostik in diesem Bereich gleichzusetzen. Die Kritik bezieht sich vor allem auf veraltete, wenig differenzierte Normen, ungenügende Erfüllung der Gütekriterien und problematische Konstruktvalidität.

Ein Verfahren, das in der Schule zur Feststellung von Angst bei Schülern häufiger verwendet wird, ist der *Angstfragebogen für Schüler (AFS)* von Wieczerkowski, Nickel, Janowski, Fittkau & Rauer in der 6. Auflage von 1981. Die

Kritik an diesem Fragebogen bezieht sich vor allem darauf, dass weder ein durchgängiger Situationsbezug noch der prozessuale Charakter von Leistungsangst konzeptionell ausreichend berücksichtigt wird. Dennoch liefert der AFS eine erste und für schulische Zwecke ausreichende Diagnose, wenn Lehrkräfte den Verdacht auf Angst beim Schüler abklären wollen.

Angstfragebogen [AFS]

Der Angstfragebogen von Wieczerkowski, Nickel, Janowski, Fittkau und Rauer (1981) kann bei Schülern von 9 bis 17 Jahren (3. bis 10. Schulklasse) eingesetzt werden.

Ziele des Einsatzes durch die Lehrkraft
Der AFS kann als Einzel- oder Gruppenverfahren eingesetzt werden. Seine Anwendungszwecke im schulischen Kontext beziehen sich vor allem auf:

- Erfassung des Ausmaßes der Angstatmosphäre in der Schulklasse als Hinweis für Lehrkräfte.
- Beschaffung von Ausgangsmaterial für Selbsterfahrungsgruppen von Schülern zur Erhöhung der Sensitivität gegenüber eigenen Ängsten.
- Vergleich der Selbsteinschätzung der Schüler mit der Fremdeinschätzung der Lehrkraft.

Konzept und Aufbau des Verfahrens
Der AFS ist ein mehrfaktorieller Fragebogen, der die ängstlichen und unlustvollen Erfahrungen von Schülern in drei Aspekten erfasst:

1) Prüfungsangst (PA)
2) allgemeine (manifeste) Angst (MA)
3) Schulunlust (SU)

Darüber hinaus enthält der AFS eine Skala zur Erfassung der Tendenz bei Schülern, sich angepasst und sozial erwünscht darzustellen (SE).

Die *Skala Prüfungsangst (PA)* erfasst Gefühle der Hilflosigkeit und Unzulänglichkeit in schulischen Prüfungssituationen sowie Ängste vor Leistungsversagen.

Die *Skala manifeste Angst (MA)* fokussiert allgemeinere Angstsymptome wie z.B. Herzklopfen, Nervosität, Einschlaf- und Konzentrationsprobleme, sowie Furchtsamkeit und reduziertes Selbstvertrauen.

Die *Skala Schulunlust (SU)* thematisiert die Abwehr von Schülern gegen Schule und einen Motivationsabfall in Bezug auf Lerngegenstände.

Die *Skala soziale Erwünschtheit (SE)* kann einerseits als Ängstlichkeit, von der sozialen Norm abzuweichen, interpretiert werden, anderseits lässt sich damit auch eine Neigung zur Verstellung erkennen. Wenn die Werte dieser Skala besonders hoch ausfallen, kann vermutet werden, dass die Ängstlichkeitswerte in den drei anderen Skalen deutlich höher liegen, als durch die Selbsteinschätzung der Schüler ermittelt wurde.

Der AFS enthält zusätzlich zum Schülerfragebogen ein Heft, in dem die Lehrkraft die entsprechenden Einschätzungen zu den Angstskalen der Schüler als Fremdbeurteilung abgeben kann. Dadurch lässt sich prüfen, inwieweit die Selbsteinschätzung der Schüler im AFS mit der Einschätzung der Lehrer übereinstimmen.

Durchführung, Auswertung, Interpretation
Die Durchführung des AFS dauert ca. 10-25 Minuten. Die Testinstruktionen sind auf der ersten Seite des AFS formuliert. Der Klassenleiter sollte den AFS nur dann selbst durchführen, wenn er ein echtes Vertrauensverhältnis zu seiner Klasse hat und glaubwürdig versichern kann, dass für die Schüler keine nachteiligen Folgen, sondern echte Hilfe aus der Befragung erwachsen kann. Es sollte darauf geachtet werden, dass gerade jüngere Schüler im Gruppenverfahren über die notwendigen Lesefertigkeiten verfügen.

Die Auswertung des AFS wird mittels Schablone vorgenommen. Die Items der einzelnen Skalenbereiche sind farbig und figural gekennzeichnet. Die Punktwertsumme wird seitenweise in die dafür vorgesehenen Kästchen am unteren Rand des Testblattes eingetragen. Für die Zuordnung der randomisierten Items des Fragebogens zu den vier Skalen findet sich im Testmanual eine entsprechende Tabelle.

Die Umrechnung der Rohwerte pro Skala in Prozentränge und T-Werte wird über entsprechende Tabellen vorgenommen. Die Darstellung der Fragebogenergebnisse kann als Angstprofil vorgenommen werden.

Die Interpretation der Ergebnisse sollte weniger als Vergleich zur Eichstichprobe vorgenommen werden, da die Normierung ziemlich lange zurückliegt. Auf jeden Fall können die Werte aber individuell interpretiert werden, d.h. wie hoch die einzelnen Skalenwerte ausgeprägt sind.

Die Fremdeinschätzung der Schülerängste im dafür vorgesehenen Heft sollte vom Lehrer während der Bearbeitung des AFS durch die Schüler vorgenommen werden. Die Einschätzungen der Fremdbeurteilungen haben Rangskalenqualität und können mit den Skalenwerten des AFS korreliert werden. Richtwerte für den Vergleich werden in einer Tabelle im Manual angegeben.

Gütekriterien
Die Objektivität kann durch die gegebenen Testinstruktionen gewährleistet werden. Die Zuverlässigkeit ist befriedigend. Untersuchungen zur Kriteriumsvalidität liegen vor. Die kritischen Einwände sind jedoch nicht unbeträchtlich.

Es werden T-Werte und Prozentränge zur Transformation der Rohwerte berechnet. Vergleichswerte für die Lehrereinschätzungen zu den Selbsteinschätzungen der Schüler werden angegeben.

(4) Pädagogische Schlussfolgerungen und Interventionen

Jedem Lehrer stehen vielfältige Möglichkeiten zur Angstvermeidung oder Angstverminderung beim Lernen und in Leistungssituationen seiner Schüler zur Verfügung. Anhand der folgenden „Regeln“ können Lehrkräfte potenzielle Emotionen in Unterrichtssituationen kritisch reflektieren:

- Lehrer, die ihren Schülern öfter auch Komplimente machen, werden ein lernerfreundliches Klima erzeugen.
- Lust und Liebe von Lehrern sind Fittiche zu großen Taten bei Schülern. Für ihr Fach brennende und humorvolle Lehrer werden eine günstige Lernatmosphäre einfach über ihr positives Modell erzeugen.
- Schüler sollten nicht gedemütigt, bloßgestellt oder bedroht werden, da sonst leicht Angst oder Wut auf den Lehrer entstehen, die destruktiv auf das Lernen wirken.
- Es sollte mehr gelobt als getadelt werden.
- Lehrkräfte sollten ihre Emotionen bestimmten Schülern (renitenten, unsympathischen, leistungsschwachen, faulen etc.) gegenüber häufiger kontrollieren.
- Regeln und Ziele des Unterrichts müssen immer allen Schülern klar sein, sonst entstehen Angst und Unsicherheit.
- Der Unterrichtstoff sollte auch sprachlich präzise präsentiert werden, anderenfalls können Verwirrung und Zweifel über erhaltene Instruktionen Angst auslösen.
- Die Notengebung und die damit verbundenen Gütestandards müssen für alle Schüler transparent sein. Noten, die als willkürlich oder zu streng erlebt werden, können Angst bei Schülern auslösen.
- Offene Wettbewerbssituationen, in denen leistungsschwächere Schüler immer als „Letzte, Dümmste, Unsportlichste" etc. bloßgestellt werden (z.B. Kopfrechnen, oder Vokabeln abfragen „im Stehen mit Hinsetzen"...) demotivieren nicht nur, sondern rufen bei diesen Schülern Leistungsängste hervor.
- Klassenarbeiten oder mündliche Leistungskontrollen sollten keinesfalls als Drohkulisse aufgebaut oder als Strafmaßnahme eingesetzt werden.

Diese „Regeln" für einen emotional günstigen, die Angst mindernden Unterricht könnten weiter fortgesetzt werden. Wenn bei bestimmten Schülern jedoch gravierende Leistungsängste diagnostiziert werden, müssen therapeutische Interventionen zur Angstreduzierung eingesetzt werden (siehe dazu Krohne, 1985). Inwieweit Lehrkräfte zu solchen Interventionen in der Lage sind, hängt von ihren Qualifikationen ab. Bei starken Prüfungs- und Leistungsängsten sollten Schüler an psychologische Fachkräfte verwiesen werden.

Lehrkräfte können jedoch in jedem Fall beraterisch auf Eltern einwirken, die ihre Kinder massiv unter Leistungsdruck setzen. Als wirkungsvoll haben sich auch Selbsthilfegruppen von ängstlichen Schülern erwiesen. Hierbei sollte der Beratungslehrer oder der Schulpsychologe zu Rate gezogen werden.

3.1.2 Diagnostik der Unterrichtsqualität

Neben den individuellen Lernvoraussetzungen zählen die Prozess- und Qualitätsmerkmale von Unterricht zu den proximalen oder primären Faktoren der Schulleistung. Im Modell der Produktivitätsfaktoren der Schulleistungen (B. J. Fraser et al., 1987; vgl. Teilkapitel 3.1) werden die relevanten Unterrichtsvariablen unter zwei Aspekten zusammengefasst:

1. Quantität des Unterrichts
2. Qualität des Unterrichts

Für beide Unterrichtsvariablen fallen die mittleren Korrelationen mit der Schulleistung recht hoch aus. (Quantität des Unterrichts r = 0.38; Qualität des Unterrichts r = 0.48). Diese statistischen Kenngrößen zeigen damit einen nicht unbeträchtlichen Einfluss der beiden Variablen auf Schulleistungen bzw. Lernerfolge.

Viele Lehrkräfte messen dagegen der Unterrichtqualität für die Erklärung von Lernerfolgen und Leistungen der Schüler weniger Bedeutung zu; insbesondere wenn es sich um schlechte Leistungen und nicht ausreichende Lernergebnisse handelt. Diese generelle Unterschätzung des Zusammenhanges von Qualität des Unterrichts und Qualität der Schülerleistung zeigt sich auch darin, dass nur relativ wenig Lehrer ihren Unterricht regelmäßig und systematisch reflektieren bzw. Feedback von den Schülern einholen.

Die Erfassung und Bewertung der Unterrichtsqualität erweisen sich generell als sehr sensibler Bereich in der deutschen Schulpraxis. Erst seit etwa 10 Jahren interessiert man sich zunehmend für Fragen und Instrumente der Evaluation von Schule und Unterricht (siehe differenziert: Schnack, 1997; Burkhard & Eikenbusch, 2000).

Die Einholung von Rückmeldungen ist jedoch ein zentrales Prinzip jeder Art von professionellem Training oder Unterricht. Denn ohne eine solide Bestandsaufnahme, ohne gültige Beschreibung des Ist-Standes sind Veränderungen des Unterrichts weder möglich noch wirkungsvoll.

Warum gerade deutsche Lehrkräfte relativ unprofessionell mit der Diagnose und Bewertung (Evaluation) ihres Unterrichts umgehen, darüber kann hier nur spekuliert werden. Möglicherweise sind die tradierten Vorstellungen vom „guten Lehrer" aus dem Persönlichkeitsparadigma der Lehrforschung noch so verankert, dass man glaubt, zum „guten Lehrer werde man geboren". Offensichtlich setzen sich neuere Forschungen, dass Lehrer vor allem „Experten ihres Faches" sind und dass man den Lehrer*beruf* erlernen kann bzw. muss, nur allmählich in Einstellungen um.

Erwerb von Expertise im Beruf ist ein längerer Prozess und kein Status. Nur wer seine Tätigkeit systematisch analysiert und reflektiert, kann Expertise erwerben, kann die Unterrichtsqualität verändern und weiterentwickeln.

Natürlich funktioniert das nur, wenn diese professionelle *Evaluation der Tätigkeit* nicht permanent mit der *Beurteilung von Personen* (Lehrern) verbunden wird, sondern tatsächlich zu einem *alltäglichen Arbeitswerkzeug* „heruntergespielt" wird.

Im Folgenden soll jedoch nicht die externe Evaluation von Unterricht beleuchtet werden, sondern wie die Lehrkraft den eigenen Unterricht für sich effektiv diagnostizieren kann. Lehrern wird häufig nachgesagt (vgl. auch Weinert & Schrader, 1986), dass sie ihren eigenen Unterricht schlecht beurteilen könnten. Diese Tatsache wird auch durch solche Befunde der empirischen Schulforschung gestützt, wo Beurteilungen von Lehrern zu ihrem Unterricht häufig nicht mit anderen inhaltlich korrespondierenden Datenquellen (Schüler, Beobachter des Unterrichts, etc.) übereinstimmen, während die Daten dieser „Fremdbeurteiler" hoch miteinander konvergieren (vgl. Clausen, 2002). Daraus ist zu schlussfolgern, dass Lehrkräfte *geeignete Hilfsmittel zur Diagnose, zur Selbstbeurteilung ihres Unter-*

richts benötigen. Solche „Hilfsmittel" in Form von Checklisten oder Ratingskalen zur Beurteilung von Unterrichtsqualität sind aber nur dann wirklich Ziel führend und sinnvoll, wenn diese Beurteilung, Reflexion auf der Grundlage eines soliden, wissenschaftlich fundierten und empirisch gesicherten Wissens über den Unterricht und seine Wirkungen erfolgt. Eine ausführliche und gute Quelle zur Beschaffung oder Überprüfung dieses Wissens bietet Helmke (2007).

3.1.2.1 Operationalisierung von gutem Unterricht

(1) Theoretischer Rahmen und (2) Hypothesen

Um diagnostische Verfahren zur Beurteilung des eigenen Unterrichts besser handhaben und die so erhaltenen Informationen konstruktiv interpretieren zu können, sollen die folgenden zwei Fragen eine theoretische Problemsicht auf die Diagnose von Unterrichtsmerkmalen und Unterrichtsqualität eröffnen:

1. Gibt es eigentlich *den* guten Unterricht?
2. Welche Merkmale kennzeichnen guten Unterricht?

Zu 1. Gibt es eigentlich *den* guten Unterricht?
Gestandene Lehrer wissen aus Erfahrung, dass es *den* guten Unterricht nicht gibt. Zum einen variiert die Unterrichtsgestaltung in der Abhängigkeit vom Unterrichtsfach, zum anderen von der didaktischen Zielstellung.

Praxisbeispiel

Frau Fritz hat auch die Erfahrung gemacht, dass besonders sorgfältig geplante und vorbereitete Unterrichtsstunden dann manchmal erwartungswidrig schlecht laufen. Gründe dafür nennt sie folgende: ihre Planung enthielt offensichtlich Mängel, sie war nicht ausreichend im Unterricht präsent, da sie sich sehr gut vorbereitet fühlte, ein anderes Mal hatten die Schüler vor der Deutschstunde im Sport 800m-Lauf, waren müde, unkonzentriert und wollten kein Gruppenpuzzle machen…

Seit der ATI-Forschung ist bekannt (Aptitude-Treatment-Interaction= [Lernvoraussetzungen-Unterrichtsmaßnahme-Wechselwirkung])(siehe auch Hasselhorn & Gold, 2006), dass eine bestimmte Unterrichtsmethode auf das Lernen verschiedener Schüler ganz unterschiedliche Auswirkungen haben kann. Denn ängstliche und leistungsschwächere Schüler profitieren von direkter Instruktion (hochstrukturierter Unterricht, schrittweise Stoffdarbietung, starke Lenkung) mehr als leistungsstärkere, deren Lernpotenzen eher in offenen und entdeckenlassenden Unterrichtsformen gefördert werden können (vgl. ebd.).

Eine weitere Begründung dafür, dass es *den* guten Unterricht nicht geben kann, liefern empirische Untersuchungen (Weinert & Helmke, 1996, 1997 (Hrsg.)). Es ist z.B. empirisch gut belegt, dass so genannte „Optimallehrer" in Mathematik (sie erreichen parallel wichtige Lernziele: z.B. überdurchschnittlichen Zuwachs an arithmetischen Fertigkeiten und Fähigkeiten in mathematischem Problemlösen, Verringerung der Leistungsunterschiede zwischen Schülern einer Klasse bei gleichzeitiger Verbesserung der Lernfreude und des Fähigkeitsselbstkonzepts) keineswegs *einheitlich alle* empirisch gefundenen Kriterien und Merkmale des guten Unterrichts realisieren. Somit lassen sich *notwendige* Merkmale *des guten Unterrichts* empirisch nur schwer nachweisen. Die Variablen effektiven Unterrichts sind offenbar gegenseitig in *gewissem Maße kompensierbar*. Diese Relativierung der in gewissen Grenzen austauschbaren Variablen des guten Unterrichts erlaubt jedoch nicht die Schlussfolgerung, dass guter Unterricht über das Prinzip der Beliebigkeit erreicht würde. Es existieren sehr wohl Qualitätsprinzipien des Unterrichts, die allgemein gültig sind. Darüber hinaus gibt es empirisch begründete Standards des Lehrerverhaltens und Merkmale der Expertise von Lehrkräften. Das führt uns zur zweiten Frage, die diagnostisch relevant ist und wo zur Analyse in verkürzter Form die folgende Frage gestellt werden kann:

zu 2. Welche Merkmale kennzeichnen guten Unterricht?
An welchen Kriterien, Merkmalen sich die Unterrichtsqualität festmachen lässt, ist empirisch gut untersucht. Darum ist die Palette von fachübergreifenden Merkmalen erfolgreichen Unterrichts auch relativ breit.

Für unser Anliegen zur Diagnostik der Unterrichtsqualität ist es aber nützlich, die Variablenvielfalt zum einen einzugrenzen und zum anderen die Merkmale so zu operationalisieren, dass sie auch diagnostisch gut erfassbar sind. Variablen auf einem hochinferenten Niveau lassen sich weniger gut beobachten als verhaltensnahe.

Die Merkmalsbeschreibungen der Unterrichtsqualität von verschiedenen Pädagogischen Psychologen unterscheiden sich zwar hinsichtlich der Anzahl und Begrifflichkeit recht erheblich, aber die Merkmalskataloge beziehen sich immer auf empirisch geprüfte Variablen erfolgreichen Unterrichts (aus direkten Unterrichtsstudien oder Metaanalysen). Im Folgenden sind auf der Grundlage eines Vergleichs der einschlägigen Literatur zum Thema (Brophy & Good, 1986; Brophy, 2000; Weinert & Helmke, 1996; Helmke, 2003; Bromme et al., 2006; Clausen, 2002) neun Merkmalsbereiche von fachübergreifenden Schlüsselmerkmalen des erfolgreichen Unterrichts zusammengefasst worden, die sozusagen den „kleinsten gemeinsamen Nenner“ der guten Unterrichtsqualität ausmachen und uns daher als diagnostische Orientierungspunkte für die Beurteilung von Unterrichtsqualität dienen können.

Diese Merkmalsbereiche erfolgreichen Unterrichts sind in unterschiedlichen Klassifikationen bzw. Übersichten enthalten:

1. Effiziente Klassenführung
2. Zeitausnutzung im Unterricht
3. Lernförderliches Unterrichtsklima
4. Flexibler Einsatz unterschiedlicher Lehrmethoden und Sozialformen
5. Klarheit, Verständlichkeit, Strukturiertheit
6. Vielfältige Motivierung
7. Konsolidierung, Sicherung, intelligentes Üben
8. Individualisierung und Differenzierung: adaptiver Unterricht
9. Förderung von aktivem und selbstgesteuertem Lernen

Diese zusammengefassten Merkmale des erfolgreichen Unterrichts stammen aus unterschiedlichen Forschungsparadigmen. Es ist für die Beurteilung guten Unterrichts nicht unerheblich, mit welcher Kriteriumsvariable erfolgreiches Lehr(er)-verhalten korreliert wurde. Häufig wird der Lernzuwachs, die Leistungssteigerung bei den Schülern (über Noten, Leistungstestergebnisse) als Kriterium des guten Unterrichts herangezogen (Prozess-Produkt-Paradigma). Lernzuwachs ist nicht das einzige Kriterium für guten Unterricht. Denn das Wecken von Neugier und Freude am Lernen sowie die Erhöhung der Selbstständigkeit des Lerners sind ebenfalls wichtige Kriterien, woran Lehr(er)erfolg gemessen werden kann und muss. Lernfreude oder Selbstständigkeit werden möglicherweise aber durch andere Unterrichtmethoden befördert als die Leistungssteigerung.

Im Folgenden sollen die extrahierten neun fachübergreifenden Merkmalsbereiche erfolgreichen Unterrichts kurz skizziert werden, um einerseits Operationalisierungen für differenzierte Beobachtung und Beurteilung des eigenen Unterrichts zu erleichtern und andererseits das Verständnis der später vorgestellten diagnostischen Verfahren vorzubereiten.

1. Effiziente Klassenführung (Klassenmanagement)

Aus zahlreichen Untersuchungen zur Lehrergesundheit und zum Umgang mit Belastungen (Schaarschmidt & Fischer, 2001) ist bekannt, dass insbesondere Disziplinprobleme eine hohe stressauslösende Wirkung haben und Lehrern über Jahre hinweg große Schwierigkeiten bereiten. Solche Disziplinprobleme belasten nicht nur Lehrkräfte und Schüler, sondern natürlich auch die Qualität des Unterrichts. Gestresste Lehrer erhoffen sich in Fortbildungen/Beratungen wirkungsvolle Interventionsmaßnahmen. Sie sind aber „enttäuscht“, wenn lediglich auf den amerikanischen Klassiker Jacob S. Kounin und sein Buch „Techniken der Klassenführung“ (1976, 2006) verwiesen wird.

Andererseits zeigen sich bei Lehrkräften jedoch gravierende Unterschiede im Wissen und Handlungsrepertoire zum Klassenmanagement.

Kounin (1976) hat u.a. nachgewiesen, dass es *keine effektiven Interventionsstrategien* bei Disziplinproblemen gibt. Wenn der Unterricht bereits massiv gestört wird und Lehrkräfte dann auch noch massiv eingreifen, ist es oft zu spät für *wirkungsvolles* Lehrerhandeln.

Damit der Unterrichtfluss nicht wesentlich zerstört und die Lernzeit nicht durch end- und wirkungslose Disziplinierungsmaßnahmen verkürzt wird, kann nur über eine effiziente *Klassenführung präventiv* erreicht werden, Disziplinprobleme zu verhindern oder bereits im Keim zu ersticken.

Die Prinzipien Kounins zur effektiven Klassenführung beziehen sich jedoch keineswegs nur auf Störungskontrolle. So schlägt er vor, *explizite* Regeln und Routinen, die Schülerverhalten steuern, zu vereinbaren und einzuüben.

Die folgenden Prinzipien der Unterrichtsführung haben sich für effektiven Unterricht als wirksam erwiesen. Lehrkräfte können deshalb zum Zwecke der Diagnose prüfen, inwieweit es ihnen gelingt, sie in ihrem Unterricht zu realisieren.

Allgegenwärtigkeit/Überlappung

Die Lehrkraft vermittelt den Eindruck, dass

- sie alle Aktivitäten im Blick hat und alles hört,
- sie störende Vorfälle nicht übersieht,
- sie heikle Entwicklungen nicht toleriert,
- sie auf unvermeidbare Disziplinprobleme „nebenbei“, d.h. ohne den Unterrichtsfluss mehr als nötig zu unterbrechen, reagiert („den Ball flach hält“),
- sie *gleichzeitig* an verschiedenen Problemen arbeiten bzw. auf verschiedene Schülerbedürfnisse reagieren kann.

Reibungslosigkeit
Lehrkraft vermeidet unnötige Unterbrechungen des Unterrichtsflusses durch

- angemessene Unterrichtsplanung, die Hektik (zu viel Stoff) und Langeweile (zu wenig, zu monotoner Stoff) vorbeugt,
- Bereitlegung aller notwendigen Unterrichtsmaterialien vor Unterrichtsbeginn,
- Verzicht auf Weitschweifigkeit und Überproblematisierung von Kleinigkeiten.

Geschmeidigkeit:
Unterricht verläuft geschmeidig, ohne sachlogische Brüche.

Gruppenfokus:
Lehrkraft behält den Fokus auf der Gruppe bzw. Klasse auch dann,

- wenn nur ein Schüler dran ist.
- Übertragung klarer Aufgaben an die Klasse insgesamt, bevor sich Lehrkraft dialogisch einzelnem Schüler zuwendet.

Übergangsmanagement:
- Übergänge zwischen verschiedenen Unterrichtsphasen werden durch knappe und eindeutige Überleitungen (z.B. akustische Signale, bestimmte Gesten, andere Rituale) und ohne Zeitverlust gestaltet,
- Rituale zur De-Eskalation sind eingespielt abrufbar.

Erkennen vorgetäuschter Teilnahme:
Lehrkraft erkennt „Schein-Aufmerksamkeit“, raffinierte Tricks (school survival skills) der Schüler (Stirn fälteln, stöhnen, heftiges Kopfnicken etc.)

Sorge Tragen für intellektuelle Herausforderungen und abwechslungsreiches Lernen:
- angemessene Methodenvielfalt,
- Problemorientierung

2. Zeitausnutzung im Unterricht
In klassischen Modellen schulischen Lernens (Caroll, 1963; Bloom, 1976) wird die Unterrichtszeit bzw. die *zugestandene Lernzeit* vom Lehrer als eine wichtige Variable für den Lernerfolg beschrieben.

Auch in der 1. PISA-Welle wurde ein Zusammenhang zwischen Leistungsergebnissen der Schüler und der zugestandenen Lernzeit (Anzahl der Unterrichtswochen eines Schuljahres; Anzahl der Ausfallstunden) hergestellt. Es gab einen eindeutigen positiven Zusammenhang zwischen der Länge der zugestandenen Lernzeit und den Leistungen der Schüler.

Lehrer müssen sich also die Frage stellen, wie effizient im eigenen Unterricht die zur Verfügung stehende Unterrichtszeit für das Lernen und die Beschäftigung mit Lerninhalten *voll* genutzt und nicht für die Disziplinierung oder die Besprechung organisatorischer Angelegenheiten verwendet wird.

Dieser quantitative Aspekt der Nutzung der Unterrichtszeit ist keineswegs trivial.

Wenn beispielsweise in einem Fach jeweils 10 Minuten in jeder Stunde nicht am Lerninhalt gearbeitet wird, kann sich in der Summe der verlorenen Zeit durchaus ein beträchtlicher Lernausfall über die Schuljahre ansammeln, der insbesondere bei lernschwächeren und langsamen Lernern zusätzlich negativ und folgenschwer zu Buche schlägt. Die verlorene Zeit „holen“ Lehrer dann häufig über Erhöhung des Unterrichtstempos oder durch den Verzicht auf Konsolidierung und Übung des Lernstoffs „wieder auf“.

Die Nutzung der vollen Unterrichtszeit für das Lernen, Üben, die Arbeit am Stoff etc. („time on task“) korrespondiert eng mit den Kompetenzen des Lehrers zur Klassenführung. Durch ein effektives Klassemanagement wird die Basis für die optimale Nutzung der Unterrichtszeit zum Lernen geschaffen.

Darüber hinaus kann die Zeitnutzung auch als ein Einstellungsproblem von Lehrern aufgefasst werden. So lange Lehrer kein „Bewusstsein“ für diesen Unterrichtsmangel entwickeln, wird sich wenig ändern. Manchmal gelten „Zeitverschwender“ sogar als gute Erzieher. Die volle Ausnutzung der Unterrichtszeit darf aber nicht mit Tempo des Lernens gleichgesetzt werden. Schülern muss genügend Zeit für das Verstehen komplexen Stoffes und für die Aufgabenlösung eingeräumt werden. Dabei ist hier unbedingt adaptiv zu denken, da Schüler einer Klasse in Bezug auf das für sie angemessene Lerntempo interindividuell stark variieren. *Die Diagnostik der Ausnutzung von Unterrichtszeit* ist äußerst einfach. Entweder beauftragt man leistungsstärkere und zuverlässige Schüler über einen gewissen Zeitraum damit, in eine vorbereitete Liste, auf der die Daten der Unterrichtsstunden bereits ausgewiesen sind, die ungefähren Minuten der Stör- bzw. Ausfallzeit jeweils mit einem Stichwort zur Verursachung einzutragen oder die Lehrkraft schneidet mehrere Unterrichtsstunden mit und wertet sie dann selbst aus.

3. Lernförderliches Unterrichtsklima

Für die Diagnose des Unterrichtsklimas ist es notwendig, dass die „klimatischen“ Unterschiede zwischen verschiedenen Schulklassen aufgedeckt werden, die in der sozialen Interaktion, in der Lernaktivität, der Leistungsorientierung, den Einstellungen zur Schule und in der gesamten Stimmungslage der Schüler unmittelbar zum Ausdruck kommen.

Solche Bedingungen, wie

- der Umgang der Lehrkraft mit ihren Schülern,
- die Beziehung der Schüler zu ihren Lehrern,
- die Beziehungen der Schüler untereinander,
- wie und ob sich Schüler im Unterricht herausgefordert, bedroht, eingeschüchtert oder gedemütigt fühlen,
- ob eine Lernatmosphäre intellektueller Anregung, ästhetischer Gestaltungsfreude und inhaltsbezogener Lernorientierung

- oder eine Atmosphäre offener Konflikte, verdeckter Feindlichkeiten und offener Wettbewerbsorientierung vorherrschen,

können Lehren und Lernen begünstigen, aber auch erheblich behindern.

„Klima“ ist im echten Sinne kein *Merkmal* der Unterrichtsqualität wie die übrigen in der Merkmalsliste. Klima ist ein systemisches Phänomen, das objektiv aus Interaktionen zwischen Lehrern und Schülern und der Schüler untereinander entsteht. Es kann nicht im Sinne einer Kompetenz von Lehrkräften erworben werden, da es ein *Beziehungsgeschehen* ist, das *zwischen* Personen existiert.

In Modellen zur Erklärung des Zustandekommens von Schulleistungen wird Klassen- oder Unterrichtsklima oft als *moderierende Bedingung* eingestuft. Von Lehrkräften besonders *beeinflussbar* beim Aufbau eines lernförderlichen Unterrichtsklimas und Orientierungspunkte auch für die Diagnostik sind z.B. folgende Aspekte:

1. Recht der Schüler auf Irrtum und Fehler beim Lernen einräumen;
2. *Lern*situationen stärker gewichten als *Leistungs*situationen;
3. Optimistische Grundhaltung, dass *jeder* Schüler sich verbessern und mehr leisten kann;
4. Akzeptanz von langsamen und leistungsschwächeren Lernern, die angemessene Wartezeit beim Antworten erhalten;
5. Freundlicher Umgangston, Vermeiden irreversibler Redewendungen, gegenseitiger Respekt, Anteilnahme und Wärme;
6. Angemessene, transparente Lern- und Leistungsanforderungen, die Fröhlichkeit und Humor einschließen.

4. Flexibler Einsatz unterschiedlicher Methoden und Sozialformen

Guter Unterricht zeichnet sich durch Methodenvielfalt aus (Brophy, 2000). Das setzt voraus, dass Lehrkräfte ein differenziertes Wissen zu den verschiedenen Lehr-Lern-Methoden besitzen, die sich im Wesentlichen in vier große Gruppen einteilen lassen:

- direkte Instruktion
- entdeckenlassendes Lehren und Lernen, offener Unterricht, problemorientierter Unterricht
- kooperatives Lernen oder Partnerlernen
- individualisiert selbstständiges Lernen

Diese grundlegenden Lehr-Lern-Formen können im Rahmen des vorliegenden Buches nicht differenziert entfaltet werden (siehe dazu Hasselhorn & Gold, 2006; Brophy & Good, 1986). Es sei an dieser Stelle jedoch darauf hingewiesen, wenn einzelne Lehr-Lern-Methoden teilweise in Verruf geraten, dies weniger an der Spezifik oder Unzulänglichkeit der jeweiligen Methode liegt, als viel mehr an der unangemessenen praktischen Realisierung im Unterricht.

So kann *direkte Instruktion* durchaus *wirkungsvoll* sein, wenn die *notwendigen Maßnahmen* des Lehrerhandelns *tatsächlich realisiert* werden (Brophy & Good, 1986):

- täglicher Rückblick auf die vorangegangene Stunde und *Prüfung der Lernvoraussetzungen* (Vorwissen)
- darstellende Stoffvermittlung
- *genügend Zeit* für *angeleitetes* Üben mit *Verstehensprüfung*
- Lernüberwachung mit *korrigierender Rückmeldung*
- *genügend Zeit* für *selbstständiges Üben*
- wöchentlicher oder monatlicher *Rückblick* und *Kontrolle des Lernfortschritts*

Auch in Bezug auf kooperatives Lernen kann es zu einer Reihe von Missverständnissen kommen. Denn kooperatives Lernen zeichnet sich z.B. nicht allein dadurch aus, dass Schüler in Gruppen eingeteilt werden und Aufgaben lösen, die sie gut auch allein lösen könnten. Die notwendige positive Interdependenz (Wechselseitigkeit, Verantwortlichkeit) der Schüler beim kooperativen Lernen kann nur über Ziele, Aufgaben, Rollen oder Anreize/Gratifikationen hergestellt werden. Die Realisierung dieses Hauptmerkmals kooperativen Lernens setzt jedoch hohes didaktisches Geschick und Einfallsreichtum voraus.

Gleicher hoher Anspruch gilt für die Praktizierung von Formen des entdeckenlassenden Lehrens bzw. offenen oder problemorientierten Unterrichts. Denn die Konstruktion/Be-Schaffung authentischer, lebensnaher Probleme, an denen die Schüler lernen sollen, sowie die professionelle Überwachung von selbstständiger Schülerarbeit mit angemessen Inputs bei Stagnation oder die Lernberatung und Lerndiagnostik sind dabei äußerst schwierige didaktische Herausforderungen.

Die Unterrichtsqualität wird aber nicht nur von der Reichhaltigkeit des Methodenrepertoires und diesbezüglichen Wissens der Lehrkraft bestimmt, sondern vor allem von ihrer *Kompetenz* zur *Entscheidung* für *passende* Lehrmethoden zur Lernoptimierung. Es kommt nicht nur auf die Vielfalt der Methoden an, sondern darauf, *wann welche Methode das Lernoptimum bietet*. Diese Entscheidung für bestimmte Unterrichtsmethoden hängt zunächst vom *Lernziel* ab. Verschiedene Lernziele erfordern zwingend unterschiedliche Lehrmethoden. So lernen Schüler sicherlich effektiver und schneller große historische Epochen kennen, wenn die Lehrkraft interessant und systematisch dieses Wissen darbietet. Demgegenüber verbieten sich Methoden der direkten Instruktion, wenn Schüler z.B. Problemlösestrategien erwerben sollen. Weiterhin wird die Methodenwahl vom *Lerngegenstand* (Inhalt) bestimmt. Ganz entscheidend ist bei der Methodenwahl ebenso die Überlegung, welche *Lernvoraussetzung* die Schüler haben. Je weniger Vorwissen und lernrelevante Fertigkeiten die Schüler besitzen, desto mehr profitieren sie von einer gut strukturierten, angeleiteten Lernumgebung. Hierbei gilt die Faustregel: Alles, was die Schüler schon wissen und können, sollen sie auch selbstständig tun und entscheiden etc. Natürlich hängt die Auswahl der Lehrmethode auch von den *Kontextbedingungen* der Schule/Klasse (Zeittakt, Lehr- und Lernmaterialressourcen, Alter der Schüler, Klassengröße, etc.) und von den *Präferenzen der Lehrkraft* für eine bestimmte Unterrichtsmethode ab.

Die Forderungen nach Methodenvielfalt bedeutet aber auch, dass Lehrkräfte nicht nur die Logik und Ziele von Unterrichtsmethoden, deren Vorzüge, Einschränkungen und möglichen Nachteile kennen, sondern dass sie unterschiedliche

Methoden auch experimentell erproben, einüben und über die Wirksamkeit vor allem kollegial reflektieren. Zusammenfassend können für die Diagnose der Methodenvielfalt im eigenen Unterricht folgende Fragen gestellt werden:

- Wird die praktizierte Methode tatsächlich adäquat und vollständig umgesetzt?
- Passt die Methode zum angestrebten Lernziel (Kosten-Nutzen-Bilanz von Zeitaufwand und Lernergebnis?
- Passt die ausgewählte Methode zum Lerngegenstand?
- Sind die Lernvoraussetzungen der Schüler (Vorwissen, Fertigkeiten, Beherrschung kooperativer Arbeitstechniken, Problemlösestrategien etc.) ausreichend/passend für die gewählte Methode? Kommen die Schüler mit der Methode gut zurecht?
- Werden die kontextuellen Ressourcen (Zeit, Raum, Lernmaterial etc) der Methode angemessen und effektiv genutzt?
- Fühlt sich die Lehrkraft „in der Methode wohl" (Beherrschungsgrad, Routinen, Veränderungsbereitschaft)?
- Werden die Methoden nach den Fragen 2 bis 5 reflektiert oder eher routinemäßig eingesetzt?

5. Klarheit, Verständlichkeit, Strukturierung
Die klassische Kategorie der Klarheit erlangt vor allem bei der Beurteilung von Lehreräußerungen und erarbeiteten Lehr- und Lernmaterialien Relevanz, weniger bei schülergesteuerten Unterrichtsformen.

Die Klarheit als wichtiges Kriterium didaktischer Expertise kann vor allem anhand folgender Aspekte bei der Diagnose näher betrachtet werden:

- artikulatorische Aspekte (akustische Verständlichkeit sowie präzise und korrekte Sprache)
- fachliche Kohärenz
- Strukturiertheit
- Verständlichkeit

Beim *artikulatorischen Aspekt* der *akustischen Verständlichkeit* sollten zunächst die Lautstärke der Lehrersprache, artikulatorische Unsauberkeiten (z.B. Verschlucken von Silben), exzessiver Gebrauch von Füllwörtern oder stereotypen Redewendungen überprüft werden.

Darüber hinaus muss die *Präzision und Korrektheit der Lehrersprache* im Fachunterricht diagnostiziert werden. Erfolgreiche Lehrkräfte verwenden die Fachsprache korrekt, ohne unzulässige Vereinfachungen vorzunehmen. In Bezug auf Fremdwörter und Fachtermini bedeutet das, dass diese in der Lehrersprache flüssig und adäquat benutzt werden, aber über längere Zeit nach ihrer Einführung noch mit „akustischer Klammer" zur notwendigen Bedeutungsklärungen/-wiederholung/-festigung gesprochen werden, ohne den Sinnfluss zu beschädigen.

Für den Fremdsprachenunterricht sind des Weiteren Korrektheit der Aussprache, Variation von Stil, Semantik und grammatische Kompetenz diagnostisch abzuklären.

Exkurs: Lehrerfragen
Insbesondere im gelenkten Unterrichtsgespräch ist die *Qualität* der Lehrerfragen von zentraler Bedeutung. In Anlehnung an Brophy und Good (1986) können bei der Unterrichtsdiagnostik folgende wichtige Aspekte überprüft werden:

- Wird der Dialog mit den Schülern so geführt, dass sich Schülerinspirationen und Nach- und Gegenfragen entwickeln können?
- Liegt der angemessene Schwierigkeitsgrad der Fragen zwischen Unter- und Überforderung?
- Wird eine angemessene Mischung von „high level"- und „low level"-Fragen formuliert?
- Wird ein Wechsel zwischen eindeutig beantwortbaren und mehrdeutigen (offene) Fragen gewährleistet?
- Wird mindestens drei Sekunden gewartet, bevor sie weitergereicht werden?
- Werden alle Schüler gleichermaßen in die Frage-Antwort-Sequenz eingebunden?
- Inwieweit werden Schüler ermuntert, bei schwierigen Fragen nachzufragen bzw. die Bitte um Verbalisierung zu artikulieren?

Exkurs: Angemessene klare Reaktionen auf Schülerantworten

- Wird nach einer richtigen Antwort immer *Feedback* gegeben und Lob hingegen sorgfältig dosiert?
- Werden bei partiell richtigen Beiträgen der *korrekte Anteil explizit herausgestellt* und helfende Hinweise für die Korrektur/Verbesserung gegeben ?
- Werden bei völlig falschen Antworten Frage/Aufgabe wiederholt und stützende Inputs gegeben?
- Inwieweit werden alle Schülerfragen auf- und ernst genommen?

Ein weiterer diagnostischer Aspekt richtet sich auf die *fachliche Kohärenz* (Schlüssigkeit) als eines der wichtigsten Qualitätskriterien der Klarheit. Schüler müssen den „roten Faden" oder den „Sinnfluss" bei Lehrervorträgen, Erklärungen des neuen Lehrstoffs aufrechterhalten können. Das setzt voraus, dass Lehrkräfte in ihren Äußerungen *explizit* Verbindungen zum Vorwissen der Schüler (= Rückwärtsverknüpfungen) herstellen, *explizite Möglichkeiten* und *Grenzen* der *Anwendbarkeit* von Wissen(Vorwärtsverknüpfung) ausführen. Gute Lehrkräfte *ermöglichen* stets die *Rückwärts- und die Vorwärtsverknüpfungen* des Lehrstoffs bei der Wissensvermittlung.

Vorwärtsverknüpfungen sind darüber hinaus gekennzeichnet durch explizite Elaborationen (Fragen aufwerfen, inhaltliche Diskrepanzen offen legen, Beispiele aufzeigen) und explizite Schlussfolgerungen.

Außerdem verwenden gute Lehrer auch *sprachliche Formulierungen,* die die inhaltliche *Kohärenz für Schüler erleichtern* (z.B. „also", „deshalb", „das heißt", „weil").

Fachliche Kohärenz kann auch durch metakommunikative Redewendungen der Lehrkräfte unterstützt werden (z.B.: „auf die letzten drei Punkte gehe ich im Detail ein, die anderen stelle ich nur überblicksartig dar"). Durch die Herstellung von fachlicher Kohärenz kann sichergestellt werden, dass bei den Schülern eine kohärente Wissensstruktur entsteht (siehe auch Teilkapitel 3.1.1.1).

Für die Optimierung des Lernens ist eine gute *Strukturierung* des Unterrichts, des Lehrervortrags und des Lernmaterials von entscheidender Bedeutung. Die Strukturierung hängt eng mit dem Herstellen fachlicher Kohärenz zusammen. Eine *klare äußere Struktur des Unterrichts* ermöglicht Schülern, eine klar gegliederte innere Wissensstruktur aufzubauen und die Lerninhalte zu verstehen. Wie sollte eine gute Strukturierung des Unterrichts aussehen? Welche relevanten Aspekte können für die Unterrichtsdiagnose herangezogen werden?

- *Zielstellung* der Stunde und ihre Position im Gesamtzusammenhang der Unterrichtseinheit sind deutlich zu machen;
- *Angemessene Gliederung* in materialisierter Form auszuweisen und permanent Rückbezüge darauf herzustellen;
- *Vorstrukturierung* des Lernstoffs in Form eines „advance organizer". Durch eine geeignete, vorangestellte Zusammenfassung, durch das Anbieten von Assoziationen, eine hierarchische Gliederung des Lernmaterials und der Lernabfolge werden die Schüler „gezwungen", Vorwissen zu aktivieren und gezielt ihre Aufmerksamkeit auf das Neue zu richten;
- *Übersichten und Sytematisierungen* erarbeiten und *mind-maps* von Schülern erstellen lassen;
- *Zusammenfassungen* (auch am Ende der Stunde), um die Orientierung für Schüler zu erleichtern;
- Durchgängig Verweise auf Vorwissen vornehmen und Anwendungen verdeutlichen;
- *Redundanz* muss ausreichend groß sein, was *durch Rückblicke* und *Wiederholungen/Übungen* erreicht werden kann;
- *Arbeitsanweisungen sind präzise zu formulieren* und es ist sicherzustellen, dass sie von allen Schülern verstanden werden.

Um die *Verständlichkeit der Lehreräußerungen und des Lernmaterials* im Unterricht zu prüfen, kann als theoretische Grundlage das Hamburger Verständlichkeitskonzept (Langer, Schulz von Thun & Tausch, 1974) herangezogen werden. Texte oder mündliche Äußerungen können danach durch folgende Dimensionen optimiert werden, um maximale Verständlichkeit zu erreichen:

- *Einfachheit*: einfache, bekannte und geläufige Wörter, einfache Satzstrukturen, kurze Sätze, Fremdwörter/Fachtermini werden durch eine „verbale Klammer" geklärt;
- Keine *geschriebenen Sätze* (aus Stundenvorbereitung) mündlich vortragen;
- *Gliederung/Ordnung*: Übersichtlichkeit (siehe auch Strukturierung);
- *Kürze/Prägnanz*: Sprachaufwand im Verhältnis zur Lehrzeit gestalten, notwendige Erklärungen und Redundanzen einkalkulieren, aber keine unnötigen „Schleifen" schlagen;
- *Zusätzliche Stimulanz:* Schüler ansprechen (z.B. „wie ihr wisst ...", „... das wird euch besonders interessieren.", „... das hättet ihr nicht vermutet ..."), wörtliche Rede, metakognitive Hinweise, warum, wozu das jetzt gesagt wird;

- *Beispiele* (nur wirksam bei hoher Ausprägung der Dimension „Gliederung/Ordnung").

Das *Verständlichkeitsniveau* des Unterrichts hängt aber auch davon ab, *wie viel neue Informationen die Schüler „vertragen"*, wie groß die Aufgabendichte im Unterricht sein kann. Ein „Zuwenig" führt zu Langeweile und Unterforderung, ein „Zuviel" zu Stress und Überforderung.

Wie hoch die „Dosierung" jeweils sein kann, um die Verständlichkeit zu sichern, hängt vor allem vom Leistungsniveau der Klasse und von der Fähigkeit der Lehrkraft ab, hierzu ständig zu experimentieren und zu diagnostizieren.

6. Vielfältige Motivierung
Die Vielfalt der Motivierung, d.h. Schüler zum Lernen anzuregen und ihr Lernen und Aufgabenlösen aufrechtzuerhalten, kann über Lehrerhandeln im Unterricht direkt oder auch indirekt realisiert werden.

Wir verweisen an dieser Stelle auch auf das Teilkapitel 3.1.1.3, in dem ausführlich zu Fragen der Lern- und Leistungsmotivation und ihrer Förderung argumentiert wurde.

Exemplarisch sei hier auf solche indirekte Formen verwiesen, Schülern kontinuierlich die Möglichkeit zu geben, Erfolgserfahrungen zu sammeln und damit ihre Grundbedürfnisse nach Kompetenz, Autonomie und sozialer Eingebundenheit im Unterricht befriedigen zu können. Schüler, die *verstehen, was im Unterricht behandelt wird* (= ausreichendes Vorwissen und Fertigkeiten), werden nicht über- und unterfordert und sind in der Regel gut motiviert, ohne dass spezielle Techniken zur Lernluststeigerung zum Einsatz kommen müssen.

Der Aufbau einer Lern- und Aufgabenorientierung ist langfristig immer günstiger als die häufig praktizierte Leistungs- und Notenorientierung.

7. Konsolidierung, Sicherung, intelligentes Üben
Konsolidierung (Durcharbeitung) des Lernstoffs, Sicherung von Wissen und Fertigkeiten durch intelligentes Üben kommen häufig in einem Unterricht, der auf die Realisierung einer Fülle von Lehrplaninhalten gerichtet ist, zu kurz. Der Aufbau von Expertise im Lesen, Schreiben, „Rechnen" und beim Erwerb von Fremdsprachen erfolgt nur über die kontinuierliche, zeitaufwändige Beschäftigung mit den Lernstoffen und systematisches und regelmäßiges Einüben, Trainieren.

Für die Konsolidierung von Wissensstrukturen ist es notwendig, dass diese allmählich von den mentalen „Schlacken", d.h. den konkreten situativen Einzelinhalten, die bei ihrem Aufbau notwendig waren, befreit werden (Aebli, 1991). Für diesen *Prozess des Durcharbeitens* ist es hilfreich, wenn Schüler *das erworbene Wissen in einer anderen Aufbaufolge, unter verschiedenen Rahmenbedingungen und Kontexten, aus mehreren Perspektiven* (z.B. jemanden die Sachverhalte erklären müssen) bearbeiten.

Bei der Vermittlung von Wissen und Fertigkeiten im Rahmen von Lehrmethoden der direkten Instruktion ist stets zu beachten, dass *Kontrolle und Sicherung des Verstehens des Lehrstoffs* die *unabdingbare Voraussetzung für selbstständiges Üben* in Phasen der Stillarbeit oder Hausaufgaben sind.

Eine Faustregel für die Methoden der direkten Instruktion lautet, dass der Verstehenssicherung, dem selbstständigen und angeleiteten Üben stets mehr Zeit und Raum beigemessen werden als der eigentlichen Stoffvermittlung.

Hinweise darauf, wann vom angeleiteten zum selbstständigen Üben übergegangen werden kann, erhält die Lehrkraft durch das 80% Kriterium (Brophy & Good, 1986): D.h., wenn die Schüler einer Klasse mindestens 80% der Lehrerfragen korrekt beantworten können.

Durch selbstständiges Üben wird das neu Gelernte verfestigt und automatisiert. Das selbstständige Üben hat eine geringere Bedeutung, wenn komplexe und mehrschichtige Inhalte vermittelt werden.

In Bezug auf *offene Unterrichtssituationen gilt* gleichermaßen, dass selbstständiges Lernen und Problemlösen nur erfolgreich sein können, wenn die Schüler eine *inhaltlich solide und gesicherte Wissensbasis* besitzen.

8. Individualisierung und Differenzierung: adaptiver Unterricht

Jahrgangsklassen zeichnen sich zunehmend durch sehr heterogene Lernvoraussetzungen der Schüler aus. Lehrkräfte, die ihren Unterricht dann an einem fiktiven Durchschnittsschüler orientieren, werden wenig erfolgreich unterrichten können. Die Lerneffekte im Unterricht sind nur dann ausreichend hoch, wenn die Lehrkraft die interindividuell variierenden Lernvoraussetzungen der Schüler einer Klasse exakt diagnostizieren und darauf hin wirkungsvolle Methoden/Maßnahmen ergreifen kann, um fast jeden Schüler angemessen fordern und fördern zu können. Häufig spricht man dann in diesem Zusammenhang von adaptivem Unterricht. Adaptives Lehren kann zumindest grob drei Ziele verfolgen (Leutner, 1992):

(1) Bereitstellung *zusätzlichen* Nachhilfe- oder Förderunterrichts (Fördermodell).
(2) Ausgleich von Wissens- und Leistungsdefiziten durch Arbeit an den verursachenden Bedingungen (Vorwissen, Lernmotivation, Lernstrategien) (Kompensationsmodell).
(3) Wertschöpfende Ausnutzung besonderer Stärken und Vorlieben der Schüler, z.B. durch Anpassung der Lehrmethode an den Lernstil des Schülers (Präferenzmodell).

Unterricht lässt sich prinzipiell differenzieren, indem man das Lernziel, die Lehrmethode oder die Lehr-Lern-Zeit auf den Lerner abstimmt. Beim individuellen zusätzlichen Förderunterricht werden Lernzeit und Lehrmethode den Lernvoraussetzungen des Lerners angepasst.

Wird im Klassenverband für einzelne Schüler die *Lehrmethode, der Schwierigkeitsgrad von Aufgaben* nicht aber die Lernzeit adaptiert, liegt *innere Differenzierung* vor.

Eine weitere Möglichkeit, den Unterricht adaptiv zu gestalten, liegt darin, die Sozialformen für unterschiedliche Schüler zu variieren.

9. Förderung aktiven, selbstgesteuerten Lernens

Bei der Diagnose, wie selbstständig und aktiv alle Schüler im Unterricht lernen, können folgende Aspekte hinterfragt werden:

- Überwiegen *Schüleraktivitäten gegenüber Lehreraktivitäten* (z.B. wenn Schüler im Fremdsprachenunterricht mehr sprechen als die Lehrkraft).
- *Beteiligung der Schüler auch am Planungs- und Beurteilungsprozess* des Unterrichts.
- *Kooperatives oder selbstständiges Problemlösen* erhöht die Schüleraktivität, erfordert aber das Bereitstellen von geeigneten Lernmaterialien und authentischen Problemen.
- Selbstgesteuertes Lernen wird insbesondere über die Möglichkeit der Schüler zur *Wahl* von *Aufgaben, Material, Lösungswegen* (Spielräume statt Engführung), *Ort* und *Zeit* befördert.
- Die Befähigung zum selbstgesteuerten Lernen wird durch *Lehren und Erproben von Lernstrategien* (vgl. Teilkapitel 3.1.1.2) gewährleistet.
- Kooperatives Lernen wird *sinnvoll* eingesetzt, d.h. positive Interdependenz wird über Ziele, Aufgaben, Rollen und Anreize erreicht.
- Solche lernförderlichen Interaktionen wie wechselseitiges Erklären und Korrigieren, das Erproben, Verteidigen und Modifizieren von Standpunkten, das Erkennen und Akzeptieren von unterschiedlichen Argumeten beim kooperativen Lernen muss vom Lehrer modelliert, gemeinsam reflektiert und eingeübt werden.
- Kooperative Methoden (z.B. Gruppenrecherche, Skriptkooperation, Gruppenrallye, Gruppenpuzzle vgl. Hasselhorn & Gold, 2006) erfordern aufwändige Vorbereitungszeit durch die Lehrkraft bei der Planung und Vorbereitung vom Unterricht. Hierbei wäre der Austausch von Aufgaben und Materialen zwischen Lehrerkollegen bzw. die gemeinsame Erarbeitung von Aufgaben effektiv.

Es ergibt sich nach dem theoretischen Exkurs zu den diagnostisch relevanten Schwerpunkten der Unterrichtsqualität nun die Frage:

An welchen Stellen bzw. in welchen Situationen sollte eine Lehrkraft die Hypothese aufstellen, dass die eigene Unterrichtqualität möglicherweise mit dem anstehenden, zu diagnostizierenden Problem in Beziehung stehen könnte?

Diese Hypothese sollte z.B. immer bei

- Disziplinproblemen im Unterricht
- Lernunlust und Motivationsproblemen mehrerer Schüler der Klasse
- überwiegend schlechten Leistungen in Klassenarbeiten, Tests
- Lernschwierigkeiten eines/mehrer Schüler
- zurückhaltender Mitarbeit der Schüler im Unterricht
- quälender eigener Unzufriedenheit, Unsicherheit der Lehrkraft im Unterricht („man kommt nicht besonders gut mit einer Klasse klar“)

explizit formuliert werden.

Prinzipiell sollte jedoch gelten, dass der Unterricht von der Lehrkraft auch ohne äußere Anlässe regelmäßig (z.B. am Schulhalbjahres- und Schuljahresende) evaluiert wird, um eine kontinuierliche Qualitätssicherung zu gewährleisten.

(3) Diagnostische Verfahren zur Erfassung ausgewählter Aspekte der Unterrichtsqualität

Wir gehen im Folgenden auf diagnostische Verfahren zur Erfassung von Merkmalen und Problemen der Unterrichtsqualität ein, die aus drei unterschiedlichen Perspektiven auf Unterricht zustande kommen.

1. Selbstbeurteilung des Unterrichts durch die Lehrkraft
2. Fremdbeobachtung, -beurteilung (Hospitation) durch eine Kollegin/einen Kollegen
3. Einholen von Schüler-Feedback

3.1.2.2 Selbstbeurteilung des Unterrichts durch die Lehrkraft

Die niederschwelligste Form der Diagnose von Unterricht ist die *Selbstbeurteilung der Lehrkraft.* Hierbei muss sie das Wissen um bestimmte Probleme und Mängel des eigenen Unterrichts nicht mit einer anderen Person teilen.

Für viele Lehrkräfte ist die Hospitation (Fremdbeobachtung) im eigenen Unterricht durch andere Kollegen bereits mit Skepsis und Unbehagen verbunden, weil das Unterrichten in der Regel eine Tätigkeit ist, die nicht mit ebenbürtigen, gleich kompetenten Interaktionspartnern erfolgt. In Berufen, in denen die Tätigkeit in einem Team mit gleich Qualifizierten ausgeübt wird, ist die (Fehler-)Rückmeldung etwas Selbstverständliches und Alltägliches. Bei Lehrkräften, die sich über lange Zeiträume an sozial und in Bezug auf Kompetenz ungleichen Partnern messen, entstehen deshalb größere Selbstoffenbarungsängste und Unsicherheiten bei Hospitationen.

Um solchen Phänomenen Rechnung zu tragen, sollten Lehrkräfte zur Hospitation (Fremdbeurteilung) ihres Unterrichts vor allem befreundete und vertrauensvolle Kolleginnen und Kollegen gewinnen. Durch die Fremdbeobachtung des Unterrichts durch eine gleich qualifizierte Person wird gewährleistet, dass auch didaktische und fachliche Aspekte des Unterrichts oder akute Problemlagen kompetent beurteilt werden können.

Das Einholen von Schüler-Feedback bündelt Urteile wieder aus einer anderen Perspektive. Schüler sind selbst Betroffene oder Mitgestalter des Unterrichts. Ihre Beobachtungen zeichnen sich dadurch aus, dass sie in der Regel keine Momentaufnahmen des Unterrichts darstellen, sondern Wahrnehmungen und Erfahrungen über einen längeren Zeitraum mitteln. Hinzukommt, dass ältere Schüler das Feedback auf den Vergleich vieler/mehrerer Lehrkräfte stützen können. Um möglichst eine valide Diagnose zum Unterricht zu erhalten, wäre es sinnvoll, wenn Daten aus allen drei Perspektiven oder Quellen miteinander verglichen werden könnten.

a) Checklisten zur Wirkung des eigenen Unterrichts

Checklisten in Form von Fragekatalogen kann die Lehrkraft für die Selbstbefragung eigenständig auf der Grundlage wissenschaftlich fundierten Wissens über den Unterricht und aktueller diagnostischer Anlässe entwickeln. Allerdings liegen auch eine ganze Reihe solcher Checklisten bereits vor. Exemplarisch soll hier die Checkliste von Becker (1998) vorgestellt werden (siehe Abbildung 3.12).

Abbildung 3.12: Checkliste zur Selbstbeurteilung von Unterricht nach Becker (1998)

- Wie habe ich den Lehr-Lern-Prozess angeregt?
- Wurde das Interesse am Lerninhalt aufrechterhalten?
- Wurden die Schüler auf zentrale Frage-oder Problemstellungen hingelenkt?
- Lässt die Unterrichtsstunde einen Schwerpunkt erkennen?
- Wie viele Fragen habe ich gestellt?
- Was für Fragen habe ich gestellt?
- Wie viele Fragen stellten die Schüler?
- Was für Fragen stellten die Schüler?
- Waren die Fragen- bzw. Problemstellungen sachlogisch aufeinander bezogen?
- Welche Beiträge lösten welche Fragen aus?
- Hörte ich den Schülern zu?
- Wurden vereinbarte Gesprächsregeln eingehalten?
- Wie ging ich auf die Schülerbeiträge ein?
- Wurden Schülerbeiträge von mir wörtlich wiederholt?
- Benutzte ich stereotype Verstärkungsformen?
- Wurden auch Interaktionen zwischen den Schülern angeregt?
- Wie hoch war mein Sprechanteil?
- Wie hoch war der Sprechanteil aller Schüler?
- Gab es einzelne Schüler mit besonders hohen Sprechanteilen?
- Wie stark beteiligten sich die Mädchen im Vergleich zu den Jungen?
- Welche Beiträge leisteten besondere Problemschüler?
- Konzentrierte ich mich auf bestimmte Schüler?
- Wie kam es zu spezifischen Konfliktsituationen?
- Welchen Verlauf nahmen die Auseinandersetzungen?
- Wie wurden Konflikte vorläufig bewältigt?
- Waren die Arbeitsaufträge verständlich?
- Wie wurden die Arbeitsaufträge in den Prozess eingebracht?
- Welche Lernhilfen wurden von mir gegeben?
- Wie wurden die Arbeitsergebnisse präsentiert?
- Wie wurden Kenntnisse, Einsichten oder Erkenntnisse festgehalten?
- Weitere Fragestellungen?

Wenn diese Checkliste zur Selbstreflexion nach dem Unterricht aus der bloßen Erinnerung des Unterrichtgeschehens abgearbeitet wird, dann besteht die Gefahr, dass diese Art der Reflexion sehr oberflächlich verlaufen kann. Sinnvoller ist es dagegen, wenn die Lehrkraft zuvor einen akustischen Mitschnitt mittels Diktiergerät oder Kassettenrekorder von der Unterrichtsstunde macht und beim oder nach dem Abhören die Checkliste unmittelbar bearbeitet.

b) Selbstbefragung zur Diagnose des Unterrichtsstils

Flexibler Einsatz vielfältiger Methoden durch die Lehrkraft wurde als ein wichtiges Merkmal der Unterrichtsqualität hervorgehoben. Aus empirischen Untersuchungen ist aber auch bekannt, dass jede Lehrkraft eine unverwechselbare Art zu unterrichten hat. Unabhängig von dieser persönlichen Eigenart lassen sich verschiedene präferierte Unterrichtsstile unterscheiden, die für das unterrichtliche Verhalten und die Methodenauswahl charakteristisch sind. Lehrkräfte unterschieden sich

1. in der Bevorzugung direkter Formen der Unterweisung oder Formen des offenen Unterrichts und
2. im Ausmaß der Übernahme von Verantwortung für die Leistungen (insbesondere für Misserfolge) ihrer Schüler.

Die Bevorzugung einer Richtung des Lehrens bzw. Unterrichtens, d.h. die präferierte Einstellung zur Lernsteuerung im Unterricht kann durch die 10 Items des Fragebogens „Präferierter Lehrstil“ (Abbildung 3.13) schnell erfasst werden.

Abbildung 3.13: Fragebogen zur Erfassung der Einstellung zur präferierten Lernsteuerung im Unterricht (nach Wahl et al. 2007, S. 336)

	in der Regel	**gelegentlich**	**Nie**
1. Der Unterricht verläuft so, wie ich ihn geplant hatte.			
2. Ich beteilige die Schüler an den Entscheidungen über Unterrichtsziele und Lernmethoden.			
3. Schwierige Lerninhalte stelle ich im Unterricht selbst dar.			
4. Die Ideen, Einfälle und Wünsche meiner Schüler beeinflussen meinen Unterricht.			
5. Ich verwende im Unterrichtsgespräch gern genau formulierte Fragen.			
6. Ich ermuntere die Schüler, selbstständig zu arbeiten.			
7. Ich sage den Schülern genau, was sie richtig und was sie falsch gemacht haben.			
8. Ich bestehe nicht auf dem geplanten Unterrichtsverlauf, wenn sich ein gutes Gespräch oder eine interessante Aktivität der Schüler ergibt.			
9. Ich überprüfe ständig die Kenntnisse und Lernfortschritte der Schüler.			
10. Dass Gefühl, dass die Schüler in meinem Unterricht zufrieden sind, ist mir sehr wichtig.			

Auswertung der Selbstbefragung zur präferierten Lernsteuerung

Das Ergebnis der Selbstbefragung kann sehr schnell ermittelt werden. Dazu ist es hilfreich, wenn die Antworten zu den Aussagen 1, 3, 5, 7. 9 z.B. rot und die Antworten zu 2, 4, 6, 8, 10 dagegen blau eingekreist werden. Durch die farbige Markierung werden die Aussagen den beiden gegensätzlichen Methoden der Lernsteuerung zugeordnet.

a) Wenn die Aussagen 1, 3, 5, 7 und 9 (rote Markierung) in der Regel zutreffen, dann <u>bevorzugt</u> die Lehrkraft Formen der <u>direkten Unterweisung</u> im Unterricht.

b) <u>Offene Unterrichtsformen</u> werden dagegen präferiert, wenn die Items 2, 4, 6, 8 und 10 (blaue Markierung) im besonderen Maße zutreffen.

Je stärker eine Lehrkraft zu einer der beiden Richtungen neigt, umso dringlicher ist die *bewusste und absichtsvolle* Veränderung des Unterrichts zugunsten der anderen Unterrichtsform. Auch hier ist eine gezielte und wirkungsvolle Veränderung des eigenen Unterrichts nur über eine Ziel verändernde Unterrichtsvorbereitung und über den Austausch mit Kollegen möglich, die begründet die andere Richtung des Lernstils praktizieren.

Der Unterrichtsstil einer Lehrkraft wird nicht nur durch die Form der Lenkung oder Offenheit, sondern auch durch das *Ausmaß der Übernahme an Verantwortung für das Zustandekommen der Leistung der Schüler* bestimmt. So ist bei diagnostizierten Lernschwierigkeiten einzelner Schüler auch der spezifische Anteil der Verantwortung, den die Lehrkraft hierbei trägt, zu hinterfragen. Dazu kann der folgende Fragebogen als Anleitung benutzt werden.

Abbildung 3.14: Fragebogen zur Diagnostik des „Mitverantwortlichfühlens" für die Schülerleistung

	trifft zu	**teils/ teils**	**trifft nicht zu**
1. Die Misserfolge eines Schülers haben wenig mit den Leistungen eines Lehrers zu tun; sie hängen von ganz anderen Faktoren ab.			
2. Es ist für die ganze Schule insgesamt wichtiger, die guten Schüler zu fördern, als den schlechten Schülern zu helfen.			
3. Für schlechte Noten darf man nicht den Lehrer verantwortlich machen.			
4. Viele Lehrer neigen dazu, die Bedeutung für die Vererbung geistiger Leistungen zu unterschätzen.			
5. Gegen uninteressierte Schüler ist auch der beste Lehrer machtlos.			
6. Sind bei einer Klassenarbeit einige Einsen und Zweien dabei, so kann man nicht behaupten, die Aufgaben wären zu schwer, nur weil sehr viele Schüler Fünfen und Sechsen geschrieben haben.			
7. Gute Beziehungen zwischen Lehrer und Schüler hängen mehr vom Verhalten des Schülers ab als von den Einstellungen des Lehrers.			
8. Wenn einzelne Schüler auch nach der zweiten Erklärung noch nichts verstanden haben, muss man als Lehrer in seinem Unterricht fortfahren.			
9. Während des Unterrichts vergewissere ich mich durch Fragen und Aufgaben, ob die Schüler den Stoff wirklich verstanden haben.			
10. Die Arbeiten von schwachen Schülern sehe ich mir immer besonders genau an.			
11. Ich kann Eltern leistungsschwacher Schüler recht gut sagen, wie sie ihrem Kind helfen können.			
12. Bei der Leistungsbeurteilung berücksichtige ich nicht nur Vergleiche zwischen den Schülern sondern auch die Fortschritte des einzelnen.			
13. Bei leistungsschwachen Schülern ist Unterstützung durch den Lehrer im Allgemeinen günstiger als Strenge.			
14. Nach einem Unterrichtsabschnitt lasse ich unbenotete Testarbeiten schreiben, um zu sehen, wo die Schüler noch Lücken haben.			
15. Bei der Stillarbeit verwende ich einen Teil meiner Zeit darauf, schwächeren Schülern zu helfen.			
16. Im Gespräch mit Eltern leistungsschwächerer Schülern bemühe ich mich, nicht zu klagen, sondern ihnen zu helfen.			

(Wahl et al. 2007, S. 337)

Auswertung des Ausmaßes des „Mitverantwortlichfühlens"
Feststellungen 1-8 geben darüber Auskunft, inwieweit sich die Lehrkraft für das Verhalten, die Leistungen und die Entwicklungsfortschritte der Schüler verantwortlich fühlt.

Die Feststellungen 9-16 beziehen sich auf das Bemühen, dem einzelnen Schüler gerecht zu werden und ihn individuell zu fördern.

Es besteht Konsens darüber, dass die Bereitschaft zur individuellen Förderung umso größer ist, je stärker sich die Lehrkraft für die Erfolge und Misserfolge der Schüler verantwortlich fühlt. Folgendes ist deshalb zu vermuten: *Wenn die ersten acht Feststellungen weitgehend zutreffen, dann fühlt sich die betreffende Lehrkraft für die schlechten Leistungen der Schüler nur wenig verantwortlich.* Es ist dann wahrscheinlich, dass die Aussagen 9-16 in der Mehrzahl nicht zutreffen. Umgekehrt gilt: *Wenn die Aussagen 9-16 positiv beurteilt wurden, so wird die Lehrkraft eher bereit und in der Lage sein, Lernhilfen zu geben oder bei diagnostizierten Lernschwierigkeiten gezielte Fördermaßnahmen anzubieten.*

Lehrkräfte, die bei sich ein geringeres Ausmaß an Verantwortung für die Leistungen der Schüler festgestellt haben, sollten dann aber gezielt über explizite Lernhilfen für schwächere Schüler nachdenken und diese anbieten und einleiten.

c) Audioprotokolle von Unterricht

Eine sehr effektive Methode zu Selbstbeurteilung des Unterrichts ist die Protokollierung von Unterrichtsstunden mit Hilfe eines der diversen akustischen Aufnahmegeräte. Solche Unterrichtsaufzeichnungen lassen sich einfach, unauffällig und ohne Beeinträchtigung des Unterrichtgeschehens herstellen. Es ist in der Regel auch kein Problem, den Schülern der Klasse offen das Anliegen der Protokollierung mitzuteilen. In höheren Klassen können sogar ausgewählte Schüler für die Technik des Mitschnittes der Unterrichtsstunde verantwortlich gemacht werden. Die Lehrkraft hat durch diese Form der Protokollierung dann die Möglichkeit, den eigenen Unterricht für sich alleine anzuhören und unter verschiedenen Fragestellungen auszuwerten. Beispielsweise könnte man die Fragen aus der Checkliste von Becker (1998, siehe Abbildung 3.12) zum eigenen Verhalten im Unterricht, zu den Anteilen von Lehrer- und Schüleraktivitäten, zur genaueren Analyse von Konfliktsituationen, zu Reaktionen auf Schülerantworten etc. herauslösen. Jede Lehrkraft kann selbstständig Kriterien zur Auswertung der Unterrichtsmitschnitte z.B. auch aus den theoretischen Ausführungen im ersten Teil dieses Teilkapitels operationalisieren.

Als besonders aufschlussreiche Variante der Selbstreflexion von Unterricht hat sich der *Vergleich von Mitschnitten des eigenen Unterrichts aus unterschiedlichen Klassen* erwiesen. Zum Beispiel kann man dann analysieren, ob das eigene Unterrichtsverhalten in jüngeren und älteren Klassen (in Bezug auf Engführung der Fragen, Ausspruchsniveau der Aufgaben etc.) variiert wird (was sicher notwendig ist!). *Außerdem kann in schwierigen Klassen überprüft werden, wer wodurch konkret Unmut, Konflikte etc. auslöst.* Es kann des Weiteren festgestellt werden, ob sich die Lehrkraft in als „schwierig erlebten" Klassen leichter provozieren lässt, weniger empathisch reagiert etc.

Für die Auswertung solcher Unterrichtsmitschnitte sollte unbedingt von der Lehrkraft, die dies zum ersten Mal praktiziert, beachtet werden, dass die Konfrontation mit den akustischen Unterrichtprotokollen durchaus auch Mut und Souveränität erfordert. Wenn man die eigene Sprache, die gehäuften stereotypen Redewendungen oder bestimmte fragwürdige fachlich-inhaltliche Äußerungen aus dieser Distanz wahrnimmt, kann es schon zu schockähnlichen Erlebnissen kommen, obgleich man den Unterrichtsmitschnitt zur Überprüfung möglicher eigener Mängel angefertigt hat.

Für die Auswertung der akustischen Unterrichtsprotokolle kann sich die Lehrkraft auch überlegen, ob die gesamte Stunde analysiert werden soll oder nur bestimmte Sequenzen. Das hängt vom Ziel der Unterrichtsdiagnose durch die Lehrkraft ab.

Die Ergebnisse der jeweiligen Unterrichtsanalyse und die daraus resultierenden antizipierten Veränderungen können dann ganz bewusst und systematisch (immer wieder) bei der Planung von Unterricht Berücksichtigung finden. Wenn auf diese Weise zielgerichtet und reflektiert an der Optimierung des eigenen Unterrichts gearbeitet wird, kann nach einer festgelegten Zeit (z.B. ein Monat) ein erneuter Unterrichtsmitschnitt erfolgen, um die Veränderungen zu überprüfen, sich selbst zu verstärken oder weitere Modifikationen in Angriff zu nehmen.

3.1.2.3 Fremdbeurteilung des Unterrichts durch eine Kollegin/ einen Kollegen (Hospitation)

Zusätzlich zur Selbstdiagnose des eigenen Unterrichts und/oder zum Schüler-Feedback können gegenseitige Unterrichtshospitationen als eine effektive diagnostische Variante zum Qualitätsmanagement von Unterricht durchgeführt werden.

Dabei ist vorher genau zu vereinbaren, was wie beobachtet werden soll, in welcher Form das Hospitationsprotokoll vorbereitet wird (dazu genauer Kapitel 2.4.3). Prinzipiell gilt, dass die Unterrichtsmerkmale ausreichend für die Beobachtung operationalisiert sein müssen, also möglichst auf Schüler- oder Lehrerverhalten ausgerichtet sind, dass die Anzahl der zu beobachteten Aspekte überschaubar bleibt.

Günstig ist, wenn die beiden über die Hospitation kooperierenden Lehrkräfte diese Vorbereitungsarbeit gemeinsam leisten.

Anlässe für Unterrichtshospitationen können z.B. sein:

- fachliche Rückmeldungen beim Experimentieren mit neuen Unterrichtsmethoden;
- Disziplinprobleme mit einer Klasse;
- Unzufriedenheit mit dem eigenen Unterricht;
- regelmäßige Evaluation des eigenen Unterrichts.

Zu Inhalten der Diagnose von Unterricht können prinzipiell alle weiter vorn aufgelisteten fachübergreifenden Merkmale der Unterrichtsqualität herangezogen werden. Eine Auswahl für Operationalisierungen ist:

- Qualität der Lehrerfragen und Schülerbeiträge
- Reaktionen der Schüler auf Lehreraktionen
- Qualität der Reaktion auf Schülerbeiträge
- Qualität der fachlichen Kohärenz bei der Einführung eines neuen Themas
- Qualität der Lehrersprache (Verständlichkeit)
- Qualität der Strukturierung von Unterricht
- Klassenmanagement: Allgegenwärtigkeit und Überlappung usw.

Kooperierende Lehrer können sich auch auf bestimmte Aspekte aus der Checkliste von Becker (1998) zur Diagnostik von Unterricht verständigen.

In der Auswertung der jeweiligen Unterrichtsstunde reflektiert dann zunächst der unterrichtende Lehrer aus seiner Perspektive über die gehaltene Stunde bzw. über die verabredeten Aspekte der gemeinsamen Überprüfung. Danach teilt der Fremdbeobachter seine Beobachtungsergebnisse mit. Bei divergenten Beurteilungen kann eine weitere Hospitation vereinbart werden. Im Anschluss an die Auswertung der hospitierten Stunde sollten beide Lehrkräfte auch überlegen, was möglicherweise wie optimiert werden könnte.

3.1.2.4 Schüler-Feedback zum Unterricht

Die Beurteilung von Unterricht durch Schüler stößt nicht selten und immer noch bei Lehrkräften auf Skepsis, obwohl zahlreiche Projekte zur Erprobung von Schüler-Feedback in verschiedenen Bundesländern vorliegen (Überblick siehe: Helmke, 2003). Insbesondere jüngeren Schülern wird die Fähigkeit abgesprochen, über die didaktische Kompetenz und die fachliche Expertise von Lehrkräften sachgerecht urteilen zu können. Das kann jedoch als „Killerargument" angesehen werden, weil es beim Einholen von Schüler-Feedback nicht um fachliche Expertisen geht. Für eine Befragung von Schülern spricht dagegen ihre spezifische Langzeiterfahrung mit erlebtem Unterricht und mit Lehrkräften. Schüler können Lehrkräfte und Unterricht nämlich aus zwei Perspektiven wahrnehmen:

- aus ihrem Vergleich der verschiedenen Unterrichtsfächer und
- aus dem Vergleich über die Schuljahre hinweg.

Damit enthalten die Urteile von Schülern viele verdichtete Informationen, die sich auf viele Situationen und auf einen längeren Zeitraum beziehen. Die meisten diagnostischen Urteile über Unterricht (z.B. Hospitation des Schulleiters, der Evaluationskommission etc.) können auch nicht diese *Datendichte besitzen*, die für reliable und valide Urteile notwendig wäre.

Dagegen kommen die Aussagen von Schülern über eine individuelle Mittelung der Wahrnehmungen über die Zeit zustande. Hierin liegt natürlich auch ein Problem des Schüler-Feedbacks, denn es ist häufig unklar, über welchen Zeitraum Schüler kognitiv mitteln. In einzelnen Fällen ist freilich nicht auszuschließen, dass Schüler zu negativen Herabsetzungen oder sozial erwünschten Gefälligkeitsaussagen tendieren. Ferner liegt ein Problem der Schülerurteile auch darin, dass sachliche Aspekte zur Einschätzung der Unterrichtsqualität durch eine prinzipielle Beliebtheit der Lehrkraft überlagert oder verzerrt werden können.

Trotz solcher Mängel können Schülerurteile wichtige Hinweise auf Stärken und Schwächen des Unterrichts, auf besondere Problemlagen geben. Sie erweisen sich deswegen durchaus als ein *effektives Werkzeug für die Unterrichtsentwicklung.* Man darf bei der Problematisierung des Schüler-Feedbacks auch nicht vergessen, dass *alle* bzw. *viele* Schüler einer Klasse ihre Urteile zu den Unterrichtsmerkmalen etc. abgeben. Damit kann die Lehrkraft über die *klasseninterne Streuung* der zu beurteilenden Aussagen einen Interpretationsrahmen für das *Ausmaß an Konvergenz oder Divergenz* erhalten.

Das Einholen von Schüler-Feedback hat, wie bereits erwähnt, nicht zum Ziel, ein tatsächliches Urteil über die Qualität der fachlichen und didaktischen Kompetenz von Lehrkräften zu erheben. Vielmehr geht es darum zu erfahren, wie Schüler den Unterricht und den unterrichtenden Lehrer *erleben.*

Es liefert damit wichtige Informationen über

- die Wirkung des eigenen Unterrichts auf die Schüler;
- die tatsächliche Erreichung angestrebter Ziele;
- Interaktionsprozesse im Unterricht.

Lehrkräfte, die Feedback ihrer Schüler einholen, signalisieren damit auch, dass sie die Schüler an der Gestaltung von Unterricht beteiligen. Denn Auswertung und Diskussion der vom Lehrer zusammengefassten Ergebnisse des Feedbacks mit den Schülern erhöhen ihre Mitverantwortung am Gelingen des Unterrichts und die Lernmotivation von Schülern. Schüler-Feedback kann mit unterschiedlicher Zielsetzung organisiert und eingeholt werden:

1. Feedback als Beurteilung des „typischen“ Unterrichts
2. Feedback nach einer Unterrichtsstunde

Zu 1. Feedback als Beurteilung des typischen Unterrichts
Mit dieser Form der Schülerrückmeldungen wird erfasst, wie der Unterricht einer bestimmten Lehrkraft über einen längeren Zeitraum erlebt wird.

Die Erfassung der Schülerurteile sollte in jedem Fall *anonym* erfolgen, d.h. die Lehrkräfte stellen fertige Fragebögen zur Verfügung, die z.B. von einem Schüler zu einem festgesetzten Termin wieder eingesammelt werden. Die Anonymität ist deshalb wichtig, weil die Schüler dann einerseits weniger sozial erwünscht antworten. Andererseits werden Schüler und Lehrer davor geschützt, dass bei möglichen unerfreulichen Rückmeldungen dann doch entstandene „Kränkungen“ und Frustrationen über unreflektierte handlungsleitende Kognitionen der Lehrkraft negativ auf die Schüler zurückwirken.

Im Folgenden werden drei diagnostische Möglichkeiten zur Einholung von Schüler-Feedback zum typischen Unterricht vorgestellt:

a) Schülerbefragung zu Merkmalen der Unterrichtsqualität
b) Schülerbefragung zum Unterrichtsklima
c) Schülerfeedback zur Diagnose der Klassenführung einer Lehrkraft

a) Schülerbefragung zu Merkmalen der Unterrichtsqualität

Helmke (2003) schlägt dazu vor, Fragebögen und Ergebnisse aus großen Schul- und Unterrichtsstudien für die Standortbestimmung (Benchmarking) hinsichtlich der eigenen Unterrichtsqualität in den unterrichteten Klassen zu benutzen. Dieses Vorgehen zeichnet sich durch zwei Vorteile aus. Erstens kann man auf ausgefertigte Fragebögen zur Unterrichtsqualität zurückgreifen und muss die notwendigen Items nicht selbst operationalisieren. Zweitens liegen mit dem Einsatz der Fragebögen in größeren Studien auch Vergleichswerte vor, an denen die Aussagen der Schüler aus der eigenen befragten Klasse geprüft werden können. Damit erhält die Lehrkraft, die solche Fragebögen verwendet, einen Interpretationsrahmen für die eigene Tätigkeit, den eigenen Unterricht.

Die 30 Items zur Unterrichtsqualität und die Untersuchungsergebnisse für das so genannte Benchmarking in Tabelle 3.7 stammen aus dem Projekt MARKUS (Mathematik; 8. Klassenstufen, zitiert nach Helmke, 2003, S. 168ff.). In Tabelle 3.6 werden die Ergebnisse der Schülerbefragung zur Unterrichtsqualität im Mathematikunterricht getrennt nach Schulformen (HS, RS, GY) einschließlich eines Gesamtwertes pro Item dargestellt. Helmke hat aus Gründen der Übersichtlichkeit die beiden zustimmenden Antwortkategorien in einem Wert zusammengefasst. Für eine genauere Lektüre zum MARKUS-Projekt und der Interpretation der z.T. in den Schulformen sehr divergenten Ergebnisse (siehe Tabelle 3.7) wird auf Helmke und Jäger (2002) verwiesen.

Tabelle 3.7: Schülerfragebogen zur Unterrichtsqualität mit den Ergebnissen aus MARKUS

	Zustimmung in Prozent			
Unser ....lehrer /unsere ....lehrerin ...	**ges.**	**HS**	**RS**	**GY**
Aufgabenkultur				
1) betont oft, dass es mehrere Wege zu einer Aufgabenlösung gibt	74	76	73	72
2) ermuntert uns, eigene Lösungswege zu probieren	54	63	51	46
3) fragt erst die anderen und lässt dann diskutieren, welche Aussage die richtige ist	71	70	71	72
Strukturierung				
4) weist uns darauf hin, wenn etwas besonders beachtenswert ist	79	79	78	80
5) fasst den Stoff am Ende der Stunde noch einmal zusammen	39	55	34	24
Leistungserwartung				
6) will, dass ich mich richtig anstrenge	83	88	81	79
7) achtet sehr darauf, dass ich gute Leistungen bringe	63	76	58	51
Motivierung				
8) kann neue Themen gut erklären	64	73	61	54
9) kann mich manchmal richtig für die Themen begeistern	48	60	42	37
10) kann auch trockene Themen wirklich interessant machen	38	49	33	27
Relevanz des Unterrichts				
11) zeigt uns, wie nützlich ....unterricht *im Alltag* sein kann	50	68	46	33
12) betont, dass ....unterricht in vielen Berufen eine große Rolle spielt	58	79	55	35

Unser ....lehrer /unsere ....lehrerin ... bzw. bei	Zustimmung in Prozent ges.	HS	RS	GY
Schülerorientierung				
13) weiß genau, bei welchen Aufgaben ich Schwierigkeiten habe	55	67	50	43
14) erklärt etwas so lange, bis ich es verstehe	61	73	56	50
15) nimmt sich immer Zeit, wenn ich etwas mit ihm/ihr bereden möchte	61	68	57	56
16) kümmert sich um mich, wenn ich Schwierigkeiten habe	57	68	53	48
Klassenführung				
17) weiß immer genau, was in der Klasse vor sich geht	59	71	57	46
18) muss oft eingreifen, um Aufmerksamkeit herzustellen	65	63	67	64
19) sind die Schüler/innen während des Unterrichts aufmerksam und konzentriert	41	45	37	39
20) sind die Spielregeln, die man einhalten muss, allen bekannt	78	81	78	75
21) hat klar gemacht, was passiert, wenn man Regeln verletzt	65	73	67	53
Freiheitsspielräume				
22) gibt uns verschiedene Themen oder Aufgaben zur Auswahl	14	22	11	8
23) geht auf Vorschläge und Anregungen der Schüler/innen ein	34	41	32	28
Zeit zu Reflexion				
24) verlangt blitzschnelle Antworten	48	47	50	48
25) geht gleich zum nächsten Schüler, wenn ich nicht sofort antworte	39	38	42	38
26) ruft jemand anderen auf, der es wahrscheinlich richtig weiß, wenn ich einen Fehler mache	66	68	66	63
Kleingruppenarbeit				
27) arbeiten wir oft in kleinen Gruppen an verschiedenen Aufgaben	20	23	21	14
28) helfen die leistungsstärkeren Schüler/innen den schwächeren auch einzeln oder in kleinen Gruppen	44	46	46	39
Leistungsdifferenzierung				
29) verlangt von den guten Schülern deutlich mehr	48	55	44	44
30) stellt leistungsschwächeren Schüler/innen einfachere Fragen	25	34	20	20

(nach Helmke (2003), S. 168-170).

Der Fragebogen aus Tabelle 3.7 bzw. die 30 Items zur Beurteilung der Unterrichtsqualität können auch von anderen Fachlehrern als den Mathematiklehrern benutzt werden. Die Items zu den Variablen der Unterrichtsqualität müssen dann *entsprechend fachbezogen* verändert werden (z.B. unsere Deutschlehrerin, unsere Biologielehrerin etc.). Der Fragebogen kann in dieser Form bei Schülern 5. bis 10. Klassen in allen Fächern eingesetzt werden; dazu muss er geringfügig verändert werden (Muster siehe Abbildung 3.15).

Abbildung 3.15: Schülerfragebogen zu Merkmalen der Unterrichtsqualität

Unser ……lehrer /unsere ….lehrerin ... bzw. bei	Stimmt genau	Stimmt ziem-lich	Stimmt wenig	Stimmt gar nicht
1) ... betont oft, dass es mehrere Wege zu einer Aufgabenlösung gibt	□	□	□	□
2) ... ermuntert uns, eigene Lösungswege zu probieren	□	□	□	□
3) ... fragt erst die anderen und lässt dann diskutieren, welche Aussage die richtige ist	□	□	□	□
4) ... weist uns darauf hin, wenn etwas besonders beachtenswert ist	□	□	□	□
5) ... fasst den Stoff am Ende der Stunde noch einmal zusammen	□	□	□	□
6) ... will, dass ich mich richtig anstrenge	□	□	□	□
7) ... achtet sehr darauf, dass ich gute Leistungen bringe	□	□	□	□
8) ... kann neue Themen gut erklären	□	□	□	□
9) ... kann mich manchmal richtig für die Themen begeistern	□	□	□	□
10) ... kann auch trockene Themen wirklich interessant machen	□	□	□	□
11) ... zeigt uns, wie nützlich … unterricht *im Alltag* sein kann	□	□	□	□
12) ... betont, dass …………………unterricht in vielen Berufen eine große Rolle spielt	□	□	□	□
13) ... weiß genau, bei welchen Aufgaben ich Schwierigkeiten habe	□	□	□	□
14) ... erklärt etwas so lange, bis ich es verstehe	□	□	□	□
15) ... nimmt sich immer Zeit, wenn ich etwas mit ihm/ihr bereden möchte	□	□	□	□
16) ... kümmert sich um mich, wenn ich Schwierigkeiten habe	□	□	□	□
17) …weiß immer genau, was in der Klasse vor sich geht	□	□	□	□
18) ... muss oft eingreifen, um Aufmerksamkeit herzustellen	□	□	□	□
19) ... sind die Schüler/innen während des Unterrichts aufmerksam und konzentriert	□	□	□	□
20) ... sind die Spielregeln, die man einhalten muss, allen Bekannt	□	□	□	□
21) ... hat klar gemacht, was passiert, wenn man Regeln verletzt	□	□	□	□
22) ... gibt uns verschiedene Themen oder Aufgaben zur Auswahl	□	□	□	□
23) ... geht auf Vorschläge und Anregungen der Schüler/innen ein	□	□	□	□
24) ... verlangt blitzschnelle Antworten	□	□	□	□
25) ... geht gleich zum nächsten Schüler, wenn ich nicht sofort antworte	□	□	□	□
26) ruft jemand anderen auf, der es wahrscheinlich richtig weiß, wenn ich einen Fehler mache	□	□	□	□
27) ... arbeiten wir oft in kleinen Gruppen an verschiedenen Aufgaben	□	□	□	□
28) ... helfen die leistungsstärkeren Schüler/innen den schwächeren auch einzeln oder in kleinen Gruppen	□	□	□	□
29) ... verlangt von den guten Schülern deutlich mehr	□	□	□	□
30) ... stellt leistungsschwächeren Schüler/innen einfachere Fragen	□	□	□	□

Wie aus Abbildung 3.15 ersichtlich ist, wird hier in Anlehnung an den Fragebogen aus dem MARKUS-Projekt ein Fragebogenmuster mit einer vierstufigen Antwortskala vorgegeben. Die Bezeichnung der Merkmalskategorien für die Unterrichtsqualität wird hier jedoch weggelassen, weil diese für die Schülerbeantwortung nicht relevant bzw. nur irritierend sind. Für die Auswertung und Interpretation können diese Kategorien leicht wieder von der Lehrkraft hinzugefügt oder hinzugedacht werden.

Wenn der Fragebogen in einer Klasse eingesetzt wird, dann sollten die Schüler auf das Feedback eingestimmt werden. Es wird den Schülern beispielsweise mitgeteilt, dass der Fragebogen *anonym* ausgefüllt werden soll, weil man an der ehrlichen Meinung jedes Schülers interessiert ist und dass die Ergebnisse nach der Auswertung diskutiert werden, um gemeinsam den Unterricht noch weiter verbessern zu können.

Auswertung der Fragebögen
Die Antwortkategorien, die die Schüler angekreuzt haben, werden mit folgenden Werten versehen: Die Kreuze in den beiden Ablehnungskategorien erhalten den Wert „0“. Kreuze in den beiden Zustimmungskategorien werden mit einem Punkt bewertet, d.h. sie erhalten den Wert „1“.

Es wird für *jedes Item getrennt der Prozentsatz* bestimmt. Dazu wird zunächst *pro Item* über *alle Schüler* die Zustimmung (= 1 Punkt) *aufaddiert.* Diese erhaltene Summe wird durch die Gesamtzahl der befragten Schüler dividiert. Danach wird dieser Wert mit 100 multipliziert. Damit die Ergebnisse besser interpretiert werden können, sollte ein *grafisches Profil* erstellt werden. So kann auf einen Blick gesehen werden, bei welchen Unterrichtsqualitätsvariablen hohe Prozentwerte erreicht wurden. Die einzelnen Prozentwerte pro Item aus der eigenen Schülerbefragung können auch mit den Ergebnissen aus der MARKUS-Studie der *entsprechenden Schulform* verglichen werden. Selbstverständlich ist ein „sauberer“ Vergleich nur im Fach Mathematik und in der 8. Klasse möglich. In anderen Fächern und Klassenstufen ist die Vergleichbarkeit eingeschränkt. Man kann die Vergleichbarkeit der Daten jedoch verbessern, indem der Fragebogen in mehreren Klassen (gemeinsam mit anderen Kollegen) an der Schule eingesetzt wird.

b) Schülerfragebogen zum Unterrichtsklima

Jeder Lehrer hat die Erfahrung gemacht, dass es „klimatische“ Unterschiede zwischen verschiedenen Schulklassen gibt, die in der sozialen Interaktion, in der Lernaktivität, der Leistungsorientierung, den Einstellungen zur Schule und in der gesamten Stimmungslage der Schüler unmittelbar zum Ausdruck kommen. Die Besonderheit dieser Variable der Unterrichtsqualität wurde bereits bei der theoretischen Darstellung von fächerübergreifenden Unterrichtsmerkmalen skizziert.

Für die Diagnose des Unterrichtsklimas sind vor allem folgende Variablen von Bedeutung (vgl. Wahl, Weinert & Huber 2007):

- Zusammengehörigkeitsgefühle der Schüler
  (Erleben sich Schüler einer Klasse als Gemeinschaft oder gibt es Cliquen, Streit, Außenseiter);
- Zufriedenheit mit der Lehrkraft
  (Wird sie als aufgeschlossen, empathisch, konsequent, gerecht, oder als ungerecht, Macht ausnutzend erlebt);
- Zufriedenheit mit dem Unterricht
  (herausfordernd, anregend, nützlich vs. langweilig, uneffektiv, unnötig);
- Leistungsanforderungen
  (angemessen, zu hoch, zu niedrig);
- Selbstverantwortlichkeit
  (Wird der Unterricht als Möglichkeit zum mitbestimmenden Lernen oder als Frustration des Bedürfnisses nach Autonomie und Selbstbestbestimmung erlebt).

Eine diagnostische Möglichkeit zur Erhebung des Klassenklimas stellt der Fragebogen nach Dreesmann (1980) dar, der in Abbildung 3.16 wiedergegeben wird.

Wie erleben die Schüler die Atmosphäre im Klassenzimmer?
Kreuze bitte zu jeder Aussage an, ob diese zutrifft bzw. nicht zutrifft.

Abbildung 3.16: Leicht modifizierter Fragebogen zur Unterrichtsqualität

		Ja	Nein
1	Die Anforderungen in unserem ....unterricht sind zu hoch.	•	•
2	In unserem ...unterricht wird wenig gestört.	•	•
3	Unter den Schülern gibt es häufig Streit und Zank.	•	•
4	Es wird immer darauf geachtet, dass alle den Stoff verstehen.	•	•
5	Der Lehrer lässt uns gerne neue und andere Lösungen versuchen.	•	•
6	Schwächeren Schülern gibt der Lehrer leichtere Aufgaben.	•	•
7	Die Schüler sind mit dem ....unterricht zufrieden.	•	•
8	Der Lehrer wird leicht ärgerlich.	•	•
9	Der Stoff in diesem Fach ist so leicht, dass man sich nur wenig anstrengen muss.	•	•
10	Es macht für die Beurteilung des Lehrers wenig aus, wie viel Mühe sich ein Schüler gibt.	•	•
11	Die Schüler arbeiten im ....unterricht konzentriert mit.	•	•
12	Der Lehrer lässt sich nicht umstimmen, wenn die Schüler anderer Meinung sind, als er.	•	•
13	Die Schüler in dieser Klasse sind alle gute Kameraden.	•	•
14	Der Lehrer gibt uns zu schwere Hausaufgaben auf.	•	•
15	Der Unterrichtsstoff wird immer gut erklärt.	•	•
16	Wenn der Lehrer Fragen oder Aufgaben stellt, berücksichtigt er immer, wieviel der Schüler kann.	•	•
17	Bessere Schüler gelten hier mehr als die schlechteren Schüler.	•	•
18	Der Lehrer ist zu allen gleich freundlich.	•	•
19	Schüler mit schlechten Leistungen können sich in diesem Fach durch Anstrengung verbessern.	•	•
20	In unserem ....unterricht geht es sehr diszipliniert zu.	•	•
21	Wir Schüler dürfen mitbestimmen, was im Unterricht gemacht werden soll.	•	•
22	In dieser Klasse helfen sich die Schüler gerne gegenseitig.	•	•
23	Erst wenn alle Schüler den Stoff begriffen haben, wird etwas Neues durchgenommen.	•	•
24	Der Lehrer erlaubt es, wenn ein guter Schüler einem schlechteren bei einer Aufgabe	•	•

		Ja	Nein
	hilft.		
25	Man muss besser als der Durchschnitt sein, damit man vom Lehrer gelobt und anerkannt wird.	•	•
26	Alle Schüler arbeiten im Unterricht gerne mit.	•	•
27	Wenn es um Leistungen geht, gibt es hier mehr Konkurrenz als Hilfsbereitschaft.	•	•
28	Der Lehrer lobt die Schüler, wenn sie gute Arbeit leisten.	•	•
29	Häufig ist die Klasse so laut, dass man sich nicht konzentrieren kann.	•	•
30	Im Unterricht wird nur das gemacht, was der Lehrer bestimmt.	•	•
31	Wir sollen immer erst selbst versuchen, eine Aufgabe zu lösen, bevor der Lehrer uns hilft.	•	•
32	Der ...unterricht macht überhaupt keine Freude.	•	•
33	Die Schüler sind dem Lehrer ziemlich gleichgültig.	•	•
34	Der Unterrichtsstoff in ... ist zu schwierig.	•	•
35	Manchmal weiß man im ...unterricht nicht genau, was man zu tun hat.	•	•
36	Wenn man etwas falsch gemacht hat, wird man häufig von den anderen Schülern gehänselt oder ausgelacht.	•	•
37	Häufig verstehen die Schüler das nicht, was gerade durchgenommen wird.	•	•
38	Der Lehrer wird ärgerlich, wenn die Schüler sich gegenseitig zu helfen versuchen.	•	•
39	Die Schüler haben manches daran auszusetzen, wie unser ...unterricht gemacht wird.	•	•
40	Der Lehrer ist zu den Schülern wie ein guter Kamerad.	•	•

(Dreesmann, 1980; zitiert nach Wahl et al. 2007, S. 333)

Wenn der Fragebogen aus Abbildung 3.16 in einer Klasse eingesetzt werden soll, sind vor dem Kopieren die Leerstellen durch das abzufragende Unterrichtsfach zu ersetzen.

Die Befragung ist *anonym* durchzuführen. Der Fragebogen kann bei Schülern 4. bis 10. Klassen eingesetzt werden. Beim Einsatz in der 4. Klasse muss vorher geprüft werden, dass alle Schüler relativ flüssig lesen können.

Jede Lehrkraft sollte *vor der Befragung* die Items des Fragebogens für sich selbst beantworten. Damit fixiert sie ihre Erwartungen, wie die Mehrzahl der Schüler antworten wird, um den anschließenden Vergleich von Lehrerurteil und Schülereinschätzungen zu gewährleisten.

Auswertung des Fragebogens zur Unterrichtsqualität
Zu jedem Item werden die positiven oder ablehnenden Antworten über alle Schüler ausgezählt. Dazu muss die auswertende Lehrkraft die „JA“- und „Nein“-Antworten der Schüler zunächst aber in ihre *entsprechende positive oder negative Bedeutung übersetzen.* Das ist deshalb notwendig, weil die Items des Fragebogens ungünstiger Weise sowohl positiv als auch negativ formuliert wurden. Aus diesem Grunde kann keine durchgängig gleiche Bedeutung mit den Antworten „JA“ oder „Nein“ verbunden werden. Dies soll an zwei Beispielen des Fragebogens verdeutlicht werden:

Bei Item 3 („Unter den Schülern gibt es häufig Streit und Zank“) bedeutet die Antwort „Ja“ ein negatives Urteil des Schülers, das der Auswerter mit einem Minus (-) kodieren sollte. Die Antwort „Nein“ bringt dann ein positives Votum des Schülers zum Ausdruck, was durch ein Plus (+) kodiert wird.

Bei Item 11 („Die Schüler arbeiten im ....unterricht konzentriert mit") bedeutet dagegen das „JA" eine positive Einschätzung (+) und das „Nein" analog eine negative Einschätzung (-).

Es hat sich als günstig erwiesen, wenn die Kodierung pro Item über alle Schüler hinweg vorgenommen wird. Dazu sollte man sich ein gesondertes Auswertungsblatt (möglichst kariert) anfertigen, auf dem die Nummern der Items 1- 40 (vertikal) eingetragen werden und die kodierten Antworten aller Schüler zu einem Item in die entsprechende Zeile eingetragen werden. Das kann beispielsweise so aussehen:

Item 1 : + – + – + + + + + + + – + + – - – + – + + + + ... = 15 + : 7-

Somit kann am Ende jeder Zeile schnell ausgezählt werden, wie häufig die Schüler positiv oder negativ geurteilt haben.

Um bei der Interpretation der Schülerantworten nicht bei isolierten Urteilen (d.h. pro Item) stehen zu bleiben, könnten die 40 Items auch den von Wahl et al. (2007) aufgelisteten fünf Kategorien zugeordnet werden. Dabei besteht ein methodisches Auswertungsproblem jedoch darin, dass diese Zuordnung von uns im Nachhinein vorgenommen worden ist und sich die Items nicht in gleicher Anzahl auf die vorgeschlagenen Kategorien verteilen lassen. Einige Items sind darüber hinaus auch schwer eindeutig zuzuordnen, d.h. sie könnten zu mehreren Kategorien Informationen liefern. Diese Items wurden von uns deshalb auch mehrfach zu den jeweiligen Kategorien zugeordnet.

Für die hier intendierte diagnostische Informationssammlung zur Aufdeckung von Problemen in Bezug auf das Unterrichtsklima fallen diese genannten methodischen Probleme nicht weiter ins Gewicht.

Der folgende Vorschlag einer Itemzuordnung auf die fünf Kategorien des Unterrichtsklimas weist pro Kategorie zunächst die *nur einmal zugeordneten Items* aus, *nach dem Semikolon* die *Mehrfachzuordnungen.*

1. Zusammengehörigkeitsgefühl der Klasse: 3, 13, 22, 27, 36; 4, 17, 29
2. Zufriedenheit mit dem Lehrer: 8, 10, 12, 18, 25, 28, 33, 38, 40; 5, 6, 14, 15, 16, 17
3. Zufriedenheit mit dem Unterricht: 2, 7, 11, 20, 26, 32, 39; 15, 29, 35
4. Leistungsanforderungen: 1, 6, 9, 14, 19, 34, 37; 4, 16, 22, 23, 35
5. Selbstverantwortlichkeit: 21, 30, 31; 5, 24, 38

Dieses Vorgehen erhöht natürlich den Auswertungsaufwand. Deshalb ist es ratsam, von vornherein die Entscheidung zu treffen, ob nach den fünf Kategorien oder ob lediglich entlang der 40 Items ausgewertet werden soll.

Es ist auch möglich, nur eine besonders interessierende, ausgewählte Kategorie nach dem vorgeschlagenen Muster auszuwerten.

Entscheidet man sich für die Auswertung nach den Kategorien, dann ist es günstig, wenn *pro Kategorie ein Auswertungsprotokoll* eingerichtet wird, auf dem die zugeordneten Items horizontal (Zeile) aufgelistet werden und die Eintragungen der kodierten Schülerantworten vertikal (Spalte) vorgenommen werden(siehe Muster in Abbildung 3.17).

Abbildung 3.17: Muster für das Auswertungsprotokoll der Kategorie „Zusammengehörigkeitsgefühl der Klasse“

	Item							
Schülerantwort	3	4	13	17	22	27	29	36
Schüler 1	+	+	+	+	+	+	+	+
Schüler 2	-	-	-	+	-	-	+	-
Schüler 3	.	.	.					
	.	.	.					

Wie aus Abbildung 3.17 deutlich zu erkennen ist, erhält man über die Zeile die Information darüber, wie konsistent *ein* Schüler zu den betreffenden Items geantwortet hat. Die Spalte bildet dagegen die Meinung *aller* Schüler zu einem Item ab, woraus schnell die +/- Antworten aufaddiert werden können. Die in der Spalte erhaltene Antworttendenz der Schüler sollte die Lehrkraft jeweils mit ihrer fixierten Erwartung vergleichen.

Der Vergleich aller Items einer Kategorie über die Spalten gibt Auskunft über die Richtungstendenz des Schülererlebens in Bezug auf die Kategorie z.B. das Zusammengehörigkeitsgefühl in der Klasse. Gleichzeitig werden auf einen Blick auch mögliche Extreme bezüglich eines Items in der Kategorie deutlich.

Wenn eine Lehrkraft aus den Daten entnehmen muss, dass die Mehrzahl der Schüler die Situation wenig positiv einschätzt, dann sollte sie sich den Regeln des Einholens von Feedback erinnern und nicht vor sich selbst oder den Schülern in Verteidigungsposition gehen. Natürlich wäre dies zunächst die wirksamste Art des Schutzes des Selbstkonzepts – besonders wenn das Schülererleben *erwartungswidrig* schlecht zu der eigenen fixierten Beurteilung ausfällt. Wer Feedback einholt, muss den Feedbackgebern *ihre Sicht zugestehen*, auch wenn die eigene Beurteilung davon abweicht.

Die Analyse der Schülerantworten zu den einzelnen Variablen kann außerdem durchaus dabei helfen, Probleme und Ansatzpunkte für Veränderungen der Situation aufzudecken. Es können die Schüler auch direkt nach Veränderungsvorschlägen gefragt werden, was das Gefühl der Mitbestimmung stärkt und möglicherweise bestimmten ungünstigen Beziehungskonstellationen bereits die „Schärfe“ nimmt. Die *Veränderung des Unterrichtsklimas* kann jedoch durch die Lehrkraft nicht kurzfristig erreicht werden. Hierzu sind längerfristige zielgerichtete und systematische Bemühungen in Form von Unterrichtsplanungen, Unterrichtsreflexionen, Schülergesprächen usw. erforderlich.

c) Schülerfeedback zur Diagnose der Klassenführung einer Lehrkraft

Im ersten Teil des vorliegenden Kapitels wurde explizit auf die effiziente Klassenführung als ein wesentliches Qualitätsmerkmal des guten Unterrichts eingegangen. Hier soll nun ein Verfahren zur Diagnose der Klassenführung aus der Beurteilungsperspektive der Schüler (Küpper, 1977) vorgestellt werden. Der Fragebogen erfasst zu folgenden Kategorien der von Kounin (1976) begründeten „Technologien“ des Klassenmanagements (Abb. 3.18) die Einschätzung der Schüler einer Klasse:

- Allgegenwärtigkeit/Überlappung
- Reibungslosigkeit/Geschmeidigkeit des Unterrichts
- Gruppenfokus/Gruppenaktivierung/Überprüfung
- Abwechslung/intellektuelle Herausforderung

Die Instruktion an die Schüler kann mündlich oder schriftlich formuliert werden. Zum Beispiel:

Bitte bearbeite den folgenden Fragebogen sehr sorgfältig. Versuche so ehrlich, so genau wie möglich zu antworten. Du brauchst deinen Namen nicht zu nennen. Die Befragung ist anonym. Bitte mach bei jeder Aussage das Kreuz dort, was dazu deine Meinung ist.

Abbildung 3.18: Fragebogen zum Schüler-Feedback über die Klassenführung eines Fachlehrers (nach Küpper 1977; zitiert nach Wahl et al. 2007, S. 340f.)

		Ja	Nein
1.	Der Lehrer nimmt oft Schüler dran, die mit einem Kuli oder etwas anderem spielen.	•	•
2.	Der Lehrer bestraft immer nur die Schüler, die wirklich etwas getan haben.	•	•
3.	Dieser Lehrer ist auch durch Kleinigkeiten leicht aus der Ruhe zu bringen.	•	•
4.	Bei diesem Lehrer kann man während der Stunde Hausaufgaben machen, ohne dass man ermahnt wird.	•	•
5.	Auch wenn der Lehrer etwas an der Tafel erklärt, merkt er, was in der Klasse vor sich geht.	•	•
6.	Bei diesem Lehrer kann man schlecht abschreiben, weil er das meistens merkt.	•	•
7.	Wenn der Lehrer etwas Neues durchnimmt, dann dauert das oft so lange, dass es langweilig wird.	•	•
8.	Bei diesem Lehrer muss man dauernd damit rechnen, aufgerufen zu werden, auch wenn man sich nicht gemeldet hat.	•	•
9.	Wenn der Lehrer etwas an die Tafel schreibt, kann man Sachen durch die Klasse werfen, ohne dass der Lehrer etwas sagt.	•	•
10.	Auch wenn der Lehrer mit einem einzelnen Schüler spricht, merkt er, was die anderen machen.	•	•
11.	Der Lehrer geht im Stoff so schnell vorwärts, dass viele nicht mitkommen und er es noch einmal erklären muss.	•	•
12.	Auch wenn ich mich etwas ducke, muss ich damit rechnen, dass ich plötzlich drankomme.	•	•
13.	Man braucht manchmal die ganze Stunde nichts zu sagen, ohne dass dies dem Lehrer auffällt.	•	•
14.	Dieser Lehrer erklärt auch einfache Sachen so ausführlich, dass wir im Stoff nur langsam weiterkommen.	•	•
15	Wenn wir in einer Gruppe arbeiten, weiß der Lehrer, ob alle Gruppenmitglieder etwas zum Arbeitsergebnis beigetragen haben oder nicht.	•	•
16	Man kann ein Buch aufstellen, um dahinter mit dem Nachbarn zu sprechen, ohne dass dieser Lehrer etwas merkt.	•	•
17.	Wenn der Lehrer an der Tafel beschäftigt ist, können wir allen möglichen Quatsch machen.	•	•
18	Wenn der Lehrer jemanden ermahnt, erwischt er meist den richtigen.	•	•
19.	Dieser Lehrer nimmt fast immer dieselben dran.	•	•
20.	Wenn ein Schüler etwas getan hat, schimpft der Lehrer ziemlich lange mit ihm.	•	•
21.	Dieser Lehrer hat nur wenig Ahnung davon, was in der Klasse wirklich vor sich geht.	•	•

		Ja	Nein
22.	Wenn der Lehrer sich mit einem einzelnen Schüler beschäftigt, müssen die anderen trotzdem aufpassen, weil sie plötzlich aufgerufen werden können.	•	•
23.	Dieser Lehrer weiß ziemlich oft nicht, ob ein Schüler etwas selbst gewusst hat, oder ob es jemand vorgesagt hat.	•	•
24.	Wenn jemand zum Fenster rausguckt, muss er bei diesem Lehrer damit rechnen, überraschend aufgerufen zu werden.	•	•
25.	Wenn der Lehrer etwas austeilt, hält er sich damit ziemlich lange auf.	•	•
26.	Dieser Lehrer achtet darauf, dass auch bei Gruppenarbeit alle Schüler mitarbeiten.	•	•
27.	Man kann während der Stunde bei diesem Lehrer laut sprechen, ohne dass man ermahnt wird.	•	•
28.	Der Lehrer achtet darauf, dass so ziemlich alle Schüler einmal drankommen.	•	•
29.	Man hat manchmal das Gefühl, dass dieser Lehrer auch hinten Augen hat.	•	•
30.	Wenn etwas vorgelesen wird, kann man ruhig etwas anderes lesen, ohne dass dieser Lehrer das merkt.	•	•
31.	Hat ein Schüler die Hausaufgaben nicht gemacht, so hält sich dieser Lehrer lange mit ihm auf.	•	•
32.	Der Lehrer bestraft oft die falschen Schüler, weil er nicht weiß, wer wirklich etwas getan hat.	•	•
33.	Auch wenn der Lehrer an der Tafel etwas Neues erklärt, merkt er, ob jemand aufpasst oder nicht.	•	•

Die Lehrkraft sollte *vor dem Einsatz des Fragebogens* bei den Schülern zunächst für sich die 33 Aussagen beurteilen und zwar so, wie sie erwartet, dass die *Mehrzahl* der Schüler urteilt. Mit dieser Fixierung der Erwartungen der Lehrkraft wird der Vergleich von Lehrersicht und Schülersicht auf die Unterrichtsführung möglich.

Auswertung des Fragebogens zum Schüler-Feedback

Für die Auswertung der Schülerantworten ist es zunächst erforderlich, dass die Ja- und Nein-Antworten entsprechend ihrer *positiven oder negativen Bedeutung* in Bezug auf die Unterrichtsführung *kodiert* werden. Dies soll exemplarisch an zwei Items des Fragebogens verdeutlicht werden.

Wenn ein Schüler bei Item1 („Der Lehrer nimmt oft Schüler dran, die mit einem Kuli oder etwas anderen spielen") mit Ja antwortet, dann wird dies mit einem Plus (+) kodiert, weil der Lehrer im Sinne von Kounins Technologie angemessen gehandelt hat. Wenn der Schüler mit Nein antwortet, bringt das analog ein weniger angemessenes Lehrerverhalten zum Ausdruck und wird demzufolge mit einem Minus (-) kodiert.

Bei Item 4 („Bei dem Lehrer kann man während der Stunde Hausaufgaben machen, ohne dass man ermahnt wird") bedeutet dagegen ein Ja ein ungünstiges Lehrerverhalten und wird mit einem Minus (-) versehen; analog das Nein mit einem Plus, weil die Lehrkraft richtig reagiert hat.

Für den Fall, dass bei der Kodierung eines der 33 Items des Fragebogens Unsicherheiten auftreten sollten, wird im Folgenden eine *Orientierungsgrundlage für* die *positive Beurteilung der Items* gegeben. Bei der folgenden Übersicht wird dazu zusätzlich noch eine Zuordnung der Items zu den ausgewählten vier Kategorien der Unterrichtsführung vorgenommen.

Die Schülerantworten erhalten jeweils *ein Plus (+)*, wenn für die Kategorie

1. Allgegenwärtigkeit/Überlappung										
die Items	1	2	5	6	12	18	24	29	33	mit Ja und
die Items	4	9	16	17	21	27	30	32		mit Nein beantwortet werden.
2. Reibungslosigkeit/Geschmeidigkeit										
die Items	3	20	25	31						mit Nein beantwortet werden.
3. Gruppenfokus/Gruppenaktivierung/Überprüfung										
die Items	8	15	22	26	28					mit Ja
die Items	13	19	23							mit Nein beantwortet werden.
4. Abwechslung/intellektuelle Herausforderung										
die Items	7	11	14							mit Nein beantwortet werden.

Es hat sich für die zügige Auswertung als günstig erwiesen, wenn zunächst auf jedem Schülerfragebogen die Kodierung der Antworten jeweils am Ende der Zeile mit einem Filzstift deutlich vorgenommen wird.

Für die weitere Auswertung und Zusammenfassung der Daten sollte pro Kategorie ein Protokollblatt vorbereitet werden. Bei der 1. Kategorie „Allgegenwärtigkeit/Überlappung" sollten zwei Blätter vorbereitet werden, da diese Kategorie die meisten Items (18) umfasst.

In Abbildung 3.19 ist ein Muster für die Auswertungsprotokolle am Beispiel der Kategorie „Reibungslosigkeit/Geschmeidigkeit" aufgeführt.

Abbildung 3.19: Muster eines Auswertungsprotokolls zum FB „Klassenführung" am Beispiel der Kategorie Reibungslosigkeit

Kategorie: Reibungslosigkeit/Geschmeidigkeit

	Item			
	3	20	25	31
	-	-	+	-
	-	-	+	+
	-	-	+	+
	-	-	+	+
	+	+	+	-
	.	.	.	.
	.	.	.	.
Summe	4-: 1+	4-: 1+	5+	2-: 3+

Auf dem entsprechenden Protokollblatt werden die zur Kategorie zugehörigen Items abgetragen und danach alle kodierten Schülerantworten in die Spalte des betreffenden Items eingetragen.

Unter die Spalten werden die Plus und Minus jeweils aufaddiert. *Zu diesem Ergebnis der Schülerantworten* wird mit einem roten Filzstift das *vorher fixierte Urteil der Lehrkraft hinzugefügt.*

Damit kann auf einen Blick pro Kategorie die Tendenz der Angemessenheit des Lehrerverhaltens aus der *Perspektive der Schüler* und das Ausmaß der Übereinstimmung mit dem Lehrerurteil erfasst werden.

Die Adäquatheit der Einschätzung durch die Schüler kann anhand von Audioprotokollen des eigenen Unterrichts und/oder Hospitationen von Kollegen nachgeprüft werden. Daraus lässt sich feststellen, welche Probleme in der Klassenführung tatsächlich auftreten. Insbesondere ist eine solche Nachprüfung dann sinnvoll, wenn die Schülerurteile und die Lehrereinschätzung divergieren.

Die erhaltenen Daten und die damit verbundenen Einsichten sind eine wesentliche Voraussetzung für den Versuch, einzelne Strategien zum Klassenmanagement zu verbessern.

Dazu könnte auch das Buch von Kounin (1976; 2006) eine wertvolle Unterstützung bieten.

Zu 2. Feedback nach einer Unterrichtsstunde

Bei dieser Form des Feedbacks der Schüler zum Unterricht geht es darum, aktuelle lernförderliche oder lernbehindernde Aspekte des Unterrichts durch die Schüler selbst einschätzen zu lassen (z.B. war die angesetzte Zeit für die Stillarbeit für den Schüler ausreichend; hat er den Unterrichtsstoff verstanden; hat er sich unter- oder überfordert gefühlt; war der Stoff interessant etc.).Die Lehrkraft sollte den Schülerfragen selbst nach der gehaltenen Stunde (während die Schüler ihn bearbeiten) ausfüllen und zwar so, dass sie einmal pro Frage ihren Eindruck über die Mehrzahl der Schüler zusammenfasst und darüber hinaus noch Differenzierungen für einzelne Schüler vornimmt, sofern sie diese bemerkt hat.

Über diese Informationen der Schüler erhalten die Lehrkräfte einmal wichtige und genaue Rückmeldungen bezüglich der Lernvoraussetzungen der Schüler und andererseits der Angepasstheit des Unterrichts an diese Lernvoraussetzungen (Wirksamkeit der eingesetzten Individualisierungs-und Differenzierungsmaßnahmen).

Im Folgenden wird ein Fragebogen zur Einholung des Feedbacks nach einer Unterrichtsstunde (Abb. 3.20) besprochen, der ursprünglich als ein Erhebungsinstrument im DFG-Projekt SALVE genutzt wurde (Hosenfeld et al., 2002a), auf den wir bereits bei der Darstellung von empirischen Untersuchungsbefunden zur diagnostischen Kompetenz von Lehrkräften indirekt verwiesen haben (Kap. 1.4).

Der Fragebogen kann bei Schülern 4. bis 10. Klassen eingesetzt werden.

Abbildung 3.20: Schüler-Feedback zu einer konkreten Unterrichtsstunde (mit geringfügigen Veränderungen zitiert nach Helmke, 2003, S. 173).

Datum: Unterricht:
Name: Zeit:

Bitte lies die Aufgaben genau durch und entscheide dich für eine Antwortmöglichkeit, die auf dich voll zutrifft. Dabei vergiss auch die Begründungen nicht.

Was wir in der Stunde heute durchgenommen haben, habe ich ...

- sehr gut verstanden
- gut verstanden
- einigermaßen verstanden
- nicht so gut verstanden
- schlecht verstanden
- sehr schlecht verstanden

Heute habe ich in der Stunde ...

- sehr gut aufgepasst
- gut aufgepasst
- einigermaßen aufgepasst
- nicht so gut aufgepasst
- schlecht aufgepasst
- sehr schlecht aufgepasst,
  weil ....

War Dir klar, worauf der Lehrer/die Lehrerin hinauswollte?

- völlig klar
- ziemlich klar
- einigermaßen klar
- nicht so klar
- ziemlich unklar
- völlig unklar

Heute war der Unterricht für mich ...

- viel zu leicht
- etwas zu leicht
- genau richtig
- eher etwas zu schwer
- viel zu schwer,
  weil ....

Was wir heute durchgenommen haben, fand ich ...

- sehr interessant
- ziemlich interessant
- einigermaßen interessant
- nicht so interessant
- ziemlich uninteressant
- völlig uninteressant,
  weil ....

Der Unterricht heute war ...

- genau so wie andere Stunden auch
- anders als sonst, weil ....

Dieser Fragebogen ist auch *häufig bzw. mehrfach einsetzbar*, um Informationen zur Unterrichtstunde auch unter speziellen Zielsetzungen zu erhalten:

- Einführung in ein neues Stoffgebiet;
- Ausprobieren einer neuen Unterrichtsmethode;
- Lernbesonderheiten von Schülern zu erfassen, um Lernschwierigkeiten vorzubeugen oder früh zu erkennen;
- Abgleich der Lehrereinschätzung mit denen der Schüler, um Individualisierung und Differenzierung des Unterrichts noch passender auf das Lernverhalten der Schüler vornehmen zu können.

Auswertung des Fragebogens zum Schülerfeedback nach einer Unterrichtsstunde
Die Auswertung kann je nach Zielstellung qualitativ vorgenommen werden.

Wenn die Lehrkraft jedoch genau erfassen möchte, für welche Schüler der Unterricht angemessen war, eine Über- oder Unterforderung bezüglich der ausgewiesenen Aspekte darstellte, dann muss ein Auswertungsblatt mit allen Schülernamen angefertigt werden, in das die entsprechenden Schülerantworten eingetragen werden.

3.2 Diagnostik zur Feststellung des Lernerfolgs von Schülern

Praxisbeispiele

Frau Scheibler hat eine 8. Klasse in Mathematik und Physik zum letzten Schuljahr neu übernommen. Im Elternabend nach den Halbjahresnoten verlangt die Mehrzahl der Eltern der Schüler, dass sie ihre Zensurengebung verändern solle. Ihr Vorgänger hätte im Vergleich um eine Note besser bewertet und die Eltern können sich nicht vorstellen, dass ihre Kinder sich in relativ kurzer Zeit so verschlechtert haben sollen. Dies kann nur an der unangemessen strengen Zensierung der neuen Lehrerin liegen.

In einer anderen Klasse halten Schüler ihrem Lehrer nach der Evaluation des Unterrichts vor, er würde nach Sympathie und nicht nach Leistung benoten und das halten sie in hohem Maße für ungerecht.

Nach Rückgabe einer Klassenarbeit kommen drei Schüler in der Pause nach vorn und behaupten gegenüber ihrem Chemielehrer das Gleiche geschrieben, aber drei verschiedene Noten bekommen zu haben. Sie verlangen von ihm, dass er den beiden schlechter beurteilten Schülern ebenfalls die gute Note erteilt.

Alle drei beschriebenen Beispiele haben etwas mit der Leistungsbeurteilung durch Lehrkräfte zu tun. Wenn die Lehrerin aus dem ersten Beispiel den Eltern ihre Benotung als korrekt und angemessen begründen will, muss sie sich auf belegbare Argumente stützen, die sich auf eine objektive und valide Leistungsmessung beziehen. Möglicherweise hat der Vorgänger der Mathelehrerin wirklich zu milde zensiert.

Wie weit die im Lehrplan formulierten und im Unterricht umgesetzten Lehrziele bei den einzelnen Schülern erreicht werden, prüfen Lehrkräfte in der Regel mit Hilfe von traditionellen Klassenarbeiten, schriftlichen und mündlichen Leistungskontrollen, durch mündliche und schriftliche Prüfungen, zunehmend auch durch Vergleichsarbeiten und Kompetenztests, seltener über Portfolios und Lerntagebücher.

Das Messergebnis dieser Überprüfungen sind Zensuren und Zeugnisse, denen nicht selten unterstellt wird, dass sie eine fragwürdige Qualität in Bezug auf die Gütekriterien hätten und ihr Aussagewert über die Schülerleistung nur im Rahmen der jeweiligen Klasse gelte. Im Folgenden soll deshalb auf diagnostische Möglichkeiten eingegangen werden, mit deren Hilfe die Qualität der Lernerfolgsmessung optimiert werden könnte. Es werden standardisierte Schulleistungstests (Kap. 3.2.1.1), informelle Schulleistungstests (Kap. 3.2.1.2) und alternative Beurteilungsverfahren (Kap. 3.2.3) besprochen.

3.2.1 Schulleistungstests

Schulleistungstests stellen eine diagnostische Alternative zur traditionellen Leistungsmessung in der Schulpraxis dar. In der einschlägigen Literatur werden solche Tests z.T. unterschiedlich benannt (Argumentation siehe Ingenkamp & Lissmann, 2005). Man spricht z.B. von standardisierten, normorientierten, kriteriumsorientierten Schulleistungstests.

Ein zentrales Unterscheidungsmerkmal einer Klassifizierung besteht darin, ob die einen Schulleistungstests (= formelle) von fachpsychologischen Testkonstrukteuren ausgearbeitet und die Gütekriterien empirisch/statistisch nachgewiesen werden. Die anderen Tests (= informelle) werden von Lehrkräften selbst konstruiert. Dabei wird eine den Gütekriterien eher entsprechende Leistungsmessung im Vergleich zur traditionellen Vorgehensweise angestrebt, aber nicht statistisch belegt (siehe genauer Kap. 3.2.3).

Die formellen, wissenschaftlich ausgearbeiteten Verfahren können einmal das Ziel haben, die Leistungen von Schülern zu prüfen und mit den Leistungen einer großen repräsentativen Stichprobe (sozialbezugsnormorientiert) zu vergleichen (Kap. 3.2.1.1). Das bedeutet, dass man mit einem solchen standardisierten, bezugsnormorientierten Schulleistungstest Aussagen darüber treffen kann, wie gut (ein) Schüler einer bestimmten Klasse in Bezug auf „alle" Schüler dieser Altersklasse (ist) sind.

Mit einer anderen Form formeller Schulleistungstests kann dagegen geprüft werden, wie gut Schüler in Bezug auf ein Kriterium (= sachliche Bezugsnorm) gelernt haben. Ein Kriterium kann sich auf voll operationalisierte Lernziele in einem Inhaltsbereich aus Lehrplänen und Lehrbüchern beziehen. Dann wird geprüft, wie viel Prozent des Wissens aus diesem Inhaltsbereich ein Schüler haben muss, um ihn voll zu beherrschen. Ein Kriterium kann aber auch eine schulische Kompetenz (mathematische; Lesekompetenz) sein. Dann wird mit dem Test festgestellt, auf welcher Niveaustufe beispielsweise der betreffende Schüler diese Kompetenz (vgl. z.B. PISA, IGLU, TIMSS) besitzt. Auch kriteriumsorientierte oder Lehrzieltests weisen statistische Kennziffern aus.

3.2.1.1 Sozialnormorientierte Tests

Mit sozialnormorientierten Schulleistungstests als wissenschaftliche Routineverfahren kann der Kenntnisstand von Schülern in einem oder mehreren inhaltlich spezifizierten kognitiven Lehrzielbereichen festgestellt werden. Die Aussagen über die Leistungsgüte werden dabei anhand eines Vergleichs mit den Leistungen einer repräsentativen Stichprobe (bezogen auf Altersstufe, Schulstufe, Schulform) getroffen (vgl. Lukesch. 1998).

Als *Vergleichwerte* werden meist *Prozentrangplätze* oder *T-Werte* benutzt (vgl. Kapitel 2). Solche bezugsgruppenorientierten Schulleistungstests überprüfen überwiegend umfangreiche Lerneinheiten, weil sie auf eine überregionale Anwendbarkeit hin konstruiert werden. Die Testkonstrukteure orientieren sich deshalb meist an wichtigen übergreifenden Lernzielen.

Fast alle in Deutschland publizierten Schulleistungstests sind bezugsgruppenorientierte Tests.

Die verfügbaren Verfahren sind in einschlägigen Testkompendien (z.B. Brickenkamp; Handbuch psychologischer und pädagogischer Tests von Brähler, Holling, Leutner & Petermann, 2002), Testkatalogen (Hogrefe, 2007/08) und Testdatenbanken dokumentiert. Die umfangreiche Testdatenbank des Hogrefe-Verlages enthält ca. 113 lieferbare Schulleistungstests (www.test-zentrale.de; Stand März 2009) (siehe auch Kap. 2.4.1).

Neben so genannten *Mehrfächertests* werden unter anderem *Deutschtests* (zu Lesen, Rechtschreibung, Wortschatz, Grammatik), *Mathematiktests*, *Fremdsprachentests* (Englisch und Französisch), *Tests für naturwissenschaftliche Fächer* (Physik, Biologie, Chemie), *Tests für sozialwissenschaftliche Fächer* (Geografie, Geschichte, Politik, Sozialkunde) und *Sport*-und *Musiktests* angeboten.

Die Entwicklung von Schulleistungstests wurde in Deutschland vor allem von Ingenkamp ins Leben gerufen, weil seine Forschungen zur „Fragwürdigkeit der Zensurengebung“ (Ingenkamp, 1995, original 1971) die Notwendigkeit zur Verbesserung bzw. Objektivierung der Lernerfolgsmessung nachdrücklich belegten. Die Testproduktion hat bis 1990 auch kontinuierlich zugenommen (Kühn, 1992). Allerdings sind der Verkauf und vor allem der Einsatz von Schulleistungstests in der Schulpraxis seit Mitte der 1970er Jahre rückläufig. Auf Gründe wurde bereits im ersten Teil des Buches hingewiesen.

Es ist jedoch unbestreitbar, dass den Schulleistungstests ein wichtiger Stellenwert bei Fragen der Objektivierung von Wissen bzw. Leistung der Schüler zukommt, und es ist deshalb sehr bedauerlich, wenn Lehrkräfte aus Unkenntnis auf diese vorhandene diagnostische Form der sachgerechten Schülerbeurteilung häufig verzichten müssen.

Es ist auch unbestreitbar, dass die ausgearbeiteten Schulleistungstests unterschiedliche Ziele verfolgen und von der Qualität her uneinheitlich sind.

Zur Beurteilung der Qualität der Schulleistungstests empfiehlt es sich deshalb, bei der Auswahl auf die Prüfkriterien von Langfeldt (1984, S. 97) zurückzugreifen:

- Überprüft der Test das, was unterrichtet wurde?
- Ist der Test reliabel (zuverlässig) genug?
- Wie präzise ist ein individueller Testpunktwert?
- Wie wird eine objektive Testdurchführung gesichert?
- Wie wird die Auswertungsobjektivität gesichert?
- Wie ist der Test normiert?
- Gibt es Paralleltests?
- Wie sind die Testergebnisse inhaltlich zu interpretieren?
- Wie lange dauert der Test?
- Wie alt ist der Test?

Darüber hinaus liefert Langfeldt (ebd., S. 98) auch *Richtwerte für die Beurteilung der Kennwerte* eines Schulleistungstests. Ein Schulleistungstest kann dann verantwortungsbewusst eingesetzt werden, wenn die ausgewiesene Validität .40 bis .60; die Reliabilität .80 bis .90; die Aufgabenschwierigkeit zwischen 20% und 80%; die Trennschärfe .30 bis .50 beträgt. Die Normierungsstichprobe sollte mindestens 500 bis 800 Schüler umfassen. Die Normierung des Tests sollte möglicht nicht länger als 10 Jahre zurückliegen.

Zur detaillierten Information über Grundlagen für die Entwicklung von Schulleistungstests sei auf Lukesch (1998) und Ingenkamp & Lissmann (2005) verwiesen.

Abschließend soll auf die *Einsatzmöglichkeiten von sozialnormorientierten Schulleistungstests* in der Schulpraxis eingegangen werden, d.h. bei welchen Zielstellungen können sie Lehrkräften nützlich sein (vgl. Lukesch, 1998, S. 517f.):

1. Vergleich des Leistungsstandes einer ganzen Schulklasse mit der Eichstichprobe

Die Lehrkraft erhält Informationen über die Effektivität ihres eigenen Unterrichts. Wenn die Schüler der Klasse im Test gut abschneiden, dann waren die Lerngelegenheiten für die Realisierung der Lehrplanziele offensichtlich angemessen. Außerdem erhält die Lehrkraft eine objektive Rückmeldung über die durchschnittliche Leistungsfähigkeit der getesteten Klasse.

2. Überprüfung des eigenen Benotungssystems durch den Vergleich mit den Testwertklassen

Anhand des Abschneidens bestimmter Schüler im Test kann überprüft werden, ob die immer gut Benoteten, die immer schlecht Benoteten in traditionellen Klassenarbeiten auch hier adäquate Leistung erbringen. Wenn die Schulklasse insgesamt erwartungswidrig schlecht oder gut im Test abschneidet, dann benotet die Lehrkraft zu milde oder zu streng.

3. Objektivierungsmöglichkeit bei Entscheidungen zur Schullaufbahn

Bei Entscheidungsunsicherheiten der Lehrkraft beim Übergang der Schüler in weiterführende Schulen nach der Grundschule, oder bei Hauptschul- Realschulzweigwechsel, oder bei Wechsel aus der Realschule auf das Gymnasium oder umgekehrt kann ein objektiver Schulleistungstest die Entscheidungsfindung erleichtern.

4. Hilfe bei der Lehr- und Lernsteuerung
Wenn die Lehrkraft eine neue Klasse übernimmt (z.B. 5. Klasse), dann erleichtert ihr der Einsatz eines Schulleistungstests die Wissensstandsprüfung in einem Fach. Außerdem können systematisch Schwachstellen im durchschnittlichen Wissen der Klasse aufgedeckt werden.

5. Einsatz zur Unterrichtsdifferenzierung
Mit Hilfe der Schulleistungstests kann auch genauer festgestellt werden, in welchen schulischen Lernbereichen einzelne Schüler besondere Schwächen aufweisen, um sie dort gezielt fördern zu können.

6. Summative Evaluation
Schulleistungstests können darüber hinaus auch als Ersatz für Klassenarbeiten eingesetzt werden, d.h. die Schüler werden anhand der Testergebnisse benotet. Dafür ist es aber erforderlich, dass inhaltliche und curriculare Validität gegeben sind.

3.2.1.1.1 Mehrfächertests

Die so genannten Mehrfächertests ermöglichen die Leistungsmessung von Schülern in mehreren Grundkompetenzbereichen des schulischen Lernens gleichzeitig, d.h. in nur einem Verfahren (z.B. Leseverständnis; Sprachverständnis; Rechtschreibung; mathematische Kompetenzen; Sachkundewissen). Mehrfächertests liegen für verschiedene Klassenstufen und Schulformen vor.

Mit dem Einsatz solcher kombinierten Schulleistungstests können unterschiedliche Ziele verfolgt werden: Objektivierung von Schulnoten (Voraussetzung hierfür ist die curriculare Validität des Verfahrens); Vergleich des Leistungsstandes einer Klasse mit einer Eichstichprobe; Aufdeckung von Lernrückständen bei den Schülern und damit Erarbeitung gezielter Fördermaßnahmen; Überprüfung der Qualität des eigenen Unterrichts.Viele der vorliegenden Verfahren sind älter als 10 Jahre und deshalb ist es fraglich, ob sie noch inhaltlich und curricular gültig sind und ihre Normierungen noch als verlässliche Vergleichgrundlage für die Schülerleistungen dienen können.

Hinzu kommt, dass die meisten der vorliegenden Tests nicht auf die neue Rechtschreibregelung abgestimmt wurden. Besonders gravierend schlägt dieser Umstand bei der Messung im Kompetenzbereich Rechtschreibung zu Buche. Diese Untertests können im Prinzip dann nicht mehr verwendet werden.

Wenn man diese alten Tests insgesamt auch nur noch bedingt für den überregionalen Leistungsvergleich heranziehen kann, so können sie doch Ideen für die Konstruktion eigener informeller Tests in Bezug auf Aufgabengestaltung liefern (siehe Kap. 3.2.1.2) oder für die individuelle Lernstandsdiagnose eines Schülers zur Früherkennung von Lernschwierigkeiten herangezogen werden. Exemplarisch verweisen wir auf die Allgemeinen Schulleistungstests (AST 2; AST 3; AST 4), für 2. Klassen (Rieder, 1991), für 3. Klassen (Fippinger, 1991) und für 4. Klassen (Fippinger, 1992). Diese Mehrfächertests sind jeweils erst im zweiten Schulhalbjahr in der betreffenden Klassenstufe zum Einsatz vorgesehen.

Wir werden im Folgenden drei neuere Schulleistungstests, die mehrere Fächerbereiche prüfen, genauer vorstellen. Mit dem Einsatz dieser Tests sind aber sehr unterschiedliche Zielstellungen verbunden, und sie können deshalb zu ganz unterschiedlichen Zwecken eingesetzt werden. Bei den ersten beiden handelt es sich um sehr heterogene Screeningtestbatterien zur Früherkennung von Lernschwierigkeiten im Anfangsunterricht (SBL I und SBL II), während das dritte Verfahren (HST 4/5) eine zuverlässige Bilanzierung wesentlicher Aspekte schulischen Lernens am Ende der Grundschule ermöglicht.

Schultest**b**atterie zur Erfassung des **L**ernstandes in Mathematik, Lesen und Schreiben [SBLI] [SBLII]

Die Schultestbatterie zur Erfassung des Lernstandes in Mathematik, Lesen und Schreiben liegt in zwei Formen vor: Schultestbatterie zur Erfassung des Lernstandes in Mathematik, Lesen und SchreibenI [SBL I] von Kautter, Storz & Munz (2000) und die Schultestbatterie zur Erfassung des Lernstandes in Mathematik, Lesen und Schreiben II (SBL II) von Kautter, Storz & Munz (2002).

Beide Verfahren stellen eine grundlegende Neubearbeitung der „Schultestbatterie für Lernbehinderte“ (1972) dar. Im Folgenden werden beide Verfahren zusammen vorgestellt, da sie bis auf den Einsatzbereich (Ende der 1. Klasse, Anfang der 2. Klasse und entsprechende Leistungsstufen der Sonderschulen; Ende der 2. Klasse, Anfang der 3. Klasse und entsprechende Leistungsstufen der Sonder- bzw. Förderschulen) und geringfügige Zeitvariationen bei der Testdurchführung ein identisches Konzept verfolgen.

Ziele des Einsatzes durch Lehrkräfte

1. Hauptziele der neuen SBL I und II sind *Früherkennung* und *Frühförderung* der Schüler im Anfangsunterricht.
2. Grundschullehrkräfte erhalten so eine effektive und zuverlässige Möglichkeit, *qualitative Analysen zu den Lösungsversuchen* einzelner Schüler anstellen und *intraindividuelle Vergleiche in den einzelnen Leistungsbereichen bei einem Schüler* vornehmen zu können.
3. Die Auswertung der Leistungsprofile liefert Ansatzpunkte für die individuelle Förderung der Schüler mit Lernschwierigkeiten in Mathematik, Schreiben und Lesen.

Konzept und Aufbau der Tests

Da die SBL I und II das Ziel der Früherkennung und Frühförderung von Schülern mit Lernschwierigkeiten in den grundlegenden Lernbereichen zum Ziel haben, wurde die durchschnittliche Aufgabenschwierigkeit relativ niedrig gewählt. Die Testbatterien liefern beim unteren Leistungsdrittel der Erst- und Zweitklässler differenzierte Informationen über den Lernstand. Die Tests differenzieren jedoch nicht in den oberen Leistungsbereichen.

Die Testbatterien decken einen großen Teil des Spektrums der gegenwärtig aktuellen Bildungsplan- und Schulbuchinhalte der 1. und 2. Grundschulklasse ab.

Bei den Tests handelt es sich um heterogene Screeningverfahren mit jeweils nur wenigen Aufgaben zu den unterschiedlichen Leistungsanforderungen.

Dem förderdiagnostischen Zweck entsprechend, liegt der Schwerpunkt der Auswertung auf der qualitativen Analyse der Leistungen. Es ist jedoch darüber hinaus auch eine grobe quantitative Einschätzung des Leistungsstandes (Prozentrangbänder) möglich.

Die SBL I und II bestehen jeweils aus drei Fachtests mit insgesamt 19 Untertests: Der Fachtest *Mathematik* umfasst *8 Untertests*, der Fachtest *Schreiben* 4 Untertests. Der Fachtest *Lesen* wird jeweils als *Gruppentest mit 2 Untertests* und als *Einzeltest mit 5 Untertests* durchgeführt. In die Schreib- und Lesetests wurden keine Aufgaben übernommen, die nach neuer Rechtschreibung zu lösen sind. In den Instruktionen sind die neuen Regeln berücksichtigt worden. Den Schreibtest gibt es in drei verschiedenen Schriften (lateinische Ausgangsschrift, vereinfachte Ausgangsschrift, Gemischtantiqua).

Alle Tests liegen in 2 Parallelformen bis auf den Leseeinzeltest vor. Damit besteht die Möglichkeit, ihn nach einer Förderphase ein zweites Mal zur Lernfortschrittsprüfung zu nutzen.

Durchführung, Zeit und Auswertung
Mit Ausnahme der Einzellesetests können alle anderen Fachtests als Gruppentests durchgeführt werden. Die Bearbeitung der einzelnen Tests nehmen die Schüler in einem Testheft der entsprechenden Form vor.

Für den Testleiter (Klassenlehrer) sind detaillierte Anweisungen im Testmanual fixiert. Darüber hinaus werden Hinweise zur begleitenden Verhaltensbeobachtung und Exploration gegeben

Die Testdurchführung dauert insgesamt ca. 190 bis 200 Minuten; davon der Mathematiktest ca. 90 Minuten in zwei Sitzungen. Für die Durchführung der Fachtests Lesen (Gruppe) und Schreiben werden jeweils 45 Minuten benötigt. In der zweiten Klasse ist für die Gruppentestung des Lesens eine kürzere Zeit vorgesehen (30 bis 40 Minuten). Die Einzeltestung des Lesens beansprucht etwa 20 bis 30 Minuten.

Wie bereits erwähnt, sind qualitative und quantitative Auswertungen möglich.

Quantitative Auswertung: 1. Ermittlung der richtigen Lösungen (= Rohpunkte). Dafür enthält das Testmanual einen differenzierten Auswertungsschlüssel und detaillierte Hinweise.

2. Alle Rohpunkte der drei Fachtests werden aufaddiert zu einer Rohpunktsumme.

3. Die Rohpunktwertsummen der einzelnen Fachtests und der Untertests werden in Individualnormen, nicht in Klassennormen transformiert. Aus den entsprechenden Normtabellen können auch Prozentrangbänder abgelesen werden.

Qualitative Auswertung: Hier werden die Prozentrangbänder der Untertests grafisch in einem Leistungsprofil dargestellt. Diese grafische Übersicht über die individuellen Stärken und Schwächen eines Kindes in den drei Leistungsbereichen bietet damit einen intraindividuellen Vergleich der Leistungsmöglichkeiten eines

Kindes. Die Daten dieses Vergleichs und die Fehleranalyse bzw. die Analyse der Lösungsstrategien, die Auswertung der Informationen aus den Verhaltensbeobachtungen und Explorationen während der Testdurchführung ermöglichen der Lehrkraft nun die Planung passgenauer Interventionen bzw. Förderungen für jedes Kind.

Für die quantitative Auswertung werden im Durchschnitt ca. 15 Minuten für einen Schüler benötigt. Die qualitative Analyse dauert deutlich länger.

Gütekriterien

Objektivität: Durchführungsobjektivität und quantitative Auswertungsobjektivität sind gegeben. Spielräume ergeben sich dagegen bei der qualitativen Auswertung insbesondere bei den frei zu beantwortenden Ergänzungsaufgaben in Mathematik und Schreiben und den Beobachtungs- und Explorationsauswertungen.

Reliabilität: Die geprüfte interne Konsistenz der drei Fachtests ist gut.

Validität: Die inhaltliche und curriculare Validität waren zum Zeitpunkt der Testkonstruktion gegeben.

Normen: Es liegen Prozentrangbänder für die 1. und 2. Klasse vor. Die Eichuntersuchungen fanden in den Schuljahren 1996/97 (Schuljahresende) und bis 1998/99 (Schuljahresanfang) statt. Die Stichprobengrößen liegen zwischen N = 524 und 1093.

Hamburger Schulleistungstest für 4. und 5. Klassen [HST 4/5]

Der Hamburger Schulleistungstest für 4. und 5. Klassen (HST 4/5) von Mietzel und Willenberg (2000) ist eine Neubearbeitung des „Kombinierten Schultests für das 4. Schuljahr [KS 4]“ von Mietzel (1974).

Ziele des Einsatzes durch Lehrkräfte

- Der Test kann Grundschullehrern eine vergleichende Bilanzierung des erreichten Lernstandes ihrer Schüler ermöglichen. Sie können die Testleistungen der Kinder darüber hinaus mit ihren Bildungsempfehlungen abgleichen. Damit haben die Grundschullehrer ein Evaluationsinstrument für die Zuverlässigkeit ihrer Bildungsempfehlungen an der Hand und können daraus mögliche Konsequenzen für eine Verbesserung der Diagnostik bei der Schullaufbahnentscheidung ableiten.
- Lehrkräften weiterführender Schulen in Klasse 5 liefert der Test zunächst Informationen für die Unterrichtsplanung und -gestaltung der neu übernommenen Klasse. Lehrer können sich mit dem HST 4/5 einen ersten Überblick über den Lernstand der Kinder in fünf Lernbereichen verschaffen. Je nach Befund können weitere differenzierte Abklärungen im Bereich des Lesens, der Rechtschreibung und Mathematik vorgenommen werden, um wirksame Förderpläne für einzelne Schüler in der Orientierungsstufe erarbeiten zu können.

Konzept und Aufbau des Tests:
Der HST 4/5 misst den Lernstand in folgenden Bereichen:

- differenzierte Wahrnehmung von Sprache
- Sinn verstehendes Lesen
- passives Rechtschreibwissen
- Verstehen verschlüsselter Informationen in Karten, Tabellen, Diagrammen
- Zahlenverständnis und Rechenfertigkeit

Um diese fünf Bereiche abprüfen zu können, wurden 14 Untertests konstruiert:

- Sprachverständnis mit zwei Untertests: a) Wörter (14 Aufgaben) und b) Sätze (mit 13 Aufgaben);
- Leseverständnis mit vier Untertests: a) zwei Prosatexte (6 bzw. 8 Aufgaben) und b) zwei Sachtexte (6 bzw. 7 Aufgaben);
- Passives Rechtschreibwissen wird über die Fehlersuche in einem vorgegebenen Text festgestellt;
- Informationsaufnahme aus „Nicht-Texten" mit vier Untertests: a) Stadtplan (5 Aufgaben), b) Straßenkarte (6 Aufgaben), c) Diagramme (3 Aufgaben) und d) Tabellen (2 Aufgaben);
- Mathematik mit drei Untertests: a) Zahlenverständnis (18 Aufgaben), b) Rechnen (7 Aufgaben), c) Größenverständnis (5 Aufgaben).

Durchführung, Zeit und Auswertung
Der HST 4/5 liegt in *Form A und B* vor. Er wird in der Regel zur *Gruppentestung* eingesetzt.

Der Test wird an *zwei Tagen* in einer Doppelstunde (90 Minuten) und einer einzelnen Unterrichtstunde (45 Minuten) durchgeführt. Dazu ist im Testmanual ein detaillierter Zeitplan aufgeführt (S. 13), der verbindlich eingehalten werden muss.

Für die Durchführung enthält das Manual ganz präzise Instruktionen für den Testleiter (Lehrer), die wörtlich vorgetragen werden müssen (S. 14 bis 17).

Die Schüler erhalten je ein Testheft der entsprechenden Parallelform und tragen die Aufgabenlösungen auf einem Aufgabenblatt ein.

Die *Auswertung* kann bzw. *sollte vom Testleiter (Klassenlehrer) und dem Deutsch- und Mathematiklehrer gemeinsam vorgenommen* werden, einmal weil dadurch Fehler beim Auswerten minimiert werden, zum anderen sofort von den zuständigen Fachlehrern entsprechende Fördermaßnahmen in ihrem Unterricht eingeleitet werden können. Die Auswertung erfolgt *mit Hilfe eines Satzes Schablonen* und die ermittelten Rohwerte werden in eine *Auswertungsliste*, die im Testmaterial mit geliefert wird, eingetragen.

Für die Auswertung pro Schüler werden ca. 10 Minuten benötigt.

Die Auswertung kann in vier Schritten erfolgen:

1. Ermittlung der richtigen Lösungen für die einzelnen Testteile mit Hilfe der Auswertungsschablonen.
2. Danach werden die Rohpunkte (= richtige Lösungen) im jeweiligen Kompetenzbereich aufaddiert. Im Bereich „Rechtschreibung" wird der Rohwert

durch eine „Korrekturformel" erstellt; die Falschmarkierungen werden dabei berücksichtigt (vgl. Manual, S. 19).
3. Ermittlung des Gesamtrohwertes (= Summe der Rohwerte aus den 5 Bereichen).
4. Transformation der Rohwerte in Prozentränge für jeden der fünf Bereiche und für die Gesamtleistung (Tabellen 5 bis 10 im Anhang des Manuals).

Aus den Ergebnissen in den einzelnen Kompetenzbereichen (Wissenslücken und Kompetenzrückstände) sollten jetzt von den Fachlehrern spezielle *kurzfristige und längerfristige Fördermaßnahmen geplant* werden, die *im laufenden Unterricht* und *in speziellem Förderunterricht realisiert* werden können.

Gütekriterien

Objektivität ist gegeben, wenn der Testleiter die Instruktionen aus dem Manual präzise einhält und die Auswertungsschablonen sorgfältig benutzt.

Reliabilität ist gut.

Validität, insbesondere die curriculare Validität, gilt im Rahmen von Expertenurteilen (Lehrkräften) als gut abgesichert. Außerdem wird ein hohes Maß an prognostischer Validität angenommen.

Normen. Die Eichstichprobe umfasst 1770 Schüler aus ganzen Schulkassen der 5. Jahrgangsstufe in 13 Bundesländern. Die Referenzstichprobe bildet die Grundgesamtheit der Fünftklässler in Deutschland hinsichtlich der Quote der Verteilung auf die Bundsländer, Alter, Geschlecht und Muttersprache ab.

Die *mittleren Prozentränge* für die fünf Kompetenzbereiche wurden *differenziert nach Gesamtstichprobe, Hauptschule, Orientierungsstufe, Realschule und Gymnasium* berechnet. Für die Gesamtleistung werden zusätzlich noch Prozentrang-Bänder differenziert nach den einzelnen Schulformen angegeben.

Der HST 4/5 ist relativ preiswert und wird für die Anschaffung an weiterführenden Schulen empfohlen.

3.2.1.1.2 Diagnostik der Lesekompetenz

Lesen zu können, zählt unbestritten zu den wichtigsten Kulturtechniken in unserer Gesellschaft. Die Lesekompetenz sichert die Teilhabe am gesellschaftlichen Leben, ermöglicht die persönliche Weiterentwicklung und die Verwirklichung individueller Lebensziele. Denn über Texte werden nicht nur Informationen und Fakten vermittelt, sondern auch Ideen, Wertvorstellungen und kulturelle Inhalte transportiert (Oerter, 1999).

Lesen zu können, ist eine komplexe Fähigkeit, die sich aus zahlreichen Teilfertigkeiten und Prozessen zusammensetzt, deren Entwicklung weit über den Primarbereich hinausreicht. Während der Leselernprozess im Anfangsunterricht der Grundschule vorrangig darauf ausgerichtet ist, Graphem-Phonem-Zuordnungen vornehmen, d.h. die geschriebene Worte und Sätze wiedergeben zu können, liegt der Fokus der Leseentwicklung in der Sekundarstufe darauf „geschriebene Texte zu verstehen, zu nutzen und über sie zu reflektieren, [...] um das eigene

Wissen und Potenzial weiterzuentwickeln" (Pisa 2000, S. 23). Umso beunruhigender sind die Befunde aus den PISA-Erhebungen zwischen dem Jahr 2000 und 2006 zu bewerten, nach denen die Leseleistungen bei knapp einem Fünftel der Alterskohorte der 15-jährigen die niedrigste Kompetenzstufe nicht überschreiten (vgl. Drechsel & Artelt, 2007).

Daran zeigt sich, dass der Leselernprozess kein geschlossener und zeitlich begrenzter Vorgang sein kann, der mit dem Ende der Grundschulzeit abgeschlossen ist. Komplexe Lesestrategien bilden sich beispielsweise erst im Laufe des Leselernens aus (vgl. Kap. 3.1.1.2 Lernstrategien). Deshalb ist es von größter Wichtigkeit, den Leselernprozess über die Grundschule hinaus diagnostisch zu begleiten. Den Lehrkräften kommt somit nicht nur die Aufgabe zu, Schwierigkeiten beim Leselernprozess so früh wie möglich zu erkennen und durch eine gezielte Förderung zu beheben, sondern gerade auch solche Schwierigkeiten aufzudecken, die sich erst im Laufe der weiteren Leseentwicklung einschleichen und oftmals über Schuljahre hinweg unbemerkt bleiben.

Um diesen Aufgaben gerecht zu werden, ist es erforderlich, sich mit dem Leselernprozess und den einzelnen Komponenten des Leseverständnisses auseinanderzusetzen, bevor diagnostische Verfahren für die Primar- und die Sekundarstufe vorgestellt werden.

(1) Theoretischer Rahmen und (2) Hypothesen

Die Diagnostik im Zusammenhang mit dem Aufbau von Lesekompetenzen und die dabei auftretenden Schwierigkeiten[6] wurden im deutschen Sprachraum lange Zeit unter dem Begriff der „Legasthenie" (Linder, 1951) thematisiert. Dieses Vorgehen war in erster Linie darauf ausgerichtet, Schüler mit Lese- Rechtschreibschwierigkeiten zu identifizieren. Allerdings wurde „Legasthenie" und damit eine Lese-Rechtschreibschwäche lediglich dann diagnostiziert, wenn die Leistung beim Lesen und Rechtschreiben den Prozentrang von 15 unterschreitet und der Intelligenzquotient gleichzeitig größer als 85 ist. Zur Veranschaulichung dieser geforderten Diskrepanz zwischen der Lese- und der intellektuellen Fähigkeit kann die Normalverteilungskurve in Abbildung 2.5 (siehe Kap. 2.3.2) herangezogen werden.

Diese Diskrepanz-Definition und die damit einhergehende Verknüpfung von Lese- bzw. Rechtschreibleistung mit Intelligenz konnte durch die Befunde der aktuellen Forschung in Frage gestellt werden, denn viele Schüler mit einer ungünstigen Lese-Rechtschreibentwicklung, die nicht gleichzeitig die geforderte Intelligenzabweichung aufwiesen, wurden von Fördermaßnahmen ausgeschlossen (für eine detaillierte Auseinandersetzung siehe Hasselhorn, Schneider & Marx, 2000). Gerade deshalb hat auch ihre Lese- und Rechtschreibentwicklung einen ungünstigen Verlauf genommen.

Unter dieser kritischen Perspektive zum Umgang mit Legasthenie kam es zu einer erneuten Intensivierung der Forschungsbemühungen zur Leseentwicklung,

---

6 In der Fachliteratur werden die Begriffe Schwierigkeit und Schwäche teilweise synonym, teilweise mit unterschiedlicher Konnotation des Schweregrades der Beeinträchtigung gebraucht.

wobei der Leselernprozess aller Kinder, unabhängig davon, ob sie der Legastheniekategorie zugeordnet wurden oder nicht, in den Blick genommen wurde. Diese Studien haben die Diagnostik der Leseentwicklung entscheidend verändert. Denn gerade in Längsschnittuntersuchungen wurde deutlich, dass die traditionelle (eingangs beschriebene Diskrepanz-)Diagnostik viel zu spät zu einer Identifizierung der Schwierigkeiten im Leselernprozess führt. Als zentrales Ergebnis hat sich nämlich gezeigt, dass Merkmale der phonologischen Informationsverarbeitung *die* ausschlaggebenden Variablen für einen erfolgreichen Schriftspracherwerb aller Kinder sind. Phonologische Informationsverarbeitung meint die Nutzung von Informationen über die Lautstruktur der gesprochenen und geschriebenen Sprache. Sie umfasst 1. die Übertragung vorgegebener schriftlicher Symbole (Wörter, Bilder) in die entsprechende lautliche Struktur, 2. die für Leseanfänger besonders wichtige Repräsentation schriftlicher Symbole im Kurzzeitgedächtnis, 3. das Erkennen der Lautstruktur der Sprache.

Die letztgenannte Komponente wird auch *phonologische Bewusstheit* genannt und ist die bedeutsamste Fertigkeit für den Erfolg beim Lesen- und Schreibenlernen (Küspert, 1998; Marx, 1997; Skowronek & Marx, 1989). Unter phonologischer Bewusstheit versteht man die Fähigkeit, die Aufmerksamkeit auf die formalen Eigenschaften der gesprochenen Sprache zu lenken, z.B. auf den Klang der Wörter beim Reimen, auf Wörter als Teile von Sätzen, auf Silben als Teile von Wörtern und auf die einzelnen Laute der gesprochenen Wörter. Dabei kann nochmals zwischen phonologischer Bewusstheit im engeren und weiteren Sinne unterschieden werden. Die phonologische Bewusstheit im engeren Sinne bezieht sich auf den bewussten Umgang mit den kleinsten Einheiten der gesprochenen Sprache, den Phonemen (Lauten). Sie entwickelt sich üblicherweise erst unter Anleitung im Zusammenhang mit dem Schriftspracherwerb. Unter der phonologischen Bewusstheit im weiteren Sinne versteht man die Wahrnehmung der größeren sprachlichen Einheiten wie Wörter im Satz und Silben in Wörtern, des Klangs der Wörter beim Reimen usw. Sie entwickelt sich in der Regel spontan, d.h. ohne direkte äußere Anleitung schon im Vorschulalter. P. Marx und Schneider (2000) weisen ausdrücklich darauf hin, dass die meisten empirischen Belege für den Einfluss der phonologischen Bewusstheit auf das Lesen und Schreiben vorliegen und diese Komponente am besten einer gezielten Förderung zugänglich ist. Die phonologische Bewusstheit verhilft dem Leseanfänger, Vorteile aus dem alphabetischen System zu ziehen und der Leseunterricht fördert wiederum die Entwicklung der phonologischen Bewusstheit (Schneider, 1989, 1993).

Daran wird bereits deutlich, dass Lesen mehr beinhaltet als eine Zeichen-Laut-Zuordnung vorzunehmen. Nehmen wir beispielsweise das Wort „caballo“. Wer die einzelnen Buchstaben und die entsprechenden Laute beherrscht, kann dieses Wort erlesen. Das geschriebene Wort kann im Sinne einer Übersetzungsleistung auch ausgesprochen, d.h. rekodiert werden (Rekodieren = Erlesen der Wörter).

Um aber dem erlesenen Wort nun eine Bedeutung zuordnen, d.h. den Sinn erfassen zu können, muss der Leser neben der Rekodierfähigkeit über eine weitere Lesefertigkeit, die Dekodierfähigkeit verfügen (Dekodieren = Erkennen ganzer

Wörter). Die Dekodierfähigkeit beschreibt die Fähigkeit, einzelne Wörter zu dechiffrieren. Sie basiert auf grundlegenden Verarbeitungsprozessen der Buchstaben- und Worterkennung und schließt keine anspruchsvolleren Verstehensleistungen ein (z.B. Kohärenzbildung).

Es lassen sich zwei Unterformen unterscheiden, die semantische und die phonologische Dekodierung. Die semantische beschreibt den lexikalischen Zugriff, d.h. das erlesene Wort wird mit „unserem inneren Lexikon verglichen". Wer keine Spanischkenntnisse hat, wird das Wort „Caballo" nicht als „Pferd" in seinem inneren Lexikon finden und dementsprechend nicht dekodieren können. Die phonologische Dekodierung beschreibt die korrekte Phonem-Graphem-Zuordnung und den Vergleich mit einer inneren phonologischen Repräsentation. Wie wichtig dieser Teilschritt beim Lesen ist, lässt sich daran erkennen, dass auch geübte Leser, die Strategie des laut Lesens anwenden, wenn sie sich die Bedeutung eines ungewöhnlichen Wortes erschließen möchten, beispielsweise die Bedeutung eines orthographisch fehlerhaften Wortes nach einem Diktat.

Die Rekodierfähigkeit und die Dekodierfähigkeit wiederum bilden zusammen die Voraussetzung für das sinnverstehende Lesen aus Texten. Nehmen wir beispielsweise den Satz „Das Pferd ist braun", so laufen die beschriebenen Teilprozesse für die einzelnen Worte ab, die beim sinnverstehenden Lesen in einen Zusammenhang gebracht werden müssen. Abbildung 3.21 gibt den Zusammenhang der einzelnen Teilprozesse des Lesens/oder der einzelnen Komponenten in stark vereinfachter Form wieder.

Abbildung 3.21: Teilprozesse/Teilfertigkeiten beim Lesen

		Teilprozesse des Lesens	
	Rekodierfähigkeit	**Dekodierfähigkeit**	**verstehendes Lesen**
Voraussetzungen	Buchstabenkenntnis	Buchstabenkenntnis Rekodierfähigkeit	Buchstabenkenntnis Rekodierfähigkeit Dekodierfähigkeit

Sinnverstehendes Lesen entwickelt sich demnach von der Wort- über die Satzbis hin zur Textebene. Zu Beginn des Lesenlernens stehen je nach didaktischer Ausrichtung (z.B. „Lesen durch Schreiben" als ganzheitliche Methode; Fibellehrgänge als analytisch-synthetische Methode) zunächst Einzellaute, -buchstaben, sowie einzelne Wörter im Vordergrund bevor im weiteren Verlauf des Leselernprozesses größere Einheiten wie Sätze und schließlich ganze Texte erlesen werden können. Dabei steht die Anforderung im Mittelpunkt, Informationen aus Texten ermitteln, Informationen auf Textabschnittsebene verknüpfen und interpretieren und schließlich die Inhalte eines Textes ausdrücklich mit Vorwissen in Beziehung setzen, d.h. den Text reflektieren und bewerten zu können (vgl. Anforderungen der KMK-Bildungsstandards im Kompetenzbereich Lesen). Eine umfassende Beschreibung der Zusammenhänge der einzelnen Komponenten des Leseverstehens findet sich bei Schaffner (2009).

Zusammenfassend haben die berichteten Befunde und Erkenntnisse dazu beigetragen, die Diagnostik der Lesekompetenz dahingehend zu verbessern, dass Lehrkräften mittlerweile eine Reihe von Testverfahren zur Frühdiagnostik, Förderdiagnostik und zur Feststellung der Ausprägung der unterschiedlichen Determinanten der Lesekompetenz zur Verfügung steht.

Bereits im Vorschulalter entwickeln sich zentrale Vorläuferfertigkeiten (= Voraussetzungen für den Erwerb) des Lesens. Vorläuferfertigkeiten beeinflussen den Verarbeitungsvorgang beim Lesen im gleichen Maße wie das Wissen über die Schrift oder andere kognitive Faktoren. In Bezug auf das Lesen werden beispielsweise Hörverstehen, phonologische Fertigkeiten, Gedächtniszugriff, Buchstabenkenntnis, Abtaststrategien für Symbolfolgen, Links-Rechts-Verarbeitungsroutinen, Gedächtniszugangs- und Abrufstrategien als Vorläuferfertigkeiten zusammengefasst. Die phonologische Bewusstheit ist dabei der wichtigste Einzelprädiktor der Leseentwicklung. D.h. über die Ausprägung der phonologischen Bewusstheit kann die Leseentwicklung am besten vorhergesagt werden und Risikokinder lassen sich frühzeitig identifizieren, so dass eine zielgerichtete Förderung schon vor Eintritt in die Schule erfolgen kann. Die Verfahren zur Frühdiagnostik sind genau darauf ausgerichtet, diejenigen Risikokinder, deren Vorläuferfertigkeiten des Lesens zu gering ausgeprägt sind, schon vor Beginn des formellen Schriftspracherwerbs zu erfassen. Im Zusammenhang mit der Frühdiagnostik und Frühförderung empfehlen wir auch das Bielefelder Screening zur Früherkennung von Lese-Rechtschreibschwierigkeiten [BISC] von Jansen, Mannhaupt, Marx und Skowronek (2006), welches die zuverlässige individuelle Identifizierung von Vorschulkindern mit einem Risiko zur Ausbildung von Lese- und Rechtschreibschwierigkeiten erlaubt.

Aus den ermittelten Ergebnissen lassen sich unmittelbar Schlüsse für die Förderung ziehen. Dieses Verfahren ist für diejenigen Grundschullehrer von Interesse, die im Zuge der veränderten Schuleingangsphase mit Kindergärten kooperieren und Kinder, insbesondere Risikokinder bereits vor dem Schuleintritt auf den Erstleseunterricht (formellen Schriftspracherwerb) vorbereiten.

Die weitere Entwicklung der Lesekompetenz lässt sich anhand des Stufenmodells der Schriftsprachentwicklung von Frith (1985) beschreiben, welches im Zusammenhang mit der Diagnostik der Rechtschreibkompetenz näher erläutert wird (siehe Kap. 3.2.1.1.3).

Wir stellen im Folgenden ausgewählte Verfahren zur Differential- und Förderdiagnostik vor. Eine Übersicht über alle erhältlichen Lesetests findet sich in Tabelle 3.8. Die Verfahren bieten Lehrkräften die Möglichkeit, den Leistungsstand ihrer Klasse hinsichtlich der unterschiedlichen Determinanten der Lesekompetenz zu überprüfen und Schüler mit Förderbedarf zu identifizieren.

Die generelle Frage, ob ein Kind im Vergleich zu seinen Mitschülern Schwierigkeiten im Erstleseunterricht hat, lässt sich auf der Grundlage mehrjähriger Berufserfahrung sicher leicht und schnell diagnostizieren. Leseschwierigkeiten, die erst im Laufe der Lesentwicklung, insbesondere in der Sekundarstufe auftreten, sind dagegen aus der Perspektive von Lehrkräften weniger wahrscheinlich und weniger augenscheinlich. Noch problematischer ist es jedoch, eine Antwort auf die Frage zu finden, wie man den betroffenen Kindern effektiv helfen kann, ihre

Schwierigkeiten zu überwinden. Deshalb besprechen wir solche Tests, die eine differenzierte Diagnose der einzelnen Determinanten der Lesekompetenz und somit die Ableitung von gezielten Fördermaßnahmen erlauben. Diese werden im Anschluss an die Tests direkt vorgestellt.

Tabelle 3.8: Übersicht über Lesetests

Kurzbezeichnung	**Name**	**Altersbereich**	**Beschreibung**
ELFE 1-6	Ein Leseverständnistest für Erst- bis Sechstklässer	Ende 1. bis Ende 6. Klasse	Leseverständnistest, der das Verständnis auf Wort-, Satz- und Textebene erfasst. Verfügbar als Computer- und Papier- und Bleistiftversion.
FLVT 5-6	Frankfurter Leseverständnistest für 5. und 6. Klassen	Klasse 5 und 6	Ein narrativer und ein expositorischer Text mit jeweils 18 Multiple-Choice-Fragen
LGVT 6-12	Lesegeschwindigkeits- und verständnistest für die Klassenstufen 6-12	Klasse 6 – 12	Ermittlung des Leseverständnisses und der Lesegeschwindigkeit anhand des Lesens eines Lückentextes. An 23 Stellen im Text ist eine Lücke und die Schüler müssen das in die Lücke passende Wort aus einer Liste von 3 Wörtern markieren.
SLS 1-4	Salzburger Lese-Screening für die Klassenstufen 1-4	Ende der 1. bis Ende der 4. Klasse	Liste sehr einfacher richtiger und falscher Sätze (z.B. Bananen sind blau), die möglichst schnell gelesen und nach ihrer Richtigkeit beurteilt werden sollen. Liefert das SLS 1-4 einen Wert im unteren Leistungsbereich, sollte anhand des SLRT die Problematik weiter aufgeklärt werden.
SLS 5-8	Salzburger Lese-Screening für die Klassenstufen 5-8	Ende der 5. bis Ende der 8. Klassenstufe	analog SLS 1-4
SLRT	Der Salzburger Lese und Rechtschreibtest	Am Ende der 1. bis zum Ende der 4. Schulstufe.	Verfahren zur differenziellen Diagnose von Schwächen beim Erlernen des Lesens und Schreibens; Erfassung zweier unterschiedlicher Komponenten des Lesens: Defizite in der automatischen, direkten Worterkennung und Defizite des synthetischen, lautierenden Lesens. Erfasst werden Lesezeit und Lesefehler
WLLP	Würzburger Leise Leseprobe	1. – 4. Klasse	Worterkennung Dekodiergeschwindigkeit
Knuspel-L	Knuspels Leseaufgaben	Ende des 1. Bis Ende des 4. Schuljahres	Rekodieren und Dekodieren auf Wortebene Leseverstehen auf Satzebene
HAMLET 3/4	Hamburger Lesetest für 3. und 4. Klassen [a, i]	Ende der 3. und der 4. Klasse	Wort-Test und Leseverständnistest (bestehend aus 10 Texten)
LUV	Lesen und Verstehen Diagnose und Training [a, b, c]	1. und 2. Klasse und ältere Kinder mit Leseschwäche	Diagnose und Trainingsprogramm zum Thema sinnverstehendes Lesen
LT 2	Lesetest für 2. Klassen	2. Halbjahr der 2. Klasse bis 1. Vierteljahr der 3. Klasse	Untertests thematisieren das Verständnis beim stillen Lesen über Bild-Wort, Wort-Wort und Satz-Satz-Zuordnung -> Wortverständnis und Textverständnis

Kurz- **Name** **Alters-** **Beschreibung**

be-zeichnung		bereich	
DLF 12	Diagnostischer Lesetest zur Frühdiagnose von Lesestörungen	Ende 1. bis Mitte 2. Klasse	Wortlesetest zur Früherfassung von Lesestörungen. Untertests umfassen "Speichern", "Synthese", "Analyse", "Segmentierung"
STOLLE	Stolperwörter-Lesetest	1. bis 4. Klasse	Liste mit Sätzen, in denen ein "Störer" eingefügt wurde. Das falsche Wort muss erkannt und durchgestrichen werden.
ZLT	Züricher Lesetest	2. Bis 6. Klasse jeweils im ersten Quartal, Diagnose von LRS	Leseflüssigkeit und -genauigkeit, qualitativ-prozessuale Analyse des Leseverhaltens
ZLVT 4 bis 6	Züricher Leseverständnistest für das 4. bis 6. Schuljahr	4. Bis 6. Schuljahr	sinnverstehendes Lesen, orale Lesefertigkeit, Dekodieren beim stillen Lesen und handlungsmäßige Überprüfung, Darbietung in Kombination mit ZLT

In Anlehnung an http://www.elfe-lesetest.de/tabelle.html

(3) Verfahren zur Erfassung der Lesekompetenz und (4) Fördermöglichkeiten

Im Folgenden werden aus der relativ großen Anzahl der Lesetests drei ausgewählt und näher beschrieben. Dabei handelt es sich erstens um einen Lesetest (KNUSPELS-L), der bis jetzt nur für die differenzierte Erfassung der Lesekompetenz in der Grundschule genutzt werden kann. Seine Erweiterung auf die Klassen 5 und 6 wird vom Testautor vorbereitet. Der zweite ausgewählte Lesetest (ELFE) erfüllt diese Bedingung bereits, da er für die Leseverständniserfassung über die Grundschule hinaus auch in der Orientierungsstufe eingesetzt werden kann. Der dritte vorzustellende Lesetest (LGVT 6-12) ermöglicht schließlich die Feststellung der Lesegeschwindigkeit und des Leseverständnisses von der 6. bis zur 12. Klasse.

KNUSPELS-Leseaufgaben

Bei den Knuspels-Lesaufgaben von Marx (1998) handelt es sich um einen Lesetest für Grundschulkinder vom Ende des ersten bis Ende des vierten Schuljahres. Die Bezeichnung Knuspel geht dabei auf die so genannten Knuspel-Fabelwesen zurück, die die Kinder im Test als Leitfiguren begleiten, um eine kindgerechte Testatmosphäre zu schaffen.

Ziele für den Einsatz durch Lehrkräfte

- Überprüfung des Leseleistungsstandes einer ganzen Schulklasse
- Überblick über den Leistungsstand
- Einstufung der Lese- und Vorläuferfertigkeiten, Rekodier- und Dekodierfertigkeiten
- Identifizierung von Risikokindern
- Diagnose von evt. vorliegender LRS
- Entscheidungshilfen bei Fördermaßnahmen

- Evt. Hilfe bei Versetzungsentscheidungen
- Überprüfung von Effekten bei Fördermaßnahmen (Form A und B)

Konzept und Aufbau
Auf der Grundlage der besprochenen Teilprozesse des Lesenlernens (siehe Abb. 3.21) beansprucht der Test, das Hörverstehen, das Leseverstehen, die Rekodierfähigkeit und die Dekodierfähigkeit *getrennt* zu erfassen. Die einzelnen Subtests und entsprechende Beispiele werden im Folgenden dargestellt:

Subtest (1) – Messung des Hörverstehens:
Dieser Subtest erfasst das Hörverstehen, d.h. die Fähigkeit gehörte Instruktionen zu bearbeiten. Dazu werden den Kindern vom Testleiter Fragen und Aufforderungen mündlich gestellt. Die Aufgaben beziehen sich auf zwei Inhaltsbereiche: Die Person und die Testsituation (z.B. Geburtsdatum, Wochentag, usw.) und die Knuspel-Wesen (z.B. Haben die Knuspel glatte oder lockige Haare?).

Beispiel: Du siehst vor dir drei Pfeile. Schreibe auf den dritten Pfeil den Buchstaben, mit dem dein Nachname beginnt.

Das Beispiel verdeutlicht, dass die Kinder genau zuhören müssen, um beide Aufforderungen, die in zwei Teilsätzen vorgegeben werden, richtig zu bearbeiten. Es wird geprüft, ob sie den richtigen Buchstaben (= Wissensaspekt) abrufen können und zudem, ob sie den Buchstaben auf den richtigen Pfeil (= Ausführungsaspekt) malen. Für die richtige Bearbeitung beider Aspekte wird jeweils ein Punkt vergeben.

Subtest (2) – Messung der Rekodierfertigkeit:
Als Rekodierfertigkeit wird die Fertigkeit bezeichnet, Schrift im Sinne einer Übersetzungsleistung in eine „innere Sprechsprache“ zu überführen, d.h. die Laute miteinander zu verschleifen und dem Wort einen Klang zu geben (artikuliert oder nicht artikuliert). Dabei ist es nicht unbedingt erforderlich, den Sinn zu erfassen. In diesem Subtest müssen zwei Worte miteinander verglichen werden, um herauszufinden, ob diese beiden Worte gleich klingen.

Beispiel: Widder – wider; Rind – rinnt

Für jedes richtig angekreuzte Wortpaar gibt es einen Punkt.

Subtest (3) – Messung der Dekodierfertigkeit:
Dekodierfertigkeit bezeichnet die Fertigkeit, den vorher rekodierten Worten einen Sinn zu geben. D.h., wenn das Wort richtig rekodiert wurde, muss es danach im Gedächtnis wieder gefunden werden. Nur so erschließt sich eine Bedeutung. Die Schüler müssen aus einer Vielzahl von Pseudowörtern die Wörter heraussuchen, die wie ihnen bekannte Wörter klingen. Dazu wird ihnen die kindgerechte Instruktion gegeben, aus der Geheimsprache der Knuspel-Wesen diejenigen Worte zu finden, die ihnen aus ihrer Sprache bereits bekannt sind.

Beispiel: HOFF – REEH – RUNTE – BÄRG

Für jedes richtig gefundene Wort gibt es einen Punkt.

Subtest (4) – Messung des Leseverstehens:

Der Subtest Leseverstehen ist nach dem gleichen Muster aufgebaut wie der Subtest (1). Die Veränderung besteht jetzt darin, dass die Instruktion nicht mehr vom Testleiter vorgelesen wird und vom Kind lediglich erhört werden muss, sondern jetzt vom Kind selbstständig erlesen werden muss.

Im Subtest (4) geht es darum, mit schriftlich formulierten Fragen herauszufinden, wie gut das Leseverstehen der Kinder ist.

Beispiel: *In die wievielte Klasse wirst du nach diesem Schuljahr gehen?*
Unterstreiche die richtige Antwort mit zwei Strichen.
1 2 3 4 5

In Analogie zum Subtest (1) werden der Wissensaspekt und der Ausführungsaspekt geprüft. Dabei werden den Kindern teilweise die gleichen Aufforderungen wie im Subtest (1) gestellt, um differenzieren zu können, ob mögliche Schwierigkeiten beim Lesenlernen auf das Hörverstehen oder das Leseverstehen zurückzuführen sind.

Durchführung und Auswertung

Der Knuspel-Test kann als Gruppen- und Einzeltest durchgeführt werden. Es liegen so genannte Parallelversionen (Form A und Form B) vor.

Die Durchführungszeit ist schulstufenabhängig, sie liegt zwischen ca. 35 (Ende der 4. Klasse) und 50 Minuten (Ende der 1. Klasse). Wir empfehlen insbesondere in den Klassenstufen 1 und 2 den Test jeweils mit Unterstützung einer Kollegin durchzuführen. Wobei die Testleitung und -durchführung allein bei einer Lehrerin liegen sollte. Die zweite Person übernimmt die Funktion einer stillen Beobachterin, die lediglich eingreift, wenn Schwierigkeiten auftreten, die den Testablauf stören (z.B. ein Schüler muss auf die Toilette, fängt an zu weinen usw.).

Das Vorgehen bei der Auswertung ist im Testmanual genau beschrieben und kann von jeder Lehrkraft Schritt für Schritt durchgeführt werden. Für richtige Lösungen werden Punkte vergeben, die anschließend mit Hilfe der Normtabellen in T-Werte überführt werden können. Neben den Ergebnissen für die vier Subtests lässt sich aus der Verknüpfung der Ergebnisse einzelner Subtests sowohl eine Aussage über die Vorläuferfertigkeiten und als auch die Lesefertigkeiten ableiten. Die Vorläuferfertigkeiten (= Voraussetzungen zum Lesen lernen) werden über die Subtest 1, 2 und 3 erfasst. Die Lesefertigkeit (= aktuelles Leseniveau) setzt sich aus den Ergebnissen der Subtest 2, 3 und 4 zusammen.

Um Lehrkräften an einem konkreten Beispiel aufzuzeigen, welche Möglichkeiten sich aus einer Testung ergeben, ist in Tabelle 3.9 das Auswertungsergebnis einer Klassentestung am Ende des ersten Schuljahres aufgeführt. In Tabelle 3.10 werden die Testergebnisse (Gesamtscore = Gesamtwert) der Durchführung einer zweiten Testung zum Ende des zweiten Schuljahres den Ergebnissen der ersten Untersuchung gegenübergestellt. Auf diese Weise lassen sich Fortschritte oder Schwierigkeiten im Leselernprozess sichtbar machen. Die Lehrkraft wurde vor jeder Testung gebeten, die Lesekompetenz der Schüler auf einer dreistufigen Bewertungsskala einzuschätzen (3 = weniger gut, 2 = mittel, 1 = gut).

Die Daten in Tabelle 3.9 geben der Lehrkraft eine differenziertere Rückmeldung über die Einzelfertigkeiten der Schüler. Obgleich die Grobeinschätzung der Lesekompetenz durch die Lehrkraft den Gesamttestergebnissen überwiegend entspricht, gibt es doch beachtliche Unterschiede in den Teilfertigkeiten.

Beispielsweise werden die Schüler N und S von der Lehrkraft als gute Leser eingeschätzt. Dieses Urteil spiegelt sich auch im Gesamtscore „Lesefertigkeit (LF)" wider. Dennoch erreichen diese Schüler in der Teilfertigkeit „Rekodieren (REK)" nur geringe Werte und haben diesbezüglich einen erhöhten Förderbedarf, den die Lehrerin nur durch ein implizites Urteil so nicht erkannt hätte.

Auffällig zeigen sich beispielsweise auch die Schüler D und I. Beide weisen unterdurchschnittlich niedrige Werte in ihren Lesefertigkeiten (LF) *und* den Vorläuferfertigkeiten auf. Bezüglich der Vorläuferfertigkeiten haben sie den gleichen Wert (T-Wert 43). Allerdings unterscheiden sie sich in ihren Subtestwerten Dekodieren und Rekodieren derart, dass Schüler D von einer Förderung der Rekodierfähigkeit, Schüler I dagegen von einer Förderung der Dekodierfähigkeit profitieren würde. Bei beiden sollten aber unbedingt die Vorläuferfertigkeiten trainiert werden.

Interessant ist der Befund in Tabelle 3.9 auch beim Vergleich der Schüler N und M. Beide zeigen in der Lesefertigkeit gleiche Testwerte, werden aber von der Lehrkraft unterschiedlich bewertet. Der Schüler N sollte von der Lehrkraft im Unterricht nochmals genauer beobachtet werden, weil sie seine Leseleistung möglicherweise überschätzt. Diese Überschätzung könnte dazu führen, dass die Schwächen des Schülers N nicht frühzeitig erkannt und behoben werden können. Dieses Beispiel ist ein weiterer Beleg dafür, dass die Befunde aus IGLU tatsächlich Schulrealität widerspiegeln.

Aus dem Vergleich der T-Werte „Lesefertigkeit" und „Vorläuferfertigkeit" kann die Lehrkraft für den (Förder) Unterricht genaue Hinweise darauf ableiten, mit welchen Schülern eher phonologische Bewusstheit (bei niedrigen Vorläuferfertigkeiten) und mit welchen Schülern Lesen trainiert werden sollte.

Die Lehrkraft kann durch die explizite Diagnostik mit dem Knuspel aber auch Stärken der Schüler erkennen. So sprechen die Befunde der Schüler P und V in Tabelle 3.9 eine eigene Sprache. Ihre Rohwertpunkte sind so hoch ausgefallen, dass dafür im Testmanual keine T-Werte angegeben sind. Somit handelt es sich bei den Schülern P und V um sehr gute Leser, die in allen Teilkomponenten durch ihre überdurchschnittlichen Werte auffallen. In diesem Zusammenhang könnte auch die Hypothese formuliert werden, ob eine Hochbegabung vorliegt. Auf alle Fälle wäre es wichtig, die Lese- und Lernentwicklung dieser beiden Kinder weiter „im Auge zu behalten", damit einer Unterforderung dieser leistungsstarken Kinder möglichst vorgebeugt wird.

Tabelle 3.9: Ergebnisse der Auswertung einer Leseuntersuchung am Ende von Klasse 1

Schüler-code	Lehrer-urteil	T-Wert (LF)	Prozent-rang (LF)	T- Wert (VF)	Prozent-rang (VF)	T-Wert (REK)	T-Wert (DEK)	T-Wert (HV)	T-Wert (LV)
A	3	39	12.6	48	38.7	39	48	58	43
B	3	36	7.5	48	38.7	48	38	60	39
C	3	36	7.5	50	47.8	50	38	62	37
D	3	23	2.0	43	22.0	21	40	73	39
E	2	49	47.2	62	92.5	56	48	73	46
F	1	50	52.3	57	77.7	56	50	60	45
G	1	52	62.8	63	94.3	56	57	67	42
H	1	65	95.0	62	92.5	66	52	58	62
I	3	28	3.5	43	22.0	43	28	64	38
J	1	58	80.4	60	88.4	52	52	69	64
K	1	41	16.6	53	61.6	37	52	67	46
L	2	49	47.2	52	55.9	41	59	55	49
M	3	41	16.6	45	28.6	56	42	42	37
N	1	40	15.1	42	19.8	29	59	44	44
O	3	37	9.5	55	70.7	35	55	71	37
P	1	86	> T- Wert	82	> T- Wert	89	61	71	71
R	2	52	62.8	55	70.7	52	52	58	52
S	1	42	17.1	44	24.6	29	50	58	58
T	2	48	42.7	55	70.7	50	50	62	48
U	3	40	15.1	46	32.6	37	52	53	43
V	1	77	> T- Wert	71	99.0	74	61	62	69

Anmerkungen: LF = Lesefertigkeit; VF = Vorläuferfertigkeit; REK = Rekodierfertigkeit; DEK = Dekodierfertigkeit; HV = Hörverstehen; LV = Leseverstehen

Einschätzung der Lesekompetenz durch den Lehrer: 3 = weniger gut, 2 = mittel, 1 = gut.

Tabelle 3.10: Testwerte am Ende der ersten und der zweiten Klasse im Vergleich

Schüler-code	1. Testung Ende 1.Klasse Lehrer-einschätzung	T- Wert (LF)	Prozentrang (LF)	2.Testung Ende 2. Klasse Lehrerurteil	T-Wert (LF)	Prozentrang (LF)
A	3	39	13	2	41	16
B	3	36	8	3	37	9
C	3	36	8	3	39	13
E	2	49	47	1	30	5
F	1	50	52	2	50	52
G	1	52	63	1	52	63
H	1	65	95	1	59	83
I	3	28	4	3	38	11
K	1	41	17	1	54	65
L	2	49	47	1	36	7
M	3	41	17	2	35	6
N	1	40	15	1	37	9
O	3	37	10	2	42	18
P	1	86	>T	1	76	> T-Wert
R	2	52	63	1	54	65
S	1	42	17	1	59	83
T	2	48	43	1	54	65
U	3	40	15	3	39	13
V	1	77	>T	1	72	>T-Wert

Anmerkungen: LF = Lesefertigkeit; VF = Vorläuferfertigkeit; REK = Rekodierfertigkeit; DEK = Dekodierfertigkeit; HV = Hörverstehen; LV = Leseverstehen

Einschätzung der Lesekompetenz durch die Lehrkraft: 3 = weniger gut, 2 = mittel, 1 = gut.

Aus den Daten in Tabelle 3.10 (Vergleich der Testung am Ende der ersten und am Ende der zweiten Klasse) kann die Vermutung abgeleitet werden, dass diese beiden leistungsstarken Schüler zwar an der Klassenspitze (soziale Bezugsnorm) geblieben sind, ihre individuellen Leistungen (individuelle Bezugsnorm) sich nicht weiter verbessert, im Gegenteil geringfügig abgenommen haben.

Gütekriterien

Die *Objektivität* des Verfahrens ist dann gegeben, wenn sich der Testleiter genau an die Durchführungsvorgaben hält, die im Testmanual genau beschrieben sind.

Die *Retestreliabilität* liegt für den Gesamtscore „Lesefähigkeit" über alle Klassenstufen bei einem Wert von r = .83. Die Paralleltestreliabilitäten sind vergleichbar hoch, so dass das Verfahren als relativ „messgenau" eingestuft werden kann.

Validität: Für jede Halbjahresstufe wurden Übereinstimmungen zwischen „verwandten" Testverfahren und den Ergebnissen einzelner Subtests bzw. dem Gesamtscore berechnet. Die Werte sind als gut bis sehr gut zu beurteilen. Ökologische Validität ist durch die Möglichkeit der Gruppentestung gegeben.

Im Testmanual finden sich übersichtliche Normtabellen. Es liegen klassenstufenbezogene *Normen* zu den Subtests und beiden Gesamtscores für den Zeitraum Ende des 1. bis Ende des 4. Schuljahres vor. Zusätzlich werden klassenstufenübergreifende Normen mitgeteilt, die Auskunft über den Leseentwicklungsstand geben (Lesealternormen). Für spezifische und differenzierte Auswertungen auf Subtestebene finden sich Mittelwerte und Standardabweichungen für Subgruppen von Items. Eine besondere Stärke des Tests liegt darin, dass die Normen den Migrationshintergund von Schülern berücksichtigen.

Förderung

Zur Förderung der Vorläuferfertigkeit empfehlen wir das Würzburger Trainingsprogramm „Hören, lauschen, lernen" (Küspert & Schneider, 2006) zur Vorbereitung auf den Erwerb der Schriftsprache. Obgleich das Verfahren für Vorschulkinder ausgewiesen ist, halten wir es auch für diejenigen Grundschulkinder geeignet, die im Knuspel-Test durch niedrige Werte in den Vorläuferfertigkeiten aufgefallen sind. Durch dieses Verfahren lernen Kinder in spielerischer Weise, die lautliche Struktur der gesprochenen Sprache zu erkennen (= phonologische Bewusstheit). Dadurch wird den Kindern der Schriftspracherwerb in der Schule wesentlich erleichtert. Das Programm beginnt mit Lauschspielen zum Üben des genauen Hinhörens, fährt fort mit Reimübungen und führt dann die Einheiten Satz, Wort und Silbe ein.

Leseverständnistest für Erst- bis Sechstklässler [ELFE 1-6]

Bei ELFE 1-6 handelt es sich um einen Leseverständnistest von Lenhard und Schneider (2006), der in den ersten sechs Schulklassen eingesetzt werden kann. Der Test liegt in einer Computerversion und einer Papierversion vor, so dass die ökonomische Überprüfung des Leistungsstandes ganzer Klassen ermöglicht wird.

Nachdem das Programm gestartet wurde, erscheint das Symbol einer Elfe, die die Kinder durch den Test führt. Das gleiche Bild führt ebenfalls durch die Papierversion. So erklärt sich auch der Name des Tests.

Ziele für den Einsatz durch die Lehrkraft

- Überprüfung des Leseleistungsstandes ganzer Klassen
- Überprüfung der Leseleistung auf Wort-, Satz- und Textebene
- Defizite im Leseverständnis erkennen
- Dignostik am Beginn der Klasse 5

Für die Durchführung in den Klassenstufen 5 und 6 hat der Test durch die Verkürzung der Bearbeitungszeiten eher den Charakter eines Screening-Verfahrens. Da beim Übergang zwischen Grundschule und weiterführenden Schulen eine Bruchstelle existiert, benötigt die Lehrkraft der aufnehmenden Schule schnell umfassende und verlässliche Informationen über die schriftsprachliche Kompetenz der neuen Schüler.

Konzept und Aufbau des Tests
Im Vordergrund des Tests steht die Erfassung des Leseverständnisses, nicht des orthographischen Wissens oder der Artikulationsfähigkeiten. ELFE 1-6 prüft sowohl basale Lesestrategien als auch die Fähigkeit zum Verstehen von Sätzen und Texten. Das Leseverständnis wird auf den folgenden Ebenen erfasst:

- Wortverständnis (Dekodieren, Synthese)
- Lesegeschwindigkeit (Schwelle der visuellen Worterkennung)
- Satzverständnis (sinnentnehmendes Lesen, syntaktische Fähigkeiten)
- Textverständnis (Auffinden von Informationen, satzübergreifendes Lesen, schlussfolgerndes Denken)

Der Test besteht aus drei Subtests (Wort, Satz und Text lesen). Die Lesegeschwindigkeit wird innerhalb des Wortverständnistests ermittelt.

Durchführung, Auswertung, Interpretation
Das Verfahren steht als Computerprogramm und als Papier- und Bleistiftversion zur Gruppentestung zur Verfügung. Durch die computergestützte Durchführung und Auswertung ist ELFE 1-6 nicht nur hochstandardisiert, sondern kann auch von testdiagnostisch weniger erfahrenen Personen eingesetzt werden. Somit können beispielsweise Grundschullehrer Defizite im Leseverständnis ihrer Schüler erkennen und ggf. gezielt die Hilfe des schulpsychologischen Dienstes anfordern.

Die reine Bearbeitungsdauer beträgt in den Klassenstufen eins bis vier insgesamt 13 Minuten (Papiertest) bzw. 15 Minuten (Computerversion), in den Klassenstufen fünf und sechs 10 Minuten (Papiertest) bzw. 11 Minuten (Computerversion). Eine Gruppentestung mit der Papierversion ist erfahrungsgemäß inklusive Vorbereitung, Austeilen der Testhefte, Ausfüllen der personenbezogenen Daten, Instruktion und Einsammeln der Testhefte in 20 bis 30 Minuten realisierbar.

Die Auswertung auf den einzelnen Leseverständnisebenen erfolgt nach den folgenden Vorgaben. Die Auswertung kann handschriftlich von der Lehrkraft vorgenommen werden. Bei der Comupterversion übernimmt das Programm die Auswertung automatisch.

Beim Wortverständnistest wird die Anzahl der richtigen Lösungen in Abhängigkeit von der Anzahl der Silben des Lösungswortes ermittelt. Beim Lesegeschwindigkeitstest wird analog die Anzahl der richtigen Lösungen in Abhängigkeit von der Anzahl der Buchstaben des dargebotenen Namens erfasst. Beim Satzverständnistest erfolgt die differentielle Auswertung des Antwortverhaltens nach Wortart der Antwortalternativen (Substantive, Verben, Adjektive, Präpositionen und Konjunktionen). Ebenso beim Textverständnistest werden nach den folgenden Aufgabentypen differentiell ausgewertet: Auffinden von Informationen, anaphorischer Bezug (satzübergreifendes Lesen), Inferenzbildung.

Der Anteil der richtigen Lösungen in jeder Kategorie wird bei der Computerversion automatisch im Ergebnisprotokoll angezeigt. Bei der Papierversion hat die Lehkraft die Möglichkeit, das Profil des Lesverständnisses eines Schülers zu den einzelnen Ebenen in einem Diagramm darzustellen und gewinnt so eine Übersicht über die Stärken und Schwächen.

Hierzu werden die Ergebnisse der einzelnen Untertests mit dem Gesamtergebnis verglichen. Überschneiden sich die Prozentrangbänder des Untertests mit dem Prozentrangband des Gesamtergebnisses, dann unterscheidet sich der Wert des Untertest nicht signifikant vom Gesamtergebnis. Überlappen sich die Prozentrangbänder nicht, dann liegt entweder eine signifikante Stärke, oder eine signifikante Schwäche vor, je nachdem, ob der Wert des Untertests über oder unter dem Gesamtergebnis liegt. Auf diese Weise lässt sich schnell erkennen, ob die Schüler eher auf der Wort-, der Satz- oder Textebene einen Förderbedarf haben.

Gütekriterien

Die notwendige *Durchführungsobjektivität* von *ELFE 1-6* wird erreicht, wenn sich der Testleiter an die Anweisungen im Manual hält und die Testinstruktion wortwörtlich wiedergibt. Einer der größten Vorteile einer computergestützten Testung ist die standardisierte Darbietung der Instruktionen und Aufgaben. Die *Auswertungsobjektivität* ist durch die eindeutige Festlegung der richtigen Antworten gesichert. Die Interpretationsobjektivität ergibt sich aus dem Vergleich der Ergebnisse der Testpersonen mit denen der Normierungsstichprobe. *ELFE 1-6* kann aus diesen Gründen hinsichtlich der Durchführung, Auswertung und Interpretation als objektiv bezeichnet werden.

Die *Reliabilität* ist gesichert.

ELFE 1-6 gibt ausschließlich vor, das Leseverständnis zu messen. Das Verfahren verfügt deshalb über *„triviale" Gültigkeit* oder *Augenscheinvalidität*, da das Testergebnis ausschließlich über diese Eigenschaft Rückschlüsse zulässt. Darüber hinaus wurde die Übereinstimmung von ELFE 1-6 mit verschiedenen Außenkriterien erfasst und ist als valide einzustufen.

Verlässliche *Normen* (z- und T-Äquivalenznormen, Prozentränge und Prozentrangbänder) liegen jeweils für das Schuljahresende (die letzten 2 Monate vor den Sommerferien) und – mit Ausnahme der ersten Klasse – auch für die Schuljahresmitte (zwei Monate vor bis ein Monat nach dem Zwischenzeugnis) vor. Die Normstichprobe (N = 4893) stammt aus 12 Bundesländern der BRD und Südtirol.

Förderung

Ein gezieltes Training der einzelnen Komponenten kann mit Hilfe des ELFE-Trainingsprogramms (Lenhard & Lenhard, 2006) durchgeführt werden. Es handelt sich dabei um ein Computerprogramm, das die Kinder nach einer ersten Einführung auch ohne Hilfe bzw. Beisein der Lehrkraft durchführen können. Das Training ist für den Einsatz in den ersten sechs Jahrgangsstufen geeignet. Voraussetzung ist die Beherrschung von Buchstaben-Laut-Zuordnungen. Aus diesem Grund sollte das Training in der Regel erst ab Ende der ersten Klasse angewendet werden. In der Sekundarstufe ist das Training eher für schwächere Schülerinnen und Schüler angemessen. Für leistungsstarke Schüler und Schülerinnen der fünften und sechsten Klasse ist das Verfahren zu leicht. In diesem Altersbereich empfiehlt sich die Ergänzung des Verfahrens durch stärker strategiebetonte Trainingsprogramme.

Aufbau der Trainings
Das ELFE-Trainingsprogramm umfasst insgesamt 14 Lesespiele, die sich jeweils in drei Schwierigkeitsstufen untergliedern. Die Spiele decken die unterschiedlichen Bereiche Wort-, Satz- und Textebene ab. Zwar bietet das ELFE-Training die Möglichkeit, die Spiele auf den verschiedenen Niveaustufen nach einem vorgefertigten Schema zu durchlaufen. Es ist aber keineswegs notwendig, diesen Ablauf einzuhalten. Je nach Indikation können einzelne Aufgaben herausgegriffen, oder auch selbst eigene Aufgaben eingespeist werden, die dann gezielt bearbeitet werden. Es besteht weiterhin die Möglichkeit, die Ergebnisse eines Kindes im Lesetest ELFE 1-6 (Lenhard & Schneider, 2006) einzulesen. Das Trainingsprogramm stellt sich dann automatisch auf das Leistungsprofil des Kindes ein, und wählt Aufgaben gemäß den Fähigkeiten des Kindes aus.

Die Gesamtdauer des Trainings variiert nach Fähigkeit und Interesse der Schüler. Es empfiehlt sich, das Programm als punktuelle Ergänzung von Therapiesitzungen oder im Rahmen schulischer Freiarbeit anzubieten und dabei eine tägliche Übungsdauer von 20 Minuten nicht zu überschreiten.

Sowohl für den ELFE-Lesetest als auch das ELFE-Training sind anschauliche Beispiele im Internet über folgende Adresse zu finden: http://www.elfe-lesetest.de

Spätestens seit dem schlechten Abschneiden deutscher Schüler im PISA -Test weiß man, dass durchaus nicht alle Schüler in der Sekundarstufe I verstehend und flüssig lesen können und mangelnde Lesekompetenz nicht nur ein Problem der Grundschule darstellt. Leider gab es jedoch bislang kaum standardisierte Testverfahren zur Erfassung der basalen Lesekompetenz und des Leseverständnisses bei Schülern in der Sekundarstufe. Mit dem *Lesegeschwindigkeits- und Verständnistest für die Klassen 6-12* (LGVT 6-12) von Schneider, Schlagmüller & Ennemoser (2007) liegt jetzt ein diagnostischer Schultest vor, der diese Lücke in Deutschland schließt.

Praxisbeispiel

Stefan ist Schüler der 7. Klasse und seine Leistungen sind insgesamt recht unbefriedigend.

Mathematik scheint er jedoch ganz gern zu machen. Aber auch hier sind seine Leistungen mangelhaft.

Auf der Lehrerkonferenz am Schuljahresende, auf der Noten und Leistungsprobleme für die bevorstehenden Zeugnisse besprochen werden, äußert der Mathematiklehrer von Stefan folgenden Verdacht: Ihm ist aufgefallen, dass der Junge im Unterricht recht gute mündliche Leistungen zeigt und offensichtlich nicht „auf den Kopf gefallen" ist. In Klassenarbeiten aber versagt er häufig total. Insbesondere bei Aufgabenstellungen, die eine längere verbale Instruktion haben, kommt der Junge gar nicht zurecht. Sachaufgaben löst er nie, während er im Lehrer-Schüler-Gespräch aber recht knifflige Probleme lösen kann.

Der Mathematiklehrer hat Stefan deshalb vor kurzem nach dem Unterricht gebeten, einen Aufgabentext laut vorzulesen. Der Junge konnte den Text zwar sehr langsam erlesen, aber als er mit eigenen Worten sagen sollte, was zu tun ist, konnte er es nicht.

Sollte der Junge am Ende nicht verstehend lesen können?

Lesegeschwindigkeits- und Verständnistest für die Klassen 6-12 (LGVT 6-12)

Ziele des Einsatzes durch Lehrkräfte

- Feststellung des Leistungsstandes in Bezug auf Leseverständnis und Lesegeschwindigkeit einer gesamten Schulklasse der entsprechenden Stufe in unterschiedlichen Schulformen im Vergleich zur entsprechenden Normierungsstichprobe
- Erstellen von Förderdiagnosen für einzelne Schüler mit Leseproblemen

Konzept und Aufbau des Tests

Leseverständnis und Lesegeschwindigkeit sind Faktoren, die bei der Aneignung von Wissen (Wissenserwerb aus Texten) eine wesentliche Rolle spielen. Damit sind sie eine wichtige Voraussetzung für lebenslanges Lernen und entscheiden mit über schulischen und beruflichen Erfolg.

Die Leseforschung hat eindeutig belegt, das Lesen nicht als passiver Prozess aufzufassen ist. *Lesen ist eine aktive Konstruktionsleistung* des Lesers, bei der er die im Text enthaltenen Inhalte aktiv mit seinem Vor- und Weltwissen in Beziehung setzen muss.

Wenn die technischen Aspekte des Lesens nicht voll ausgebildet sind, dann kommt es bei Schülern/Lesern zur Beeinträchtigung dieses Prozesses der aktiven Entnahme von Informationen aus Texten. Wenn viel Zeit und Anstrengung für das Dekodieren der Textinformation aufgewendet werden muss, d.h. die Schüler erlesen relativ mühevoll Wörter, dann ist bei ihnen die aktive Sinnentnahme aus ganzen Texten wesentlich eingeschränkt. Das bedeutet für solche Schüler in der Sekundarstufe, dass sie die notwendigen Informationen aus Texten (z.B. auch Aufgabeninstruktionen bei Klassenarbeiten) nicht oder nur unzureichend erfassen können. Im Endeffekt kann das dazu führen, dass dieses Lesekompetenzdefizit als mangelnde Kompetenz in einem Unterrichtsfach gedeutet werden kann (siehe Praxisbeispiel). Andererseits sinkt unter solchen Bedingungen natürlich die Lernmotivation.

Lesegeschwindigkeit als eine Voraussetzung für das Leseverständnis stellt eine einfach zu messende Größe dar, um Informationen über diese basalen Lesekompetenzen zu erhalten. Es werden die in einer bestimmten Zeit gelesenen Wörter gezählt und mit bestimmten Standards in Beziehung gesetzt. Mit dem LGVT 6-12 wird aber auch explizit das Leseverständnis erfasst. Dazu müssen die Schüler einen Ausgangstext („Brot und Rosenkohl") lesen, der aus 1727 Wörtern besteht. An 23 im Text verteilten Stellen müssen die Schüler aus drei in Klammern angegebenen Alternativen das in den Zusammenhang des Textes passende Wort auswählen und unterstreichen. Die richtige Auswahl der Antwort setzt ein gründliches Sinn verstehendes Lesen voraus. Die Autoren schließen aus, dass die Schüler den Text nur flüchtig überfliegen können, um die richtige Antwortalternative zu markieren.

Bei dem Lesetext handelt es sich um eine Geschichte, die in Ostnorwegen spielt und von Schneider leicht modifiziert ins Deutsche übertragen wurde.

Der Text ist inhaltlich relativ anspruchsvoll und für Schüler nicht besonders interessant. Schwierig könnte z.B. die Auswahl der Alternative insbesondere für jüngere Schüler in folgendem Textzusammenhang sein: „Nachdem ich zu dieser Einstellung erzogen wurde, was das Brot angeht, fällt es mir schwer, selbst altes und trockenes Brot wegzuwerfen. Ich gebe es dann lieber an die Vögel weiter, so dass wenigstens einige von (Gottes, unseren, euren) Geschöpfen, die weniger anspruchsvoll sind, letztendlich davon profitieren können." Hier setzt die richtige Antwort durchaus ein Gefühl für literarische Sprache voraus.

Der Lesetext ist so konstruiert, dass am Ende jeder Zeile fortlaufend die Anzahl der gelesenen Wörter aufaddiert angegeben ist.

Durchführung, Zeit und Auswertung

Der Test kann als *Gruppentest* mit der ganzen Klasse oder auch als *Einzeltest* durchgeführt werden. Die Durchführungsdauer einschließlich der Instruktionszeit beträgt etwa 10 Minuten.

Der Test für die jeweilige Klassenstufe sollte im *zweiten Halbjahr* durchgeführt werden, weil die Normstichprobe in der Mitte des zweiten Schulhalbjahres erhoben wurde.

Nachdem die Testhefte ausgeteilt sind, gibt die Lehrkraft entsprechende Instruktionen und die Anweisung wird im Testheft gemeinsam mit den Schülern gelesen. Gemeinsam wird auch ein Beispiel bearbeitet. Die Schüler erhalten danach die Instruktion, *vier Minuten lang* den Ausgangstext bis zum Stoppsignal durch den Testleiter zu lesen. Das heißt, die Schüler sollen nicht etwa den gesamten Text lesen. Nach dem Stoppsignal markieren die Schüler durch einen Strich die Stelle im Text, an der sie abbrechen. Am Ende der entsprechenden Zeile müssen die Schüler noch die Ziffer für die gelesene Anzahl der Wörter einkreisen.

Für die Testauswertung liegt ein Auswertungsbogen vor, auf dem die 23 Antwortalternativen zum Erfassen des Textverständnisses aufgelistet sind. Die richtige Antwort ist dort jeweils unterstrichen.

Die Auswertung wird so vorgenommen, dass korrekte Unterstreichungen im Ausgangstext 2 Punkte erhalten, keine Unterstreichungen mit 0 Punkten und falsche oder mehrere Unterstreichungen jeweils mit einem Punkt Abzug (= -1 Punkt) bewertet werden. Die Punktevergabe wird vom Auswerter in die entsprechende Zeile auf dem Antwortbogen eingetragen. Am Schluss werden die Rohpunkte aufaddiert. Zusätzlich wird die eingekreiste Ziffer (Anzahl der gelesenen Wörter) aus dem Testheft auf dem Auswertungsbogen notiert. Danach werden die Rohpunkte in Prozentränge und T-Werte transformiert. Dazu enthält das Manual entsprechende Tabellen, die für die Klassen 6 bis 10 die Werte getrennt nach Klassenstufe und Schulformen ausweisen. In gleicher Weise wird die Wortanzahl der Lesegeschwindigkeit in Prozentränge und T-Werte umgewandelt. Für die 11. und 12. Klasse des Gymnasiums steht jeweils eine gemeinsame Tabelle zur Verfügung. Der Prozentrang gibt an, wie viel Prozent der Schüler aus der Vergleichsgruppe (Normierungsstichprobe) genau so gut oder schlechter sind als der getestete Schüler. Dabei ist die Leistung eines Schülers umso besser, je höher der Prozentrang ist.

Für die Interpretation der Ergebnisse ist eine Übersicht beigefügt; sie gibt an, welcher Leistungsgüte die erreichten Prozentränge entsprechen.

Gütekriterien

Objektivität: Wenn der Testleiter alle Instruktionen des Testmanuals sorgfältig beachtet, dann ist in allen Bereichen die Objektivität gewährleistet.

Reliabilität: Die Retestreliabilität nach 6 Wochen ist gut.

Validität: ist zufriedenstellend.

Normen: Es liegen Prozentrangnormen und T-Werte für die Anzahl korrekter Unterstreichungen (= Leseverständnis) und die Menge der gelesenen Wörter (= Lesegeschwindigkeit) getrennt nach Klassenstufen (6 bis 10) und Schulformen vor. Für die Klassen 11 und 12 des Gymnasiums wurde jeweils eine gemeinsame Tabelle erarbeitet. Die Normierungsstichprobe setzt sich aus insgesamt 2390 Schülern aus elf Bundesländern zusammen.

3.2.1.1.3 Diagnostik der Rechtschreibleistung

(1) Theoretischer Rahmen und (2) Hypothesen

In den nationalen und internationalen Schulleistungsvergleichen der letzten Jahre lag der Fokus bei der Prüfung der muttersprachlichen Kompetenz meist auf der Lesekompetenz. Die Prüfung der Rechtschreibkompetenz von Schülern spielte zumindest in diesem Zusammenhang eine geringere Rolle.

Im Folgenden wollen wir uns deshalb etwas ausführlicher mit der Rechtschreibkompetenz beschäftigen.

(a) Stellenwert der Rechtschreibleistung und -kompetenz im Rahmen schulischer Bildungsziele

Bei den Prozessen des Lesens und des Rechtschreibens handelt es sich keineswegs um ähnliche Vorgänge, wenn auch in einigen Untersuchungen hohe empirische Korrelationen zwischen Lese- und Rechtschreibleistungen festgestellt werden konnten.

Um eine gute Lesekompetenz zu besitzen, sind neben orthografischem Wissen auch Wiedererkennungsleistungen von immenser Bedeutung. Demgegenüber spielen für die Rechtschreibkompetenz in erster Linie phonologische Prozesse sowie Arbeitsgedächtnisfunktionen eine Rolle (vgl. Hasselhorn, Marx & Schneider, 2008, S. 1). Mit Blick auf die deutsche Sprache ist es wichtig, die Irregularität des Rechtschreibens im Auge zu behalten, während die Orthografie hinsichtlich des Lesens regulär ist und die Anzahl der Graphem- Phonem-(Buchstaben-Laut-)Korrespondenz-Regeln leichter zu erfassen ist. Die Summe der für die Rechtschreibung wichtigen Phonem-Graphem-Korrespondenz-Regeln des Deutschen ist dagegen sehr groß, d.h. dass der Schreiber beispielsweise bei einem Diktat einen wahrgenommenen Laut durch eine Vielzahl von Buchstaben schriftlich wiedergeben kann (ebd.; vgl. auch Schneider, 1997). Zugespitzt könnte man behaupten, dass der Lernprozess des Rechtschreibens die deutschen Schüler vor eine größere Herausforderung stellt, als der des Lesens.

Jedoch wird der Rechtschreibkompetenz im öffentlichen Diskurs längst nicht die Bedeutung zugemessen wie der Lesekompetenz. Gründe hierfür liegen einmal darin, dass gerade in den großen internationalen Vergleichstudien die Rechtschreibleistung nicht abgeprüft wurde (inhaltliche und methodische Probleme des Vergleichs unterschiedlicher Muttersprachen).

Zum anderen spielt für Fachdidaktiker die *Schreibproduktion* eine wesentlich zentralere Rolle beim Mutterspracherwerb. Hinzu kommt, dass jedes Schreibprogramm eines PC eine Rechtschreibkorrektur anbietet und die mit geringer Rechtschreibkompetenz verbundene soziale Blamage aus früheren Zeiten damit zumindest abgeschwächt werden kann.

Wenn man sich die neuen Bildungsstandards der KMK für den Erwerb muttersprachlicher Kompetenzen im Primarbereich anschaut, dann erscheint die Rechtschreibung auch nicht als Hinweisreiz in der Benennung der fünf Kompetenzbereiche (vgl. KMK, 2005, S. 9-14; Abb. 3.22).

Die Rechtschreibkompetenz ist dem Kompetenzbereich „Schreiben" zugeordnet und wird folgendermaßen definiert:

> „Die Kinder verfügen über grundlegende Rechtschreibstrategien. Sie können lautentsprechend verschriften und berücksichtigen orthographische und morphematische Regelungen und grammatisches Wissen. Sie haben erste Einsichten in die Prinzipien der Rechtschreibung gewonnen. Sie erproben und vergleichen Schreibweisen und denken über sie nach. Sie gelangen durch Vergleichen, Nachschlagen im Wörterbuch und Anwenden von Regeln zur richtigen Schreibweise. Sie entwickeln Rechtschreibgespür und Selbstverantwortung ihren Texten gegenüber" (KMK, 2005, S. 8).

Abbildung 3.22: Kompetenzbereiche für das Fach Deutsch im Primarbereich

Für den Mittleren Schulabschluss als weiterführendem Bildungsweg wird empfohlen (vgl. KMK, 2004a, S. 10f.), die Kompetenzen im Bereich des Schreibens auf das Verfassen von Texten auszurichten, wobei die Schüler die zentralen Schreibformen (u.a. die Grundregeln der Rechtschreibung und Zeichensetzung) sicher beherrschen und ihre Texte sprachlich und stilistisch stimmig gestalten sollen. Die Textproduktion sollte „unter Beachtung von Strategien zur Fehlervermeidung und mit Hilfe eines Wörterbuches weitgehend fehlerfrei" von den Schülern geleistet werden können (ebd. S. 11). Dies schließt zugleich die Kompetenz zur Selbstkritik und Überarbeitung ein, also die Fähigkeit, individuelle Fehlerschwerpunkte zu erkennen und Fehler durch Anwendung von Rechtschreibstrategien zu vermeiden, wie z.B. Nachschlagen, Abschreiben, Wortverwandtschaften suchen, grammatisches Wissen anwenden (ebd.). Die Rechtschreibkompetenz entsprechend dem Niveau des Mittleren Schulabschlusses impliziert auch die Beherrschung von häufig vorkommenden Fach- und Fremdwörtern.

Resümierend kann festgestellt werden, dass die Rechtschreibkompetenz im Rahmen schulischer Bildungsziele zwar eine Rolle spielt, die Verantwortung für ihre Herausbildung insbesondere dem Deutschunterricht zukommt.

Wir halten eine solche Interpretation und Zuordnung des Aufbaus von Rechtschreibkompetenz für sehr eng. Jeder Fachlehrer hat einen Teil Verantwortung in diesem Zusammenhang und sollte bei Verschriftungen durch die Schüler stets die

Rechtschreib- und Zeichensetzungsfehler rückmelden und eine produktive Berichtigung einfordern. Auf diese Weise wären Schüler automatisch mehr gezwungen, orthografisch richtiges Schreiben als „Norm" zu akzeptieren und dies nicht nur für Deutscharbeiten als erforderlich anzusehen.

Damit würden sich auch die Übungsmöglichkeiten für Rechtschreiben wesentlich intensivieren.

(b) Ausgewählte empirische Befunde zur Qualität der Rechtschreibkompetenz deutscher Schüler

Die Entwicklung der Rechtschreibkompetenz ist in der Münchner Längsschnittstudie LOGIK (Longitudinalstudie zur Genese individueller Kompetenzen; Weinert, 1998; Weinert & Schneider, 1999) differenziert untersucht worden, in der ab 1984 mehr als 10 Jahre etwa 200 Kinder von der 2. bis zur 6. Klasse einmal jährlich u.a. in Bezug auf ihre Rechtschreibkompetenz getestet wurden. Die Nacherhebungen von 1998 bis 2004 liefern zusätzlich wichtige Informationen zur allgemeinen Kompetenzentwicklung nach der Grundschulzeit: Während sich in der Grundschulphase die Rechtschreibleistung (insbesondere der Mädchen) deutlich verbesserte, verringerte sich der Kompetenzzuwachs mit Beginn der Sekundarstufe. Insgesamt erzielten die Schülerinnen bessere Ergebnisse als die Schüler. Es konnte festgestellt werden, dass bereits in der Grundschulzeit deutliche Unterschiede zwischen späteren Gymnasiasten und Haupt- und Realschülern bestanden, welche ab der 3. Klasse bis in das junge Erwachsenenalter im Mittel ca. eine Standardabweichung ausmachen. Auch andere Untersuchungen belegen die These, dass Unterschiede in den Rechtschreibleistungen von Schülern die Entscheidungsprozesse hinsichtlich weiterführender Schularten mehr beeinflussen als Unterschiede in der Intelligenz (Schneider, 2008).

Ein weiteres Untersuchungsergebnis der LOGIK-Studie bezieht sich auf die Stabilität individueller Unterschiede. So ließ sich für die Grundschul- und beginnende Sekundarstufenzeit belegen, dass früh erkennbare Unterschiede in den Rechtschreibkompetenzen sehr zeitstabil ausfielen. Schüler, die schon in der Grundschulzeit bessere Rechtschreibleistungen erbrachten, zeigten diese relativ schulformunabhängig auch im Jugend- und Erwachsenenalter. Auf der anderen Seite ist das Risiko relativ hoch, dass anfänglich schwache Rechtschreiber ihre Defizite während der weiteren Schullaufbahn ausbauen. Eine weitergehende, gezielte Förderung dieser Schülergruppe auch über das Grundschulalter hinaus, erscheint deshalb dringend erforderlich zu sein. Unterbleibt eine entsprechende Intervention, so führt die Langzeitstabilität der Rechtschreibschwierigkeiten zwangsläufig zu deren Verfestigung bis ins Erwachsenenalter (vgl. Schneider, 2008, S. 149).

Eine weitere Untersuchung zur Rechtschreibkompetenz wurde im Rahmen der nationalen Erhebung von IGLU bei Viertklässern in 12 Bundesländern durchgeführt. Hier wurden wichtige Zusammenhänge zwischen Rechtschreibleistungen und verschiedenen Schülermerkmalen gefunden (Valtin, Badel, Löffler, Meyer-Schepers & Voss, 2003):

1. Geschlechtsspezifischer Unterschied: Mädchen erbringen bessere Rechtschreibleistungen als Jungen.

2. Dauer des Kindergartenbesuchs: Längerer Kindergartenaufenthalt wirkt sich förderlich auf Schriftspracherwerb aus.
3. Lesegewohnheiten: Schwache Rechtschreiber finden Lesen langweilig und lesen nur, wenn sie müssen.
4. Präferenz der Textsorten: Schwache Rechtschreiber lesen öfters Comics und Gebrauchstexte, gute Rechtschreiber eher Geschichten und Romane.
5. Art der Computernutzung: Schwache Rechtschreiber beschäftigen sich am Computer länger mit Spielen.
6. Freizeitgestaltung: Gute Rechtschreiber nutzen täglich mehr Zeit, um zu ihrem persönlichen Vergnügen zu lesen, während schwache Rechtschreiber eher fernsehen.
7. Kultureller Hintergrund: 64,6% der schwachen Rechtschreiber besitzen Migrationshintergrund, während nur 10,5% der starken Rechtschreiber dieser sozialen Gruppe entstammen.

Ein systematischer Vergleich der Rechtschreibkompetenz von Schülern während der Grundschulzeit wurde im Rahmen der Neunormierung der Weingartener Grundwortschatz-Rechtschreib-Test-Reihe (WRT) von Birkel & Stammet (2008) durchgeführt. In den Studien von PISA und TIMSS wurde bereits für die Kompetenzbereiche Lesen oder Mathematik eine Tendenz nachgewiesen, die sich auch in den Untersuchungsergebnissen bei der Neueichung des WRT zeigte: Die Lernerfolge auch im Bereich der Rechtschreibkompetenz werden mit zunehmender Beschulungsdauer von immer deutlicheren Leistungsdefiziten begleitet (Birkel & Stammet, 2008). Birkel & Stammet erklären das Absinken der Rechtschreibleistung erstens mit einer zunehmenden Bedeutungsverlagerung der Deutschdidaktik auf die eigene Textproduktion der Schüler, womit zugleich der Blick für die Übungsnotwendigkeit im Bereich der Rechtschreibung eingeschränkt wird. Zweitens sollte auch hier die „veränderte Kindheit" gesehen werden, die z.B. auch durch einen Wandel der medialen Umgebung der Kinder weg vom Buch gekennzeichnet ist (vgl. ebd. S. 75).

(3) Diagnostische Verfahren zur Erfassung der Rechtschreibleistung in unterschiedlichen Altersstufen

Die aktuellen Trends der Entwicklungs- und Forschungsaktivitäten in der Rechtschreibdiagnostik lassen sich nach Hasselhorn et al. (2008) in drei Bereichen festmachen:

- Es ist eine zunehmende Orientierung der Rechtschreibdiagnostik an den Bildungsstandards zu registrieren. Damit wird die Konzentration auf die Unterrichtsinhalte entlang der curricularen Vorgaben durch die Bildungsstandards und ihren Blick auf die individuellen Kompetenzen der Schüler und Schülerinnen sinnvoll bereichert.
- Aufbau und Diagnostik der Rechtschreibkompetenz werden nicht mehr nur für die Primarstufe begrenzt, sondern auch für den Sekundarstufenbereich bis hin ins Berufsbildungswesen ausgeweitet.

- In zunehmendem Maße werden computerbasierte Technologien zur Ökonomisierung und Ausdifferenzierung der Rechtschreibdiagnostik eingesetzt, wie z.B. bei der Weiterführung und Erweiterung der Hamburger Schreib-Probe (HSP) für die 1. bis 9. Klassen hin zum Online-Verfahren Deutsche Schreibprobe (DSP) (May, 2008).

Darüber hinaus hat die Reform der Rechtschreibung in Deutschland eine Anpassung bzw. auch Neunormierung vorhandener diagnostischer Verfahren für das Rechtschreiben notwendig gemacht. Dabei waren die Neunormierungen aber auch durch einen, von vielen Praktikern bestätigten Eindruck motiviert, dass sich die Rechtschreibkompetenz der deutschen Schüler und Schülerinnen insgesamt in der letzten Jahren verschlechtert habe (vgl. Hasselhorn et al., 2008, S. 4).

Eine Übersicht über derzeit verfügbare deutschsprachige Rechtschreibtests haben Marx, Hasselhorn, Opitz-Karig, Schneider (2008) zusammengestellt.

Bevor hier die einzelnen diagnostischen Verfahren zur Prüfung der Rechtschreibleistung beschrieben werden, soll in knapper Form auch auf die diesen Tests zugrunde liegenden theoretischen Modelle des Rechtschreiberwerbs eingegangen werden, weil damit die Auswahl von publizierten Tests auch an inhaltlichen Parametern festgemacht werden kann.

Die Vorstellungen zum Rechtschreiberwerb haben sich in den letzten 30 Jahren grundlegend gewandelt. Die ältere Sichtweise lässt sich grob dadurch kennzeichnen, dass von additiven Komponentenmodellen ausgegangen und eine Hierarchie von Teilleistungen unterstellt wurde, die beim Lesen und Schreiben zusammenwirken und separat diagnostiziert werden sollten. Demgegenüber postuliert das neuere Paradigma des Rechtschreiberwerbs Prozessmodelle mit qualitativen Entwicklungsstufen (vgl. Stock & Schneider, 2008, S. 45). Lesen und Schreiben wird als Entwicklungsprozess verstanden, der bereits vor Schuleintritt beginnt. Eines der bedeutendsten Modelle des Rechtschreiberwerbs in diesem Zusammenhang ist das Stufenmodell der Schriftsprachentwicklung von Frith (kognitives Informationsverarbeitungsmodell), das drei sukzessiv zu erlernende, aufeinander aufbauende Entwicklungs- bzw. Strategiephasen beschreibt (Frith 1985, 1986; siehe Abb. 3.23).

In der ersten Phase des in Abbildung 3.23 veranschaulichten Erwerbsmodells, der logographemischen Strategie, werden die Wörter zunächst mittels prägnanter optischer Merkmale erkannt. Das führt im Laufe der Zeit dazu, dass sich interne visuelle Repräsentationen verschiedener Wörter herausbilden, die in zunehmendem Maße detaillierter auch dem Rechtschreibvorgang zur Verfügung stehen. Die zweite Phase mit der alphabetischen Strategie dient der Verbindung akustisch wahrgenommener Laute mit visuell darstellbaren Graphemen auf der Basis von Phonem-Graphem-Korrespondenzregeln, so dass der Schreiber auf dieser Kompetenzebene bereits in der Lage ist, vom Schriftbild her bis dato unbekannte Wörter auf Anhieb richtig zu schreiben. Zugleich wird die alphabetische Strategie auf den Prozess des Lesens übertragen und manifestiert sich im lautierenden Lesen. Für das Erreichen der letzten Phase, der orthografischen Strategie, ist eine Erweiterung des orthografischen Lexikons von entscheidender Bedeutung, das einzelne Wortbilder und Morpheme abspeichert. Damit sind die Schüler nun in der Lage, während des Lesens nicht mehr einzelne Buchstaben zu Lauten rekodieren und dann zusammenschleifen zu müssen, sondern können vielmehr Wörter in einzelne Morphem- und Buchstabenfolgen aufspalten und deutlich flüssiger lesen. Der Wissenszuwachs im orthografischen Lexikon ist gleichzeitig Voraussetzung dafür, dass orthografische Strategien ebenfalls im Schreibprozess angewendet werden. Einzelne Wortbilder werden jetzt nicht nur wiedererkannt, sondern können komplett aus dem Gedächtnis abgerufen werden. Dieses Modell bildet die Basis für eine Vielzahl von Tests zur Lese- und Rechtschreibkompetenz, wie z.B. für die Entwicklung der Deutschen Rechtschreibtests (DERETs) (Stock & Schneider, 2008).

Abbildung 3.23: Strategiephasen des Rechtschreiberwerbs nach Frith (1985)

Wie erwähnt, beginnt der Kompetenzerwerb des Lesens und Schreibens bereits vor Eintritt des Kindes in die Schule, d.h. dass schon im Vorschulalter wichtige Basiskompetenzen erworben werden, die bis zur Einschulung ganz unterschiedlich entwickelt sein können und zu Schulbeginn in dieser Hinsicht bereits Differenzen von zwei bis drei Jahren zwischen den Schülern bestehen können (Vgl. Barth & Gomm, 2008, S. 10), was einen gemeinsamen Anfangsunterricht geradezu verunmöglicht. Die Vorläuferfertigkeiten zum Schriftspracherwerb wurden in den letzten zwei Jahrzehnten besonders gut erforscht (Schulte-Körne, 2001).

Als prognostisch besonders relevant hat sich in einigen Studien, die auf den kognitiven Informationsverarbeitungsmodellen zum Schriftspracherwerb aufbauen (Frith, 1985; Scheerer-Neumann, 1987), die phonologische Informationsverarbeitung erwiesen (u.a. Jansen & Marx, 1999).

Eine andere Beschreibung des Erwerbs der Rechtschreibkompetenz liefern Augst und Dehn (2007): Die Schreibkompetenz eines Anfängers umfasst zum einen Wortbilder, die im weiteren Verlauf zu Schreibschemata ausgebaut werden, zum anderen Zuordnungen der Buchstaben zu Lauten (Lautschrift), die auf dem Niveau eines Rechtschreib-Könners zu vielschichtigen Rechtschreibregeln auf der Basis von Lautschemata ausgebaut werden (lautliche, morphologische, lexikalische und syntaktische Rechtschreibregeln) (vgl. Augst & Dehn, 2007, S. 12).

Nachfolgend werden Rechtschreibtests vorgestellt, die im Schulbereich am häufigsten angewendet werden: Die Diagnostischen Rechtschreibtests (DERETs), die Weingartener Grundwortschatz Rechtschreib-Tests (WRT`s,) und die Hamburger Schreib-Probe 1-9 (HSP 1-9).

Die Deutschen Rechtschreibtests für das Grundschulalter DERET 1-2; DERET 3-4

(1) *Deutscher Rechtschreibtest für das erste und zweite Schuljahr* (DERET 1-2+) von Stock & Schneider(2008)

(2) *Deutscher Rechtschreibtest für das dritte und vierte Schuljahr* (DERET 3-4+) von Stock & Schneider (2008)

Da beide Verfahren auf dem gleichen Konzept aufbauen, werden sie gemeinsam besprochen.

Ziele des Einsatzes durch Lehrkräfte

- Überprüfung des *Lernstandes* beim Erwerb der Rechtschreibkompetenz der Schüler unterschiedlicher Klassenstufen (1 bis 5);
- *Lehrplangemäße Fehleranalysen* bezüglich der Rechtschreibfehler;
- *Beurteilung der Fähigkeit zur Zeichensetzung* und der wörtlichen Rede (DERET 3-4+);
- Präzise Erfassung der *Häufigkeiten in verschiedenen Fehlerarten und Erstellung eines Fehlerprofils*, das Hinweise auf mögliche Problembereiche liefert;
- Tests sind gute Grundlage für die Erarbeitung *differenzierter Förderpläne*;
- *Erste Diagnostik der Lese-Rechtschreibschwäche* möglich.

Konzept und Aufbau der Tests

Die Konstruktion der DERETs für das Grundschulalter basiert auf dem kognitiven Informationsverarbeitungsmodell der Schriftsprachentwicklung von Frith (1985, 1986). Die zu diktierenden Fließtexte richten sich in ihrer Konzeption nach den drei Entwicklungsstufen (siehe Abb. 3.23). Darüber hinaus werden Forschungsergebnisse der Salzburger Arbeitsgruppe um Wimmer (Wimmer, Zwicker & Gugg, 1991) einbezogen. Sie konnten in einer Längsschnittstudie belegen, dass Lese- und Schreibanfänger mit deutscher Muttersprache oftmals noch keine logographemischen Strategien verwenden und die Probleme bei der phonologischen Segmentierung sowie der Ausbildung von Phonem-Graphem-Korrespondenzen gravierend sind.

Die neu konzipierten DERETs unterscheiden sich von herkömmlichen Diagnoseverfahren vor allem in drei Punkten (vgl. Stock & Schneider, 2008, S. 48):

- Sie beruhen überwiegend auf dem Diktat von Fließtexten und heben sich damit von jenen Verfahren ab, die überwiegend auf dem Lückentextformat aufgebaut sind und damit die Diagnose von solchen Fähigkeiten wie ganze Sätze schreiben, Wörter richtig von einander trennen, Satzzeichen korrekt setzen, nicht leisten können.

- Sie beziehen sich angemessen auf die entsprechenden Lehrpläne, auf Wörter aus dem Grundwortschatz und auf ergänzende Materialien wie Lehrbücher.
- Die DERETs tragen bei der inhaltlichen Testkonstruktion und der Testnormierung der besonderen förderalistischen Situation in Deutschland mit 16 unterschiedlichen Lehrplänen und graduell unterschiedlichen Leistungskriterien an die Schüler voll Rechnung.

In Abhängigkeit der Klassenstufe umfassen die zu diktierenden Fließtexte der DERETs eine unterschiedliche Anzahl von Wörtern (zzgl. Lückentextwörtern):

Erste Klassenstufe: 29 Wörtern (zzgl. 6 Lückentextwörter);
Zweite Klassenstufe: 52 Wörter (zzgl. 12 Lückentextwörter);
Dritte Klassenstufe: 80 Wörter (zzgl. 14 Lückentextwörter);
Vierte Klassenstufe: 92 Wörter (zzgl. 15 Lückentextwörter).

Durchführung, Zeit und Auswertung
Für die Durchführung liegt zusätzlich zum Manual jeweils eine gesonderte Durchführungsanleitung für den Testleiter (z.B. Deutschlehrer) mit Diktat des Fließtextes und der Lückentextwörter vor.

Die Schüler bearbeiten den DERET der entsprechenden Klassenstufe in einem Testheft (sehr ansprechend gestaltet) der Form A oder B. Es liegen jeweils *echte Parallelformen* vor. Somit kann der Test auch nach einer Trainingsphase zur Lernfortschrittsprüfung genutzt werden. Die DERETs können sowohl als *Einzeltest* als auch als *Gruppentest* durchgeführt werden. Die Testdurchführung nimmt jeweils 30 Minuten für den Fließtext und ca.15 Minuten für das Diktat der Lückentextwörter in Anspruch. Im Einzeltest kann diese Zeit auch unterschritten werden. Die Instruktionen für den Testleiter sind sehr klar ausgeführt.

Die Auswertung der Fließtexte nach den Rechtschreibfehlern ermöglicht eine reliable und valide Einstufung der Schüler hinsichtlich ihrer Rechtschreibleistung im Vergleich zur Normstichprobe. Darüber hinaus ist unter Hinzunahme weniger Lückentextwörter eine qualitative Auswertung der Rechtschreibleistung möglich.

Die quantitative Auswertung erfolgt zunächst durch ein einfaches Auszählen der Fehler und die Summierung in einen Gesamtfehlerwert. Die Rohwerte können jeweils in *Prozentränge für die Gesamtfehlerzahl und die spezifischen Fehlerarten je Klassenstufe* (entsprechende Tabellen übersichtlich im Manual) transformiert werden. Die Auswertung und Leistungseinschätzung ist sowohl für Einzelschüler als auch für die gesamte Klasse möglich.

Auf dem Auswertungsbogen kann anhand der Häufigkeiten in den verschiedenen Fehlerarten (z.B.Wortauslassungen, falsche Schreibung von Buchstaben, Getrennt- Zusammenschreibung, Groß- und Kleinschreibung, Dehnungs-Kürzungsfehler usw.) ein *Fehlerprofil* erstellt werden, das Hinweise auf mögliche Problembereiche liefert und gleichzeitig Grundlage für die Förderung darstellt. Sowohl die Auswertungsbögen für die einzelne Schülerleistung als auch der Klassenauswertungsbogen (Klassenmittelwerte und Prozentrangbereiche je Fehlerart) sind sehr übersichtlich und leicht handhabbar gestaltet worden. Die Transformation der Rohwerte in Prozentränge und die dadurch ermöglichte Leistungseinschätzung sind sowohl im Testmanual als auch auf den Auswertungsbögen durchgängig unterschiedlich farbig (z.B. grün = ausgezeichnet, überdurchschnittlich über gelb, orange bis rot = schwach, sehr schwach) gestaltet worden. Das erleichtert und sichert die Interpretation der Testleistung.

Gütekriterien

Objektivität: Durchführungs- Auswertungs- und Interpretationsobjektivität werden durch das Testmanual voll gewährleistet.

Reliabilität: Die Zuverlässigkeit wurde mittels verschiedener Verfahren geprüft. Insgesamt lässt sich feststellen, dass die Rechtschreibleistung im Grundschulalter durch die DERETs mit hoher Genauigkeit gemessen werden kann.

Validität: Die kriterienbezogene Validität mit der durch andere Rechtschreibtests erfassten Rechtschreibleistung je Klassenstufe ist gut.

Normen: Die Normierungsstichproben bestanden je Klassenstufe und Testform aus über 2500 Kindern. Es liegen Prozentrangnormen für die Gesamtfehlerzahl und die spezifischen Fehlerarten je Klassenstufe und Testform vor.

Die Fortsetzung der DERET- Reihe für den Sekundarstufenbereich wird von Stock und Schneider angezielt.

Die DERETs können für die Anschaffung an Grundschulen sehr empfohlen werden. Das Testmanual und die Testmaterialien sind äußerst ansprechend gestaltet worden und für Lehrkräfte gut und ökonomisch handhabbar. Das Preis-Leistungsverhältnis ist sehr günstig.

Zur Förderung der Rechtschreibleistung kann das neue Trainingsprogramm eingesetzt werden:

Ein Trainingsprogramm zur Verbesserung der phonologischen Bewusstheit und der Rechtschreibleistung im Grundschulalter (PHONIT) *von Stock und Schneider* (2010).

Das Trainingsprogramm ist für die Klassenstufen 1 bis 3 evaluiert; ein Einsatz in der vierten Klasse ist darüber hinaus durch die jahrgangsübergreifenden Curricula für das Fach Deutsch und die Orientierung an den Lehrplaninhalten der verschiedenen Bundesländer möglich.

Verfahren und Bearbeitungsdauer
Es wurden für die einzelnen Altersgruppen gesonderte Trainingeinheiten ausgearbeitet, die entsprechend eines Baukastensystems individuell, d.h. in Abhängigkeit von den zu fördernden Fehlerschwerpunkten von der Lehrkraft selbst ausgewählt und zusammengestellt werden können.

Das Training kann sowohl im allgemeinen, laufenden Unterricht, als auch im Förderunterricht eingesetzt werden.

Die Ergebnisse der Evaluation des Trainingsprogramms (an 882 Schülern in vier Bundesländern) belegen in allen drei Klassenstufen bedeutsame Verbesserungen in den Trainingsgruppen gegenüber den Kindern in den Kontrollgruppen in Bezug auf die phonologische Bewusstheit und die Rechtschreibleistungen.

Die im Baukastensystem zusammengestellten einzelnen Einheiten dauern wenige Minuten.

Für die Evaluation des Trainings wurden von den Autoren die einzelnen Trainingseinheiten zu 22 Trainingssitzungen zu je 45 Minuten für Klasse 1; 24 Sitzungen für Klasse 2 und 27 Sitzungen für Klasse 4 zusammengestellt und eingesetzt.

Im Trainingsmanual wird ein Übersichtsplan über diese Gestaltung der Trainings (Struktur der Trainingseinheiten und Zeitdauer) differenziert und für den Anwender nachvollziehbar vorgestellt.

Das Trainingsmaterial ist im Manual jedoch so aufbereitet, dass jeder Anwender (Lehrkräfte) ein spezielles Förderprogramm für seine Zwecke zusammenstellen kann.

Durch den Einsatz dieses Trainingsprogramms PHONIT nach einer differenzierten Diagnose mittels DERET können Schüler der Grundschule zur Verbesserung der Rechtschreibkompetenz optimal und für die Lehrkraft mit ökonomischem Vorbereitungsaufwand gefördert werden.

Die Weingartener Grundwortschatz Rechtschreib-Tests für die Grundschule und Klasse 5 der Hauptschule (oder vergleichbarer Schulformen)

Weingartener Grundwortschatz Rechtschreib-Test für 1. und 2. Klassen (WRT 1+)
Weingartener Grundwortschatz Rechtschreib-Test für 2. und 3. Klassen (WRT 2+)
Weingartener Grundwortschatz Rechtschreib-Test für 3. und 4. Klasse (WRT 3+)
Weingartener Grundwortschatz Rechtschreib-Test für 4. und 5. Klassen (WRT 4+)

Alle vier Rechtschreibtests der Weingartener Serie liegen in der 2., neu normierten und vollständig überarbeiteten Auflage von Birkel unter Mitarbeit von Stammet vor (Birkel 2007a, 2007b, 2007c, 2007d).

Da alle Weingartener Rechtschreib-Tests auf dem gleichen Grundkonzept aufgebaut sind, werden sie im Folgenden zusammengefasst vorgestellt.

Ziele des Einsatzes durch Lehrkräfte

- Mit den WRTs kann die Rechtschreibkompetenz von Grundschülern und Hauptschülern der 5. Klasse an einer jeweils für die Klassenstufe sorgfältig ausgewählten Stichprobe des Rechtschreib-Grundwortschatzes überprüft werden.
- Die erhaltenen Daten aus einer Klasse ermöglichen einen überregionalen Leistungsvergleich.
- Da Parallelformen vorliegen, kann der Lernzuwachs nach einer Förderung geprüft werden.
- Lehrkräfte können die Tetsts auch bei Schülern mit Migrationshintergrund einsetzen.

Konzept und Aufbau des Verfahrens

In den WRTs wird mit Hilfe von Lückentextdiktaten die Rechtschreibkompetenz von Schülern untersucht. Zusätzlich ermöglicht der Test, Graphemtreffer und Fehlertypen auf entsprechend vorbereiteten Listen auszuzählen.

Die Auswahl des Grundwortschatzes liegt heute in der Verantwortung jedes Lehrers selbst. Das macht nach Aussage des Autors aber die Auswahl des Grundwortschatzes in den WRTs nicht ungültig (Birkel & Stammet, 2008). In jedem Fall sind die WRTs gegenüber den jeweils subjektiv von den Lehrern zusammengestellten Diktaten zur Kontrolle der Rechtschreibleistung überlegen, weil sie eine faire und objektive Erfassung der Rechtschreibkompetenz und einen überregionalen Leistungsvergleich ermöglichen.

Die WRTs differenzieren vor allem im unteren Bereich der Rechtschreibkompetenz.

Die WRTs sind in den *letzten drei Monaten der Klasse* der Grundschule, deren Ziffer im Testnamen erscheint, in den *ersten drei Monaten der Klasse* der Grund- bzw. Hauptschule, die darauf folgen, in der *Mitte der Klasse* (Januar bis Februar), die sich anschließt oder speziell beim WRT 4+ noch in den *letzten drei Monaten der 5. Klasse* (Hauptschule) einsetzbar. WRT 3+ und 4+ haben jeweils auch eine Kurzform mit etwa nur einem Drittel der Items (Lückentextwörter), die einen schnellen Überblick über die Rechtschreibkompetenz der Schüler einer Klasse verschafft.

Durchführung, Zeit, Auswertung

Die Durchführung erfolgt durch Diktat der Lückentextwörter in das entsprechende Testheft (Klassenstufe, A oder B Form). Die Bearbeitungszeit für die Langformen beträgt etwa 45 Minuten. Die Langform kann sehr gut im Rahmen einer Unterrichtsstunde durchgeführt werden. Die WRTs können damit als Gruppentest, aber auch als Einzeltest eingesetzt werden.

Die Bearbeitungszeit für die beiden Kurzformversionen liegt etwa zwischen 15 und 20 Minuten.

Die Dokumentation der Auswertung wird auf dem Testheft des Schülers (Vorderseite) vorgenommen. Zur Zusammenfassung liegt dem Testmaterial auch eine Klassenliste bei.

Die Auswertung ermöglicht eine quantitative Analyse: Dazu werden die Rohwerte ausgezählt und in Prozentränge und T-Werte transformiert. Auf diese Weise erhält man eine Aussage, wie gut der einzelne Schüler im Vergleich zur Eichstichprobe abgeschnitten hat. Die Langformen enthalten auch einen Notenvorschlag für die entsprechende Leistung; bei den Kurzformen wird eine Zuordnung in Quartile gegeben.

Die Qualitative Analyse ermöglicht die Herauslösung von Fehlerschwerpunkten, die insbesondere die Grundlage für die weitere Gestaltung der Förderung im Rahmen des Rechtschreibunterrichts sein kann.

Gütekriterien

Objektivität: Die Durchführungs-, Auswertungs- und Interpretationsobjetivität werden durch die ausführlichen Instruktionen im Testmanual voll gewährleistet.

Reliabilität und *Validität* sind ausreichend.

Normen: Die Neunormierung der Tests wurde jeweils an einer bundesweiten Stichprobe von 1.200 bis 2000 Kindern vorgenommen. Es werden Prozentränge und PR-Bänder, T-Werte und T-Wert-Bänder ausgewiesen und Notenvorschläge bei den Langformen angeboten. Eine Besonderheit der Tests ist die Berechnung spezieller Normen für Kinder mit Migrationshintergrund.

Hamburger Schreib-Probe 1-9 [HSP 1-9]

Die Hamburger Schreib-Probe 1-9 (HSP 1-9) von May (2002) liegt in der 6., aktualisierten und erweiterten Auflage vor.

Ziele des Einsatzes durch Lehrkräfte

- Mit der HSP 1-9 kann der Lernstand der orthografischen Kompetenz von der ersten bis zur neunten Klasse in allen Schulformen differenziert erfasst werden.
- Die HSP kann für eine *langfristige Überprüfung von Lernentwicklungen* im Bereich der Rechtschreibkompetenz genutzt werden.

Konzept und Aufbau des Tests
Eine Sonderstellung innerhalb der Rechtschreibtests nimmt die HSP ein, weil sie ein Gesamtkonzept für die Diagnostik der Rechtschreibkompetenz von der 1. bis zur 9. Klasse umfasst. Ein wichtiges Charakteristikum ist ihr relativ geringer Umfang und die ökonomische Handhabung. Die HSP ermöglicht eine Kombination von Strategieanalyse und Graphemtreffermethode bei der Erfassung des Lernstandes der Rechtschreibung. Ursprünglich ist die HSP vor allem für eine Diagnose im unteren Leistungsbereich entwickelt worden. Um auch für die Zielgruppen im oberen Leistungsbereich (z. B Gymnasialschüler) ein Diagnoseinstrument bereitzustellen, wurde dafür zusätzlich die *HSP 5-9 EK* entwickelt. *Die HSP 5-9 B (Basisanforderungen)* beinhaltet vorgegebene Einzelwörter und Sätze, die von den Schülern geschrieben werden. Mit dieser Version werden Grundfertigkeiten erfasst, über die jeder kompetente Schreiber verfügen muss, um die meisten Wörter und Sätze richtig zu schreiben. May (2008) weist darauf hin, dass diese Basisversion nicht nur im unteren Bereich differenziere, sondern in den Klassenstufen 5 bis 7 auch noch im mittleren und oberen Leistungsbereich.

In der *HSP 5-9 EK (Erweiterte Kompetenz)* wird dagegen die Aufgabe gestellt, in einer Textvorlage mit teilweise falsch geschriebenen Wörtern die Fehler zu korrigieren und die Satzzeichen zu ergänzen. Mit dieser Version soll die Fähigkeit erfasst werden, komplexere und schwierigere Rechtschreibprobleme zu meistern.

In beiden Versionen (HSP B und EK) werden neben der Zahl richtiger Lösungen (Wörter, Graphemtreffer bzw. Gesamtpunkte) zur Bestimmung des Niveaus der Rechtschreibkompetenz zahlreiche *Lupenstellen* (siehe genauer Testmanual) *für die verschiedenen Rechtschreibstrategien* analysiert, aus denen sich ein individuelles Strategieprofil ableiten lässt.

> „Das Konzept der HSP geht davon aus, dass es grundlegende Strategien zur Rekonstruktion der Schreibungen von Wörtern und Sätzen gibt und dass die Regeln, die Schriftlerner entdecken und denen sie schreibend folgen, bestimmten Prinzipien zugeordnet werden können, die der deutschen Schrift zugrunde liegen. Neben dem Prinzip, so zu schreiben, wie es Schriftkundige vormachen, und sich die Buchstabenkombinationen zu merken (*logographemisches Prinzip*) sind vor allem die beiden Grundprinzipien relevant, die als *„alphabetisches Prinzip"* (Laut-Buchstaben-Zuordnung) und als *„morphematisches Prinzip"* (Konstanz des Stammes und der Wortbildungsbausteine) bekannt sind. Daneben bzw. dazwischen gibt es verschiedene *„orthographische Prinzipien"*, die auf der Grundlage des morphematischen Prinzips das alphabetische Prinzip modifizieren (z.B. orthografische Elemente im Wortstamm wie Länge- und Kürzezeichen). Beim Schreiben von Sätzen und Texten müssen darüber hinaus *wortübergreifende Regelungen* beachtet werden" (May, 2008, S. 100f.).

Der Fertigkeitserwerb, der der HSP modellierend zugrunde liegt, vollzieht sich stufenweise vom Anfänger zum Experten.

Die HSP ist so konzipiert, dass jeweils von der 1. bis zur 3. Klasse ein gesondertes Testheft für die Schüler und gesonderte Hinweise zur Durchführung für den Testleiter vorliegen. Für 4. und 5. Klassen wurde ein gemeinsames Testheft, gleichermaßen für 5. bis 9. Klassen in der B und EK Version vorgelegt. In den entsprechenden Kombinationen gibt es auch die Hinweise zur Durchführung für den Testleiter. Durch eine solche Aufteilung kann der Anwender entscheiden, welche Klassenstufen er testen möchte und kann somit neben dem Manual nur diese Testhefte samt Durchführungshinweisen käuflich erwerben.

Seit 2007 existiert auf der Grundlage des Konzepts der HSP auch eine Onlineversion *Deutsche Schreibprobe* (DSP). Das Besondere ist hier, dass mehrere Parallelformen in den einzelnen Klassenstufen angeboten werden. Dadurch sind Testwiederholungen nach Trainings bereits auch in kürzeren Zeitabständen möglich. Gegenüber der HSP ermöglicht das Online-Programm der DSP sehr differenzierte Auswertungen, die nun nicht mehr der Testleiter selbst ausführen muss.

Durchführung, Zeit, Auswertung

Die HSP kann als Gruppentest oder als Einzeltest durchgeführt werden.

Die zu schreibenden Testwörter bzw. –sätze werden vom Lehrer zunächst vorgelesen und sind zusätzlich in den Testheften durch Illustrationen veranschaulicht. Danach folgen die Schüler ihrem individuellen Schreibtempo und verschriften die Bilder.

Das Bearbeiten der Schreibblätter beansprucht auch bei leistungsschwächeren Schülern weniger als 30 Minuten.

Die Auswertung erfolgt auch auf der Graphemebene, d.h. es wird die Zahl der richtig geschriebenen Grapheme ermittelt. Darüber hinaus werden die Summe der richtig geschriebenen Wörter und die Summe der Lupenstellen (Auswertung der Rechtschreibstrategien) ausgezählt. Die Rohwerte der drei Summen können jeweils in Prozentränge und T-Werte transformiert werden. Für die vier abgeprüften Rechtschreibstrategien kann ein Strategieprofil für jeden Schüler erstellt werden, das die Fördernotwendigkeiten zudem klar offen legt.

Seit der Neustandardisierung können die Leistungen in der HSP im Halbjahresabstand mit den Referenzwerten verglichen werden. In der Sekundarstufe gibt es nun für jedes Schuljahr Vergleichswerte.

Gütekriterien

Objektivität wird durch die Durchführungsinstruktionen gewährleistet, darüber hinaus auch die Auswertungs- und Interpretationsobjektivität.

Reliabilität: zufriedenstellend.

Validität: ebenfalls zufriedenstellend.

Normen: Die HSP wurde bundesweit für die Klassen 1 bis 9 normiert. Es werden Prozentränge und T-Werte sowie Prozentrangbänder und T-Wertbänder angegeben

Zur Förderung kann das strategiebezogene Förderprogramm zur Unterstützung der Lernentwicklung im Bereich des Rechtschreibens von der 1. bis zur 6. Klasse *A-O-M (a-o-m: Denkwege in die Rechtschreibung*) von Balhorn & Büchner (2005) verwendet werden.

Das *Wortlisten-Trainingsprogramm für die 1. bis 6. Klasse* (WLT 1-6) von Balhorn & Schniebel (1995) kann von Schülern unabhängig vom Lehrer zum Üben individuell genutzt werden.

3.2.1.1.4 Diagnostik der Mathematikleistung

Während die pädagogisch-psychologische Forschung zur Diagnostik von Lese- und Rechtschreibleistungen im Verlauf der letzten Jahre einen beachtlichen Aufschwung genommen hat, kann dies für den Bereich der Diagnostik von Mathematikleistungen nicht in ähnlicher Weise behauptet werden. Im Zusammenhang mit den Ergebnissen der internationalen Vergleichsstudien zu schulischen Leistungen ist das Interesse an der Entwicklung und Förderung mathematischer Kompetenzen und an Möglichkeiten ihrer genauen Diagnose jedoch deutlich gestiegen (vgl. Schneider, Marx & Hasselhorn, 2005). Das Deutsche PISA-Konsortium (2001) stellte beispielsweise fest, dass rund 24% der deutschen 15-jährigen zu einer Risikogruppe gehören, die in Mathematik maximal das Grundschulniveau erreicht (Hasselhorn, Marx, Schneider, 2005). Diese Besorgnis erregenden Ergebnisse haben den Anstoss zu vermehrten Forschungsaktivitäten gegeben, die u.a. zur Entwicklung der Deutschen Mathematiktests geführt haben. Mit dieser Testreihe wird das Ziel verfolgt, die Mathematikleistungen von Schülern und ganzen Schulklassen curricular valide zu erfassen und zu bewerten.

Die Reihe beginnt mit der Veröffentlichung des Deutschen Mathematiktests für erste Klassen (DEMAT 1+, Krajewski, Küspert & Schneider, 2002). Mittlerweile liegen auch Testverfahren für die zweite und dritte Klasse vor (DEMAT 2+; Krajewski, Liehm & Schneider, 2004; DEMAT 3+; Roick, Gölitz & Hasselhorn, 2004). Alle Verfahren sollen sowohl die Erstellung von Förderdiagnosen, insbesondere die Diagnostik einer individuellen Rechenschwäche, als auch die

Erfassung von Leistungsstärken in Grundschulklassen ermöglichen. Obwohl die Testverfahren für die einzelnen Schulstufen von unterschiedlichen Autorengruppen entwickelt wurden, ist es dennoch gelungen, eine hohe Kontinuität beim Testaufbau zu erzielen. Deshalb stellen wir den DEMAT 3+ exemplarisch für die ganze Testreihe vor.

Deutscher **Mat**hematiktest für dritte Klassen [DEMAT 3+]

Der deutsche Mathematiktest für 3. Klassen kann zur Messung curricular-valider Mathematikleistungen von Schülerinnen und Schülern in den letzten sechs Wochen der 3. Klasse und den ersten sechs Wochen der 4. Klasse eingesetzt werden.

Ziele des Einsatz durch die Lehrkraft

- Erstellung von Förderdiagnosen
- Abschätzung eines individuellen Dyskalkulie-Risikos
- Erfassung von ergebnisorientierten Leistungsmerkmalen
- Identifikation individueller Leistungsauffälligkeiten
- Bildungsstandardrelevante Überprüfung des eigenen Unterrichts
- Erfassung von Leistungsmerkmalen ganzer Schulklassen

Konzept und Aufbau
Der DEMAT 3+ ist zur ökonomischen Erfassung der Mathematikleistung einer gesamten Schulklasse geeignet. Dem Aufbau des Tests liegt die gemeinsame Schnittmenge der Lehrpläne aller deutschen Bundesländer zu Grunde. Die drei curricular relevanten Bereiche Arithmetik, Sachrechnen und Geometrie sind in neun Aufgabentypen mit insgesamt 31 Items gegliedert. Der Bereich Arithmetik wird durch die vier Aufgabentypen Zahlenstrahlen, Additionen, Subtraktionen und Multiplikationen thematisiert. Der Bereich Sachrechnen wird über die beiden Aufgabentypen Sachrechnungen und Längen umrechnen erfasst. Die Geometrieleistung wird mit den drei Aufgabentypen Spiegelzeichnungen, Formen legen und Längen schätzen gemessen.

Durchführung, Zeit, Auswertung
Die Durchführung beträgt ca. 45 Minuten im Gruppentest und ist demnach in einer Schulstunde zu bewältigen.

Die Auswertung erfolgt mittels Schablonen. Zusätzlich zur manuellen Auswertung steht ein computergestützes Auswertungsprogramm DEMAT 3+/4 zur Verfügung. Dieses enthält zusätzliche, über den Test hinausgehende Analysefunktionen (z.B. Prüfen auf Vorliegen einer Teilleistungsstörung).

Neben individueller Auswertung ist über ein Leistungsprofil auch die Beurteilung einer ganzen Schulklasse möglich

Gütekriterien

Objektivität: Alle Teile der Objektivität sind gewährleistet durch die präzisen Angaben im Testmanual.

Reliabilität: Die im Manual angegebenen Reliabilitätskoeffizienten (z.B. Paralleltestreliabilität von r = .83) sind als gut einzustufen.

Validität: Der DEMAT 3+ beeindruckt (wie alle anderen DEMATs auch) durch die empirischen Belege seiner Validität, d.h. er misst tatsächlich mathematische und nicht generell intellektuelle Leistungsfähigkeit. Weiterhin zeichnet sich der DEMAT 3+ durch hohe curriculare und inhaltliche Validität aus, da die Items theoriegeleitet konstruiert wurden. Die empirische Validität wurde über den Zusammenhang mit Schulnoten im Fach Mathematik (r = .63) und Zusammenhang mit der landesweiten Vergleichsarbeit im Fach Mathematik (r = .66) ermittelt.

Normen: Nach Klassenstufe und Geschlecht getrennte Normen sind für die letzten sechs Wochen des dritten Schuljahres und die ersten sechs Wochen des vierten Schuljahres angegeben. Der Test wurde an 4.209 Grundschülerinnen und Grundschülern aus allen deutschen Bundesländern geeicht.

3.2.1.2 Konstruktion informeller Schulleistungstests

> „Informelle Schulleistungstests sind Verfahren der Pädagogischen Diagnostik, die hauptsächlich von Lehrkräften konstruiert werden, um Ergebnisse der von ihnen geplanten Lernvorgänge in ihrer Klasse möglichst objektiv zu erfassen und für ihr pädagogisches Handeln nutzbar zu machen“ (Ingenkamp & Lissmann, 2005, S. 173).

Aus dieser Beschreibung wird ein wichtiges Unterscheidungsmerkmal zu den formellen Schulleistungstests deutlich: informelle Tests werden *von Lehrkräften selbst* und nicht von psychologisch ausgebildeten Testkonstrukteuren entwickelt.

Informelle Tests besitzen damit zwar einerseits von vornherein eine *geringere psychometrische Qualität.* Ihr *Vorzug* besteht jedoch andererseits darin, dass sie *sehr unterrichtsnah* und *auf die Lehrziele in einer Schulklasse bezogen* entworfen werden können. Es ist zu vermuten, dass bei solchen informellen Tests eher die *curriculare Validität gesichert* werden kann, als bei überregionalen Schulleistungstests. Außerdem kann stets gewährleistet werden, dass der abzuprüfende Stoff, die abzuprüfende Kompetenz zuvor *im Unterricht behandelt* bzw. entwickelt wurde.

Mit der Konstruktion solcher informellen Tests wird eine formative Evaluation des Unterrichts möglich, d.h. es kann unterrichtsbegleitend diagnostiziert werden, welche Lern- und Kompetenzziele die Schüler tatsächlich erreicht haben. Somit ist eine bessere Möglichkeit zur Früherkennung von Lernschwierigkeiten und von Defiziten im Lernprozess gegeben als das durch traditionelle Leistungsüberprüfungen geleistet werden kann.

Lehrkräfte besitzen damit ein Instrument zur Realisierung von adaptivem Unterricht, d.h. im Ergebnis dieser unterrichtsnahen objektiveren Leistungsüberprüfung kann der Unterricht passend (fordernd und fördernd) an die augenblicklichen Lernvorsaussetzungen der Schüler angepasst werden.

Lukesch fordert sogar, dass die Entwicklung informeller Tests konstitutives Element jeder Unterrichtsvorbereitung sein sollte. Die dafür notwendige Bestimmung und Konkretisierung der Lehrziele erfordern eine didaktische Reflexion, die für Unterrichtsplanung und Lernstandsdiagnose gleichermaßen bedeutsam und professionell ist (vgl. Lukesch, 1998, S. 530).

Wenn Lehrkräfte solche Tests konstruieren sollen, dann muss sich aber der methodische Aufwand in Grenzen halten, die einmal durch ihre Ausbildung und zum anderen durch ihre hohe Arbeitsbelastung bestimmt werden.

Von den traditionellen subjektiven Methoden der Leistungsüberprüfung (Aufsatz, Klassenarbeit, Zettelarbeit etc.) unterscheiden sich informelle Tests vor allem durch das *Maß an erreichbarer Objektivität.* Es ist durchaus möglich, dass Lehrkräfte bei sorgfältiger Ausarbeitung Durchführungs-, Auswertungs- und Interpretationsobjektivität sichern können. Reliabilität und Validität werden bei der Konstruktion von informellen Tests angestrebt, aber nicht durch statistische Verfahren (wie bei formellen Tests) nachgewiesen.

Bei der Ausarbeitung eines solchen informellen Tests sollte eine ähnliche Schrittfolge wie bei der Erstellung formeller Tests eingehalten werden (vgl. Lukesch, 1998; Ingenkamp & Lissmann, 2005).

- Die *Lehrplananalyse* konzentriert sich auf die präzise Bestimmung und Beschreibung der Lehrziele, deren Realisierung mit dem Test untersucht werden soll. Im Ergebnis dieser Analyse entsteht eine Lehrzielmatrix, die sich aus Inhaltsaspekten und Verhaltensaspekten zusammensetzt. Die Inhaltsaspekte beschreiben die Schwerpunkte des Stoffes, während die Verhaltensaspekte die kognitiven Anforderungen bei der Beherrschung dieser Inhalte festlegen (z.B. grob: Wissen, Verstehen, Denken oder in Anlehnung an Bloom, Engelhardt, Furst, Hill & Krathwohl (1956): Wissen, Verstehen, Anwenden, Analyse, Synthese, Beurteilung). Formulierungen von typischen Lernzielen in der Kombination dieser beiden Dimensionen wären z.B.: „Die Schüler sollen erläutern/erklären/beschreiben können, dass warum …“ (= Beherrschung des Inhalts auf den Ebenen „Wissen und Verstehen“) oder „Die Schüler sollen … vergleichend beurteilen können“ (= Beherrschungsgrad: Anwenden und Beurteilen).
- Nach der Bestimmung solcher präziser Lernziele müssen die *Testaufgaben konstruiert* werden. Als günstig erweist sich hierbei, wenn eine Tabelle erstellt wird, die die Anzahl der Aufgaben in Abhängigkeit des Inhalts und der kognitiven Anforderungs- bzw. Verhaltensebene ausweist (siehe Abb. 3.24).

Abbildung 3.24: Muster zur Erstellung von Aufgaben in Abhängigkeit der Lernziele

Ausgewählte Inhaltsaspekte	Kognitive Anforderungen (Verhaltensaspekte)			
	Wissen	Verstehen	Denken (Anwenden, Beurteilen, Problemlösen)	Summe
A				
B				
Z				
Summe				

Wie aus Abbildung 3.24 zu ersehen ist, gibt die Zeilensumme Auskunft über das Gewicht der Inhaltsaspekte, d.h. lassen sich Aufgaben zum Inhalt auf allen kognitiven Anforderungsebenen finden. Über den Vergleich der Spaltensummen kann die Lehrkraft kontrollieren, wie die Verteilung der Aufgaben in Bezug auf die kognitiven Anforderungsebenen gelungen ist. So lassen sich schnell Korrekturen vornehmen, falls der Wissensaspekt gegenüber dem Denkaspekt überrepräsentiert sein sollte.

Die Anzahl der Aufgaben wird von der für die Testung vorgesehenen Zeit (1 oder 2 Schulstunden) bestimmt.

Bei der Aufgabenkonstruktion erweist es sich als günstig, wenn zunächst mehr Aufgaben pro vorgesehene Zelle (siehe Abb. 3.24) formuliert werden, als in der Lehrzielmatrix vorgesehen sind. Denn erfahrungsgemäß erweisen sich bei der 1. Testung Aufgaben auch als unbrauchbar.

Bezüglich der Aufgabentypen können dieselben Aufgaben wie in den formellen Tests verwendet werden. Je nach zu erfassendem Inhalt-Anforderungsaspekt können folgende Möglichkeiten genutzt werden (vgl. Schelten, 1980, S. 144):

(a) Gebundene Aufgabenbeantwortung
- (aa) Auswahlantworten
  - Richtig/Falsch-Aufgaben
  - Mehrfachwahlaufgaben
- (ab) Ordnungsantwortaufgaben
  - Zuordnungsaufgaben
  - Umordnungsaufgaben

(b) Freie Aufgabenbeantwortung
- (ba) Ergänzungsaufgaben (Lücken)
- (bb) Kurzantwortaufgaben
- (bc) Kurzaufsatzaufgaben

Viele Lehrkräfte bevorzugen bei der Konstruktion von informellen Tests häufig Mehrfachwahlaufgaben und Kurzantwortaufgaben, weil diese leichter zu konstruieren und auszuwerten sind. Differenziertere Regeln und Hinweise für die Formulierung von Testaufgaben kann man aus Lukesch (1998, S. 505f.) entnehmen.

- Unter Alltagsbedingungen in der Schulpraxis wird die Lehrkraft, nachdem sie die Aufgaben sorgfältig konstruiert und in eine „Testform" auf Blättern oder in ein Heft gebracht hat, diesen Test dann s*ofort in der ganzen Klasse durchführen,* ohne ihn vorher an wenigen Schülern erprobt zu haben.
- Die *empirische Aufgabenanalyse* schließt sich nach der Testdurchführung an. Das ist sicher der entscheidende Unterschied zur Durchführung konventioneller Klassenarbeiten und weist die Lehrkraft als professionellen Diagnostiker aus.

  Die empirische Aufgabenanalyse umfasst bei formellen Tests die Berechnung des Schwierigkeitsindexes, des Trennschärfekoeffizienten und eine Distraktorenanalyse (Feststellung der Eignung falscher Antworten bei Mehrfachwahlaufgaben). Zur differenzierten Beschäftigung mit der Vorgehensweise bei der Berechnungen dieser Aufgabenkennziffern siehe Lukesch (ebd. S. 505ff.). Für den Schritt der Aufgaben- analyse wird an dieser Stelle in Anlehnung an Diedrich (1968) ein einfaches, aber für die schulischen Zwecke ausreichendes Verfahren vorgestellt (vgl. auch Ingenkamp & Lissmann, S. 175f.).

a) Die Lehrkraft wertet die bearbeiteten Tests zunächst aus und ordnet sie nach der erreichten Gesamtpunktzahl.

b) Anhand der Punktzahl werden die Tests in zwei Teile geteilt: die besseren Schüler in die obere Hälfte= OH und analog die schlechteren in die untere Hälfte= UH. Bei einer ungeraden Schüleranzahl bleibt der Test in der Mitte für die weitere Aufgabenanalyse unberücksichtigt. Wenn mehrere Schüler am Trennpunkt zwischen den Hälften die gleiche Punktzahl haben, werden sie nach Zufall auf die beiden Hälften gleich verteilt.

c) Jetzt wird der Schwierigkeitsgrad der einzelnen Aufgaben bestimmt. Dazu ist es notwendig, getrennt für die obere und untere Hälfte für jede Aufgabe die Anzahl der richtigen Lösungen auszuzählen. Die Summe der richtigen Lösungen (OH + UH) ergibt ein Maß für den Schwierigkeitsgrad der Aufgabe. Der genauere Schwierigkeitsgrad p der Aufgabe kann nach der Formel

$$\text{Schwierigkeitsgrad} = \frac{\text{OH+UH}}{\text{Anzahl der Schüler}} \text{ x } 100$$

berechnet werden.

Nehmen wir an, in einer Klasse haben 32 Schüler den Test gelöst. Davon haben in der OH 12 und in der UH 5 Schüler die Aufgabe 1 richtig gelöst. Insgesamt wurde die Aufgabe 1 also von 53% der Schüler richtig gelöst. Das ist ein noch angemessener Schwierigkeitsgrad. Der Schwierigkeitsgrad p ist numerisch umso größer, je leichter die Aufgabe ist. Der Schwierigkeitsgrad von standardisierten Tests sollte zwischen p = 20 und p = 80 streuen, damit der Test maximal differenziert. Je nachdem, welche Zielstellung der Test verfolgt (Differenzierung im oberen oder unteren Leistungsbereich) müssen mehr leichtere oder mehr schwierigere Aufgaben präsentiert werden. Für das Anliegen der informellen Tests, nach der Behandlung einer größeren Stoffeinheit die Beherrschung der Lehrziele zu prüfen, sollte die Verteilung der Schwierigkeitsgrade von p= 20 bis p= 80 mit einem Mittelwert von p= 50 angestrebt werden, um eine gute Ergebnisverteilung zu erreichen.

d) Jetzt kann die Trennschärfe der Aufgabe bestimmt werden. Von hoher Trennschärfe spricht man, wenn die Schüler, die die Aufgabe richtig gelöst haben, auch einen hohen Gesamtpunktwert erzielt haben. Ein Trennschärfekoeffizient von 0 bedeutet, dass die gleiche Anzahl von Schülern in der oberen und in der unteren Hälfte die Aufgabe richtig gelöst hat. Solche Aufgaben sind unbrauchbar.

In unserem Fall ermitteln wir das Maß für die Trennschärfe durch die Differenz von OH minus UH. Wenn die Differenz 10% der Klassenstärke entspricht, dann spricht man von einer befriedigenden Trennschärfe. Beträgt die Differenz 15% ist sie als gut zu bewerten. In unseren Beispielfall beträgt die Trennschärfe (12-5= 7) 22%. Sie ist also durchaus hoch.

Damit die Lehrkraft mit einem Blick die Ergebnisse der Aufgabenanalyse beurteilen kann, wird empfohlen, die Auswertung übersichtlich in einer Tabelle vorzunehmen (siehe dazu Abb. 3.25).

Abbildung 3.25: Mustertabelle zur Auswertung der Aufgabenanalyse

Nummer der Aufgabe	OH insgesamt richtig	UH insgesamt richtig	Aufgabenschwierigkeit OH + UH	p	Trennschärfe OH-UH
1	12	5	17	56	7 (22%)
2					
3					
4					
n					

(OH= obere Hälfte; UH= untere Hälfte; p= Maß für den Schwierigkeitsgrad)

- Die *Bereinigung der Aufgaben* des Tests erfolgt nach der Aufgabenanalyse, d.h die Aufgaben mit unangemessenen Schwierigkeits- und Trennschärfegrad werden entfernt.
- Für die endgültige Beurteilung der Gesamtleistung werden nun nur die Aufgaben herangezogen, die sich bei der Aufgabenanalyse als befriedigend erwiesen haben. Dazu macht sich eine Nachkorrektur erforderlich. Im Anschluss daran, könnte für die Klasse oder ausgewählte einzelne Schüler ein Profil über die Stärken und Schwächen (bezogen auf die Lehrzielmatrix) erstellt werden. Damit erhält die Lehrkraft differenzierte Anhaltspunkte für die gezielte Förderung von Schülern. Hat ein Schüler alle Reproduktionsaufgaben beispielsweise richtig gelöst, jedoch nur ganz wenige Aufgaben im Bereich des Denkens, dann liegt die Hypothese nahe, dass dieser Schüler zwar (auswendig)lernt, aber nur wenig versteht. Tritt der Fall ein, dass mehr Schüler einer Klasse nur wenige Aufgaben im Anforderungsbereich „Denken" gelöst haben, sollte die Lehrkraft die Methoden ihres Unterrichts prüfen.
- Ingenkamp und Lissmann (2005, S. 176) machen folgende Angaben für die Bestimmung der Zuverlässigkeit des erstellten informellen Tests. Bei informellen Tests, die einer *Aufgabenanalyse unterzogen wurden*, beträgt der *Messfehler etwa* ± 2 Rohpunkte bei weniger als 24 Aufgaben
  ± 3 Rohpunkte bei 24 bis 47 Aufgaben
  ± 4 Rohpunkte bei 48 bis 89 Aufgaben.
  Diese Informationen sind eine Orientierung für die Lehrkraft, um eine Überschätzung zufallsbedingter Unterschiede zu vermeiden.

Abschließend kann festgestellt werden, dass zwar der Konstruktionsaufwand bei informellen Tests für die Lehrkraft zunächst hoch ist. Wenn Lehrkräfte jedoch ihre erprobten informellen Tests sammeln bzw. unter einander austauschen, dann kommt es bei der wiederholten Leistungsmessung bereits zu einer erheblichen Zeitersparnis bei der Auswertung (im Vergleich zu konventionellen Klassenarbeiten). Darüber hinaus liegt ein Gewinn in der Objektivität und Genauigkeit der Messung, die für professionelle Lehrkräfte eigentlich unverzichtbar ist.

3.2.2 Alternative Beurteilungsverfahren

Im Zusammenhang mit der Kritik an der Zensurengebung in den 1970er Jahren und der an Bildungsinstitutionen fast ausschließlich praktizierten Zensurenvergabe im Dienste des Berechtigungswesens wurde verstärkt über Beurteilungsalternativen nachgedacht, die für Schüler und ihre Eltern detailliertere Informationen über den Lernprozess, über Lernfortschritte und Lernprobleme liefern können (z.B. Diagnosebogen, Schülerbeobachtungsbogen, Lernbericht, Zeugnisbericht; dazu ausführlicher Ingenkamp & Lissmann, 2005).

Für die Leistungsbeurteilung im Rahmen einer neuen Lehr-Lernkultur wurde ein beachtenswerter reformerischer Ansatz vor allem in den USA entwickelt, der zum einen die Beurteilung des Lern*prozesses* und Lern*fortschritts* stärker in den Mittelpunkt rückt und zum anderen eine grundsätzlich aktivere Einbeziehung und Mitwirkung der Schüler in den Beurteilungs- und Bewertungsprozess vorsieht: *die Arbeit mit Lerntagebüchern und Portfolios.*

Lerntagebücher und Portfolios sind dabei als eine Bereicherung bzw. Erweiterung zu den traditionellen Beurteilungsverfahren und nicht als Ersatz zu verstehen.

In den zurückliegenden Jahren hat sich eine Hinwendung zu diesem Ansatz auch in verschiedenen europäischen Ländern abgezeichnet und im deutschsprachigen Raum ist seit Ende der 1990er Jahre, insbesondere seit 2003, eine breitere Anwendung und Erprobung in Theorie und Praxis zu registrieren. Das spiegelt sich in einer zunehmenden Zahl von Publikationen und wissenschaftlichen Konferenzen zu diesem Thema wider.

Dieser Ansatz darf deshalb als ein wichtiger neuer Aspekt moderner Diagnostik in diesem Buch nicht unberücksichtigt bleiben, auch wenn Umfang und Rahmen nur Raum für eine knappe Einführung erlauben.

Im Folgenden sollen ausgewählte Aspekte dieser neuen Formen diagnostischer Tätigkeit vorgestellt werden, die vor allem für Praktiker und auch Lehramtsstudenten besonders relevant sind: Was versteht man unter Portfolio und Lerntagebuch? Welche Besonderheiten zeichnen sie gegenüber traditionellen Verfahren der Diagnostik aus? Welche Typen und Funktionen lassen sich ausmachen? Wie sind sie aufgebaut? Wie können sie zur Fremdbeurteilung durch Lehrer und Selbstbeurteilung der Schüler genutzt werden?

Wo sind Grenzen im Lern- und Beurteilungsprozess zu markieren?

3.2.2.1 Portfolio

Unter Portfolio wird zunächst allgemein eine gegliederte Sammlung von Lernergebnissen verstanden, die vorwiegend Arbeiten und Produkte schülerischer Lernvorgänge enthält.

Eine gängige Definition von Portfolio geht auf den Portfoliospezialisten Pearl Leon Paulson zurück, auf die sich die meisten Autoren heute beziehen: „Ein Portfolio ist eine zielgerichtete Sammlung von Arbeiten, welche die individuellen Bemühungen, Fortschritte und Leistungen der/des Lernenden auf einem oder mehreren Gebieten zeigt. Die Sammlung muss die Beteiligung der/des Lernenden an der Auswahl der Inhalte, der Kriterien für die Auswahl, der Festlegung der Beurteilungskriterien sowie Hinweise auf die Selbstreflexion der/des Lernenden einschließen“ (Paulson, Paulson & Meyer, 1991, zitiert nach der Übersetzung von Häcker, 2006, S. 36).

Wie bereits erwähnt, ist das Portfolio in seinem Ursprung ein Resultat reformerischer Ansätze und Bestrebungen aus den USA mit dem Ziel, die Einseitigkeit der gängigen Beurteilungspraxis zu überwinden, die Lernende im Beurteilungsprozess zu stark auf passive Objekte reduziert.

In diesem Reformprozess stellte und stellt sich insbesondere die Frage, ob man die Lernenden immer stärker zu aktiven und selbstbestimmten Gestaltern des eigenen Lernprozesses machen kann, sie aber bei der Bewertung der Lernergebnisse im Zustand passiver, beurteilter Objekte belässt.

Die Einführung von Portfolioarbeit und Lerntagebüchern zielt vor allem darauf, beim Lernen solche Tätigkeiten, wie selbstständiges Fragen, Beobachten, Planen, Analysieren, Präsentieren, Verteidigen, Reflektieren zu initiieren. Solche auf die Selbststeuerung des Lernens gerichteten Aktivitäten von Schülern, die ganz ausdrücklich auch Selbstkontrolle und- bewertung einbeziehen, werden vor allem im Dialog mit Lehrkräften und Mitschülern erworben. Mit einer so veränderten Lernkultur wird sich bei den Schülern allmählich auch eine emotionalmotivationale Einstellung herausbilden, die auf Eigeninitiative, Selbstverantwortung und Selbstkontrolle der eigenen Lerntätigkeit ausgerichtet ist.

Auf diese Weise sollen Einführung und Arbeit mit Portfolio und Lerntagebüchern – bei aller Vorsicht – auch einen Einstieg in ein verändertes Rollenverständnis im Lernprozess, aber besonders in der Beurteilungspraxis, ermöglichen. So können Lehrende vom einseitigen Wissensvermittler und Beurteiler zum Berater, Trainer, Couch, Anreger werden und die missliebigere Rolle des allgegenwärtigen Kontrolleurs und Fremdbeurteilers kann deutlich minimiert werden.

Die Portfolioarbeit verfolgt unterschiedliche Zwecke bzw. Aufgaben bei der Beurteilung von Lern*tätigkeit* und Lern*person.* Zusammengefasst lassen sich folgende Aufgaben der Portfoliobeurteilung herauslösen (vgl. auch Lissmann, 2007, S. 280):

(1) Lerntätigkeit diagnostizieren, um Stärken und Schwächen von Lernenden festzustellen.
(2) Den Lernenden selbst beurteilen.
(3) Die besten Arbeiten des Lernenden vorzuweisen.
(4) Die Lernentwicklung des Lernenden dokumentieren.
(5) Den Lernenden vorstellen.

Je nachdem, welche Aufgaben bei der Beurteilung von Lerntätigkeit oder Lernperson intendiert sind, werden bestimmte Anforderungen an Aufbau und Struktur des Portfolios gestellt. Dadurch lassen sich unterschiedliche Portfoliotypen bestimmen.

Zu Formen und Typen gibt es inzwischen in der deutschsprachigen Literatur eine breite Palette von Arbeiten; dazu sei an dieser Stelle auf Häcker verwiesen, der sich mit der Vielfalt der Portfolios ausführlich auseinandersetzt (Häcker, 2006).

Generell werden von den meisten Autoren (u.a. Brunner, Häcker, Winter, 2006; Lissmann, 2007; Gläser-Zikuda & Hascher, 2007) folgende Portfoliotypen benannt:

- *Das Arbeitsportfolio* oder *Lernportfolio* dient dazu, Produkte, Arbeiten und Materialien des Lernenden zu sammeln und zu dokumentieren. Zweck des Arbeitsportfolios ist die *Diagnose der Lerntätigkeit, d.h. Stärken und Schwächen des Lernenden herauszufinden.* Damit kann es Grundlage für die Planung eines adaptiven Unterrichts für die Lehrkraft sein. Das Arbeitsportfolio wird als Ganzes nach einer Lerneinheit durchgesehen, seine Teile können während oder am Ende einer Lerneinheit beurteilt werden. Eine explizite Fremdbeurteilung durch den Lehrenden ist z.T. auch nicht erwünscht, weil hier eher aufhebenswerte Lernprodukte gesammelt und dokumentiert werden. Dann dient das Arbeitsportfolio in erster Linie dem Nachweis der Teilnahme am Lernprozess (z.B. Unterricht in einem Fach).
- Das Vorzeige- (auch Präsentations-)portfolio, enthält die gelungensten Arbeiten (Produkte) zu einem bestimmten Thema, Aufgaben- oder Problembereich, die vom Lernenden selbst ausgewählt und zusammengestellt werden, um die eigene Leistung und Kompetenz über längere Etappen oder Zeiträume zu demonstrieren. Mit dieser Auswahl der Arbeiten ist auch eine gewisse emotionale Bewertung des Lernenden (Stolz) verbunden. Aus dem Vorzeigepotfolio kann somit auch diagnostiziert werden, welche Arbeiten dem Lernenden besonders vorzeigenswert erscheinen und was er selbst für bedeutsam an seinen Arbeiten ansieht. Damit kann eine inhaltliche und methodische Begründung der Auswahl explizit eingefordert und diagnostiziert werden.
  Oft wird eine Auswahl unter einer speziellen Ziel- oder Themenstellung aus dem Arbeitsportfolio vorgenommen.
- *Das Entwicklungs- oder Prozessportfolio* legt den Schwerpunkt stärker auf eine Sammlung solcher Arbeits- und Lernprodukte, mit denen der *Lern- und Entwicklungsprozess demonstriert* werden kann. Im Prozess der Entstehung solcher Portfolios können die Schüler selbst erfahren, wie sie Lernfortschritte machen. Der besondere Wert des Entwicklungsportfolios für schulisches Lernen besteht darin, dass Schüler einen Teil der Lehrerbewertung übernehmen können. Sie beurteilen ihre Arbeiten selbst, überwachen den Lernfortschritt und leiten selbstständig Entscheidungen ab, wie sie mit erkannten Lernproblemen umgehen wollen. Auf diese Weise werden verstärkt metakognitive Kompetenzen beim Lernen befördert.
  Natürlich kann auch im Rahmen des Entwicklungsportfolios eine Fremdbeurteilung durch den Lehrenden vorgenommen werden.
- *Das Beurteilungsportfolio* soll dokumentieren, *was ein Schüler gelernt hat.* Beim Beurteilungsportfolio wird auf der Grundlage von Lernzielen des entsprechenden Lehrplanes festgelegt, welche Arbeiten für ein Portfolio auszuwählen sind.

Damit ist das Beurteilungsportfolio formaler und stärker fremdgesteuert in Bezug auf die Bestimmung der Auswahlkriterien als beispielsweise das Arbeitsportfolio. Für die Fremdbeurteilung wird deshalb die Ausarbeitung klarer Kriterien und Beschreibungen der unterschiedlichen Leistungsstufen (Kompetenzstufen) im jeweiligen Lernbereich notwendig.
Somit muss für Schüler bereits bei der Planung des Portfolios einsichtig sein, was sie tun und wie gut sie es tun müssen, um bestimmte Noten zu erreichen.

- *Das Bewerbungsportfolio* ist eine spezifische Form, das sowohl Elemente des Präsentations- als auch des Entwicklungsportfolios enthalten kann. Es ist eine Art *Ausweis, der den Zugang zu Berufs- und Bildungswegen begleitet*. Bei der Durchsicht des Portfolios interessiert jetzt weniger der Lernprozess, sondern vielmehr der erreichte Lernstand. Hierfür brauchen Lernende allerdings mehr Beratung und Unterstützung.

Obwohl die einzelnen vorgestellten Portfoliotypen unterschiedliche Zwecke verfolgen, sind Vorgehensweise und Aufbau häufig ähnlich.

Zunächst lassen sich bestimmte relativ übereinstimmende Grundfragen ableiten, die für die Portfolioarbeit eine Orientierung geben können:

1. *Was soll gesammelt werden? (*abhängig von den konkreten Frage- und Zwecksetzungen des Portfolios).
2. *Was ist günstig in Aufbau, Struktur und Abfolge*? (weitgehend von der inhaltlichen Zielstellung bestimmt).
3. *Wer sammelt wie evtl. mit wem zusammen? (*im Dialog mit der Gruppe bzw. dem Verfasser und der Lehrkraft sowie evtl. "Experten" klären).
4. *Wie ordnen?(z*.B. in informativer Datierung, Stich- und Schlagwörtern, Verzeichnissen und nach Zielsetzung und Adressaten).
5. *Wie aufbewahren?* (meist in Ordnern, Mappen, Schachteln u.ä.; findige Lehrer organisieren Schubfächer, u.ä. im Klassenraum, um Zugangsmöglichkeiten selbstverantwortlich verwalten zu lassen).

Wie sollte nun ein *typisches* Portfolio aufgebaut sein? In der Abbildung 3.26 wird hierzu ein allgemeiner Vorschlag unterbreitet (vgl. Lissmann, 2007; Häcker et al. 2006).

Abbildung 3.26: Aufbau einer Portfoliosammlung

- Titelseite oder Titelblatt
- Inhaltsverzeichnis ; Liste der Schwerpunkte
- Einleitung (evtl. mit Vorstellung und Zielstellung des Verfassers („Visitenkarte")
- Auswahl der Arbeiten und Dokumente (in sinnvoller Anordnung)
- Reflexion der Lern- und Lösungswege; Schlussfolgerungen für weiteres Arbeiten,
- Beratungsergebnisse und Hinweise von Lehrpersonen und Partnern

Nach dieser Benennung wesentlicher struktureller Schwerpunkte des Portfolioaufbaus sollen nun einige Konkretisierungen an verschiedenen Beispielportfolios den Überblick vervollständigen. Auch hierzu liegen ausführlichere Beiträge in der Literatur (Brunner, Häcker, Winter, 2006; Lissmann, 2007; Gläser- Zikuda et al. 2007) und im Internet (Reich, K. (Hg.): Methodenpool. In: URL: http://methodenpool. uni-koeln.de 2003ff.) vor.

Wenn man Beispiele und Muster von Portfolioarbeiten ansieht, so zeigt sich die außerordentlich große Spannweite der Möglichkeiten schon darin, dass bereits im Werkstattunterricht einer ersten Klasse mit Elementen der Portfolioarbeit begonnen werden kann und Portfolioarbeit auch zunehmend bis in die Hochschulausbildung reicht. Inzwischen gibt es auch erste Online- Seminare zur Portfolioarbeit.

In einem Bericht über den Beginn der Portfolioarbeit in der Grundschule schildert Rentsch (2006), wie sie dort „Schatzkisten", d.h. angeleitete Sammlungen bester Arbeiten und dokumentierender Fotos mit den Kindern erarbeitet hat. Interessant sind besonders auch die erteilten altersgerechten Arbeitsaufträge:

> „Wähle aus deinen gesammelten Arbeiten zehn aus, auf die du besonders stolz bist...und die unbedingt in deine Schatzkiste gehören…
> Suche dir ein Kind aus, das damit ebenfalls fertig ist. Zeigt euch eure Schatzkisten und begründet ganz genau, warum die ausgewählten Arbeiten in die Mappe gehören" (Rentsch, 2006. S. 118).

Rentsch beurteilt die Arbeit mit dem Portfolio in Form einer „Schatzkiste" durchweg positiv, weil dadurch

- die individuell verschiedenen Lernwege und Arbeitsschwerpunkte der einzelnen Schüler diagnostiziert werden können;
- die Kinder veranlasst werden, über die subjektive Bedeutsamkeit eigener Lernprodukte nachzudenken und damit auch eine erste Selbstreflexion in Gang gesetzt wird;
- die Kinder lernen, ihre Arbeiten nach bestimmten Kriterien auszuwählen und zu beurteilen;
- die Kinder allmählich befähigt werden, über ihre Lernziele, Lernprodukte und Lernfortschritte mit einander zu sprechen;
- Raum für Würdigung und Abschluss einer intensiven Arbeitsphase entsteht, was insbesondere die Lernmotivation der Schüler günstig beeinflusst (vgl. ebd. S. 119).

Vergleichbar erfolgreich wurde mit einem „Talentportfolio" in einer Hauptschule gearbeitet (Scheibert, 2006). Hier wurden in einer „Schatztruhe der Stärken" Dokumente, Lern- und Arbeitsergebnisse in den spezifischen Stärkebereichen der Schüler gesammelt. Die ausgewählten Dokumente sollen die Stärken in bestimmten Interessen-, Fähigkeitsbereichen sowie Tätigkeitsformen veranschaulichen und Reflexion persönlicher und beruflicher Bildungsziele ermöglichen (vgl. ebd., S. 127).

Abschließend soll noch auf eine Beschreibung der Lernportfolioarbeit und eine in diesem Zusammenhang äußerst ansprechende Illustration von A. Müller im Internet hingewiesen werden (http://www.learningfactory.ch/downloads/dateien/portfolio-www.pdf; http://www. learningfactoty.ch/downloads/).

Ein weiterer wichtiger Aspekt der Portfolioarbeit bezieht sich im engeren Sinn auf die Diagnostik der Portfolios, d.h. auf ihre Beurteilung und Bewertung.

Dabei kann die Beurteilung durch die Lehrkraft oder Mitschüler (Fremdbeurteilung) oder durch die Verfasser selbst (Selbstbeurteilung) vorgenommen werden.

Auch hier ist eine Gesamtschau nicht einfach, weil die Standpunkte in Literatur und Praxis sehr unterschiedlich sind. So wird eine Beurteilung der Portfolios auf der einen Seite völlig abgelehnt, weil dadurch eine Verringerung der Lernmotivation befürchtet wird.

Auf der anderen Seite spricht eine explizite Beurteilung von Portfolios dafür, aus Rückmeldungen Anhaltspunkte für die systematische Verbesserung des eigenen Lernens zu erhalten, Positives als solches auch sicher einordnen zu können und auch entsprechende Impulse für die Beibehaltung oder Erhöhung der Lernmotivation abzuleiten.

Im Rahmen der Portfoliobeurteilung müssen konkrete Kriterien für die Leistungsbeurteilung in Bezug auf Fremd- und Selbstbeurteilung vorhanden sein.

Wenn die *Schüler die Portfolioarbeit selbst beurteilen* sollen, dann ist es hilfreich, wenn sie dafür präzise Anregungen für die Beurteilung der Stärken und Schwächen und ihrer eingesetzten Anstrengung erhalten. In Abbildung 3. 27 wird ein solcher Vorschlag für ein Formblatt der Beurteilung in Anlehnung an Winter (2000) unterbreitet.

Abbildung 3.27: Formblatt zur Selbsteinschätzung für Portfolio durch Schüler

Name: Klasse: Zeitraum der Bearbeitung:

Weshalb habe ich dieses Dokument für mein Portfolio ausgewählt?
Auf welche Weise wurde das Thema bearbeitet?
Was ist gelungen?
Was könnte noch verbessert werden?
Was habe ich dabei gelernt?

Datum: Unterschrift:

Durch die zunehmend gründlichere und sorgfältigere Beantwortung der Fragen in Abbildung 3.27 lernen die Schüler nicht nur die Schritte ihres Lernweges zu reflektieren, sondern sie werden auch in die Lage versetzt, durch Vergleiche mit Meinungsäußerungen und Bewertungen anderer Partner, besonders aber mit den Werturteilen der Lehrer, ihre eigenen Reflexionen zu überprüfen.

Für die Selbstbeurteilung des „Talentportfolios" bietet Scheibert (vgl. 2006, S. 134f.) den Schülern Hilfen zur Reflexion und Sprach- bzw. Denkunterstützung an (siehe Abb. 3.28).

Eine Möglichkeit, wie Schüler ihre *Stärken und Schwächen* bei der Portfolioarbeit einschätzen können, berichtet Lissmann (2007, S. 290f.) unter Bezug auf Goerss (1993).

Dazu werden Schülern bestimmte Bewertungskategorien mit einer Bewertung von 1 (= schwach) bis 5 (= stark ausgeprägt) vorgegeben. Das Beispiel „Mein Portfolio liefert Hinweise auf meine Fähigkeit, effektiv zu schreiben" wäre der Bewertungskategorie 3 zuzuordnen.

Abbildung 3.28: Reflexionshilfen bei der Beurteilung eines Portfolios in Anlehnung an Scheibert (2006)

- Ich mag diesen Teil .... des Portfolios besonders, weil ....
- Eine Sache, die ich noch verbessern kann, ist ....
- Dieser Teil des Portfolios .... zeigt z.B.
  Meinen Fortschritt in ....
  Meine Schwierigkeiten bei ....
  Meine Wissensstand über ....
- Anfangs habe ich noch ....
- Ich finde toll ....
- Ich hatte mir das Ziel gesetzt, ...
- Dabei habe ich folgende Schwierigkeiten bewältigt: ....
- .... zeigt, dass mir .... am Herzen liegt.

Es bleibt aber offen, wie tragfähig und informativ solche formalisierten Bewertungsvorschläge im Rahmen einer Portfolioselbstbeurteilung durch Schüler tatsächlich sind.

Auch für die *Fremdbeurteilung von Portfolios durch* Lehrkräfte sind Beurteilungshilfen von Vorteil, weil es in der Regel hier nicht genügt, das Leistungskriterium nur zu definieren. In Abbildung 3.29 wird ein Beispiel für die Beurteilung der Qualität einzelner Leistungen anhand einer Art semantischen Differenzierung in Anlehnung an Winter (2000) vorgestellt.

Die in Abbildung 3.29 vorgestellte Bewertungsvariante bezieht sich auf das gesamte Portfolio und muss nach Anzahl und Art der Dokumente des jeweiligen Portfolios differenziert gestaltet werden.

Ähnliche oder vergleichbare Muster zur Portfoliobewertung können im Internet (Methodenpool Uni Köln) eingesehen werden.

Es besteht Konsens darüber, dass Portfolioarbeit nicht mit wildem und ziellosem Sammeln mehr oder weniger relevanter Arbeiten beginnen kann, sondern ausreichende, möglichst von Lehrkraft und Schülern gemeinsam vorgenommene Klärung von Ziel, Inhalt, Struktur, Aufbau und vor allem auch Kriterien der Bewertung voraussetzen muss.

Abbildung 3.29: Beurteilung der Leistungen im Portfolio anhand einer bedeutungsmäßigen verbalen Differenzierung der Qualität (nach Winter, 2000)

Portfolio von:

Klasse: **Schuljahr:** **Zeitraum der Bearbeitung**

1. Anzahl der Dokumente des Portfolios:

2. Gesamteinsschätzung des Portfolios:			
a) strukturierende Elemente	*vorhanden*	• • •	*nicht vorhanden*
b) Gestaltung	*sorgfältig*	• • •	*nachlässig*
c) fachliche Substanz	*hoch*	• • •	*gering*
d) Kommentare/Reflexion	*sorgfältig*	• • •	*nachlässig*
e) Lernfortschritte	*erkennbar*	• • •	*nicht erkennbar*

weitere Hinweise

3.Einschätzung des Dokuments zum Thema:			
a) *Umfang*	*groß*	• • •	*gering*
b)Gliederung	*gut/differenziert*	• • •	*weniger gut/grob*
c) fachliche Tiefe	*angemessen/ hoch*	• • •	*oberflächlich/ gering*
d) fachliche Breite	*angemessen/ hoch*	• • •	*eng/gering*
e) Gestaltung	*sorgfältig*	• • •	*nachlässig*
f) Quellenangaben	*vollständig*	• • •	*unvollständig*
g) Kommentare/Reflexion	*sorgfältig*	• • •	*nachlässig*

weitere Hinweise zu diesem Dokument......

4. Einschätzung des Dokuments zum Thema

a) ...

b) ...

c) ... usw. (analog zu 3.)

Portfoliogespräch am:

Eine klare, für die Schüler vorstell- und nachvollziehbare *Rahmensetzung* ist eine Grundvoraussetzung für gelingende Portfolioarbeit. Hierbei sollten Lehrende und Verfasser stets dem Ziel folgen, dass in Portfolios ausreichend *Produkte* ***und*** *Prozesse* dokumentiert werden. Die in Portfolios stets einzufordernde Darstellung der Lernfortschritte (auch Schwierigkeiten, Fehlschläge und ihre Lösungsbemühungen) und Beurteilung der eigenen Anstrengung sind grundlegende Bedingungen für die selbstständige Reflexion.

Portfolioarbeit wird pädagogisch umso wirkungsvoller, je authentischer und lebensnaher durch die selbst verantwortete Auswahl, Dokumentation und die im Dialog vorgestellte Präsentation der erbrachten Leistungen der *Sinn* des Lernens erfahren und erlebt werden kann.

Die Bereitstellung eigener Lernresultate und die Veranlassung zu systematischer Lernanstrengung können die Lern- und Methodenkompetenz in völlig anderer Weise entwickeln und fördern als herkömmliche Zensurenbewertungen und Leistungstests. Hier können die Lernenden selbst ihre individuelle Leistungsfähigkeit und Lernkompetenz unter adaptiven Bedingungen (Zeit, Vorgehensweise, Lernort) erproben, darstellen und „verobjektivierend“ in die Bewertung ihrer Leistungsurteile eingreifen.

Zusammenfassend kann festgehalten werden:
Es ist unübersehbar, Portfolioarbeit setzt sich immer mehr in Schulen, Ausbildungsbereichen bis hin zu akademischen Bildungsformen durch. Eine besondere Rolle spielt dabei die Lehrerausbildung und -fortbildung.

Zu warnen ist vor Fehleinschätzungen und Überschätzungen, einer „Portfoliomanie", vor „Hochglanzportfolios" (Winter), die besonders bei kurzatmigem Aktionismus und Unterschätzung der Rahmenbedingungen entstehen können.

Schwierigkeiten und Fehlschläge, auch Ermüdungen nach kurzer Zeit können besonders dann entstehen, wenn Unterricht, Lerngestaltung und vor allem die anderen diagnostischen Instrumentarien nicht zur Portfolioarbeit passfähig sind, Portfolios also nicht integrativ in den gesamten Beurteilungsprozess eingebettet, sondern aufgesetzt und additiv hinzugefügt werden.

Portfolioarbeit kann immer dann gelingen, wenn die Voraussetzungen und Rahmenbedingungen so gestaltet werden, dass die Mühen des Anfangens in konstruktiven Beratungsgesprächen mit den Lernenden aufgefangen werden und sie bald im Portfolioarbeitsprozess die Wertschätzung ihres selbst verantworteten und selbst gesteuerten Lernens am Durchstehen der Anstrengungen und am Erfolg erfahren.

3.2.2.2 Lerntagebuch

Tagebücher und Tagebuchformen haben eine lange Tradition. Sie ermöglichen sowohl unter persönlichen als auch unter wissenschaftlichen Aspekten die Beschreibung und Erfahrungsbewahrung in einer spezifischen Form der Reflexion und Verständigung über Handlungs- und Geschehensabläufe. Sie sind aus der Literatur ebenso wie aus der Medizin, der Entwicklungspsychologie, der Psychotherapie und aus dem pädagogischen Bereich bekannt.

Im Rahmen der Entwicklung einer neuen Lernkultur und der Einbeziehung der Lernenden in die Diagnose ihrer Lernanstrengungen und Lernprozesse haben Lerntagebücher in den letzten Jahren – auch in enger Beziehung zu den Portfolios – einen neuen Stellenwert erhalten.

Die Hauptzielsetzung besteht darin, den Schülern eine materialisierte und systematische Grundlage zur Dokumentation und Reflexion ihrer Lernprozesse zu ermöglichen.

Lerntagebücher dienen somit der Beschreibung und Beurteilung des täglichen Lernens, der Feststellung der eigenen Lernentwicklung, des Lernfortschritts durch die Möglichkeit des Vergleichs der Eintragungen und der externen Abspeicherung von Lerninhalten. In diesem Reflexionsprozess lernen die Schüler zunehmend auch die internen und externen Bedingungen ihres Lernens in ihrer Effizienz für das Lernen zu beurteilen.

Lerntagebücher sind damit weniger ein Instrument zur Beurteilung von Schülerleistungen, als vielmehr eine Quelle für die Diagnostik von Lernprozessen, Lernverläufen, Lernstrategien, Lernschwierigkeiten, Denkfehlern und Lernmotivation der Schüler. Lehrer können so eine Fülle von authentischen Informationen erhalten, die sie bei der Individualisierung von Lernprozessen effektiv umsetzen können.

Von Schülern wird das Führen von Lerntagebüchern zunächst als eine zusätzliche Arbeit erlebt. Besonders bei wenig motivierten und leistungsschwächeren Schülern bedarf es kluger Beratung, Anleitung und extrinsischer Anreize durch die Lehrkraft. Eine systematische Arbeit mit Lerntagebüchern befähigt die Schüler zunehmend zur Selbstregulation des Lernens, vor allem aber zum Aufbau metakognitiver Kompetenzen und Strategien (Planen, Überwachen, Evaluieren von Lernprozessen), die für erfolgreiches und effizientes Lernen unverzichtbar sind.

Lerntagebücher unterscheiden sich bezüglich ihrer Form und ihres Zweckes.

Lerntagebücher werden meist grob unterschieden nach *Aufzeichnungsmethoden*:

- spontane Niederschriften, die relativ frei sind von orientierenden Vorgaben;
- an einem bestimmten Raster (meist Grobraster) ausgerichtete Lerntagebücher;
- an stärker differenzierten Fragen, detaillierteren Vorgaben orientierte Lerntagebücher.

So können Lerntagebücher einmal *strukturiert* sein, d.h. über Selbsteinschätzungsbögen oder formalisierte Berichtsbögen werden die Lernenden durch Fragen oder vorgegebene Antwortkategorien geführt und damit wird auch das Reflektieren und Stellung nehmen erleichtert (siehe u.a. Landmann & Schmitz, 2007). Zum anderen kann ein *voll entwickeltes offenes* Lerntagebuch angestrebt werden, in dem die schreibenden Lernenden jeweils Dialoge auf mehreren Ebenen führen und darüber berichten:

- Dialog mit dem Lerngegenstand,
- Dialog mit sich selbst (Reaktionen, Sinnbezügen, Gefühle)
- Dialog mit Zielen und Kriterien des Lernens,
- Dialog mit den eigenen Vorgehensweisen, Lernstrategien (vgl. Winter, 2007, S. 113).

Die Abfassung und das Grundmuster der Anlage von Lerntagebüchern erhalten so auch aus diagnostischer Perspektive eine wichtige Bedeutung. Denn der Beschreibungsmodus, der zwischen einer differenzierten, ausführlichen Beschreibung und einer knappen durch Rastervorgabe fixierten Benennung von Prozesskomponenten möglich ist, widerspiegelt sehr unterschiedliche Qualitäten der Selbstreflexion. Eine Standardisierung ist natürlich sowohl für Lernende leichter als auch für Vergleiche und Schlussfolgerungen durch die Lehrenden effizienter. Eine standardisierte Form bringt auch die Motivation zur Nutzung von Lerntagebüchern leichter auf den Weg, denn Schüler wissen am Anfang oft nicht, wie sie Lernen (Lernvorgänge) beschreiben und reflektieren sollen. Deshalb empfiehlt es sich, mit formalisierten, überschaubaren Formen zu beginnen.

In diesem Zusammenhang wurde von Spinath (2007) untersucht, wie auch schon für Förderschüler ein Lerntagebuch erfolgreich auf den Weg gebracht werden kann.

Anregende und anschauliche Belege für Lerntagebücher in unterschiedlichen Abfassungsformen referiert Lissmann (2007).

Für die Form *offener Lerntagebücher* hat sich die Abfassung von Lernjournalen als besonders geeignet erwiesen. Schüler halten dabei zwar chronologisch, aber sonst weitgehend vorgabefrei, fest, wie sie sich mit bestimmten Problemen beim Lernen auseinandersetzen, welche Methoden, Strategien und Techniken sie auswählen und nutzen usw. Dabei wird neben der Auseinandersetzung mit dem Lerninhalt vor allem die strategische und auf Verfahrenswissen orientierte Reflexion befördert.

Der Kern des Anlegens und des Abfassens von Lerntagebüchern besteht vorrangig in einer mehr oder weniger differenzierten Reflexion von Gedanken und Erfahrungen, die den eigenen Lernprozess spiegeln.

Für die Anregung zur Reflexion für die Lernenden können u.a. folgende Fragen eine Orientierung sein:

- Was sollte ich lernen? Worin bestand die Zielstellung?
- Was habe ich tatsächlich (heute, diese Woche etc.) gelernt? (Inhalte)
- Wo traten Schwierigkeiten auf?
- Was habe ich nicht verstanden?
- Konnte ich es klären? (mit wem? wie?)
- Welche Fragen und Probleme sind immer noch offen?
- Wie/mit wem/wann will ich sie klären?
- Wie bin ich beim Lernen/Aufgabenlösen vorgegangen? (Plan, Strategien, Methoden)
- Wie viel Zeit habe ich investiert? (Anzahl von Stunden/Minuten)
- War die Zeit ausreichend?
- Hätte ich bei mehr Zeit (wenn ich früher begonnen hätte) mehr/besser gelernt?
- Hat mir das Lernen Freude gemacht? Wenn ja, warum? Wenn nein, warum nicht?)
- Was könnte ich in Zukunft anders/besser machen?
- Was sollte ich unbedingt beibehalten, weil Erfolg versprechend?

Wenn Lehrkräfte Lerntagebücher auf den Weg bringen wollen, so ist zu berücksichtigen, dass konzeptionelle Anlagen und die konkreten Einsatzformen immer von der spezifischen Zielgruppe, von der beabsichtigten Form der Gestaltung, von den Anleitungs- und Betreuungsformen und nicht zuletzt von den geplanten und möglichen Rückmeldungen abhängen.

Eine probate Hilfe zur konzeptionellen Entwicklung und dem Einsatz von Lerntagebüchern bieten Landmann und Schmitz (2007, S. 163) in einer differenzierten Checkliste an. An dieser Stelle werden daraus nur wenige Ausschnitte in modifizierter Form vorgestellt, um Lehrkräften eine Orientierungsgrundlage zu vermitteln:

- Schülern Sinn des Tagesbuches für das Lernen einsichtig machen
  - Diese Frage des „Wozu“ darf nicht unterschätzt werden
  - mit Modellen arbeiten
- Konzeptionsentwicklung
  - Zielsetzung klären: was soll reflektiert, was gefördert werden
  - Ressourcen erfragen, stärken
  - Individueller Zuschnitt auf die Zielgruppe

- Gestaltung des Tagebuchs
  - möglichst kurzer Bearbeitungszeitraum (abhängig vom Alter der Schüler)
  - Kombination offener und geschlossener Fragen
  - optisch ansprechende, ins Auge fallende Gestaltung
- Bearbeitung
  - regelmäßige Ausfüllroutinen gewährleisten
  - Tagebücher möglichst oft einsammeln
  - Stichprobenartige Prüfung durchführen
  - Belohnung/Lob für gutes Bearbeiten aussprechen
- Feedback
  - möglichst schnelles, umgehendes Feedback geben
  - individuelles, differenziertes Feedback geben
  - Beteiligung des Schülers an Rückmeldung sichern
  - Fortschritt zurückmelden und anerkennen

Es ist hinreichend nachgewiesen, dass der Einsatz von Lerntagebüchern nicht nur eine komplettierende Ergänzung im diagnostischen Gesamtprozess sein kann, sondern gleichzeitig auch wirkungsvoll das Lernstrategietraining unterstützt und dadurch als ein wirkungsvoller Faktor zur Optimierung selbstregulierten Lernens genutzt werden kann.

Insgesamt lernen Schüler auf diesem Wege sich und ihren Lernprozess zunehmend besser selbst sach- und zielbezogen zu beobachten, elementare Grundlagen der Selbstbewertung auszuprobieren. Damit erlangen Schüler auch eine aktivere Position im schulischen Lerngeschehen, die sich positiv auf ihre Motivation zum Lernen und die Einstellung zur Schule insgesamt auswirken kann.

3.3 Diagnostik von Hochbegabung

Praxisbeispiele:

Frau Roth beobachtet Max schon länger. Er wird immer unaufmerksamer, arbeitet nicht mit und stört den Unterricht. Jetzt fallen sogar seine schulischen Leistungen ab. Sie kann das gar nicht verstehen. Max war doch immer eines der wissbegierigsten Kinder gewesen. Wie er so ganz stolz und freudestrahlend mit seiner Schultüte in ihre erste Klasse kam und es gar nicht abwarten konnte, endlich etwas zu lernen.

Herr Peters ertappt sich wieder einmal dabei, wie er ungeduldig mit Adrian wird. Er hat ihm doch bereits das zweite Arbeitsblatt gegeben und auch damit ist der Junge fertig. Adrian ist schon immer durch hervorragende Leistungen in der Klasse aufgefallen und Herr Peters hat immer versucht, ihm zusätzliche Aufgaben mitzubringen. Aber mittlerweile weiß er nicht mehr, was er Adrian noch anbieten soll. Er hat auch gar keine Lust mehr, einen Schüler anders zu behandeln als den Rest der Klasse. Es gibt immer stärkere und schwächere Kinder, das ist halt so. Darum bittet Herr Peters Adrian, jetzt einfach mal Rücksicht auf die Mitschüler zu nehmen, ihnen zu helfen oder langsamer zu arbeiten.

Seit Ende der siebziger Jahre befasst sich auch die deutsche Psychologie wieder mit dem Reizthema Hochbegabung. Gegenstand der Forschung war in erster Linie die Identifizierung und effektive schulische Förderung hochbegabter Kinder und Jugendlicher (Heller, 2000; Rost, 2000). Es hat sich jedoch gezeigt, dass Hochbegabung nicht zwangsläufig mit erfolgreicher schulischer Leistung einhergeht. Der Schüler Max aus dem Praxisbeispiel zeigt, dass Schüler trotz hoher Begabung durchaus wesentlich schlechtere Leistungen erbringen können als es ihrem intellektuellen Potenzial zufolge zu erwarten wäre. In diesen Fällen spricht man von so genannten Underachievern (= Minderleister). Somit lässt sich Hochbegabung im schulischen Kontext unter zwei Perspektiven betrachten: *Hochbegabung als anlagebedingtes Potenzial*, das sich erst im Zusammenwirken mit der Umwelt in herausragenden Leistungen niederschlagen kann – aber nicht muss, wie das Beispiel von Max zeigt. Unter der zweiten Perspektive wird *Hochbegabung als herausragende Leistung* aufgefasst. Hier gilt nur derjenige als hochbegabt, welcher auch Hervorragendes leistet. Somit ergeben sich für Lehrkräfte mindestens zwei Aufgaben im Zusammenhang mit dem Phänomen der Hochbegabung. Zum einen ist es wichtig, gerade die Underachiever frühzeitig zu identifizieren, denn es besteht Einigkeit darüber, dass diese Kinder eine Risikogruppe für die Ausbildung ungünstiger Entwicklungsverläufe, sprich negativer Schulkarrieren, bilden (vgl. Rost & Hanses, 1997). Zum anderen stehen Lehrkräfte vor der Herausforderung, wie sie den spezifischen Förderbedarf eines hochbegabten Kindes im Verhältnis zu den durchschnittlich begabten und insbesondere den lernschwachen Schülern ihrer Klasse begegnen können, ohne die übrigen Kinder zu vernachlässigen. Als Lehrkraft steht man vor der schwierigen Frage, wie sich all diese Forderungen im eigenen Unterricht pädagogisch didaktisch umsetzen lassen.

Um Lehrkräfte bei der Aufgabe der Individualisierung von Unterricht zu unterstützen, soll im Folgenden näher erläutert werden, was unter Hochbegabung verstanden wird, u.a. wie sie sich in der Schule zeigt. Darauf aufbauend werden Instrumente vorgestellt, mit deren Hilfe Lehrkräfte hochbegabte Kinder erkennen und eine gezielte Förderungen einleiten können.

(1) Theoretische Grundlagen und (2) Hypothesen

Hochbegabung ist ein relativ junges Forschungsfeld, dem ein wenig präzises Konzept zu Grunde liegt. Oftmals wird einfach von besonderer Begabung gesprochen, ohne sich jedoch genau im Klaren darüber zu sein, was Begabung überhaupt bedeutet. Die Begriffe Talent, Intelligenz, Begabung, besondere Begabung, Hochbegabung, Genialität werden teilweise synonym, teilweise mit unterschiedlicher Konnotation gebraucht (vgl. Trautmann, 2003). Daran lässt sich bereits erkennen, dass es noch viele offene Fragen zur Thematik Hochbegabung gibt. Die folgende Klassifikation nach Holling und Kanning (1999) gibt die unterschiedlichen Begriffbestimmungen wieder, wobei sich die einzelnen Definitionsklassen nicht ausschließen, sondern die unterschiedlichen Zugänge aufzeigen. Auf diese Weise können sich Lehrkräfte einen schnellen Überblick über die Modellvorstellungen und Theorien, die für die Diagnostik von Hochbegabung relevant sind, verschaffen:

- *Hochbegabung als besondere Leistung*
  Hier wird jemand als hochbegabt bezeichnet, wenn er Hervorragendes geleistet hat.
- *Hochbegabung als Prozentsatzdefinition*
  Hier bestimmt der Prozentsatz das Kriterium der Hochbegabung. Bezogen auf den schulischen Kontext werden z.B. jeweils die 2% Besten einer Klasse zu der Gruppe der Hochbegabten gezählt.
- *Hochbegabung als intellektuelle, d.h. kognitive Hochbegabung*
  Hier wird Hochbegabung über den Intelligenzquotienten bestimmt. Dieser muss überdurchschnittlich sein (gleich oder höher als ein IQ von 130).
- *Hochbegabung als Talent*
  Unter dieser Definition werden alle Sonderbegabungen und Begabungen in einem spezifischen Bereich (z.B. künstlerisch, musisch) als Hochbegabung zusammengefasst.
- *Hochbegabung als originelle und produktive Leistung (= Kreativitätsdefinition)*
  Diese Definition lehnt eine reine IQ-Definition ab und betont stattdessen kreative Leistungen.

Im Zusammenhang mit der Bestimmung und Feststellung von Hochbegabung weist Wieczerkowski (1981) darauf hin, den Zugang zum Phänomen der Hochbegabung nicht allein über die Leistung, d.h. die kognitiven Determinanten zu wählen, sondern die Fühlens- und Erfahrensweisen eines Kindes ganzheitlich zu berücksichtigen. Er schlägt deshalb vor, die folgenden Merkmale zur Charakterisierung eines hochbegabten Kindes bei der Identifizierung seiner Hochbegabung ebenfalls im Blick zu haben:

- hohe Informationsrate, gutes Gedächtnis
- hervorragendes Verständnis für Probleme und Sachverhalte
- breites Interessenspektrum
- hohes Sprachniveau
- Fähigkeit zu originellen Lösungen und Ideen
- hohe Sensibilität
- Gefühl des Andersseins, Selbstbewusstsein
- starkes Bedürfnis nach Übereinstimmung von Sollen und Tun (= ethischer Rigorismus)
- ausgeprägter Sinn für Humor, Situationskomik und Ironie
- ausgeprägte Fähigkeit, ökologische und psychosoziale Probleme zu konzeptualisieren

Die wesentlichen der angesprochenen Aspekte von Hochbegabung sind im Drei-Ringe-Modell der Begabung von Renzulli (1986) zusammengefasst. Renzulli konzipiert Hochbegabung als Schnittmenge überdurchschnittlicher Leistung bzw. Begabung, Kreativität und Aufgabenverpflichtung (Motivation, Engagement). Er verfolgt mit seinem Modell das Ziel, eine möglichst breite Gruppe von potenziell Hochbegabten zu erfassen. Mönks (Mönks & Knoers, 1996) hat das Drei-Ringe-Modell um die Komponente der sozialen Umwelt (Familie, Schule, Peers) erweitert, um deutlich zu machen, dass sich die Entfaltung des Begabungspotenzials erst in der Interaktion mit der Umwelt entwickeln kann. Unter dieser erweiterten Perspektive lässt sich auch das Phänomen des Underachievers erklären, der zwar über Begabung verfügt, sein Potenzial jedoch nicht zeigen bzw. ausschöpfen kann. Auch wenn die einzelnen Modellvorstellungen kontrovers diskutiert werden, bieten sie Lehrkräften dennoch eine erste Orientierung zur Feststellung von Hochbegabung bei Schülern.

(3) Diagnostische Verfahren zur Feststellung von Hochbegabung

Aus den skizzierten Modellvorstellungen von Hochbegabung lassen sich Merkmale hochbegabter Schüler ableiten. Diese Merkmale sind in so genannten Checklisten zur ersten Einschätzung von Hochbegabung aufgeführt. Dabei handelt es sich jedoch nicht um zuverlässige Diagnoseinstrumente, sondern um erste Orientierungshilfen, um einschätzen zu können, welche Schüler möglicherweise hochbegabt sind. Fällt diese erste Einschätzung positiv aus, muss die Hypothese der Hochbegabung anhand weiterer Diagnoseinstrumente geprüft werden. Dazu bieten sich Verfahren an, die kognitive Fähigkeiten der Kinder testen. Denn nur auf der Grundlage einer fundierten Diagnose können zielgerichtete Fördermaßnahmen eingeleitet werden.

Wir stellen im Folgenden sowohl eine Checkliste als auch ein standardisiertes Testverfahren zur Identifikation von Hochbegabung vor.

Checkliste für Lehrer

Kreativität
- bringt neuartige Lösungswege

Arbeitsstil
- lässt sich nicht ablenken
- will Aufgaben alleine lösen

Soziale Kompetenz
- hält Blickkontakt, kein verlegenes Lächeln
- ist Klassensprecher
- meldet sich viel
- meldet sich meist zuerst

Motivation
- stellt neugierige/weiterführende Fragen
- Teilnahme an Arbeitsgemeinschaften
- Möchte Aufgaben 100%ig lösen

Intellektuelle Fähigkeiten
- ist derjenige, dessen Hausaufgaben abgeschrieben werden
- hat gute Noten
- hat großes oder spezielles Hintergrundwissen
- stellt alles in Frage

Münchner **H**och**b**egabungs**t**estbatterie für die **P**rimarstufe [MHBT-P]

Die MHBT-P von K. A. Heller und C. Perleth (2007) ist ein Verfahren zur Feststellung von Hochbegabung in der Grundschule.

Ziele für die Lehrkraft

- Feststellung von intellektueller Hochbegabung.
- Identifizierung von kreativ und sozial Hochbegabten im Grundschul- und Sekundarstufenalter.
- Identifizierung von sprachlich, mathematisch, naturwissenschaftlich und technisch hochbegabten Gymnasialschülern.
- Auswahl von besonders talentierten Schülern für Hochbegabtenförderprogramme.

Konzept und Aufbau
Die MHBT-P enthält Test- und Fragebogenskalen zur Erfassung unterschiedlicher Begabungsformen. Die Skalen berücksichtigen sowohl Begabungsvariablen im engeren Sinne als auch so genannte Moderatorvariablen, d.h. nicht-kognitive (v.a. motivationale) Persönlichkeitsmerkmale und Umweltvariablen, die für die Entwicklung der Hochbegabung und die Hochbegabtenförderung relevant sind.

Die Batterie besteht aus:

- Einem Kognitiven Fähigkeitstest für Hochbegabte (KFT-HB), getrennt für die dritte und vierte Klassenstufe (KFT-HB 3; KFT-HB 4), mit den Parallelformen A und B.
  Der KFT-HB misst intellektuelle Fähigkeiten (verbale, quantitativ-mathematische und nonverbal-technische Fähigkeiten). Er besteht aus den Aufgaben Wortschatz, Wortklassifikationen, Mengenvergleiche, Gleichungen bilden, Figurenklassifikation und Figurenanalogien.
- Fünf verschiedenen Checklisten (Screening-Bögen) zur Grobeinschätzung unterschiedlicher Hochbegabungsformen durch Lehrkräfte (Intelligenz, Kreativität, Musikalität, Sozialbegabung, Psychomotorik).
- Einem Inventar, bestehend aus fünf Fragebögen, welche die Kinder selbst ausfüllen (Kreativitäts-Fragebogen, Sozialer Kompetenz-Fragebogen, Leistungsmotivations-Fragebogen, Arbeitsverhalten-Fragebogen, Kausalattributions-Fragebogen).

Durchführung, Auswertung, Interpretation
Je nach Altersstufe und verwendetem Test- und Fragebogenverfahren beträgt die Bearbeitungsdauer zwischen 120 und 240 Minuten (ca. 3 bis 4 Unterrichtsstunden).

Gütekriterien

Die *Objektivität* ist durch die Instruktion im Testmanual gewährleistet.

Die *Reliabilität* schwankt in Abhängigkeit vom eingesetzten Test oder Fragebogen zwischen den Werten r = .60 bis r = .95, wobei die hohen Werte auf die kognitiven Fähigkeitstets zurückgehen.

Die ausgewiesenen *Validitäts*koeffizienten zeigen gute Werte; insbesondere die Übereinstimmungs- und prognostische Validität bezüglich Lehrerurteilen, Schulzensuren, Abiturnoten, Studienexamensnoten sowie verschiedenen Freizeitaktivitäten. Die entsprechenden Koeffizienten liegen zwischen r = .79 und r = .80.

Normierung
Im Manual sind Klassennormen auf der Grundlage einer unausgelesenen Normierungsstichprobe von insgesamt ca. 4.000 Schülerinnen und Schülern sowie Hochbegabungs(HB)-Standards auf der Datengrundlage von 332 hoch begabten, hoch leistenden Achievern sowie Underachievern (UA-Standards) auf der Datenbasis von 134 Underachievern (hoch begabten Minderleistern) im Grundschul- und Sekundarstufenalter angegeben. Mit den Normdaten ist eine gute Differenzierung für die einzelnen Skalen im oberen Leistungsbereich möglich. Die Verwendung der HB- vs. UA-Standards ermöglicht detaillierte Profilanalysen. Diese werden sowohl für Talentsuchen – z.B. die Identifizierung einzelner Hochbegabungstypen für bestimmte Hochbegabtenförderprogramme – als auch für Einzelfalldiagnosen in der Hochbegabtenberatung – z.B. zur Moderatoranalyse, d.h. Diagnose leistungshemmender nicht-kognitiver (motivationaler usw.) Persönlichkeitsmerkmale und/oder ungünstiger (familiärer und schulischer) Sozialisationsbedingungen – benötigt. Hochbegabten-Vergleichswerte (HB- vs. UA-Standards) liegen für folgende Hochbegabungstypen vor: intellektuell, kreativ und sozial Hochbegabte im Grundschul- und Sekundarstufenalter; sprachlich, mathematisch, naturwissenschaftlich und technisch Hochbegabte am Gymnasium.

Münchner **H**och**b**egabungs**t**estbatterie für die **S**ekundarstufe 1 [MHBT-S]

Die MHBT-S ist ein Verfahren zur der Hochbegabungsfeststellung für die Klassenstufen 4 bis 12+. Es entspricht in der Konzeption und im Aufbau der Batterie für die Grundschule, weshalb es an dieser Stelle nicht weiter ausgeführt wird.

(4) Förderung

Während die kognitiv orientierte Diagnose von Hochbegabung häufig dem Aufgabenbereich von Psychologen zugesprochen wird, fällt die Förderung hingegen wieder in den Bereich der Lehrkraft.

Grundsätzlich stehen Lehrkräften Beschleunigungsprogramme (= Akzeleration) und Anreicherungsprogramme (= Enrichment) zur Verfügung. Dem Zugang der Anreicherung als Fördermaßnahme liegt die Auffassung zugrunde, dass Hochbegabte anders lernen als durchschnittlich begabte Schüler. Deshalb müssen ihnen qualitativ andere Lernmöglichkeiten zugänglich gemacht werden. Konkrete und anschauliche Möglichkeiten zur Förderung von hochbegabten Grundschulkindern finden sich bei Trautmann (2003). Bei Holling und Kanning (1999) sind Beratungsstellen, sowie Schulen mit speziellen Förderprogrammen für hochbegabte Kinder in ganz Deutschland aufgeführt.

Der zweite Weg der Förderung fokussiert ein schnelleres Fortschreiten in der Schulkarriere. Dabei wird davon ausgegangen, dass hochbegabte Schüler einfach nur schneller und besser lernen als duchschnittlich begabte. In diesem Zusammenhang macht Heinbokel (1996) auf das Überspringen von Schulklassen als eine Möglichkeit zur Förderung hochbegabter Schüler aufmerksam. Dieses Vorgehen ist in Deutschland vergleichsweise wenig populär. Heinbokel (ebd.) hat jedoch eindrucksvoll gezeigt, dass Überspringen unter den nachfolgend aufgezeigten Bedingungen eine sehr effektive Maßnahme ist.

- Schüler, für die das Überspringen vorgeschlagen wird, sollten von ihren intellektuellen Voraussetzungen her im oberen Bereich der aufnehmenden Klasse liegen.
- Lehrkräfte sind manchmal unnötig pessimistisch in Bezug auf die „emotional-soziale Reife" von Schülern. Bei Hochbegabten verwechseln sie möglicherweise schlechtes Benehmen, das von der Unzufriedenheit mit unangemessenen Lern- und sozialen Bedingungen stammt, mit Unreife oder Verhaltensstörungen bzw. Lernstörungen. Die Beurteilung der emotional-sozialen Reife sollte deshalb *Eltern und erfahrene Diplompsychologen* mit einbeziehen.
- Die Schüler sollten *keine ernsthaften emotionalen und sozialen Probleme* haben. Außerdem sollten sie Durchhaltevermögen und hohe Motivation zeigen. Falls Probleme jedoch durch vorhergehende lang anhaltende Unterforderung bzw. durch den Mangel an entwicklungsgleichen Freunden verursacht wurden, können sie durch Akzeleration behoben werden. Die Schüler sollten nicht unter Druck gesetzt werden zu springen. Eltern und Lehrer sollten dem Überspringer positiv gegenüberstehen, aber *die Schüler müssen es selbst wollen. S*ie sollten die letzte Entscheidung treffen. Das gilt auch schon für die Grundschulkinder.
- Lehrer, sollten bereit sein, dem Schüler bei der Eingewöhnung in die neue Klasse zu helfen. Sind sie ablehnend oder pessimistisch, sollte überlegt werden, ob sich das Überspringen zeitlich verschieben lässt, ob eine Parallelklasse gefunden werden kann, oder ob es sinnvoll ist, die Schule zu wechseln.
- Das Überspringen sollte probeweise stattfinden. Eine *Probezeit von sechs Wochen* scheint ausreichend zu sein. Die Schüler sollten während der Probezeit jederzeit in die alte Klasse zurück dürfen. Während dieser Zeit sollte es für die Schüler und die aufnehmenden Lehrer Beratungsmöglichkeiten geben.

3.4 Diagnostik am Beginn von Klasse 5

Praxisbeispiel

Eine erfahrene Gymnasiallehrerin muss zum Schuljahresanfang wieder eine 5. Klasse übernehmen. Sie sieht dem ersten Schultag mit äußerst gemischten Gefühlen entgegen. Wenn sie daran denkt, dass die Lernvoraussetzungen bei den Fünftklässlern in den letzten Jahren immer heterogener geworden sind und man nicht einfach mit einem lehrplangemäßen Unterricht beginnen kann, dann wünschte sie sich schon Hilfe und Unterstützung, diesen Anfang differenzierter meistern zu können und den Schülern die notwendige Förderung und Hilfe zu ermöglichen. Sie erinnert sich noch genau an das letzte Mal, als sie eine 5. Klasse übernommen hat. Da hatte sie sich die Zeugnisse und Bildungsempfehlungen der zukünftigen Schüler genau angeschaut und dennoch war es ihr nur unzureichend aus dieser Perspektive gelungen, die Lernschwierigkeiten einzelner Schüler vor allem im Lesen rechtzeitig aufzufangen.

(1)Theoretischer Rahmen und (2) Hypothesen

Schüler kommen an weiterführende Schulen mit großen Erwartungen, aber auch (kleinen) Ängsten und Befürchtungen, weil jetzt der Fachunterricht voll beginnt und man sich an viele neue Lehrer und neue Mitschüler gewöhnen muss. Vielleicht besuchen sogar die besten Freunde oder Freundinnen aus der Grundschule jetzt andere Schulen. Die Lehrkräfte an den weiterführenden Schulen gehen in der Regel davon aus, dass die neuen Schüler lesen, rechtschreiben und rechnen können, so wie das die Lehrpläne in der Grundschule auch vorsehen. Bei den Gymnasiallehrern kommt noch hinzu, dass ihre zukünftigen Schüler eine verbale Bildungsempfehlung mitbringen, die für sie diagnostische Information enthalten sollte.

Mit der Fächerdifferenzierung ab Klasse 5 wird für die Schüler zunehmend auch eine neue Lernform bedeutsam, der selbstständige Wissenserwerb aus Texten. Lehrkräfte bieten jetzt den Lehrstoff nicht mehr ausschließlich mündlich dar bzw. „erzählen" ihn vor, sondern die Schüler sollen aus Lehrbuchtexten, aus Sachtexten mit Tabellen und Grafiken nun relativ selbstständig lernen. Diese „Lernform der Erwachsenen" setzt aber voraus, dass die Schüler flüssig und verstehend lesen können. Denn nur die Schüler, die über diese automatisierten basalen Lesekompetenzen verfügen, sind in der Lage, mit dieser neuen Lernform zurechtzukommen. Die geeigneten Strategien, um effektiv aus Texten lernen zu können, sollten Schüler bis zur Klasse 8 an konkreten Inhalten in unterschiedlichen Fächern dann erworben haben.

Um allen Schülern einen guten Start in dieser anspruchsvollen neuen Lernform tatsächlich zu ermöglichen, ist deshalb zu Beginn von Klasse 5 eine differenzierte Diagnose der Lesekompetenz aller Schüler hilfreich, denn die Zeugnisnoten aus Klasse 4 korrelieren nicht immer hoch mit den entsprechenden Leistungen der Schüler. Die Schüler, die über wenig ausgeprägte Lesekompetenzen verfügen, müssten demnach rechtzeitig identifiziert und gezielt gefördert werden, bevor sich bei ihnen Lernschwierigkeiten in den Fächern einstellen. Später können diese Lesedefizite nämlich in den Unterrichtsfächern erhebliche fachliche

Minderleistungen verursachen, weil anspruchsvolle Texte oder auch Aufgabeninstruktionen nicht verstehend gelesen werden können.

Darüber hinaus könnten in dieser Ausgangsdiagnostik am Anfang der 5. Klasse auch die Rechtschreibleistung, das Lern- und Arbeitsverhalten, die Lernmotivation und die Leistungsangst diagnostiziert werden, um dem Anspruch der Individualisierung von Lernprozessen voll zu entsprechen.

Die Fragen bzw. Hypothesen, die die Klassenlehrer in diesem Zusammenhang formulieren sollten, lassen sich folgendermaßen zusammenfassen:

- Ist die Lesekompetenz jedes Kindes so ausgebildet, dass es ohne Mühe den neuen, höheren Anforderungen des selbstständigen Wissenserwerbs aus Texten gerecht werden kann? Wo liegen die Ansatzpunkte für eine gezielte Förderung in den Lesefertigkeiten und des weiterführenden Lesens?
- Ist die Rechtschreibkompetenz jedes Schülers so entwickelt, dass er ohne Probleme Texte in verschiedenen Fächern verfassen kann? Welche Fehlerarten treten besonders häufig auf und wie und wo kann die Rechtschreibkompetenz gefördert werden?
- Verfügt jeder Schüler über angemessene Lernstrategien und Arbeitsgewohnheiten, um den größeren Lernaufwand des Fachunterrichts auch effektiv bewältigen zu können?
- Ist die Lernmotivation günstig ausgeprägt, damit so die neuen und höheren Anforderungen auch ohne größere Frustrationen verkraftet werden können?
- Gibt es Kinder, die ein für schulisches Lernen unangemessenes Angstverhalten zeigen und deren positive Lernentwicklung somit behindert werden könnte?

Mit der Beantwortung dieser Fragen bzw. der Überprüfung der Hypothesen, könnte für jedes Kind ein langfristiges individuelles Förderprogramm erarbeitet werden, das im laufenden Unterricht, im Förderunterricht, in Nachhilfeempfehlungen oder über spezielle Trainingsprogramme realisiert werden könnte. Selbstverständlich kann jede Lehrkraft nach ihren spezifischen Möglichkeiten und Ressourcen jeweils nur ausgewählte Fragestellungen bei der Ausgangsdiagnostik untersuchen. Wenn auch der Aufwand für die Ausgangsdiagnostik zugegebenermaßen hoch ist, so zahlt sich diese Investition im Verlauf der Orientierungsstufe jedoch mehrfach aus, weil so Lernschwierigkeiten frühzeitig erkannt und behoben werden können, die Lernmotivation nicht sukzessive schlechter wird, was günstige Effekte auf die Disziplin im Unterricht hat. Durch die gezielte Beeinflussung der Lern- und Arbeitsgewohnheiten können die Schüler zunehmend auch effizienter lernen, was ihre Freizeitressourcen positiv erweitert ohne auf Kosten des Lernerfolgs zu gehen.

Diese ausführliche explizite Diagnostik kann natürlich mit unerwünschten Nebeneffekten bzw. ethischen Problemen verbunden sein. Dies ist immer dann der Fall, wenn Lehrkräfte nicht nur zum Zweck der Förderung, Individualisierung von Lernprozessen, der Anpassung ihres Unterrichts an die Lernvoraussetzungen der Schüler zusätzliche diagnostische Informationen einholen, sondern auf dieser Grundlage Schüler stigmatisieren, in dem sie inoffiziellen Referenzgruppen zugeordnet werden. Lehrkräfte, die keine Ressourcen für die Förderung der Schüler haben, sollten eine explizite Diagnostik unterlassen.

Diese ethische Gefahr lässt sich natürlich auch bei sehr positiv eingestellten und professionell arbeitenden Lehrern nicht gänzlich bannen. Deshalb sollten sie ihre Erwartungen und Einstellungen insbesondere gegenüber leistungsschwächeren Kindern öfter bewusst reflektieren.

Bei einer unterstellten professionellen Haltung der Lehrkräfte und einem Schulkonzept, das auf Förderung und Individualisierung ausgerichtet ist, minimiert sich die Gefahr der frühzeitigen Stigmatisierung schlechter bzw. leistungsschwächerer Schüler dadurch, dass sie ein Förderangebot erhalten und sich zielgerichtet und systematisch verbessern können. Werden die Lücken und Schwierigkeiten jedoch beim Übergang in weiterführende Schulen verschleppt, dann ist die Gefahr groß, dass sie sich ausweiten und manifestieren und zu einem späteren Zeitpunkt nicht mehr ohne gravierende Einschnitte (nicht versetzen) und hohe Kosten für den Schüler behebbar sind. Die Zuordnung zur Referenzgruppe der schlechten Schüler tritt damit vielleicht zu einem etwas späteren Zeitpunkt ein, sie bleibt aber möglicherweise dann über die gesamte Schulzeit des betreffenden Schülers erhalten.

(3) Diagnostisches Vorgehen und diagnostische Verfahren

(a) Organisation der Informationssammlung und Auswertung

Da eine so beschriebene, umfassende Ausgangsdiagnostik mit hohem zusätzlichem Arbeitsaufwand verbunden ist, wird empfohlen, dass sich engagierte Lehrkräfte, die in den fünften Klassen unterrichten, die Arbeit teilen oder die Beratungslehrer zumindest die Auswertung der Tests vornehmen. Der Klassenlehrer erarbeitet einen Plan, in welchen Unterrichtsstunden die Tests in seiner Klasse durchgeführt werden können. Im Rahmen von Deutsch-, Geschichts- oder Mathematikstunden bzw. Klassenleiterstunden sollten die Kinder in relativ entspannter Form die Tests bearbeiten. Dabei wird den Schülern ausdrücklich mitgeteilt, dass es auf diese Tests keine Noten gibt und die Ergebnisse aus den Übungen zum Lesen, Rechtschreiben usw. vor allen dazu dienen, den Kindern rasche Hilfe und Förderung beim Lernen zu teil werden zu lassen. Den Kindern wird erklärt, dass Wissenslücken und Fehler keine Schande sind, wenn man sie erkennt und zu beheben versucht. Sie wirken sich umgekehrt dann heimtückisch und für die Lernkarriere beeinträchtigend aus, wenn sie nicht rechtzeitig erkannt werden. Verschleppte, zu spät oder sehr spät erkannte Lücken und Mängel können manchmal gar nicht mehr ausgeglichen werden. Hier ist nicht zu übersehen, schulisches Lernen ist kumulativ und somit kumulieren auch die Lücken. In gleicher Weise sollten die Eltern der Kinder informiert und motiviert werden.

Wenn die Daten ausgewertet und für jedes Kind zusammengefasst wurden, muss jeder Klassenlehrer mit den entsprechenden Fachlehrern Fördermaßnahmen planen. Die Förderung kann im laufenden Unterricht in Individualisierungsphasen, in speziellem Förderunterricht oder in Nachhilfestunden von Eltern etc. realisiert werden. Die Optimierung des Lern- und Arbeitsverhaltens und der Lernmotivation kann über differenzierte Beratungsgespräche der Lehrkraft oder in einer Art Gesprächskreis der Schüler ähnlich den Selbsthilfegruppen mit Unterstützung der Lehrkraft, des Beratungslehrers oder speziell geschulter älterer Schüler der Schule angebahnt werden.

(b) Diagnostische Verfahren
Die Auswahl der diagnostischen Verfahren durch die Lehrkraft hängt einerseits von den zu prüfenden Fragestellungen ab, andererseits auch davon, welche Tests an der Schule bereits angeschafft wurden bzw. ob Routinen im Umgang mit bestimmten Tests bereits bestehen.

Wir verweisen jetzt im Folgenden auf die Tests, die wir im dritten Teil des Buches unter anderen diagnostischen Zielstellungen bereits besprochen haben und die sich für die Diagnostik der Ausgangslage am Anfang von Klasse 5 besonders eignen:

1. Verschaffung eines Überblicks über den Lernstand in fünf Lernbereichen (differenzierte Wahrnehmung von Sprache; Sinn verstehendes Lesen; passives Rechtschreibwissen; Verstehen von Karten, Tabellen etc.; Zahlenverständnis und Rechenfertigkeit)

- *Hamburger Schulleistungstest für 4. und 5. Klassen* (HST 4/5) von Mietzel & Willenberg (2000).

2. Ermittlung des Lernstandes im Lesen

- *Knuspels Leseaufgaben-L* (KNUSPEL-L) von Marx (1998)
- *Ein Leseverständnistest für Erst – bis Sechstklässler (ELFE 1-6)* von Lenhard & Schneider (2006)

3. Ermittlung des Lernstandes im Rechtschreiben

- *Deutscher Rechtschreibtest für das dritte und vierte Schuljahr (DERET 3-4+)* von Stock & Schneider (2008b)
- *Weingartener Grundwortschatz Rechtschreib-Test für vierte und fünfte Klassen der Grund- und Hauptschule (WRT 4+)* von Birkel (2007d)
- *Hamburger Schreib-Probe 1-9 (HSP 1-9)* von May (2002)

4. Überprüfung des Lern -und Arbeitsverhaltens

- *Lern- und Arbeitsinventar (*LAVI)von Keller & Thiel (1998)

5. Erfassung der Lernmotivation

- *Skalen zur Erfassung der Lern -und Leistungsmotivation (SELLMO)* von Spinath, Stiensmeier-Pelster, Schöne & Dickhäuser (2002)
- *Skalen zur Erfassung des schulischen Selbstkonzepts* (SESSKO) von Schöne, Dickhäuser, Spinath, Stiensmeier-Pelster (2002)

6. Erfassung des Ausmaßes der Angstatmosphäre in der Schulklasse

- *Angstfragebogen für Schüler (*AFS**)** von Wieczerkowski, Nickel, Janowski, Fittkau & Rauer (1981)

(4) Förderung

Bevor wir ausführlicher auf die Förderung des weiterführenden Lesens in Klasse 5 eingehen, soll auf drei Trainingsprogramme verwiesen werden, die sich unter spezifischen Fragestellungen zur Optimierung des Lernens an weiterführenden Schulen besonders eignen und die käuflich zu erwerben sind:

- *ELFE- Trainingsprogramm* (ELFE-T) von Lenhard & Lenhard (2006) kann zur Förderung des Leseverständnisses insbesondere bei schwächeren Schülern genutzt werden.
- *Lern-Methodik-Training für die Klassen 5-10* von Keller (1999) kann zur Förderung des Lern- und Arbeitverhaltens genutzt werden.
- *Denktraining für Kinder II* von Klauer (1991) ist ein Programm, das bei der intellektuellen Förderung aller Kinder sehr gute Effekte zeigt, die sich nicht nur in einer Verbesserung der Intelligenz, sondern insgesamt in einer Verbesserung der Schulleistung niederschlagen.

Exkurs: Weiterführendes Lesen

Förderung der Lesekompetenz in weiterführenden Schulen kann prinzipiell unter zwei Zielstellungen betrieben werden:1. Förderung der Kinder, deren Leselernprozess noch Defizite aufweist und somit noch nicht abgeschlossen ist und 2.weiterführendes Lesen. Im Folgenden sollen ausgewählte Aspekte der zweiten Zielstellung näher betrachtet werden. Von weiterführendem Lesen spricht man dann, wenn der grundlegende Leseerwerbsprozess abgeschlossen ist.

Schwerpunkte des weiterführenden Lesens
Bei Experten besteht allgemeiner Konsens darüber, dass sich die mündliche Lesefertigkeit während der ersten beiden Schuljahre sehr rasch entwickelt. Die Kinder machen bereits zu Beginn der 2. Klasse relativ wenig Lesefehler, was dafür spricht, dass sie die alphabetische Strategie schon gut einsetzen können. *Allerdings entwickelt sich die Lesegeschwindigkeit nur relativ kontinuierlich weiter.* Dabei verbreitert sich die Schere zwischen guten und schlechten Lesern hier sehr schnell. Gute Leser sind schnelle Leser, weil ihre Aufmerksamkeit auf das Leseverständnis gerichtet werden kann und nicht mehr auf die Technik.

Lehrkräfte wissen über diesen Zusammenhang von Lesegeschwindigkeit und Güte des Lesens häufig zu wenig. Das führt dann dazu, dass sie ihre Lehrziele von dem Zeitpunkt an, wo sie glauben, dass die Kinder die Lesefertigkeit erworben haben, eher einseitig auf das Leseverständnis ausrichten und dagegen *das Automatisieren und Konsolidieren der Fertigkeit durch Üben im Unterricht und durch regelmäßige Lesehausaufgaben* vernachlässigen.

Die Realisierung der Zielstellung des weiterführenden Lesens bedeutet jedoch, dass ein Leseunterricht über die Grundschule hinaus wünschenswert und sinnvoll wäre. Marx (2000) hatte bereits bevor die Ergebnisse der ersten PISA-Welle und der IGLU-Studie veröffentlicht wurden, argumentiert, dass entgegen dem Tenor der Erlasslage im Bildungssystem für den Sekundarstufenbereich nicht nur die Notwendigkeit, sondern auch ein großer Bedarf an Förderung im

Schriftsprachbereich existiert. Ein spezifisches Dilemma bleibt jedoch, dass keine oder wenig angemessene und evaluierte Maßnahmenprogramme für die Förderung in der Sekundarstufe zur Verfügung stehen. Außerdem sind die Lehrkräfte der Sekundarstufe kaum auf diese Problemlage durch ihre Ausbildung vorbereitet.

Aus den Daten der nationalen Erhebung von PISA lässt sich zudem noch eine Schulformspezifik im lesefokussierten Angebots- und Nachfrageprofil nachweisen. So wird an Hauptschulen und Realschulen wesentlich häufiger Zusatzunterricht in Deutsch (72,8% an Hauptschulen; 49,4% an Realschulen) und Förderkurse für lese-rechtschreibschwache Schüler (62,4% an Hauptschulen; 46,8% an Realschulen) angeboten. Dagegen gehören zur Standardeinrichtung an Gymnasien eher Theater- AG und Schülerzeitung. Nun beziehen sich diese Daten aber vor allem auf die Förderangebote in Klasse 9. Daraus kann jedoch nicht abgeleitet werden, dass es solche Förderangebote bereits ab Klasse 5 gibt, wo sie aber nach unserer Ansicht dringend erforderlich sind.

Diese Skepsis wird durch die Vorgaben z.B. im Bayerischen Lehrplan an Haupt- und Realschulen gestützt, wo klassenübergreifende Stütz- und Förderkurse in Deutsch mit einer Wochenstunde erst von Klasse 7 an bis Klasse 9 offiziell vorgesehen sind. Die Befürwortung eines Leseunterrichts auch in Klasse 5 und 6 ist nach der empirischen Befundlage erforderlich. Schüler müssen und können hier ihre Lesegeschwindigkeit weiter steigern und das verstehende Lesen weiter ausbauen.

Die Bedeutung des Lesens als einer zentralen Grundform des Lernens in der Sekundarstufe I wird häufig unterschätzt bzw. relativ einseitig auf Lesen von Belletristik reduziert. Aebli (1991) hat auf diesen Tatbestand vor mehr als 20 Jahren bereits mit allem Nachdruck hingewiesen.

Mit Schülern lesen ist eine entscheidende Grundform des Lernens auch in der Sekundarstufe I mit dem Ziel, Schüler auf ein lebenslanges Lernen vorzubereiten (Wissenserwerb aus Texten). Der Erwachsene lernt größtenteils indem er liest: Im Beruf sind das Berichte, Protokolle, Anleitungen, Handbücher, Fachzeitschriften, Gebrauchsanweisungen oder Hypertexte und im außerberuflichen Bereich sind es Zeitungen und Bücher, die zur Erweiterung des Wissens herangezogen werden. Die Schule hat die Aufgabe, Schüler zu dieser erwachsenen Form des Lernens aus Texten hinzuführen. Aebli sieht die reale Schulsituation jedoch kritisch: „In dieser Hinsicht trifft man in vielen Schulen eine sonderbare Situation. Wenn einmal die elementare Technik des Lesens gemeistert ist, geschieht die Leseerziehung meist nur noch im Fach Deutsch und dies in einer Weise, die sehr wenig mit den angedeuteten Formen des erwachsenen Lesens zu tun haben, nämlich aus schöngeistigem bis ästhetischem Interesse. Das ist in einem gewissen Maße berechtigt, denn der ästhetische Mensch soll ja zu seinem Recht kommen. Aber als ausschließliche Ausrichtung des Leseunterrichts ist das gefährlich; denn das Lesen als Informationsgewinnung spielt im modernen Leben eine zu große Rolle, als dass man den Schüler in dieser Hinsicht ganz sich selber überlassen könnte“ (ebd. S. 113).

Die Botschaft Aeblis an alle Lehrkräfte und alle Fächer der Sekundarstufe besteht darin, dass der Deutschunterricht ein neues *Gleichgewicht* zwischen schöngeistigem und realistischem Lesen finden muss. Außerdem sollte der Unterricht in den naturwissenschaftlichen und geisteswissenschaftlichen Fächern dem Lernen aus Büchern und Zeitschriften (also Texten) einen breiteren Raum zuweisen. Auf der Sekundarstufe I (Anfänge liegen bereits in Klasse 4) müssen der Deutsch- und der Realfachunterricht das Lesen als Wissenserwerb aus Texten bewusst pflegen und die Schüler dazu befähigen und erziehen.

Leseförderung durch Peer-Tutoring
Im Folgenden machen wir auf eine Fördermöglichkeit aufmerksam, die in deutschen Schulen nur wenig verbreitet ist: das Peer-Tutoring. Mit dieser Methode können gute und schwächere Leser gleichzeitig gefördert werden.

Schüler als Tutoren spielen in Hauptschulen und Realschulen laut PISA- Erhebung so gut wie keine Rolle (1,8%; 0,7%). Lediglich an Gymnasien wird diese Form der Schülerkooperation häufiger genutzt (20,2%) (PISA, 2001).

Neben Lehrern können Mitschüler im Unterricht die Leseförderung sehr gut übernehmen. Tutorielles Lernen soll aber weder die Lehrkraft im Klassenzimmer noch den Therapeuten in der Lerntherapie ersetzen. Es ist bekannt, dass Schüler lieber in leistungsheterogenen Kleingruppen lernen, in denen sie sich gegenseitig helfen können, als unter Anleitung der Lehrkräfte. Außerdem hat das Peer-Tutoring auch eine ökonomische Seite. *Es können gleichzeitig alle Kinder gefördert werden. Die Lehrkraft übernimmt die Instruktion in die Methode, stellt das Lernmaterial bereit und greift nur bei Schwierigkeiten helfend ein.*

Eine besonders effektive Methode beschreiben Klicpera und Gasteiger-Klicpera(2004) in Anlehnung an Topping & Ehly(1998) mit dem *„paarweisen Lesen“.*

In der Schulklasse werden Paare gebildet (z.B. nach der Testung der Leseleistung in Klasse 5), die aus einem besseren und einem schwächeren Leser bestehen. Bei dieser Zusammensetzung sollten auch soziale Variablen beachtet werden (Sympathie, Freundschaften etc.). In Klasse 5 kann diese Partnerarbeit auch gleichzeitig zum besseren Kennen lernen der Schüler genutzt werden.

Diese Schülerpaare erhalten *dreimal wöchentlich für je eine halbe Stunde* die Gelegenheit, miteinander zu lesen. Die Zeitspanne dieser gemeinsamen Übungen sollte *mindestens 8 Wochen, besser noch 15 Wochen betragen.*

Die gemeinsamen Übungen laufen so ab, dass die Leseaktivitäten zwischen einem gemeinsamen lauten Lesen und dem Vorlesen des schwächeren Lesers sich abwechseln. Der leseschwächere Schüler kann so lange vorlesen, bis er einen Fehler macht. Für die Korrektur der Lesefehler wird vorher mit den Schülern eine Prozedur festgelegt und besprochen. Der Tutor macht – falls der Tutand den Fehler nicht selbst bemerkt- durch eine Unterbrechung auf diesen aufmerksam und gibt dem Tutanden etwa 5 Sekunden Zeit, den Lesefehler selbst zu verbessern. Sollte die Selbstkorrektur nicht gelingen, sagt der Tutor das richtige Wort vor und der Tutand wiederholt es in jedem Fall anschließend mehrmals und liest den ganzen Satz noch einmal vor.

Es darf bei der Einweisung der Schüler nicht versäumt werden, sie explizit zu motivieren. Es muss ihnen klar gemacht werden, dass beide von der Übung profitieren. Außerdem muss eine Motivierung über ansprechende Lesestoffe erfolgen und die Schüler sollten angeregt werden, nach der Leseübung auch über den Inhalt zu sprechen und Fragen zu beantworten. Diese Methode des paarweisen Lesens kann leicht auch auf den außerschulischen Bereich übertragen werden.

So können jeweils die Eltern oder ältere Geschwister nach dieser Technik gemeinsam das Lesen an interessanten Texten (belletristische Bücher, Sachbücher, Abenteuergeschichten, längere Texte in Zeitschriften und Zeitungen, je nach Interessenlage des Kindes) üben. Günstig ist, wenn die Eltern in einem Elternabend oder bei einem Hausbesuch durch die Lehrkraft genau instruiert werden. Eltern müssen darauf aufmerksam gemacht werden, das gemeinsame Lesen so interessant wie möglich zu gestalten und mit den Lesefehlern ihrer Kinder so geschickt wie möglich umzugehen. Fehler müssen angesprochen und die richtigen Wörter wiederholt werden. Der Lesefluss sollte aber dabei nicht zu sehr gestört werden, damit das Interesse der Kinder am Inhalt nicht verloren geht. Eltern sollten auch wenig Enttäuschung bei nur langsamen Lesefortschritten ihrer Kinder zeigen, sondern eher Zuversicht kommunizieren. Kinder sollten dabei niemals bestraft, aber für ihre Fortschritte angemessen verstärkt werden.

Haag (2004) beschreibt ein *Förderprogramm zum tutoriellen Lesen im Schulunterrich*t in einer ähnlichen Zeitstruktur. Hier sind die Phasen des Ablaufs noch differenzierter ausgearbeitet worden.

Das Lesetraining von Haag ist eine Synthese aus verschiedenen Förder- und Trainingsprogrammen (dem Peer-assisted learning von Topping und Ehly,1988; dem Reciprocal teaching von Palincsar & Brown,1984; dem Programm zur Förderung von leseschwachen Kindern von Fuchs et al., 1997). Den Ablauf des Übungsprogramms unterteilt Haag in vier Schritte:

1. Im *ersten Schritt* liest der Tutor etwa 5 Minuten einen Textabschnitt vor und der Tutand liest leise mit. Danach muss er den Abschnitt laut vorlesen. Der Tutor korrigiert dabei die Lesefehler nach der vorn beschriebenen Prozedur.
2. Im *zweiten Schritt* muss der Tutand die zuvor gelesene Geschichte nacherzählen und der Tutor ergänzt bzw. verbessert die Nacherzählung. Danach lesen Tutor und Tutand im Wechsel weitere Abschnitte vor und geben dazu Zusammenfassungen, die gemeinsam besprochen und ergänzt werden. Wenn der Tutor vorliest, kann der Tutand auf der Grundlage seines Hörverständnisses Ergänzungen zur Zusammenfassung des Tutors vornehmen.
3. Im *dritten Schritt* stellt der Tutor Fragen zum gelesenen Text. Ist der Tutand nicht in der Lage, die Fragen zu beantworten, muss er den entsprechenden Abschnitt noch einmal lesen. Wenn die Antwort dann immer noch falsch ist, korrigiert der Tutor.
4. Im *vierten Schritt* des Trainings liest der Tutor einen Abschnitt und gibt eine Vermutung ab, wie der Text im folgenden Abschnitt weiter gehen könnte. Danach liest er den Abschnitt vor und beide prüfen die Richtigkeit der Vorhersage. Vor dem Lesen des folgenden Abschnitts trifft dann analog der Tutand die Vorhersage und liest den notwendigen Abschnitt vor. Beide überprüfen wiederum die Richtigkeit.

Ein solches Lesetraining setzt voraus, dass die Lehrkraft im Sinne des Ablaufschemas geeignete und gegliederte Texte bereitstellt. Da dies einige Mühe in der

Materialbeschaffungs- und -bearbeitungsphase macht, können Lehrerteams unter Leitung des zuständigen Fachberaters Deutsch kooperieren. *In die Textbereitstellungen sollten jedoch alle Fachlehrer einbezogen werden,* um auch interessante Sachtexte aus verschiedenen Fächern im Angebot zu haben.

Bevor ein solches Training beginnen kann, muss die Lehrkraft *die Vorgehensweise* vor der gesamten Klasse mit einem Tutanden mehrmals *modellieren.* Für den erfolgreichen Verlauf solcher Förderprogramme sind zwei weitere Bedingungen zu beachten (vgl. ebd.): die *Einübung des Tutorenverhaltens* und die *explizite Registrierung von Lernfortschritten.* Nachdem die Lehrkraft selbst mehrfach die Vorgehensweise als Tutor vorgemacht und wichtige Aspekte erklärt hat, muss ein Schülerpaar vor der gesamten Klasse agieren. Dabei gibt die Lehrkraft gezielte Anleitungen und Rückmeldungen zum korrekten Verhalten des Schülertutors. Wichtige Interaktionsregeln wie „Ausreden lassen", „Loben statt Kritisieren", „Geduld haben" etc. sollten auf Karten geschrieben werden, die während des Trainings auf dem Tisch liegen und so von beiden Partnern stets sichtbar eingefordert werden können.

Die Registrierung und Würdigung von Lernfortschritten ist eine wichtige Bedingung für die Orientierung des schwächeren Lesers und die Aufrechterhaltung seiner Lernmotivation. Für die Registrierung von Lernfortschritten sind Lehrkräfte und Tutoren gleichermaßen verantwortlich. So können beispielsweise vom Tutor die Anzahl der Lesefehler pro Übung in eine vorbereitete Grafik eingetragen werden und/oder die Lesegeschwindigkeit bei etwa gleich langen Abschnitten gestoppt, visualisiert und nach vorher festgelegten Zeitabschnitten der Lernfortschritt verglichen werden. Gleichermaßen kann mit den Treffern bei den Zusammenfassungen und Vorhersagen der Inhalte etc. verfahren werden. Das setzt voraus, dass die Schüler unter Anleitung der Lehrkraft entsprechende Vorlagen zur Registrierung der Lernfortschritte anfertigen. Die Registrierung muss möglichst schnell und unkompliziert erfolgen können, weil sonst der Tutor überfordert wird. Die Auswertung sollte wöchentlich erfolgen. Dabei werden individuelle Lernfortschritte vor der Klasse belobigt. Besonders erfolgreiche Teams werden ausgezeichnet.

Ein solches Vorgehen im Leseunterricht in Klasse 4 oder 5 würde bedeuten, dass wöchentlich 3 Unterrichtsstunden in größeren Teilen für mindestens 2 Monate (eher länger) zur Verfügung gestellt werden müssten. Unter der Perspektive, dass in Klasse 4 sieben und in Klasse 5 fünf Wochenstunden in Deutsch in der Stundentafel vorgesehen sind und Lehrkräfte in erster Linie darauf orientiert sind, „den Lehrplan zu schaffen", erscheint das beschriebene Vorgehen der Leseförderung kontraproduktiv zu sein. Wenn man aber die Wirksamkeit solcher Übungsstunden in Rechnung stellt (die Effektstärken liegen im mittleren bis starken Bereich nach Fuchs et al.,1997) und bedenkt, dass ein Großteil der leseschwächeren Kinder von einer „scheinbaren" Lehrplanerfüllung nur wenig profitiert, sondern im Gegenteil sich die Lernschwierigkeiten möglicherweise im Laufe des Schuljahres ausweiten, dann sollte die Kosten-Nutzen-Bilanz neu überdacht werden. Bei größeren Freiräumen wie z.B. in den neuen Deutsch – Lehrplänen sind solche Fördermaßnahmen kein Problem.

Auch die Argumente, dass von diesen Tutorenprogrammen letztlich nur die Tutanden profitieren würden, können leicht entkräftet werden. Die Tutoren verbessern gleichermaßen ihre Lesefähigkeit. Darüber hinaus lernen sie zunächst an einer anderen Person, den Leseprozess zu steuern, zu überwachen und zu bewerten. Dies führt zu einem hohen Gewinn der Selbstregulation des Lesens und Lernens bei den Tutoren und ihren metakognitiven Kompetenzen. Nicht zuletzt stabilisiert das Training ihr schulisches Selbstvertrauen und entwickelt auch gewisse soziale Kompetenzen weiter. Und schließlich haben alle Schüler eine ganze Reihe neuer und interessanter Texte gelesen, die zur Erweiterung ihres Weltwissens beigetragen haben.

3.5 Diagnostik bei Lernschwierigkeiten

Praxisbeispiel

Die Eltern von Klaus kommen Anfang Mai in die Sprechstunde der Klassenleiterin, Frau Huber. Anlass sind die schlechten Noten von Klaus, der in die siebte Klasse geht. Klaus hat in Deutsch und Mathematik fast durchweg Vieren und Fünfen, in Englisch mehrere Sechsen sowie in Biologie und Erdkunde liegt er zwischen drei und vier.

Die Mutter von Klaus hat herausgefunden, dass Klaus seine schlechten Leistungen in Leistungskontrollen zu Hause gar nicht „beichtet". Die Mutter kann nun nachts nicht mehr schlafen, wenn am nächsten Tag eine Klassenarbeit ansteht. Die Eltern räumen ein, dass es wohl falsch war, Klaus auf das Gymnasium zu schicken. Allerdings war dies für alle selbstverständlich, weil beide ältere Schwestern ebenfalls das Gymnasium besuchen.

Die Eltern wollen sich mit Frau Huber beraten, ob es Zweck hat, dass Klaus im nächsten Schuljahr die siebte Klasse wiederholt, oder ob er auf eine Realschule wechseln sollte. Dies würde aber alle ihre Zukunftspläne mit Klaus durchkreuzen. Die Klassenleiterin verspricht eine schnelle Entscheidungshilfe. Jedoch muss sie dazu gemeinsam mit der Beratungslehrerin der Schule eine explizite Diagnostik durchführen und bittet die Eltern gleich um ihr Einverständnis.

Es besteht kein Zweifel daran, Klaus weist gravierende Leistungsprobleme im Sinne von Lernschwierigkeiten auf.

(1) Wie entstehen Lernschwierigkeiten? Theoretischer Rahmen

> „Von Lernschwierigkeiten spricht man im allgemeinen, wenn die Leistungen eines Schülers unterhalb der tolerierbaren Abweichung von verbindlichen institutionellen, sozialen und individuellen Bezugsnormen (Standards, Anforderungen, Erwartungen) liegen oder wenn das Erreichen (bzw. Verfehlen) von Standards mit Belastungen verbunden ist, die zu unerwünschten Nebenwirkungen im Verhalten, Erleben oder der Persönlichkeitsentwicklung des Lernenden führen" (Weinert & Zielinski, 1977).

Institutionelle Bezugsnormen beziehen sich hier auf Anforderungen, die sich aus der Schulform und insbesondere aus den entsprechenden Lehrplanzielen ergeben. Bei sozialen Bezugsnormen handelt es sich dagegen um empirische Standards, wie etwa die Durchschnittsleistung der konkreten Schulklasse, die zum Bezugspunkt der Leistungsbeurteilung wird. Als lernschwierig werden dann solche Schüler bezeichnet, die sich am Ende der Leistungsrangordnung in einer Klasse befinden. Ein Schüler mit weniger guten Leistungen fällt in einer leistungsstarken Klasse eher als lernschwierig auf als in einer leistungsmäßig schlechteren Klasse. Bei individuellen Bezugsnormen werden die Leistungen eines Schülers mit seinen bisherigen Leistungsergebnissen verglichen. Eine gravierende Leistungsverschlechterung wird in diesem Zusammenhang als ein Indikator für Lernschwierigkeiten angesehen.

Die Unschärfe dieser bezugsnormorientierten Definition liegt auf der Hand. Lernschwierigkeiten werden hier nicht mit Hilfe eindeutiger Kriterien erfasst, sondern als relative, von der jeweiligen Bezugsnorm anhängige Phänomene bestimmt. Dennoch erscheint eine solche Begriffsbestimmung zunächst im Rahmen von Schule durchaus zweckmäßig, weil Schülern, Lehrern und Eltern sehr schnell signalisiert wird, dass ein Missverhältnis zwischen Leistung und Leistungsbemühungen einerseits und Leistungsanforderungen andererseits vorliegt und hier dringender Handlungsbedarf besteht.

Lehrkräfte sollten jedoch bei der Prüfung der Feststellungshypothese, d.h. ob tatsächlich Lernschwierigkeiten bei einem Schüler vorliegen, stets alle drei Bezugsnormebenen berücksichtigen.

Von Lernschwierigkeiten im Sinne von Weinert und Zielinski wird auch dann gesprochen, wenn ein Schüler zwar gerade noch durch aufwändige Nachhilfen und zusätzlichen Zeit- und Lernaufwand die gestellten Anforderungen erfüllt, aber mit Verhaltensauffälligkeiten wie Schul- und Leistungsangst, Schlafstörungen oder sozialem Rückzug als Folge der permanenten Überforderungen reagiert.

Wenn Lernschwierigkeiten auftreten – und gehäufte schlechte Zensuren in einem oder mehreren Fächern sind dafür ein untrügliches Zeichen –, dann muss durch eine genauere Diagnose geklärt werden, wo die Ursachen dafür liegen, um erfolgreich intervenieren bzw. fördern zu können.

Die Formulierung von Erklärungshypothesen, die einer differenzierten Diagnostik vorausgehen müssen, hängen von den Erklärungsversuchen des Diagnostikers (der Lehrkraft) für die Entstehung der Lernschwierigkeiten ab. Eine theoretisch nicht fundierte Erklärung der Ursachen schlechter Schulleistungen wird häufig in mangelnder Begabung, zu geringem Fleiß und einem Desinteresse an schulischen Fächern festgemacht. Wir sind darauf bereits unter verschiedenen Aspekten (bei Beurteilungsmängeln, Kapitel 1. und Determinanten der Schulleistung, Kapitel 3) eingegangen.

Am Anfang des dritten Kapitels wurden zwei theoretische Modelle des Zustandekommens von Schulleistungen vorgestellt (Produktivitätsfaktoren nach Walberg et al. und das Schichtenmodel der Schulleistungen). Diese Modelle sind durchaus auch gut geeignet, um die Entstehung von Lernschwierigkeiten als schlechten Schulleistungen zu erklären. So lassen sich interne und externe Bedingungen ausmachen, oder Primär- und Sekundärfaktoren, die Lernschwierigkeiten verursachen. Zielinski (1995) bezieht sich bei der Entfaltung der Ursachen von Lernschwierigkeiten auf Carroll (1973), der drei interne und zwei externe Bedingungsklassen spezifiziert und auf Haertel et al. (1983), der zusätzlich noch vier moderierende Variablen postuliert. Zielinski gliedert neun einzelne Entstehungsbedingungen auf drei unterschiedlichen Ebenen aus:

- *Interne Bedingungen*
  Mangelndes Instruktionsverständnis
  Vorkenntnislücken
  Ungünstige Lernmotivation
- *Externe Bedingungen*
  Nicht ausreichende Lernzeit
  Mangelnde Unterrichtsqualität
- *Moderierende Bedingungen*
  Ungünstiges Klassenklima
  Gestörte Beziehungen zwischen den Schülern
  Beeinträchtigungen im familiären Umfeld
  Ungünstiger Einfluss von Medien

Bei genauerer Betrachtung des Zielinski -Modells wird deutlich, dass die weiter vorn im Kapitel 3 beschriebenen Faktoren der Schulleistungen- hier nur in ihrer ungünstigen Ausprägung – als Entstehungsbedingungen für Lernschwierigkeiten wirksam werden können.

Auch bei der Abklärung von Lernschwierigkeiten gilt in gleichem Maße, dass der Diagnostiker aus der Perspektive dieses theoretischen Entstehungsmodells der Lernschwierigkeiten nach Zielinski (1995) bei der Bildung plausibler Hypothesen mit den internen Bedingungen beginnen sollte, weil diese näher an der Verursachung von Lernschwierigkeiten liegen, als die externen. Erst in zweiter Linie ist auf die genannten moderierenden Bedingungen bei der Hypothesenbildung im pädagogischen Kontext zurückzugreifen, weil sie nie direkt Lernschwierigkeiten verursachen, sondern die internen Bedingungen negativ verstärken können. Es sei denn, es liegen schwerwiegende Gründe für eine gegenteilige Entscheidung vor. Für eine wirkungsvolle und vor allem schnelle Hilfe bei Lernschwierigkeiten erweist sich im Kontext von Schule die diagnostische Abklärung des Vorwissenstandes, des Verständnisniveaus, der verschiedenen Facetten der Lernmotivation und Lernemotionen und der quantitativen und qualitativen Unterrichtsfaktoren als effektiv.

Da die Lernvoraussetzungen wie Vorwissen, Lernmotivation, Leistungsangst und Lernstrategien sowie die verschiedenen Aspekte der Unterrichtsqualität bereits ausführlich behandelt wurden (Kap. 3.), wird im Folgenden nur auf das mangelnde Instruktionsverständnis genauer eingegangen.

Instruktionsverständnis kommt nach Carroll (1973) in der intellektuellen Befähigung im Allgemeinen und der sprachlichen Intelligenz im Besonderen zum Ausdruck. Es stellt eine notwendige, wenn auch nicht hinreichende Voraussetzung für schulischen Erfolg dar.

Zielinski unterstellt, dass sprachliche Intelligenztestleistungen besonders das Verständnis für sprachliche Instruktionen erfassen und wenn eine statistisch gesicherte Beziehungen zwischen sprachlichen Intelligenztestleistungen und schulischem Erfolg besteht, so beeinflusst mangelndes Instruktionsverständnis mit hoher Wahrscheinlichkeit auch die Entstehungen von Lernschwierigkeiten (vgl.

Zielinski, 1995, S. 21). Er führt dafür eine Reihe empirischer Belege an. Mit Bezug auf Hunt (1978) wird als Ursache für verminderte Sprachtestleistungen ein verlangsamter Ablauf der erforderlichen sprachlichen Kodierung angenommen. Dieser Umstand führt dann dazu, dass bei gleicher Lernzeit Schüler mit längerer Kodierungszeit weniger sprachliche Informationen verarbeiten und im Langzeitgedächtnis abspeichern können. Deshalb verstehen sie weniger z.B. vom dargebotenen Lernstoff oder den Aufgabeninstruktionen als ihre Klassenkameraden, die in der vorgegebnen Zeit alle Informationen im Unterricht sprachlich kodieren können. Außerdem wird als weitere Ursache für mangelndes Instruktionsverständnis angenommen, dass lernschwache Schüler über unzureichende kognitive und metakognitive Lernstrategien verfügen, was den Informationsverarbeitungsprozess beim Wissenserwerb negativ beeinflusst. Solche Schüler sind nur wenig in der Lage, ihren Lernprozess zu planen, zu überwachen und zu kontrollieren. Sie zeigen eine größere Tendenz zum Raten, als Lösungsmöglichkeiten zu reflektieren. Sie kontrollieren und bemerken ihre Fehler seltener und können so wiederum keine Maßnahmen zur Korrektur ergreifen.

(2) Erklärungshypothesen zur möglichen Entstehung von Lernschwierigkeiten

Aus den theoretischen Überlegungen können eine ganze Reihe plausibler Hypothesen und Fragen über Ursachen von Lernschwierigkeiten gebildet werden, die bei einer expliziten Diagnostik systematisch geprüft werden müssten. Eine Auswahl solcher Hypothesen wird im Folgenden dargestellt:

Lassen sich die Lernschwierigkeiten des Schülers auf Lücken im Vorwissen zurückführen?

In welchen Fächern sind die Lücken besonders gravierend (eklatant schlechte Noten)? Welche Kompetenzbereiche sind besonders betroffen (Lesen, Rechtschreiben, Mathematik)? Wie umfassend sind die Lücken, wie weit reichen sie zurück?

Lassen sich die Lernschwierigkeiten auf ein mangelndes Instruktionsverständnis zurückführen? Liegt beim Schüler ein verlangsamter Ablauf der sprachlichen Kodierung vor? Weist der Schüler lernstrategische Defizite auf (raten, Lösungsalgorithmen impulsiv einsetzen, ohne zu überlegen etc.)? Hat der Schüler Wissen über metakognitive Strategien?

Sind die Lernschwierigkeiten des Schülers auch durch ungünstig ausgeprägte Komponenten der Lernmotivation erklärbar? Wie ist die Kausalattribution bei Erfolg und Misserfolg? Welche Lernzielorientierung besitzt der Schüler? Wie ist sein schulisches Fähigkeitsselbstkonzept ausgeprägt?

Sind die Vorkenntnisdefizite und das mangelnde Instruktionsverständnis des Schülers in erster Linie auf das zu schnelle Unterrichtstempo zurückzuführen? Ist das Lerntempo des betreffenden Schülers so langsam, dass die zugestandene Lernzeit im Unterricht nicht ausreicht, um den Lernstoff adäquat zu verarbeiten?

Könnten die Lernschwierigkeiten z.T. auch auf mangelnde Unterrichtsqualität in den betreffenden Fächern zurückgeführt werden? Wird die Instruktionszeit hier intensiv genutzt? Sind die Lehreräußerungen klar und verständlich? Ist die Aufgabenstruktur ausreichend explizit? Sind die Strukturierungshilfen ausreichend und angemessen? Wird der Unterricht zu häufig durch Disziplinierungsmaßnahmen unterbrochen? Werden die Lernwege der Schüler ausreichend überwacht? Gibt der Lehrer ausreichende und differenzierte Hilfen bei Lernschwierigkeiten? Ist der Lehrer zu ungeduldig bei verzögerten Schülerantworten? Erteilt der Lehrer zu wenig Lob und Ermutigung? Arbeitet der Lehrer nur mit den leistungsstarken Schülern im Unterricht?

Könnten die Lernschwierigkeiten des Schülers u.a. auf ein ungünstiges Klassenklima zurückgeführt werden? Ist der lernschwache Schüler mit dem Lehrer zufrieden, kommt er mit ihm klar, hat er Angst vor ihm? Fühlt der Schüler sich in der Klasse wohl? Bevorzugt der Lehrer nur die guten Schüler? Wird der Unterricht als zu schwierig erlebt?

Werden die Lernschwierigkeiten des Schülers auch durch gestörte Schülerbeziehungen beeinflusst? Hat das leistungsschwache Kind Freunde in der Klasse oder ist es in der Außenseiterposition? Wird der Schüler häufig in Leistungssituationen verlacht? Hat sich der Schüler seit Auftreten seiner Lernschwierigkeiten von der Gruppe zurückgezogen?

Verstärken Beeinträchtigungen im familiären Umfeld die Lernschwierigkeiten des Schülers (z.B. übergroße Strenge, unangemessen hohe Anforderungen, fehlende Unterstützung und schulisches Desinteresse der Eltern)?

Natürlich arbeitet ein Lehrer bei der Diagnostik der Lernschwierigkeiten nicht alle diese Hypothesen und Fragen vollständig oder gleichrangig ab. Dies würde erstens seine zeitlichen Ressourcen wesentlich übersteigen und zweitens wäre eine solche mechanische Vorgehensweise auch kontraproduktiv. Lehrer kennen ihre Schüler über einen längeren Zeitraum und beobachten die Entstehung der Lernschwierigkeiten, wenn auch nicht systematisch, so aber doch zu unterschiedlichen Zeitpunkten und in unterschiedlichen Anforderungssituationen. Deshalb dürfte es ihnen wesentlich leichter fallen als beispielsweise dem Schulpsychologen, *relevante und plausible* Hypothesen für den betreffenden Einzelfall aufzustellen und zu prüfen. Außerdem ist bei der Generierung von Hypothesen zu beachten, dass bestimmte verursachende Bedingungen auch stark interagieren. So ist es sehr wahrscheinlich, dass ein Schüler, der große Lücken im Vorwissen hat, auch im laufenden Unterricht nur noch wenig versteht und seine Lernmotivation verständlicherweise auch gering ausgeprägt ist, weil es sich aus der Perspektive des leistungsschwachen Schülers nicht mehr lohnt, etwas zu tun.

Bezogen auf die Lernschwierigkeiten von Klaus in unserem oben angeführten Praxisbeispiel kann die Klassenleiterin folgende Hypothesen/Fragen abklären, um eine empirisch fundierte Entscheidung über die weitere Schullaufbahn vorzubereiten:

- Wie weit reichen die Wissenslücken in Mathematik und Englisch zurück?
- Ist das Hörverstehen bei Klaus altersgemäß ausgeprägt?
- Kann Klaus flüssig und verstehend lesen? Wie ist seine orthografische Schreibkompetenz ausgeprägt?
- Lassen sich im Englischlehrer-Schüler-Verhältnis Beeinträchtigungen feststellen, die Rückschlüsse auf die extrem schlechten Leistungen von Klaus zulassen? Wie sind die Englischleistungen der anderen Schüler im Durchschnitt?

- Wie organisiert Klaus seinen Tages- und Wochenablauf und welche Lernstrategien wendet er hauptsächlich an?
- Welche Lernzielorientierungen hat Klaus und wie ist sein schulisches Fähigkeitskonzept ausgeprägt? Möchte er sich mehr anstrengen und auf dem Gymnasium weiter lernen?
- Wie verbringt Klaus seine Freizeit?
- Mit wem in der Klasse ist er befreundet? Könnte er sich vorstellen, mit Mitschülern Hausaugaben zu machen und viel mehr als bisher zu lernen?
- Vom Beratungslehrer könnte u. U. abgeklärt werden, wie das Fähigkeitspotenzial von Klaus insgesamt ist, um auch auf dieser Grundlage entscheiden zu können, ob ein hoher zusätzlicher Lernaufwand, der mit einer differenzierten Förderung am Gymnasium verbunden wäre, auch nicht zu einer massiven Überforderung führen würde.

(3) Explizite Diagnostik bei Lernschwierigkeiten

Je nach vermuteten Verursachungsbedingungen der Lernschwierigkeiten kann zur Hypothesenprüfung entsprechend das bereits bekannte Repertoire an diagnostischen Methoden eingesetzt werden, insbesondere das diagnostische Gespräch mit dem Schüler, Elterngespräche, Unterrichtsbeobachtungen/Hospitationen in den Versagensfächern und natürlich auch Schultests.

Lehrkräfte benötigen für die Diagnose von Lernschwierigkeiten keine neuen Testverfahren, sondern es kann durchaus auf die bewährten Schultests zurückgegriffen werden.

Im Folgenden werden Vorschläge zur Diagnostik der relevanten Entstehungsbedingungen von Lernschwierigkeiten unterbreitet. Wir verweisen in diesem Zusammenhang in knapper Form lediglich auf die Verfahren, weil sie z.T. unter anderer Zielstellung in diesem Buch bereits ausführlich besprochen wurden.

Diagnostik des (Vor)wissens:
Für die Diagnostik des Wissens ist eine Strukturanalyse, wie sie unter 3.1.1.1 ausführlich dargestellt wurde, ein effektives Instrument, um die Art, Breite und Tiefe der Wissenslücken differenziert feststellen zu können. Erst nach einer solchen Strukturanalyse lassen sich präzise Aussagen über die Möglichkeiten und Wege der Schließung der Wissenslücken und deren zeitlichen Rahmen treffen. Solche Strukturanalysen lassen sich in allen Fächern anfertigen.

Das Ausmaß der Kompetenzrückstände in bestimmten Lernbereichen bei einem lernschwierigen Schüler im Vergleich zu einer repräsentativen Altersstichprobe kann mit diversen Schulleistungstests ermittelt werden (siehe z.B. entsprechende Lesetests, Rechtschreibtests, Mathematiktests, Mehrfächertests etc.).

Diagnostik des Instruktionsverständnisses
Das Instruktionsverständnis hat eine wichtige prognostische Bedeutung für den Schulerfolg. Damit können Mängel im Instruktionsverständnis u.a. entscheidend zur Auslösung von Lernschwierigkeiten bei Schülern beitragen, weil in der Regel an den Schulen der Unterricht über Kommunikation und mündliche Sprache abläuft.

Wenn das Instruktionsverständnis als ein Faktor der verbalen Intelligenz aufgefasst wird, so bieten sich als geeignete Diagnoseinstrumente die bekannten Intelligenztests an (z.B. HAWIK®-IV), d.h. man nimmt zur Überprüfung des Instruktionsverständnisses dann lediglich die relevanten Untertests. Mit diesem Vorgehen erhält der Diagnostiker aber bestenfalls eine Grobklassifikation der sprachlichen Fähigkeiten im Sinne von verbaler Intelligenz des betreffenden Schülers, darüber hinaus aber kaum Ansatzpunkte für die Intervention und Förderung.

Eine weitere Möglichkeit zur Diagnose des Instruktionsverständnisses ergibt sich aus den vermuteten Mängeln instruktionsschwacher Kinder in Bezug auf ihre kognitiven und metakognitiven Lernstrategien. In diesem Zusammenhang verweisen wir auf die Ausführungen im Kapitel 3.1.1. 2.

Sehr differenziert kann das Sprachverständnis mit dem *Hörverstehenstest für 4. bis 7. Klassen (HVT 4-7)* von Urban (1986) erfasst werden. Die Testdurchführung wird für den Testleiter prinzipiell dadurch erleichtert, dass über eine Audiokassette alle Testteile von einem Sprecher ausgeführt werden und der Testleiter lediglich die vorgesehenen Pausen einhalten und Erklärungen selbst geben muss. Obwohl der Test mehr als 20 Jahre alt ist, kann er zur Erfassung des Instruktionsverständnisses nach wie vor erfolgreich eingesetzt werden. Im Folgenden wird der Hörverstehenstest in der gewohnten Weise vorgestellt.

Hörverstehenstest [HVT 4-7]

Der Hörverstehenstest von Urban (1986) erfasst die individuelle Hörverstehensfähigkeit in den Klassenstufen 4 bis 7 als Einzel- und Gruppentest.

Ziele des Einsatzes durch Lehrkräfte

- Lehrkräfte können den HVT 4-7 zur differenzierten Ursachenabklärung bei Lernschwierigkeiten (insbesondere des Instruktionsverständnisses) einzelner Schüler nutzen.
- Der HVT 4-7 kann Lehrkräften auch darüber Auskunft geben, ob die Schüler einer Klasse in einem oder mehreren speziellen Teilfähigkeitsbereichen des Sprachverständnisses vergleichsweise schwächere Leistungen zeigen.
- Somit kann er auch zur Prävention von Lernschwierigkeiten verwendet werden (z.B. am Beginn von Klasse 5).
- Der HVT 4-7 kann zur Ermittlung und Überprüfung von Übungseffekten und Lernfortschritten eingesetzt werden.

Konzept und Aufbau des Tests

Der HVT 4-7 ist bei allen Schülern 4. bis 7. Klassen aller Schulformen einsetzbar.

Mit dem HVT 4-7 soll die Fähigkeit gemessen werden, gesprochene Sprache wahrzunehmen, zu verstehen und zu verarbeiten. Überprüft werden Teilfähigkeiten auf der Laut-, der Wort-, der Satz- und der Textebene. Hier ergeben sich enge Korrespondenzen zu den Lesetests, die ähnliche Teilfähigkeiten beim Umgang mit Schriftsprache erfassen. Im Konkreten bezieht sich der HVT 4-7 auf die Überprüfung von Teilfähigkeiten im phonologischen, lexikalischen, syntaktischen, semantischen, textthematischen und suprasegmentalen (Betonung, Satzmelodie) Bereich sowie von Aufmerksamkeits- und Gedächtnisaspekten.

Der HVT 4-7 besteht aus sechs Untertests: 1. Laute unterscheiden (LU), 2. sofortiges Erinnern (SE), 3. Anweisungen folgen (AF), 4. Bedeutungen erkennen (BD), 5. Betonungen erkennen (BT) und 6. Texte verstehen (TV). Diese Untertests werden durch insgesamt 100 Items abgeprüft. Für den Untertest 6 (Texte verstehen) liegen zwei Parallelformen (A und B) vor.

Im Untertest 6 wird die Teilfähigkeit „Texte verstehen" über die folgenden vier Komponenten erfasst: „Details behalten und wiederholen (Dw)" mit 9 Items, „Details im Zusammenhang verstehen (Dv)" mit 8 Items, „Zentrale Gedanken erkennen (ZI)" mit 4 Items und „Schlüsse ziehen (Sz)" mit 4 Items.

Durchführung, Zeit, Auswertung
Für die Testdurchführung erhalten die Schüler jeweils ein Testheft, in welches die Antworten zu den 6 Untertests notiert werden müssen. Da der Test mit Hilfe einer Audiokassette durchgeführt wird, um die Durchführungsobjektivität nicht durch Dialekteinfärbungen des jeweiligen Testleiters zu beeinträchtigen, prüft der Testleiter durch Abspielen des Probesatzes, ob die Lautstärke und die Tonhöhe für alle Schüler angemessen sind. Die Anweisungen (zu den notwendigen Unterbrechungen und Pausen sowie den Erklärungen für die Schüler) für den Testleiter sind ausführlich und präzise im Testmanual (S. 14ff.) beschrieben. Die Schüler erhalten die Anweisungen von der Audiokassette.

Der HVT 4-7 kann sowohl als Gruppentest als auch als Einzeltest durchgeführt werden.

Die Parallelformen liegen nur für den Untertest 6 vor und können insbesondere zur Überprüfung von Lernfortschritten nach Trainingsphasen benutzt werden.

Der Test sollte möglichst am Vormittag ohne vorherige Belastung der Schüler durchgeführt werden. Die Schüler sollten vorher wissen, dass der Test etwa zwei bis drei Schulstunden dauert und zwischendurch, in der Regel nach dem 4. Untertests, eine längere Pause vorgesehen ist.

Bei jüngeren oder weniger belastbaren Kindern kann die Testdurchführung auch auf zwei aufeinanderfolgende Tage verteilt werden. Die Schüler sollten über grundlegende Lesefertigkeiten verfügen, ansonsten kann der Untertest 6 nur mit Hilfen und im Einzeltest realisiert werden, was jedoch die Interpretation der Testwerte anhand der Eichstichproben verunmöglicht.

Die Auswertung wird für jeden Schüler mit Hilfe von im Testmaterial enthaltenen Schablonen vorgenommen. Urban beschreibt im Testmanual sehr einfach und präzise wie die entsprechenden Rohwerte, d.h. die richtig gelösten Aufgaben zu ermitteln sind. Der Rohwert ist gleich der Anzahl der richtig gelösten Aufgaben. Für jeden Untertest kann ein Untertest –Rohwert und über alle Untertests hinweg ein Gesamt-Rohwert berechnet werden.

Auf der Vorderseite des Aufgabenheftes jedes Schülers ist ein Auswertungsformular aufgedruckt. Hier können zunächst vom Auswerter die Rohwerte je Untertest und der Gesamt-Rohwert in dafür bezeichnete Kästchen eingetragen werden. Danach kann die Transformation in Prozentränge und T-Werte je Untertest und für den Gesamt-Rohwert vorgenommen werden. Im Anhang des Testmanuals befinden sich die entsprechenden Normtabellen, die nach Altersstufen, Schuljahrgängen und Schulformen differenziert sind.

Der Testanwender kann somit selbst entscheiden, welche Normen für ihn entsprechend der Zielstellung der Untersuchung interessant sind. Zur Ermittlung der Altersnorm ist zusätzlich vom Auswerter das Testalter des Schülers zu ermitteln. Dazu werden die Zahl für Monat und Jahr des Geburtsdatums vom Testdatum subtrahiert. Dadurch erhält der Auswerter eine Altersangabe, die in Jahren und den entsprechenden Monaten ausgedrückt ist.

Über den jeweiligen Kästchen für die Eintragung von Rohwerten mit den Transformationen in T-Werte und PR-Werte für die Untertests und den Gesamt-Wert sind jeweils leere Säulen auf dem Auswertungsblatt eingezeichnet, die eine Veranschaulichung der Testleistung durch Ausfüllen der Säulen ermöglichen. Damit kann auf einen Blick abgelesen werden, wie sich die Leistung des Schülers in den einzelnen Untertests verteilt und wo die Stärken und besonderen Schwächen liegen.

Für die vier Komponenten des Untertests 6 „Texte verstehen" kann mit Hilfe von Schablonen noch eine Zusatzauswertung vorgenommen werden, deren Ergebnisse auch im Auswertungsformular übersichtlich eingetragen werden können. Über diese Zusatzauswertung erhält der Lehrer Auskunft darüber, bei welcher Komponente des Textverstehens Schüler besondere Stärken oder Schwächen aufweisen. Hieraus lassen sich differenzierte Maßnahmen zur Förderung ableiten.

Auch für die Interpretation der Testergebnisse befinden sich im Testmanual differenzierte Aussagen (S. 19ff.). Urban schlägt u.a. vor, Schüler mit einem PR < 25 bzw. < Q (Quartil)1 im HVT – Gesamt als förderbedürftig anzusehen. Wir sind der Meinung, dass für die Diagnostik bei Lernschwierigkeiten auch Schüler mit einem PR von 35 (PR-Band 22-50) als auffällig anzusehen sind und in eine differenzierte Förderung einbezogen werden müssen.

Gütekriterien

Objektivität: Durchführungs- und Auswertungsobjektivität sind gegeben.

Reliabilität: Eine Konsistenzanalyse ergab eine als ausreichend zu bewertende Zuverlässigkeit.

Validität: Korrelationen zwischen Testergebnissen und Lehrerurteilen zwischen .52 und .74 belegen die Gültigkeit des Verfahrens.

Normen: Die Eichstichprobe bestand aus 2886 Schülern aus vier westdeutschen Bundesländern. Es liegen T-Werte und Prozentränge (PR-Bänder) für verschiedene Alterstufen, Jahrgangsstufen und Schulformen für die 6 Untertests und den Gesamttest vor.

Diagnostik der Lernmotivation

Diverse Aspekte der Lern- und Leistungsmotivation können über eine gezielte Ausarbeitung von Leitfäden für diagnostische Gespräche mit dem Schüler durch die Lehrkraft erfasst werden. Die theoretischen Ausführungen im Kapitel 3.1.1.3 bieten hierfür eine gute Orientierungsgrundlage.

Darüber hinaus können standardisierte Tests wie die SELLMO von Spinath, Stiensmeier-Pelster, Schöne und Dickhäuser (2002) und die SESSKO von Schöne, Dickhäuser, Spinath & Stiensmeier-Pelster (2002) zur Abklärung von Zielorientierungen beim Lernen und des schulischen Fähigkeitsselbstkonzepts herangezogen werden.

Diagnostik der Unterrichtsqualität
Auch für die Diagnose der Unterrichtsqualität verweisen wir auf das Angebot an diagnostischen Verfahren, das im Teilkapitel 3.1.2 differenzierter dargestellt wurde. Je nach interessierender Fragestellung im Zusammenhag mit den Lernschwierigkeiten von Schülern können die Fragebögen zur Diagnose der Unterrichtsführung, des Unterrichtsstils etc. verwendet werden.

Diagnostik des Klassenklimas
Zur Diagnostik des Kassenklimas kann u.a. auf den Fragebogen von Dreesmann (1980), den wir weiter vorn (Kap. 3.1.2.4) beschrieben haben, zurückgegriffen werden.

Der *Linzer Fragebogen zum Schul- und Klassenklima für die 4. bis 8. Klassenstufe (LFSK 4-8)* von Eder & Mayr (2000) oder der *Linzer Fragebogen zum Schul- und Klassenklima für die 8. bis 13. Klasse* (LFSK 8-13) von Eder (1998) kann je nach Alterstufe des Schülers auch zur Diagnose der subjektiven Lernumwelt für Zweck der Individualberatung eingesetzt werden.

Beide Verfahren sind nach dem gleichen Konzept konstruiert worden.

Die LFSK sind relativ kurze Fragebogenverfahren (ca. 25 Minuten Bearbeitungsdauer), mit denen die subjektiv wahrgenommene Lernumwelt der Schüler in Schulklassen und Schulen erfasst werden kann. Auf Klassenebene werden 14 Elemente des Klimas (pädagogisches Engagement der Lehrer, Restriktivität, Mitsprache, Gerechtigkeit, Komparation, Gemeinschaft, Rivalität, Lernbereitschaft, Störneigung, Leistungsdruck, Vermittlungsqualität, Schülerbeteiligung, Kontrolle der Schülerarbeit) zu vier Dimensionen (Sozial -und Leistungsdruck, Schülerzentriertheit, Kohäsion und Disziplin) zusammengefasst. Die Einzelskalen umfassen jeweils drei Items. Auf Schulebene werden zwei Klimabereiche (Wärme und Strenge) erfragt. Zusätzlich wird das individuelle Wohlbefinden in der Schule erfasst.

In der Auswertung der LFSK kann für den Schüler ein Klimaprofil erstellt werden.

Diagnostik der familiären Bedingungen
Es kann nicht das Anliegen von Lehrkräften sein, eine genaue Analyse familiärer Bedingungen vorzunehmen. Die für die Abklärung von Entstehungsbedingungen der Lernschwierigkeiten notwendigen Informationen für Lehrkräfte können aus diagnostischen Gesprächen mit Eltern gewonnen werden. Von Interesse ist in diesem Zusammenhang insbesondere, inwieweit Eltern in die Pflicht für eine Hilfslehrerfunktion bei der Förderungen genommen werden können.

(4) Intervention und Förderung

An dieser Stelle können nur allgemeine Hinweise zur Intervention und Förderung angeboten werden. Außerdem verweisen wir in diesem Zusammenhang auch auf die entsprechenden Teilkapitel des vorliegenden Buches, in denen wir bei den einzelnen Determinanten der Schulleistung jeweils auch auf Förderaspekte eingegangen sind.

Prinzipiell gilt, je früher die Lernschwierigkeiten erkannt werden, desto Erfolg versprechender sind die Interventionsmaßnahmen im Rahmen von Schule.

Fördermaßnahmen können parallel zum laufenden Unterricht in Individualisierungsphasen, in speziellem Förderunterricht oder über Nachhilfeunterricht außerhalb von Schule organisiert werden.

Je differenzierter die Diagnostik zur Ursachenbestimmung war, desto feiner und zielgerichteter kann auch die Förderung geplant und auf das Kind abgestimmt werden.

Bei der Ausarbeitung von Förderplänen muss die Belastbarkeit des Kindes in Rechnung gestellt werden. Um das Kind nicht zu überfordern, sollten auch Freizeit- und Entspannungsphasen bewusst mit eingeplant werden.

Für die Überwachung der Wirksamkeit der Fördermaßnahmen ist eine Treatment begleitende Diagnostik von Vorteil.

Die Schaffung von extrinsischen Anreizen zur Erhöhung der Motivation ist ein unverzichtbarer Bestandteil von Förderplänen. Denn der Einsatz von zusätzlicher Anstrengung und Lernzeit und der Umstand, dass sich Lernforschritte nur langsam einstellen, erfordern von den Kindern viel Disziplin und Überwindung. Dafür sind in Aussicht gestellte kurzfristige und langfristigere Belohnungen sehr anspornend. Über spezielle Kontingenzverträge, die mit Schülern, Lehrern und Eltern abgeschlossen werden, kann die Wichtigkeit der Fördermaßnahme für alle Beteiligten unterstrichen und ihre Verbindlichkeit für alle beteiligten Seiten erhöht werden. Wenn die Eltern in die Förderung einbezogen werden können, dann sollten sie in jedem Fall die Belohnung übernehmen, die in wirkungsvollen Belohnungssystemen festgelegt werden kann.

Das Nichtversetzen ist im deutschen Schulsystem eine relevante Maßnahme, um mit Lernschwierigkeiten von Schülern umzugehen. Diese Maßnahme ist aber nur unter ganz bestimmten Bedingungen zu akzeptieren, nämlich erstens, wenn die Wissensrückstände nicht länger als ein Schuljahr zurückliegen und zweitens der betreffende Schüler zum Wiederholen der Klasse ganz spezielle Förderauflagen erhält, die von den Lehrkräften auch überwacht und notfalls auch korrigiert werden.

Abschließend wollen wir uns überlegen, welche Interventionsmaßnahmen für den lernschwierigen Klaus aus unserem Praxisbeispiel zweckmäßig wären.

Wenn die Diagnose der Ursachen der vorliegenden Lernschwierigkeiten ergeben hat, dass die Lernrückstände in Deutsch, Mathematik und Englisch nicht viel weiter zurück als in die sechste Klasse reichen, der Intelligentest, den die Beratungslehrerin durchgeführt hat, eine gute Begabung bescheinigt und Klaus dazu bereit und willens ist, weiter am Gymnasium zu lernen, dann sollte eine

Wiederholung der siebten Klasse ins Auge gefasst werden. Für die Klassenwiederholung wird ein ganz spezieller zusätzlicher Förderplan für Klaus ausgearbeitet, der darauf zielt, die Wissenslücken an den Knotenpunkten der drei Hauptfächer zu schließen. Dies sollte auch über eine speziell organisierte Nachhilfe außerhalb der Schule gewährleistet werden. Die Lehrkräfte werden in ihren Fächern versuchen, Klaus spezielle Lernstrategien anzutrainieren, da er bisher völlig uneffektiv lernte. Außerdem wird er zu Beginn des neuen Schuljahres an einem Training des induktiven Denkens II nach Klauer (1991) teilnehmen, das zwei Lehrerinnen am Gymnasium regelmäßig als Förderkurs außerhalb des Unterrichts anbieten. Im Februar des nächsten Schuljahres soll dann mit dem neuen Klassenlehrer, Klaus und den Eltern geprüft werden, ob Klaus seine Lernrückstände soweit kompensieren konnte, dass die Prognose für den weiteren Gymnasiumsbesuch Erfolg versprechend ist.

Erbringt die aktuelle Diagnose der Lernschwierigkeiten bei Klaus dagegen, dass die Wissenslücken in die fünfte Klasse und weiter zurück reichen, Klaus überhaupt keine Lust zum zusätzlichen Lernen verspürt und auch nur seiner Eltern wegen auf das Gymnasium geht, dann sollte ein Schulwechsel in eine Mittelschule (Sachsen) oder auf eine Realschule vorbereitet werden. Dieser Schulwechsel kann als adaptive Maßnahme verstanden werden, weil die Lernumgebung dann eher den Lernvoraussetzungen von Klaus entspricht. Klaus kann in der neuen Schule ohne großen zusätzlichen Lernaufwand möglicherweise ein guter Schüler sein (big fish-little pond).

Am Praxisbeispiel von Klaus ist noch einmal deutlich geworden, wie entscheidend eine differenzierte und explizite Diagnostik zur gezielten Förderung und Intervention bzw. zur passenden Schullaufbahnentscheidung für die Lehrkraft ist.

Teil IV: Aufgaben zur Optimierung der diagnostischen Kompetenz

Im abschließenden Teil IV bieten wir zusätzliches Material zur Übung und Vertiefung diagnostischer Kompetenz und weiterführende Informationen an.

4.1 Erfassung der diagnostischen Kompetenz von Lehrkräften (Selbstdiagnose)

Im Folgenden werden fünf Schritte zur Erfassung der diagnostischen Kompetenz nach Helmke (2007) beschrieben. Dieses Verfahren zur Selbstdiagnose wurde von uns bereits mehrfach und erfolgreich mit Fortbildungsteilnehmern praktiziert.

(1) Klärung des Bereichs für die Prüfung der eigenen Diagnosekompetenz: Auswahl eines Schülermerkmals oder Aufgabenmerkmals

In diesem ersten Schritt muss eine Entscheidung darüber getroffen werden, ob die Diagnosekompetenz in Bezug auf ein *Schülermerkmal,* das hohe Relevanz für den Unterrichtserfolg besitzt (z.B. Lern- und Leistungsmotivation, Lernstrategien, Lesekompetenz, Leistungsängstlichkeit etc.) oder ein *Aufgabenmerkmal* (Schwierigkeitsgrad von Aufgaben und ihre Lösungswahrscheinlichkeit durch die Schüler) geprüft werden soll.

Entscheiden sich Lehrkräfte für die Überprüfung ihrer aufgabenbezogenen Diagnosefähigkeit in einem Unterrichtsfach, dann sollten sie eine ausgearbeitete Klassenarbeit eines Fachkollegen erbitten bzw. die Fachkollegen tauschen ihre Klassenarbeiten aus. Eine „fremde" Klassenarbeit bildet die inhaltliche Grundlage für die Testung. Selbstverständlich muss gewährleistet sein, dass der zu prüfende Stoff auch selbst mit den Schülern behandelt wurde. Da in Deutschland eine hohe Verbindlichkeit von Lehrplänen in einem Bundesland vorausgesetzt werden kann, dürfte der Klassenarbeitentausch kein allzu großes Problem darstellen.

Bei der Wahl eines Schülermerkmals sollten sich die Lehrkräfte zunächst kurz über die proximalen Merkmale Gedanken machen. Hilfreich wäre, wenn im Teil III zur Diagnostik des betreffenden Schülermerkmals nachgelesen würde.

Danach wählen die Lehrkräfte eine Klasse (in der Regel ihre eigene) aus, in der sie das Person- oder Aufgabenmerkmal diagnostizieren werden.

(2) Prognose als Voraussage der Schülerleistung oder des Personmerkmals
Wenn die Lehrkräfte ihre Wahl getroffen haben, soll für jeden Schüler schriftlich fixiert werden, wie das Personmerkmal auf einer 5-stufigen Skala bei jedem Schüler ausgeprägt ist. In Abbildung 4.1 ist eine solche 5-stufige Skala angegeben, mit deren Hilfe die Ausprägung des gewählten Schülermerkmals differenzierter eingeschätzt werden kann. Wenn z.B. die Leistungsmotivation gewählt wurde, dann muss für jeden Schüler die Aussage bewertet werden, inwieweit der Schüler leistungsmotiviert ist. Z.B. ein Schüler, der überhaupt nicht leistungsmotiviert ist, erhält die Ziffer 1. Ein anderer Schüler, der manchmal Leistungsansprüche hat und dann wieder nicht, erhält die Ziffer 3. In dieser Art und Weise wird für jeden Schüler der Klasse das Personmerkmal bewertet.

Wenn die Lehrkraft sich für die Diagnose des Aufgabenmerkmals entschieden hat, muss prognostiziert werden, wie viele und welche Aufgaben die Schüler im Test (Klassenarbeit) richtig lösen werden (siehe Abb. 4.3). Für die schriftliche Fixierung der jeweiligen Prognose (Personmerkmal oder Aufgabenmerkmal) werden in den Abbildungen 4.2 und 4.3 jeweils Musterprotokolle vorgeschlagen.

In dieser Konkretheit fällt Lehrern eine Prognose durchaus nicht leicht. Außerdem entspricht es in der Regel nicht den praktizierten Gewohnheiten, beispielsweise vor Klausuren oder Klassenarbeiten vorauszusagen, wer wie viele und welche Aufgaben lösen kann. Sich für jeden Schüler der Klasse Gedanken über die mögliche Ausprägung eines Schülermerkmals zu machen, ist in dieser Breite auch ungewöhnlich. Hier beginnt die Sensibilisierung für diagnostische Aufgaben und die bewusste Reflexion.

Abbildung 4.1: Beispiel für eine 5-stufige Skala

1 – trifft überhaupt nicht zu
2 – trifft überwiegend nicht zu
3 – trifft teilweise zu
4 – trifft überwiegend zu
5 – trifft voll und ganz zu

(3) Erhebung der tatsächlichen Schülerleistung bzw. des Personmerkmals
Wenn die Lehrkraft unter (1) sich für die Diagnose des Personmerkmals entschieden hat, wird jetzt z.B. die tatsächliche Leseleistung oder die tatsächliche Leistungsmotivation des Schülers z.B. durch den Einsatz eines standardisierten Tests (siehe dazu auch Teil III) erhoben. Sollte kein entsprechender Test zur Verfügung stehen, dann kann das Merkmal auch über die Selbstauskunft der Schüler erfasst werden. Bei der Selbstauskunft sollten die Schüler die Ausprägung des Merkmals ebenfalls auf einer 5-stufigen Beurteilungsskala einschätzen.

Die Ergebnisse der Testung für jeden Schüler werden nach der Auswertung in die entsprechende Spalte des Protokolls eingetragen (siehe Musterprotokoll, Abb. 4.2). In der Regel sind die Testwerte als Standardwerte (T-Werte oder Prozentränge) angegeben. Um die erhaltenen Testwerte mit der Prognose der Lehrkraft vergleichen zu können, ist es dann notwendig, die standardisierten Werte auf die 5-stufige Skala der Prognose „umzudenken" und entsprechend hinter dem Testwert zu notieren.

Bei der Erhebung der Merkmale über die Selbstauskünfte der Schüler wird der entsprechende Skalenwert in die Ergebnisspalte eingetragen.

Hat sich die Lehrkraft unter (1) für die Diagnose des Aufgabenmerkmals entschieden, dann muss jetzt durch die Schüler die entsprechende Aufgabenbatterie der Klassenarbeit getestet werden. Nach der Korrektur der Klassenarbeit wird im Auswertungsprotokoll das tatsächliche Ergebnis des Schülers in der entsprechenden Spalte notiert (siehe Musterprotokoll in Abb. 4.3).

Dieser dritte Schritt im Erfassungszyklus sichert die sogenannten „harten Daten", die für die Berechnung der Genauigkeit der Beurteilung des Lehrers als Vergleichsbasis notwendig sind.

Abbildung 4.2: Musterprotokoll zur Überprüfung der eigenen Diagnosekompetenz am Beispiel des Schülermerkmals Leseverständnis

Schülermerkmal : *Leseverständnis*

Schülername	Prognose durch die Lehrkraft (Übertrag aus Skala 1-5)	Ergebnis aus Schülertestungen mit ELFE[a]	Übereinstimmung	Nicht Übereinstimmung
Max	1	29(1)	x	
Frieda	2	38(2)	x	
Karl	1	47(3)		x
Anna	4	56(4)	x	
Gerd	5	58(4)		x

a) Die tatsächliche Leseleistung wurde mit dem ELFE-Test erfasst (Ergebnis in T-Werten, die T-Wert Skala geht von 21 bis 72. Im Klammerausdruck stehen die „umgedachten" Skalenwerte).

Abbildung 4.3: Musterprotokoll zur Überprüfung der Diagnosekompetenz bezüglich der Aufgabenlösungen

Diagnose bei Aufgabenlösung

Schüler	Prognose durch die Lehrkraft (Aufgaben 1-n)	Anzahl der gelösten Aufgaben Prognose	Tatsächliches Ergebnis nach Korrektur der Klassenarbeit (gelöste Aufgabe)	Prognosetreffer	Prognosefehler
Max	Aufgabe 123456789		Aufgabe 123456789		
Frieda	-++--+--+	4+	-+++-++-+ (6+)	6	3
Karl	…	…	…	…	…
…	…	…	…	…	…

(4) Vergleich zwischen der Vorhersage der Lehrkräfte und den empirischen Daten der Schülertestung

Da Lehrkräfte in der Regel nicht gern aufwändige Rechenprozeduren durchführen, um Daten auszuwerten, soll jeweils nur die Niveaukomponente ihrer Urteilsgenauigkeit (siehe dazu Kap. 1.4) bestimmt werden. Diese kleine Rechenprozedur kann mit einem einfachen Taschenrechner durchgeführt werden. Die Niveaukomponente (als ein Maß zur Bestimmung der Akkuratheit des Urteils) zeigt an, ob die Lehrkraft die Schüler im Mittel zu gut, adäquat oder zu niedrig eingeschätzt hat. Dazu muss die mittlere Ausprägung des gewählten Schülermerkmals oder der Mittelwert der Schülerleistungen (z.B. wie viele Aufgaben der Klassenarbeit im Durchschnitt gelöst wurden) berechnet werden. Danach wird der Mittelwert der eigenen Vorhersage (Prognose) berechnet. Abschließend wird die Differenz beider Mittelwerte gebildet.

(5) Analyse des Vergleichs der Schülerdaten mit dem vorhergesagten Lehrerurteil: Suche nach Gründen für mögliche Diskrepanzen

Nun hat die Lehrkraft an einem Beispiel bzw. anhand einer konkreten Situation eine präzise Rückmeldung über das Niveau ihrer Beurteilungsfähigkeit erhalten. Sie kann an der erhaltenen Differenz ablesen, ob sie die Schüler relativ genau eingeschätzt, oder ob sie sie eher unter- oder überschätzt hat. Im Falle möglicher Diskrepanzen bedeutet dies aber keinesfalls ein endgültiges Urteil darüber, dass die Lehrkraft nun ein guter oder schlechter Diagnostiker ist. Bei dieser Überprüfung soll es vielmehr um die Sensibilisierung für diagnostische Aufgaben und darum gehen, dass Diagnosen permanent hinterfragt werden sollten und die Lehrkräfte sich der Ungenauigkeit ihrer informellen Urteile stets bewusst sind. Wenn also Tendenzen der Über- oder Unterforderung im angestellten Vergleich zu Tage treten, so müssen die Gründe hierfür gesucht werden. Hierin liegt die pädagogische Verantwortung und hier sollte der Ehrgeiz entwickelt werden, wirklich gut zu sein.

Für die angesprochenen Diskrepanzen zwischen Lehrerurteil und Schülerleistung oder Testergebnis/Selbstauskunft kann es ganz unterschiedliche Gründe geben. Diese können beispielsweise in systematischen Urteilstendenzen der Lehrkraft im Sinne von Milde- oder Strenge-Effekten liegen oder der Lehrkraft fehlen tatsächlich differenzierte Informationen über die Schüler etc. Jetzt sollte die eigentliche Optimierung der diagnostischen Kompetenz beginnen, d.h. jetzt muss systematisch theoretisches Wissen über pädagogisch-psychologische Diagnostik und Wissen über Bedingungsfaktoren der Schulleistung aufgefrischt oder neu erworben werden, das dann in vielfältigen praktischen Situationen angewendet und in Handlungswissen umgewandelt werden muss.

Sollten Lehrkräfte außerhalb von Fortbildungen diese Schrittfolge zur Erfassung ihrer diagnostischen Kompetenz durchführen, dann bietet es sich an, gemeinsam mit gleichgesinnten Kollegen diesen Test zu machen und auch gemeinsam die Gründe für die Diskrepanzen zu erforschen. Dabei können jeweils auch die Beratungslehrer der Schule in die Pflicht genommen werden.

4.2 „Intervision“ als wirkungsvolle Form der Hilfe zur Selbsthilfe bei Problemfällen

Praxisbeispiel

Frau Krüger, eine gestandene Biologielehrerin, hat zum neuen Schuljahr eine 8. Klasse neu übernommen. Im Prinzip klappt der Unterricht gut. Sie kommt mit der Klasse insgesamt gut zurecht. Nur da sitzen zwei Schüler, Marco und Paul, die stören permanent. Sie verweigern sich öffentlich im Unterricht. Wenn sie aufgerufen werden, grinsen sie dreist und zucken mit den Schultern. Schreibt Frau Krüger etwas an die Tafel, dann macht einer der beiden garantiert hinter ihrem Rücken Fratzen. Wenn sie sich dann blitzschnell umdreht und ihn ermahnt, dann wird alles abgestritten und der Schüler behauptet, sie hätte ihn auf „dem Kieker“. Wenn Frau Krüger die Klasse betritt und die Schüler begrüßt hat, passiert es jetzt auch häufig, dass einer der beiden zwar leise, aber dreiste Bemerkungen auf ihre Person gemünzt abgibt in der Art „heute aber schlecht geschlafen…; schon am frühen Morgen Axelnässe…“ Hausaufgaben machen Paul und Marco höchst selten. Wenn sie dann bestraft werden, reagieren sie empört und spielen die Beleidigten. Frau Krüger reagiert dann auch manchmal nicht gerade zimperlich mit Rückmeldungen.

Das zieht sich jetzt drei Monate hin. Wenn Frau Krüger morgens an den Biologieunterricht in der Achten denkt, beschleicht sie ein beklemmendes Unwohlsein.

Sie muss jetzt dringend etwas unternehmen! Aber was? Denn alle ihre Disziplinierungsmaßnahmen haben den Konflikt zwischen ihr und den beiden Schülern offensichtlich nur noch verschlimmert.

Das ist eine Situation, in der viele Lehrkräfte bereits waren. Die einen haben sich Hilfe besorgen können, andere befinden sich möglicherweise immer noch in einem Kampf mit den Schülern oder andere haben bereits die Phase des Duldungsstresses erreicht, die eine der Vorstufen zum Burnout ist. Da sich Schule keine psychohygienische Betreuung für ihre Lehrer leisten will, müssen sich die Lehrer selbst helfen!

Eine effektive Interventionsmaßnahme ist hier die kollegiale Fallberatung oder Intervision (vgl. bspw. Sanders & Ratzke, 1999). Eine kleine Gruppe interessierter Lehrer an der Schule tut sich zusammen, um in regelmäßigen Abständen (etwa einmal im Monat) anstehende Probleme mit Schülern zu besprechen. Ziel ist es dabei nicht, „richtige“ Lösungen zu finden, sondern *verschiedene Lösungsmöglichkeiten zu entwickeln.* Es steht der Austausch unterschiedlicher Sichtweisen in Bezug auf das präsentierte Problem als auch auf die mögliche Lösung im Mittelpunkt. Denn Wahrnehmungen, Erklärungen und Lösungen sind nicht richtig oder falsch, sondern höchstens brauchbar oder unbrauchbar. Die Entscheidung darüber kann allein die/der Problemvortragende fällen.

Die Intervision verläuft nach einer festgelegten Struktur, die ganz bestimmte Gesprächsregeln und formale Kriterien vorsieht (siehe Abb. 4.4). Eine Person der Gruppe sollte die Intervisionssitzung moderieren, d.h. den Ablauf der Sitzung strukturieren und die Gesprächsführung übernehmen. Da im Verlaufe der letzten

Jahre Fortbildungsseminare zur Gesprächsführung und Kommunikation sehr zahlreich angeboten wurden (zumindest in den neuen Bundesländern), wird es sicher an jeder Schule eine Lehrkraft geben, die diese Aufgabe ohne Probleme übernehmen kann.

Die Effektivität der Fallbesprechung hängt entscheidend davon ab, inwieweit die teilnehmenden Lehrkräfte sich an die Vorgaben des formalen „Korsetts" halten, das in Abbildung 4.4 vorgestellt wird.

Abbildung 4.4: Struktur zum Ablauf einer Intervisionssitzung

1. Phase (problemvorstellende Lehrkraft)

a) Fallvorstellung
Die Lehrkraft
- beschreibt das Problem
- erteilt der Gruppe einen Auftrag oder formuliert eine Frage in der folgenden Form: „Ich möchte herausfinden..."

b) Interview
Im Gespräch mit der Moderatorin
- wird das Problem in seiner Entstehung und Aufrechterhaltung und in seinen Beziehungen zu anderen Personen beschrieben und möglichst visualisiert.
- werden bisherige Lösungsversuche genannt.
- wird der eigene Bezug der vorstellenden Lehrkraft zum Problem dargestellt.

2. Phase (Gruppe)

a) Fragen, Nachfragen der Gruppenteilnehmer (zum Verständnis)

b) Rekapitulation
Die Gruppenmitglieder rekapitulieren (im Sinne von paraphrasieren) die wichtigsten genannten Informationen.

c) Die Gruppenmitglieder äußern eigene Wahrnehmungen (Keine Interpretationen!!!)
- bezogen auf den Fall.
- bezogen auf die Darstellung des Falls.

3. Phase (Gruppe)

a) Hypothesen
Die Gruppenmitglieder bilden Hypothesen über Erklärungen und Zusammenhänge des Falls.

b) Lösungen
Die Gruppenmitglieder entwickeln im Brainstorming Lösungsvorschläge.

4. Phase (vorstellende Lehrkraft)

a) Feedback
Die vorstellende Lehrkraft gibt der Gruppe Feedback über die geäußerten Wahrnehmungen, Hypothesen und Lösungsvorschläge.

4.3 Aufgaben

4.3.1 Instruktion zum selbstständigen Durcharbeiten von Testverfahren in einer Kleingruppe

Teilen Sie sich in Gruppen mit 2 bis 3 Lehrkräften ein.

Arbeiten Sie gemeinsam ein Testverfahren nach folgendem Vorgehen durch. Dabei wird der Test theoretisch durchgearbeitet und anschließend praktisch durchgeführt.

A. Theoretische Erarbeitung
Lesen Sie das Testmanual durch. Fokussieren Sie dabei die Bereiche, die für Sie als Lehrer relevant sind: Zielstellung, theoretischer Hintergrund, Durchführung, Auswertung und Interpretation. Erstellen Sie einen Teststeckbrief nach dem Muster in Abbildung 2.6.

B. Praktische Durchführung
Übernehmen Sie bei der Testdurchführung folgende Rollenverteilung: 1 Versuchleiter (VL), 1 Versuchsperson (VP) und 1 Beobachter & Protokollant der Probleme.

Test wird partiell oder vollständig in diesen Rollen durchgeführt.

Danach werten Sie den Test gemeinsam nach den Angaben im Manual aus, stellen die Ergebnisse zusammen und interpretieren sie. Lesen Sie dazu auch die Demonstrationsbeispiele im Testmanual nochmals durch.

C. Rollenwechsel
Um notwendige Routine bei der Durchführung von Testverfahren zu erlangen, sollten mindestens einmal die Rollen getauscht werden. Danach wird wie unter B. beschrieben, verfahren.

D. Vorbereitung der Präsentation im Kollegium z.B. zum Pädagogischen Tag

1. Stellen Sie den Teststeckbrief vor.
2. Gehen Sie explizit auf Beispielitems ein (d.h. tragen Sie relevante Items vor).
3. Reflexion der Testdurchführung.
4. Anfragen, Klärung von Problemen.

4.3.2 Erarbeitung eines Gesprächsleitfadens zur Vorbereitung eines diagnostischen Gesprächs

1. Zwei oder drei Lehrkräfte, die in Bezug auf ihre Fortbildung in pädagogisch-psychologischer Diagnostik kooperieren, erarbeiten jede für sich einen Gesprächsleitfaden zur Exploration der Lernmotivation eines Schülers.
2. Danach werden die erarbeiteten Gesprächsleitfäden zur Exploration der Lernmotivation eines Schülers den Kooperationspartnern gegenseitig vorgestellt und es wird erläutert, welche Aspekte der Lernmotivation im Leitfaden operationalisiert wurden (siehe Kap. 3.1.2).

3. Im Anschluss an die jeweilige Präsentation eines Leitfadens wird er diskutiert und eine Optimierung angestrebt.
4. Sollten die Leitfäden unterschiedliche Aspekte der Lernmotivation thematisieren, werden sie nach der Überarbeitung kopiert. So entsteht eine „Methodenbank" zur Diagnostik, auf die die Lehrkraft dann bei Bedarf schnell zugreifen kann.

4.3.3 Analyse von Klassenarbeiten

1. Kollegen eines Faches (z.B. zwei) verabreden, die konstruierten Klassenarbeiten gegenseitig nach bestimmten Kriterien zu beurteilen, um zu prüfen, ob sie jeweils angemessen (valide) die Leistungen der Schüler abprüfen.
2. Jeder sortiert seine Klassenarbeiten chronologisch.
3. Zwei Klassenarbeiten werden daraufhin ausgewählt (Auswahlkriterien: gut gelungen und weniger gut gelungen mit Diskussionsbedarf) und mit Ziffern versehen.
4. Jeder macht sich zu seinen beiden eigenen Klassenarbeiten auf Extrablättern Notizen zu folgende Aufgaben:
   a) Formulieren Sie mit Hilfe der entsprechenden Lehrpläne die Lehrplananforderungen (Ziele, Standards), die durch die Klassenarbeiten überprüft werden sollten.
   b) Beurteilen Sie die Qualität, der von Ihnen formulierten Klassenarbeitsaufgaben
      - in Bezug auf Lehrplanrelevanz
      - in Bezug auf Korrespondenz mit konkreten Lernzielen
      - in Bezug auf die Art (Vielfalt) der Aufgabengestaltung
      - in Bezug auf den Umfang der Aufgaben
      - in Bezug auf den Schwierigkeitsgrad der Aufgaben
5. Tauschen Sie nach dieser eigenen Analyse mit dem Fachkollegen die beiden Arbeiten aus, nicht die Notizen zur Analyse!
6. Bearbeiten Sie jetzt die fremden Klassenarbeiten nach dem Punkt 4. Machen Sie sich wieder Notizen.
7. Vergleichen Sie danach ihre Ergebnisse mit dem Partner.
8. Diskutieren Sie Ihre Standpunkte und leiten Sie für sich Schlussfolgerungen zur Optimierung der Leistungserfassung durch Klassenarbeiten ab.

4.3.4 Konstruktion eines informellen Tests

Konstruieren sie einen informellen Test in einem ihrer Unterrichtsfächer. Kooperieren Sie dazu möglichst mit einem Fachkollegen. Bestimmen Sie zunächst die Unterrichtseinheit an der Sie überprüfen wollen, wie die Lehr-Lernziele realisiert wurden, d.h. wie gut die Schüler die bestimmte Unterrichtseinheit beherrschen. Lesen Sie dazu unter Punkt 3.2.3 nach (informelle Schulleistungstests) und arbeiten Sie die Schritte ab:

1. Genaue Analyse des Lehrplans und Bestimmung der Lehrzielmatrix.
2. Konstruktion von Testaufgaben mit Auswertungsschlüssel und Vorbereitung der Testblätter.
3. Testdurchführung in einer Klasse.
4. Erste Auswertung des Tests – Ermittlung der Rohpunktwerte für jeden Schüler.
5. Aufgabenanalyse.
6. Bereinigung des ursprünglichen Test von unbrauchbaren Aufgaben.
7. Endgültige Beurteilung des Tests für jeden Schüler und Erstellung eines Leistungsprofils.

4.4 Angeleitete Fallanalyse

Das folgende Fallbeispiel kann allein oder auch in einer Kollegengruppe erarbeitet werden. Dazu wäre es sinnvoll, wenn Sie immer erst die gestellten Aufgaben erfüllen, bevor Sie weiter lesen.

Fallbeispiel „Leo"

a) Problemstellung:

Leo, 13 Jahre alt, besucht die 7. Klasse einer sächsischen Mittelschule (integrierte Haupt- und Realschulzweige).

Der Vater ist Diplomingenieur, die Mutter ist z.Z. Hausfrau, aber studierte Gymnasiallehrerin für Deutsch und Ethik. Ein älterer Bruder besucht sehr erfolgreich das Gymnasium.

Auch Leo sollte nach der Grundschule auf ein Gymnasium wechseln. Seine Leistungen in der 4. Klasse waren jedoch uneinheitlich und zum Teil schlecht, so dass er von der Grundschullehrerin keine Bildungsempfehlung für das Gymnasium erhielt. Die Eltern beschlossen daraufhin, Leo in der Mittelschule anzumelden und nach der 6. Klasse erneut den Wunsch zu prüfen, ihn aufs Gymnasium zu schicken.

Die Leistungen haben sich jedoch in den zwei Jahren Orientierungsstufe der Mittelschule nur unwesentlich verbessert, obwohl die Mutter täglich mit Leo Hausaufgaben und zusätzliche Übungen machte. Leo konnte somit den Wunsch seiner Eltern nach einer gymnasialen Bildung nicht erfüllen und lernt jetzt im Realschulzweig der Mittelschule.

Seit Beginn der 7. Klasse gibt es jedoch wieder Schwierigkeiten. Gelegentliche gute Leistungen im mündlichen Unterricht werden durch mehrere schlechte Ergebnisse in Englisch- und Mathematikarbeiten, zum Teil auch im Deutschen und in Sachfächern relativiert. Kurz nach dem Halbjahreszeugnis informiert der Klassenlehrer die Eltern, dass die Versetzung von Leo in die nächste Klasse ernsthaft gefährdet sei.

Der Vater bittet deshalb um Hilfe und Beratung. Er will vor allem wissen, ob es eventuell notwendig ist, Leo in den Hauptschulzweig zu versetzen, ob eine Klassenwiederholung zweckmäßig sein könnte oder ob es Möglichkeiten gibt, die Leistungen des Jungen kurzfristig zu verbessern.

Aufgabe
Versetzen Sie sich in die Rolle des Beraters!

1. Welche vorläufigen Hypothesen haben Sie?
2. Was ist das Problem?
3. Wie würden Sie jetzt weiter vorgehen?

Machen Sie sich Notizen und lesen Sie dann erst unter *b) vorläufige Problemanalyse* weiter!

b) Vorläufige Problemanalyse
Um einen ersten Einblick in die Lern- und Leistungsprobleme von Leo zu gewinnen und das weitere diagnostische Vorgehen planen zu können, müssen ausführliche Gespräche mit den Eltern und dem Jungen geführt werden.

Der Klassenlehrer (zugleich unterrichtet er Leo in Englisch und Mathematik) wird auch ein Gespräch mit seiner Vorgänger-Kollegin (Klasse 5 und 6) anstreben.

Ergebnisse aus dem Lehrergespräch
Im Gespräch mit der ehemaligen Klassenleiterin aus Klasse 5 und 6 von Leo stellt sein jetziger Klassenlehrer fest, dass beide das Verhalten, die Fähigkeiten und die Leistungen von Leo sehr übereinstimmend beurteilen:

Auffällig ist das impulsive, oft hektische, gelegentlich chaotisch anmutende Verhalten Leos in der Schule. Der Junge sucht den Kontakt zu seinen Lehrern und Mitschülern, ist im Klassenzimmer sehr umtriebig, beteiligt sich intensiv am Unterricht, wirkt jedoch in vielen Situationen sehr unkontrolliert, so dass sich manche Mitschüler von ihm geradezu belästigt fühlen und dies auch gegenüber den Lehrern zum Ausdruck bringen. Die mündlichen Beiträge von Leo im Unterricht sind gelegentlich „intelligent und interessiert“, nicht selten aber auch voreilig, ungenau und vom eigentlichen Thema wegführend. In den schriftlichen Arbeiten macht Leo viele „Leichtsinns- und Flüchtigkeitsfehler“, die Heftführung ist nach dem Urteil der Lehrer „schlampig“ und die Schrift nur schwer lesbar. Die Leistungen werden von beiden Lehrern insgesamt als unausgeglichen, mit einer deutlichen Tendenz zu „mangelhaft“ bewertet. Beide sind sich einig, dass Leo sehr gutwillig ist, gern zusätzliche Aufgaben und Pflichten übernimmt, sich für viele Dinge interessiert und eigentlich nicht unintelligent erscheint. Aus der Perspektive der Lehrer sind die schlechten Schulleistungen zunächst eher auf Konzentrationsschwierigkeiten als auf Begabungsmängel zurückzuführen. Allerdings sieht die Klassenlehrerin aus der Orientierungsstufe nach ihren vielen fehlgeschlagenen Versuchen nur geringe Aussichten, Leo pädagogisch zu helfen.

Ergebnisse aus dem Gespräch mit den Eltern.
Beide Eltern wirken während des Gesprächs verspannt, unterbrechen sich oft gegenseitig und zweifeln jeweils die Darstellungen des anderen an. Sie berichten übereinstimmend, dass Leo ihr „Sorgenkind“ sei, während sie mit dem fünf Jahre älteren Bruder „keinerlei Probleme“ hätten. Die Aufgabe zur schulischen Hilfe für Leo liegt seit Jahren ganz auf Seiten der Mutter. Sie arbeitet mit ihm täglich mehrere Stunden, überwacht die Hausaufgaben, kontrolliert die Geigenstunden

und hält einen sehr engen Kontakt zur Schule. Sie wirkt im Hinblick auf die vielen Misserfolge überaus nervös und deprimiert.

Im Gespräch stellt sich heraus, dass Leo häufig täglich vier bis sechs Stunden zusätzliche Schularbeiten erledigen muss; auch an Samstagen und Sonntagen ist das die Regel. Die Mutter berichtet, dass Leo sehr langsam und ohne eigene Initiative arbeitet, sich häufig ablenken lässt und ohne Kontrolle durch sie nichts tun würde. Um z.B. 10 englische Vokabeln zu lernen, benötigt er üblicherweise zwei Stunden und kann sie 30 Minuten später nicht mehr erinnern. Hat er dagegen einen guten Tag, so schafft er das Vokabeltraining in 15 Minuten. Sie ist fest davon überzeugt, dass er ohne ihre ständigen Aufforderungen, Überwachungen und Kontrollen keine seiner schulischen Pflichten erfüllen würde. Diese Situation besteht praktisch seit Beginn der Grundschulzeit, hat sich im Verlauf der 4., 5. und 6. Klasse verstärkt und hält auch jetzt unvermindert an. Nachdem Leo die Kontrollen und Belastungen jahrelang offenbar gutwillig und ohne erkennbaren Widerspruch ertragen hat, gibt es in den letzten Monaten, nach dem Eindruck der Mutter, häufig zum Teil heftige Auseinandersetzungen. Freizeit bleibt Leo nur wenig, obwohl er an seinem Fahrrad, dem Moped des älteren Bruders und an handwerklichen Arbeiten sehr interessiert ist – Bücher, Heftchen und Zeitungen liest er dagegen nicht.

Bereits in der ersten Klasse hatte Leo Lern- und Leistungsschwierigkeiten, besonders im Lesen, die durch Nachhilfe der Eltern nicht vollständig ausgeglichen werden konnten. Obwohl die häuslichen Anstrengungen im Verlauf der Grundschulzeit verstärkt wurden, mussten die Eltern zu ihrer größten Enttäuschung akzeptieren, dass der erwünschte Wechsel auf das Gymnasium nicht realisierbar war.

Nachdem sie nunmehr auch den Realschulabschluss gefährdet sehen, fühlen sich beide Eltern völlig unsicher und ratlos.

Ergebnis des Gesprächs mit Leo

Das Gespräch mit Leo verläuft in einer sehr lockeren Atmosphäre. Der Junge geht sofort auf den Gesprächspartner ein, erkundigt sich nach den Gründen für einzelne Fragen und scheint auch keine Probleme zu haben, ausführlich über seine schulischen Misserfolge zu sprechen. Dabei betont er immer wieder, wie optimistisch er seine weiteren Aussichten in der Realschule einschätzt, dass es nur einiger zusätzlicher Anstrengungen bedürfe, um bessere Leistungen zu erzielen. Er geht gern in die Schule und die viele zusätzliche Arbeit daheim belaste ihn in keiner Weise. Sein Wunsch ist es, in der Realschule zu bleiben und nach Möglichkeit später vielleicht doch auf ein Gymnasium zu wechseln. Die schlechten Leistungen der letzten Monate erklärt er mit viel Pech, Leichtsinn und nicht genügender eigener Anstrengung. Seine sozialen Beziehungen zu den Lehrern und Mitschülern charakterisiert er als gut; die Tatsache, dass er sehr wenig persönlichen Kontakt zu seinem Bruder hat, mache ihm nichts aus, und mit seinen Eltern verstehe er sich sehr gut. Doch die Mutter meckere in den letzten Wochen an allem, was er macht, herum.

Aufgabe

1. Überprüfen Sie jetzt Ihre Problemstellung und präzisieren Sie die Hypothesen!

2. Mit welchen diagnostischen Methoden wollen Sie Ihre Hypothesen prüfen?

Lesen Sie erst dann unter *c) diagnostisches Vorgehen* weiter!

c) Diagnostisches Vorgehen und Ergebnisse
Das Ziel der weiteren Untersuchungen besteht darin, den aktuellen Wissensstand, die Schulleistungsdefizite und Vorkenntnislücken von Leo genau zu erfassen. Außerdem soll ein möglichst realistisches und differenziertes Bild über seine intellektuellen Fähigkeiten gewonnen werden. Hierzu muss der Beratungslehrer oder der Schulpsychologe zu Rate gezogen werden, weil Lehrer keine Intelligenztests durchführen. Die dritte Aufgabe besteht in der Analyse des Arbeits- und Lernverhaltens von Leo.

Analyse des aktuellen Wissensstandes und der Schulleistungen:
Will man sich ein Urteil über die Aussichten pädagogischer Förderungsmaßnahmen bilden, so muss man sich zuerst einen gründlichen Eindruck über die verfügbaren Schulleistungen und die vorhandenen Schulleistungsdefizite verschaffen. Zu diesem Zweck erbittet der Klassenlehrer möglichst viele Klassenarbeiten, die in der 5. und 6. Klasse sowie in der 7. Klasse in den einzelnen Hauptfächern geschrieben wurden. Eine Auswahl der in diesen Arbeiten enthaltenen Aufgaben muss Leo dann bearbeiten (vgl. dazu auch Kapitel 3.1.1 Analyse des Vorwissens). Die Korrektur und Beurteilung übernehmen die aktuellen Fachlehrer von Leo.

Die Schulleistungsuntersuchung erbringt folgende Ergebnisse:
Insbesondere in Mathematik und Englisch sind die Leistungen von Leo außerordentlich heterogen. Er beherrscht zum Teil sehr seltene Vokabeln, kann aber einfachste Wörter nicht übersetzen; er stellt sich bei der Lösung von Textaufgaben gelegentlich sehr geschickt und findig an, hat aber Schwierigkeiten mit simplen Rechenoperationen (z.B. beim Bruchrechnen) und verfügt nicht „automatisiert" über Grundrechenarten. Auch sein Sachwissen ist sehr uneinheitlich. Die Rechtschreibung ist bei vertrauten Wörtern zufriedenstellend, bei unvertrauten Wörtern werden sehr viele und zum Teil unverständliche Fehler gemacht. Auch in Aufsätzen erbringt er schwankende Leistungen. Von drei Berichten und Erlebnisschilderungen werden zwei von der erfahrenen Deutschlehrerin als befriedigend und einer als völlig mangelhaft eingestuft.

Eine zusammenfassende Übersicht über die Schulleistungen zeigt viele Vorkenntnislücken, so dass der Erwerb neuen Wissens außerordentlich erschwert sein muss. Auf der anderen Seite enthält das Leistungsprofil auch Hinweise auf einige sehr befriedigende, zum Teil überraschend gute Kenntnisse.

Analyse der intellektuellen Fähigkeiten:
Diesem Teil der Untersuchung muss bei der geschilderten Leistungsproblematik besondere Bedeutung zugemessen werden. Durch den Schulpsychologen soll vor allem geklärt werden, ob die Leistungen und Leistungsschwierigkeiten auf mangelnde Begabung zurückzuführen oder *trotz* ausreichender bis guter Fähigkeiten entstanden sind. Aus diesem Grund wurden drei verschiedene Intelligenzverfahren verwendet: Der Kognitive-Fähigkeits-Test (KFT 4-12+R), das Leistungsprüfsystem (LPS) und der Grundintelligenztest (CFT20).

Die in den drei Testverfahren erzielten Ergebnisse müssen als Ausdruck einer vergleichsweise hohen Intelligenz angesehen werden, deren Niveau im deutlichen Gegensatz zu den schlechten Schulleistungen steht. In allen Tests erweist sich der jeweilige Gesamtwert als weit über dem Durchschnitt liegend: Im CFT20 erreicht Leo einen Intelligenzquotienten von 141 (Durchschnitt der Altersgruppe: 100), im LPS erzielen weniger als 7% der Kinder dieser Altersstufe bessere Werte als Leo, und im KFT 4-12+R ist das Gesamtergebnis zwar etwas niedriger, jedoch immer noch besser als der Durchschnitt vergleichbarer Realschüler und Gymnasiasten.

Die überdurchschnittlich hohen Gesamtwerte in den Intelligenztests dürfen allerdings nicht davon ablenken, dass die einzelnen Fähigkeiten Leos nicht gleichermaßen gut sind. Am besten sind bei ihm konstruktive Fähigkeiten, anschauungsgebundenes Denken und technische Begabung ausgeprägt. Leichte Mängel zeigen sich demgegenüber bei Aufgaben, die starke Konzentration erfordern und die unmittelbar mit schulischem Wissen zusammenhängen.

Analyse des Arbeitsverhaltens
Schon die Beobachtungen bei der Bearbeitung der Intelligenztestaufgaben vermitteln den Eindruck eines ständigen Wechsels zwischen sehr zügigem, konzentriertem und einfallsreichem Vorgehen auf der einen Seite und Perioden verstärkter Ablenkung mit schleppenden Aufgabenlösungen und vielen Fehlern auf der anderen Seite. Dieses Bild bestätigt sich auch in den Ergebnissen einiger anderer Testverfahren: Die Auswertung des LAVI (Lern- und Arbeitsverhalteninventar) zeigt, dass in den Bereichen Arbeitshaltung und Lerntechnik unterdurchschnittliche Werte vorliegen. Auch beim Konzentrations-Leistungs-Test (KLT) liegen die Leistungen Leos weit unter dem Durchschnitt. Schließlich muss Leo den Lesegeschwindigkeits- und -verständnistest für die Klasse 6-12 (LGVT 6-12) in seiner entsprechenden Klassenstufe absolvieren. Hiermit werden seine Lesegeschwindigkeit und sein Leseverständnis geprüft. Auch bei diesem Test erzielt Leo sehr schlechte Ergebnisse. Dieses zuletzt erwähnte Resultat verdeutlicht vor allem, wie unaufmerksam, flüchtig und ungenau Leo Informationen aufnimmt, verarbeitet und speichert.

Zwischenüberlegungen. Wichtigstes Ergebnis der diagnostischen Untersuchungen ist der offenkundige Unterschied zwischen den guten intellektuellen Fähigkeiten und den schlechten Schulleistungen.

Zwar erweist sich der Kenntnisbereich als nicht ganz so schwach, wie ursprünglich angenommen, doch wird zugleich einsichtig, dass der Erwerb neuen Wissens aufgrund der großen Vorkenntnislücken und der sehr unstetigen Arbeitshaltung auf Schwierigkeiten stoßen muss. Darüber hinaus ist die Leseleistung unbedingt zu trainieren, weil Leo sonst weitere Schwierigkeiten beim selbstständigen Wissenserwerb erfährt.

Auf einer oberflächlichen Ebene ist das unkonzentrierte und sprunghafte Lernverhalten eine Ursache der mangelnden Umsetzung intellektueller Fähigkeiten in schulische Leistungen. Etwas tiefgründiger betrachtet, könnte die totale Betreuung, Überwachung und Kontrolle der Schularbeiten durch die Mutter möglicherweise eine Rolle bei der Entwicklung dieses Verhaltens gespielt haben: Leo fühlt sich im Grunde genommen weder für die Erledigung der Aufgaben noch für seine eigenen

Leistungen hinreichend verantwortlich. Inwieweit dieser Mutter-Sohn-Beziehung persönliche Probleme der Eltern – insbesondere der Mutter – zugrunde liegen, lässt sich zwar vermuten, kann aber aufgrund der verfügbaren Informationen nicht geklärt werden.

Aufgabe

Welche pädagogischen Maßnahmen würden Sie empfehlen bzw. einleiten?
Begründen Sie ihre Entscheidungen!
Machen Sie sich Notizen und lesen Sie erst dann unter *d) pädagogische* Empfehlungen weiter!

d) Pädagogische Empfehlungen

In einem Beratungsgespräch mit den Eltern wird nachdrücklich betont, dass die aus den diagnostischen Daten ableitbaren Schlussfolgerungen noch immer sehr ungesichert sind, sich nur auf den Leistungsbereich beziehen und nicht auf die gesamte Persönlichkeitsentwicklung. Alle empfohlenen pädagogischen Maßnahmen sind also als Versuche anzusehen, deren Wirkungen und Nebenwirkungen ständig beobachtet werden müssen, um rechtzeitig Korrekturen oder Ergänzungen vornehmen zu können (treatmentbegleitende Diagnostik). Im Einzelnen werden folgende pädagogische Handlungsmöglichkeiten mit den Eltern erörtert:

1. Obwohl mehr als drei Monate vor dem Abschluss des Schuljahres noch immer gewisse Aussichten bestehen, dass Leo das Klassenziel erreicht, sollte eine Wiederholung der ersten Realschulklasse schon jetzt erwogen und mit einem speziellen Förderplan für Leo bewusst als Möglichkeit zur Schließung vorhandener Kenntnislücken, zum Lesetraining und zum Lernstrategieaufbau akzeptiert werden. Eine Klassenwiederholung ist immer dann – und nur dann – eine aussichtsreiche pädagogische Maßnahme, wenn aufgrund der intellektuellen Voraussetzungen eines Schülers, der Begrenztheit der Kenntnislücken und verfügbarer zusätzlicher Lernhilfen eine realistische Möglichkeit besteht, innerhalb dieses Jahres Leistungsschwierigkeiten abzubauen oder gar zu überwinden. Diese Voraussetzungen scheinen bei Leo gegeben zu sein.
2. Da es sich die Familie Leos wirtschaftlich leisten kann, wird empfohlen, einen psychologisch interessierten Referendar oder einen Lehramtsstudenten oder einen engagierten, rüstigen Lehrerpensionär als Nachhilfelehrer zu engagieren. Die Mutter sollte sich für längere Zeit vollständig von der Überwachung und Betreuung der Schularbeiten zurückziehen und für Leo in erster Linie während der Freizeit und beim Musizieren da sein. Diese Fördermaßnahme kann der Mutter einsichtig erklärt werden, indem betont wird, dass die dringend notwendige Entwicklung der Selbstständigkeit von Leo wirksamer durch eine Person mit mehr sozialer Distanz geleistet werden kann.
3. Mit dem Nachhilfelehrer, der an vier Nachmittagen in der Woche je 2 Stunden mit Leo arbeiten soll, werden in einem Vorgespräch folgende vordringliche Aufgaben erörtert:
   a) Unterstützung bei den Hausaufgaben.

b) Schließung wichtiger Vorkenntnislücken. Dafür soll aufgrund der Klassenarbeiten aus drei Schülerjahrgängen ein realistischer Lernplan entworfen werden.
c) Langsame Übernahme von Verantwortung für die eigenen Schulaufgaben und Schulleistungen durch Leo selbst. Dafür wird ein einfaches Verfahren der Verhaltensmodifikation mit interessanten Freizeitbeschäftigungen als positive Verstärkung empfohlen. Damit wird gleichzeitig gesichert, dass Leo neben intensiven Lern- und Arbeitsphasen auch ausreichend Entspannung und Freizeit erhält.
d) Während des nachmittäglichen Unterrichts soll der Nachhilfelehrer kleine Konzentrations- und Aufmerksamkeitsübungen mit Leo durchführen.
e) Auch sollte der Nachhilfelehrer parallel zu den Aufgabenlösungen und Lernanforderungen immer die effektiven Lernstrategien erläutern und einüben lassen.
f) Außerdem sollte ein Lesetraining im Sinne des weiterführenden Lesens mindestens über zwei Monate durchgeführt werden.

4. Diese vorgeschlagene komfortable Förderlösung nimmt natürlich die Schule aus der Verantwortung. Wir sind der Meinung, dass die unter III vorgeschlagenen Fördermaßnahmen auch im Rahmen von Förderunterricht in der Schule zu leisten sind. Darüber hinaus ist auch zu überlegen, zusätzlich ältere Schüler als Tutoren für die Förderung zu qualifizieren.
5. Den Eltern kann empfohlen werden, eine Erziehungs- oder Familienberatung zu konsultieren, um möglicherweise tiefer liegende Probleme und Konflikte bei Leo und vielleicht auch auf Seiten der Eltern zu identifizieren und zu behandeln.

4.5 Adressen der schulpsychologischen Anlaufstellen in Deutschland

Die konkreten Adressen der Schulpsychologischen Dienste (Bezeichnungen differieren je nach Bundesland) sind unter folgender Internetadresse zu finden.

www.schulpsychologie.de

Literaturverzeichnis

Abs, H. J. (2006). Zur Bildung diagnostischer Kompetenz in der zweiten Phase der Lehrerbildung. *Zeitschrift für Pädagogik, 51. Beiheft*, 217-234.

Aebli, H. (1991). *Zwölf Grundformen des Lehrens. Eine allgemeine Didaktik auf psychologischer Grundlage* (6. Aufl.). Stuttgart: Klett-Cotta.

Amelang, M. & Zielinski, W. (2002). *Psychologische Diagnostik und Intervention* (3. Aufl.). Berlin: Springer.

Ames, C. (1984). Achievement attributions and self-instructions under competitive and individualistic goal structures. *Journal of Educational Psychology, 76* (3), 478-487.

Ames, C. & Archer, J. (1988). Achievement goals in the classroom: Students' learning strategies and motivation processes. *Journal of Educational Psychology, 80* (3), 260-267.

Artelt, C. (2000). *Strategisches Lernen*. Münster: Waxmann.

Artelt, C., Stanat, P., Schneider, W. & Schiefele, U. (2001). Lesekompetenz: Testkonzeption und Ergebnisse. In Deutsches PISA-Konsortium (Hrsg.), *PISA 2000: Basiskompetenzen von Schülerinnen und Schülern im internationalen Vergleich* (S. 69-137). Opladen: Leske + Budrich.

Aster, M., Höhmann, K., Ruf, U., Pritzkow, H. (Hrsg.). (2003). Diagnostische Kompetenz [Themenheft]. *Pädagogik,* 55 (4).

Atkinson, R. C. (1957). Mnemotechnics in second-language learning. *American Psychologist*, 30 (8), 821-828.

Augst, K. & Dehn, M. (2007). *Rechtschreibung und Rechtschreibunterricht. Können-Lehren-Lernen. Eine Einführung für Studierende und Lehrende aller Schulformen* (3., überarbeitete und aktualisierte Aufl.). Stuttgart: Klett.

Avenarius, H., Ditton, H., Döbert, H., Klemm, K., Klieme, E. & Rürup, M. et al. (2003). *Bildungsbericht für Deutschland. Erste Befunde.* Opladen: Leske + Budrich.

Barth, K. & Gomm, B. (2008). Gruppentest zur Früherkennung von Lese- und Rechtschreibschwierigkeiten. Phonologische Bewusstheit bei Kindergartenkindern und Schulanfängern (PP-LRS). In W. Schneider, H. Marx & M. Hasselhorn (Hrsg.), *Diagnostik von Rechtschreibleistungen und -kompetenz. Tests und Trends. Neue Folge* (Bd. 6, S. 7-43). Göttingen: Hogrefe.

Baumert, J. & Köller, O. (1996). Lernstrategien und Schulleistungen. In J. Möller & O. Köller (Hrsg.), *Emotionen, Kognitionen und Schulleistungen* (S. 136-154). Weinheim: Beltz PVU.

Becker, G. E. (1998). *Unterricht auswerten und beurteilen* (6. Aufl.). Weinheim: Beltz.

Birkel, P. & Stammet, C. (2008). Die Entwicklung der Rechtschreibunfähigkeit von Schülern der Grund- und Hauptschule aus der Sicht einer Neueichung des WRT. In W. Schneider, H. Marx & M. Hasselhorn (Hrsg.), *Diagnostik von Rechtschreibleistungen und -kompetenz. Tests und Trends. Neue Folge* (Bd. 6, S. 61-91). Göttingen: Hogrefe.

Bloom, B. S. , Engelhardt, M. B., Furst, E. J., Hill, W. H. & Krathwohl, D. R. (1956). *Taxonomie of educational objectives: The classification of educational goals. Handbook 1: Cognitive domain.* New York, NY: Longmans Green.

Bloom, B. S. (1976). *Human characteristics and school learning*. New York, NY: MacGraw-Hill.

Bortz, J. (2005). *Statistik für Human- und Sozialwissenschaftler. Ein Lehrbuch* (6. Aufl.). Berlin: Springer.

Bortz, J. & Döring, N. (2006). *Forschungsmethoden und Evaluation für Human- und Sozialwissenschaftler*. Berlin: Springer.

Brähler, E., Holling, H., Leutner, D. & Petermann, F. (Hrsg.). (2002). *Brickenkamp Handbuch psychologischer und pädagogischer Tests* (Bd. 1) (3.,vollständig überarbeitete und erweiterte Aufl.). Göttingen: Hogrefe.

Bransford, J. D., Brown, A. L. & Cocking, R. R. (Eds.). (2000). *How people learn. Brain, mind, experience, and school*. Washington, D.C.: National Academy Press.

Bromme, R. (2005). Thinking and knowing about knowledge: A plea for and critical remarks on psychological research programs on epistemological beliefs. In J. Lenhard, M. Hoffmann & F. Seeger (Eds.), *Activity and Sign – Grounding mathematics education* (pp. 191-201). Dordrecht: Kluwer Academic Press.

Bromme, R., Rheinberg, F., Minsel, B., Winteler, A. & Weidenmann, B. (2006). Die Erziehenden und die Lehrenden. In A. Krapp & B. Weidenmann (Hrsg.), *Pädagogische Psychologie* (5. Aufl.) (S. 269-355). Weinheim: Beltz.

Brophy, J. E. (2000). *Teaching* (Educational Practices Series, Vol. 1). Verfügbar unter: http://www.ibe.unesco.org/fileadmin/user_upload/archive/publictions/EducationalPracticesSeriesPdf/prac01e.pdf [10.12.2010].

Brophy, J. & Good, T. (1976). *Die Lehrer-Schüler-Interaktion. Das Wechselspiel von Erwarten, Verhalten und Verfahren im Klassenzimmer; Folgerungen für Unterricht, Forschung und Lehrerausbildung*. München: Urban & Schwarzenberg.

Brophy, J. & Good, T. (1986). Teacher behavior and student achievment. In M. C. Wittrock (Ed.), *Handbook of Research on Teaching* (3rd ed.)(pp. 328-375). New York, NY: Macmillan.

Brunner, J., Häcker, T. & Winter, F. (Hrsg.). (2006). *Das Handbuch Portfolioarbeit*. Seelze-Velber: Kallmeyer.

Brunswik, E. (1956). *Perception and the representative design of psychological experiments*. Berkeley, CA: University of California Press.

Bühner, M. (2006). *Einführung in die Test- und Fragebogenkonstruktion* (2. aktualisierte und erweiterte Aufl.). München: Pearson Studium.

Bund-Länder-Kommission für Bildungsplanung (1973). *Bildungsgesamtplan*. Stuttgart: Klett.

Burkhard, C. & Eikenbusch, G. (2000). *Praxishandbuch Evaluation in der Schule*. Berlin: Cornelsen.

Carroll, J. B. (1963). A model of school learning. *Teacher College Record, 64* (8), 723-733.

Carroll, J. B. (1973). Ein Modell schulischen Lernens. In W. Edelstein & D. Hopf (Hrsg.), *Bedingungen des Bildungsprozesses* (S. 234-250). Stuttgart: Klett.

Cattell, R. B. (1957). *Personality and motivation: structures and measurement*. Yonkers-on-Hudson, NY: World Book Company.

Cattell, R. B. (1963). Theory of fluid and crystalized intelligence: A critical experiment. *Journal of Educational Psychology, 54* (1), 1-22.

Cattell, R. B. (1971). *Abilities: Their structure, growth, and action*. Boston, MA: Houghton Mifflin.

Clausen, M. (2002). *Unterrichtsqualität: Eine Frage der Perspektive? Empirische Analysen zur Übereinstimmung, Konstrukt- und Kriteriumsvalidität*. Münster: Waxmann.

Cohen, R. (1969). *Systematische Tendenzen bei Persönlichkeitsbeurteilungen. Eine empirische Untersuchung*. Bern: Huber.

Coladarci, T. (1986). Accuracy of teacher judgments of student responses to standardized test items. *Journal of Educational Psychology, 78* (2), 141-146.

Cortina, K. S. (2006). Psychologie der Lernumwelt. In A. Krapp & B. Weidenmann (Hrsg.), *Pädagogische Psychologie* (5., vollständig überarbeitete Aufl.) (S. 477-524). Weinheim: Beltz PVU.

Cronbach, L. (1955). Processes affecting scores on „understanding of others" and „assumed similarity". *Psychological Bulletin, 52* (3), 177-193.

DeCharms, R. (1968). *Personal causation. The internal affective determinants of behaviour.* New York: Academic Press.

Deci, E. L. & Ryan, R. M. (1985). *Intrinsic motivation on self-determination in human behaviour.* New York, NY: Plenum Press.

Deutscher Bildungsrat (1970). *Strukturplan für das Bildungswesen.* Bonn: Autor.

Deutsche Gesellschaft für Psychologie (2008, Juni). Aktuelle Mitteilungen der DGPs. Ausgabe 13, Jahrgang 4, vom 18. Juni 2008. Verfügbar unter: http://www.dgps.de/fg_rundmail/AktuelleMitteilungenNo13.pdf [10.12.2010].

Deutsches PISA-Konsortium (Hrsg.). (2001). *PISA 2000. Basiskompetenzen von Schülerinnen und Schülern im internationalen Vergleich.* Opladen: Leske + Budrich.

Deutsches PISA-Konsortium (Hrsg.). (2002). *PISA 2000 – Die Länder der Bundesrepublik Deutschland im Vergleich.* Opladen: Leske + Budrich.

Diederich, P. B. (1968). Statistische Kurzverfahren zur Anwendung informeller Tests. In H. Chauncey & J. E. Dobbin (Hrsg.), *Der Test im modernen Bildungswesen.* Stuttgart: Klett.

Dochy, F. J. R. C. & Alexander, P. A. (1995). Mapping prior knowlege: A framework for discussion among researchers. *European Journal of Psychology of Education, 10* (3), 225-242.

Drechsel, B. & Artelt, C. (2007). Lesekompetenz. In Deutsches Pisa Konsortium (Hrsg.), *PISA 2006. Die Ergebnisse der dritten internationalen Vergleichstudie* (S. 225-247). Münster: Waxman.

Dreesmann, H. (1980). Unterrichtklima als Bedingung für Lernmotivation. *Unterrichtswissenschaft, 8,* 243-251.

Dusek, J. B. (Ed.). (1985). *Teacher expectancies.* Hillsdale, NJ: Erlbaum.

Eccles, J.S. & Midgley, C. (1989). Stage-environment fit: Developmentally appropriate classrooms for young adolescents. In C. Ames & R. Ames (Eds.), *Research on Motivation in Education* (Vol. 3: Goals and Cognitions) (S. 139-186). New York, NY: Academic Press.

Feger, H. (1983). Planung und Bewertung von wissenschaftlichen Beobachtungen. In H. Feger & J. Bredenkamp (Hrsg.), *Datenerhebung* (Enzyklopädie der Psychologie, Forschungsmethoden, Bd. B/I/2) (1-75). Göttingen: Hogrefe.

Fend, H. (1997). *Der Umgang mit Schule in der Adoleszenz. Aufbau und Verlust von Motivation und Selbstachtung* (Entwicklungspsychologie der Adoleszenz in der Moderne, Bd. 4). Bern: Huber.

Fend, H. (2000). *Entwicklungspsychologie des Jugendalters.* Opladen: Leske + Budrich.

Fraser, B. J. (1991). *Educational environments: Evaluation, antecedents and consequences.* Oxford: Pergamon.

Fraser, B. J., Walberg, H. J., Welch, W. W. & Hattie, J. A. (1987). Syntheses of educational productivity research. *International Journal of Educational Research, 11* (1), 145-252.

Friedrich, H. F. (1995). *Training und Transfer reduktiv-organisierender Strategien für das Lernen aus Texten.* Münster: Aschendorff.

Friedrich, H. F. & Mandl, H. (1992). Lern- und Denkstrategien – ein Problemaufriss. In H. Mandl & H. F. Friedrich (Hrsg.), *Lern- und Denkstrategien. Analyse und Intervention (S. 3-54).* Göttingen: Hogrefe.

Friedrich, H. F. & Mandl, H. (1997). Analyse und Förderung selbstgesteuerten Lernens. In F. E. Weinert & H. Mandl (Hrsg.), Psychologie der Erwachsenenbildung, D/I/4, *Enzyklopädie der Psychologie* (S. 237-293). Göttingen: Hogrefe.

Fries, S. (2002). *Wollen und Können*. Münster: Waxmann.

Frith, U. (1985). Beneath the surface of development dyslexia. In K. E. Patterson, J. C. Marshall & M. Coltheart (Hrsg.), *Surface dyslexia. Neuropsychological and cognitive studies of phonological reading* (pp. 213-233). Hillsdale, NJ: Lawrence Erlbaum.

Frith, U. (1986). Psychologische Aspekte des orthografischen Wissens. In G. Augst (Hrsg.), *New Trends in graphemics and orthography* (pp. 218-233). New York, NY: De Gruyter.

Fuchs, D., Fuchs, L.-S. , Mathes, P.-G. & Simmons, D.-C. (1997). Peer-assisted learning strategies: Making classroom more responsive to diversity. *American Educational Research Journal, 34* (1), 174-206.

Gläser-Zikuda, M. & Hascher, T. (Hrsg.). (2007). *Lernprozesse dokumentieren, reflektieren und beurteilen. Lerntagebuch und Portfolio in Bildungsforschung und Bildungspraxis*. Bad Heilbrunn: Klinkhardt.

Goerss, K.V. (1993). Portfolio Assessment: A work in Process. *Middle School Journal*, *25*, 20-24.

Gold, A. (2005). Lernstrategien und Lernerfolg für die gymnasiale Oberstufe. In G. Büttner, F. C. Sauter & W. Schneider (Hrsg.), *Empirische Schul- und Unterrichtsforschung. Beiträge aus Pädagogischer Psychologie, Erziehungswissenschaft und Fachdidaktik* (S. 101-114). Lengerich: Pabst.

Gold, A. & Souvignier, E. (2005). Prognose der Studierfähigkeit: Ergebnisse aus Längsschnittanalysen. *Zeitschrift für Entwicklungspsychologie und Pädagogische Psychologie, 37,* 214-222.

Graumann, C. F. (1974). *Motivation.* Frankfurt a.M.: Akademische Verlagsgesellschaft.

Greene, D. & Lepper, M. R. (1977). *The hidden costs of reward: New perspectives on the psychology of human motivation*. Hillsdale, NJ: Lawrence Erlbaum.

Guilford, J. P. (1954). *Psychometric methods* (2nd ed.). New York, NY: MacGraw-Hill.

Haag, L. (2004). Tutorielles Lernen. In G. W. Lauth, M. Grünke & J. C. Brunstein (Hrsg.), *Intervention bei Lernstörungen* (S. 402-410). Göttingen: Hogrefe.

Häcker, T. (2006). Vielfalt der Portfoliobegriffe. In J. Brunner, T. Häcker & F. Winter (Hrsg.), *Das Handbuch Portfolioarbeit* (S. 33-40). Seelze/Velber: Kallmeyer.

Haertel, G. D., Walberg, H. J. & Weinstein, T. (1983). Psychological models of educational performance: A theoretical senthesis of contructs. *Review of Educational Research, 53,* 75-91.

Harackiewicz, J. M., Barron, K. E., Carter, S. M., Lehto, A. T. & Elliot, A. J. (1997). Predictors and consequences of achievement goals in the college classroom: Maintaining interest and making the grade. *Journal of Personality and Social Psychology, 73* (6), 1284-1295.

Harris, M. J. & Rosenthal R. (1985). Mediation of interpersonal expectancy effects: 31 meta-analyses. *Psychological Bulletin, 97*, 363-386.

Hasselhorn, M., Schneider, W. & Marx, H. (Hrsg.) (2000). *Diagnostik von Lese- und Rechtschreibschwierigkeiten. Tests und Trends. Neue Folge* (Bd. 1). Göttingen: Hogrefe.

Hasselhorn, M., Marx, H. & Schneider, W. (2005). Diagnostik von Mathematikleistungen, -kompetenzen und -schwächen: Eine Einführung. In W. Schneider, H. Marx & M. Hasselhorn (Hrsg.), *Diagnostik von Mathematikleistungen. Tests und Trends. Neue Folge* (Bd. 4, S. 1-4). Göttingen: Hogrefe.

Hasselhorn, M., Marx, H. & Schneider, W. (2008). Aktuelle Trends der Rechtschreibdiagnostik: Eine Einführung. In W. Schneider, H. Marx & M. Hasselhorn (Hrsg.), *Diag-*

nostik von Rechtschreibleistungen und -kompetenz. Tests und Trends. Neue Folge (Bd. 6, S. 1-6). Göttingen: Hogrefe.

Hasselhorn, M. & Gold, A. (2006). *Pädagogische Psychologie. Erfolgreiches Lernen und Lehren.* Stuttgart: Kohlhammer.

Heckhausen, H. (1972). Die Interaktion der Sozialisationsvariablen in der Genese des Leistungsmotivs. In C.F. Graumann (Hrsg.), *Handbuch der Psychologie* (Vol. 7/2, S. 955-1019). Göttingen: Hogrefe.

Heinbokel, A. (1996). *Überspringen von Klassen.* Münster: Lit.

Heller, K. A. (2000). Begabungsdefinition, Begabungserkennung und Begabungsförderung im Schulalter. In H. Wagner (Hrsg.), *Begabung und Leistung in der Schule. Modelle der Begabtenförderung in Theorie und Praxis* (S. 39-70). Bad Honnef: Bock.

Helmke, A. (1993). Die Entwicklung der Lernfreude vom Kindergarten bis zur 5. Klassenstufe. *Zeitschrift für Pädagogische Psychologie, 7* (2), 77-86.

Helmke, A. (2007). *Unterrichtsqualität erfassen, bewerten, verbessern.* Stuttgart: Klett/ Kallmeyer.

Helmke, A. & Jäger, R. S. (Hrsg.). (2002). *Die Studie MARKUS-Mathematik-Gesamterhebung Rheinland-Pfalz: Kompetenzen, Unterrichtsmerkmale, Schulkontext.* Landau: Verlag Empirische Pädagogik.

Helmke, A. & Weinert, F. E. (1997). Bedingungsfaktoren schulischer Leistungen. In F. E. Weinert (Hrsg.), *Psychologie des Unterrichts und Schule* (Enzyklopädie der Psychologie, Themenbereich D, Pädagogische Psychologie, Bd. 3, S. 71-176). Göttingen: Hogrefe.

Hofer, M. (1969). *Die Schülerpersönlichkeit im Urteil des Lehrers. Eine dimensionsanalytische Untersuchung zur impliziten Persönlichkeitstheorie.* Weinheim: Beltz.

Hofer, M. (1986). *Sozialpsychologie erzieherischen Handelns. Wie das Denken und Verhalten von Lehrern organisiert ist.* Göttingen: Hogrefe.

Hofer, M. (2003). Wertewandel, schulische Motivation und Unterrichtsorganisation. In W. Schneider & M. Knopf (Hrsg.), *Entwicklung, Lehren und Lernen* (S. 235-253). Göttingen: Hogrefe.

Hofer, M. (2004). Schüler wollen für die Schule lernen, aber auch anderes tun. *Zeitschrift für Pädagogische Psychologie, 18* (2), 79-92.

Hofer, M., Fries, S., Reinders, H., Clausen, M., Dietz, F. & Schmid, S. (2004). Individuelle Werte, Handlungskonflikte und schulische Lernmotivation. In J. Doll & M. Prenzel (Hrsg.), *Studien zur Verbesserung der Bildungsqualität von Schule: Lehrerprofessionalisierung, Unterrichtsentwicklung und Schülerförderung* (S. 329-344). Münster: Waxmann.

Hoge, R. D. (1983). Psychometric properties of teacher-judgment measures of pupil attitudes, classroom behaviours, and achievement levels. *Journal of Special Education, 17*, 401-429.

Hoge, R. D. & Coladarci, T. (1989). Teacher-based judgements of academic achievement: A review of literature. *Review of Educational Research, 59* (3), 297-313.

Höhn, E. (1967). *Der schlechte Schüler.* München: Piper.

Holling, H. & Kanning, U. P. (1999). *Hochbegabung. Forschungsergebnisse und Fördermöglichkeiten.* Göttingen: Hogrefe.

Hosenfeld, I., Helmke, A. & Schrader, F.-W. (2002a). Die Lehr-Lernstudie SALVE: Unterrichts- und lernrelevante Schülermerkmale und deren Einschätzung durch Lehrkräfte. *Zeitschrift für Pädagogik, 45.* Beiheft, 65-82.

Hosenfeld, I., Helmke, A. & Schrader, F.-W. (2002b). Diagnostische Kompetenz: Unterrichts- und lernrelevante Schülermerkmale und deren Einschätzung durch Lehrkräfte in der Unterrichtsstudie SALVE. In M. Prenzel & J. Doll (Hrsg.), *Bildungsqualität von Schule: Schulische und außerschulische Bedingungen mathematischer, naturwissenschaftlicher und überfachlicher Kompetenzen* (S. 65-87). Weinheim: Beltz.

Hunt, E. (1978). Mechanics of verbal ability. *Psychological Review, 85*, 109-130.

Ingenkamp, K. (1991). Pädagogische Diagnostik. In L. Roth (Hrsg.), *Pädagogik. Handbuch für Studium und Praxis* (S. 760-785). München: Ehrenwirth.

Ingenkamp, K. (1995; original 1971). *Die Fragwürdigkeit der Zensurengebung*. Weinheim: Beltz.

Ingenkamp, K. (1997). *Lehrbuch der Pädagogischen Diagnostik* (4. Aufl.). Weinheim: Beltz.

Ingenkamp, K. & Lissmann, U. (2005). *Lehrbuch der Pädagogischen Diagnostik* (5., völlig überarbeitete Aufl.). Weinheim: Beltz.

Jäger, A. O. (1984). Intelligenz-Strukturforschung: Konkurrierende Modelle, neue Entwicklungen, Perspektiven. *Psychologische Rundschau, 35* (1), 21-35.

Jäger, R. S. (1986). *Der diagnostische Prozeß*. Göttingen: Hogrefe.

Jäger, R. S. (Hrsg.) (2007). *Beobachten, beurteilen, fördern! Lehrbuch für die Aus-, Fort- und Weiterbildung*. Landau: Verlag Empirische Pädagogik.

Jansen, H. & Marx, H. (1999). Phonologische Bewusstheit und ihre Bedeutung für den Schriftspracherwerb. *Forum Logopädie, 2,* 7-16.

Jussim, L. (1989). Teacher expectation: Self-fulfilling prophecies, perceptual biases, and accuracy. *Journal of Personality and Social Psychology, 57* (3), 469-480.

Klauer, K. J. (Hrsg.). (1982a). *Handbuch der Pädagogischen Diagnostik* (Bd. 1 – Bd.4). Düsseldorf: Pädagogischer Verlag Schwann.

Klauer, K. J. (1982b). Perspektiven der Pädagogischen Diagnostik. In K. J. Klauer (Hrsg.), *Handbuch der Pädagogischen Diagnostik* (Bd. 1) (S. 3-14). Düsseldorf: Pädagogischer Verlag Schwann.

Klauer, K. J. (1998). Wie viel dürfen es denn sein? Über den Einfluss der Gruppengröße auf die Effekte eines kognitiven Trainings. In K. C. Klauer & H. Westermayer (Hrsg.), *Psychologische Methoden und soziale Prozesse* (S. 299-327). Lengerich: Pabst.

Klauer, K. J. (2000). Das Huckepack-Theorem asymmetrischen Strategietransfers. Ein Beitrag zur Trainings- und Transfertheorie. *Zeitschrift für Entwicklungspsychologie und Pädagogische Psychologie, 32* (3), 153-165.

Klauer, K. J. (2001). Training des induktiven Denkens. In K. J. Klauer (Hrsg.), *Handbuch kognitives Training* (S. 165-209). Göttingen: Hogrefe.

Kleber, E. W. (1978). Probleme des Lehrerurteils. In K. J. Klauer (Hrsg.), *Handbuch der Pädagogischen Diagnostik* (Bd. 1) (S. 3-14). Düsseldorf: Pädagogischer Verlag Schwann.

Kleber, E. W. (1992). *Diagnostik in pädagogischen Handlungsfeldern. Einführung in Bewertung, Beurteilung, Diagnose und Evaluation*. Weinheim: Juventa.

Klicpera, C. & Gasteiger-Klicpera, B. (2004). Aufbau von Lesefertigkeiten. In G. W. Lauth, M. Grünke & J. C. Brunstein (Hrsg.), *Intervention bei Lernstörungen* (S. 268-278). Göttingen: Hogrefe.

Kounin, J. S. (1976). *Techniken der Klassenführung*. Bern: Huber.

Kounin, J. S. (2006). *Techniken der Klassenführung*. Münster: Waxmann.

Krapp, A. (1998). Entwicklung und Förderung von Interesse im Unterricht. *Psychologie in Erziehung und Unterricht, 45* (3), 186-203.

Krapp, A. (2002). Structural and dynamic aspects of interest development: Theoretical considerations from an ontogenic perspective. *Learning and Instruction, 12* (4), 383-409.

Krapp, A. & Weidenmann, B. (Hrsg.). (2001). Pädagogische Psychologie. Ein Lehrbuch (4. vollst. überarb. Aufl.).Weinheim: Beltz PVU.

Krause, U.-M. & Stark, R. (2006). Vorwissen aktivieren. In H. Mandl & H. T. Friedrich (Hrsg.), *Handbuch Lernstrategien* (S. 38-49). Göttingen: Hogrefe.

Krohne, H. W. (Hrsg.). (1985). *Angstbewältigung in Leistungssituationen*. Weinheim: VCH Verlagsgemeinschaft.

Krohne, H. W. (1996). Angst und Angstbewältigung. Stuttgart: Kohlhammer.

Kühn, R. (1992). Art und Umfang von Testverfahren der Pädagogischen Diagnostik. In K. Ingenkamp, R. S. Jäger, H. Petillon & B. Wolf (Hrsg.), *Empirische Pädagogik 1970-1990. Eine Bestandsaufnahme der Forschung in der Bundesrepublik Deutschland.* (Bd.1) (S. 143-151). Weinheim: Deutscher Studien Verlag.

Küpper, R. (1977). Entwicklung und Erprobung eines Schülerfragebogen zur Erfassung Kounin'*scher Dimensionen im Lehrerverhalten.* Unveröffentlichte Diplomarbeit, Psychologisches Institut der Ruhr-Universität, Bochum.

Küspert, R. (1998). *Phonologische Bewußtheit und Schriftspracherwerb: Zu den Effekten vorschulischer Förderung der phonologischen Bewußtheit auf den Erwerb des Lesens und Rechtschreibens.* Frankfurt: lang.

Kuhl, J. (1983). Emotion, Kognition und Motivation: Auf dem Weg zu einer systemtheoretischen Betrachtung der Emotionsgenese. *Sprache und Kognition, 2*, 1-27.

Landmann, M. & Schmitz, B. (2007). Welche Rolle spielt Self-monitoring bei der Selbstregulation und wie kann man mit Hilfe von Tagebüchern die Selbstregulation fördern? In M. Gläser-Zikuda & T. Hascher (Hrsg.), *Lernprozesse dokumentieren, reflektieren und beurteilen. Lerntagebuch und Portfolio in Bildungsforschung und Bildungspraxis* (S. 149-170). Bad Heilbrunn: Klinkhardt.

Langer, I., Schulz v. Thun, W. & Tausch, R. (1974). *Verständlichkeit in Schule, Verwaltung, Politik und Wissenschaft.* München: Reinhardt Verlag.

Langfeldt, H.-P. (1984). Die klassische Testtheorie als Grundlage normorientierter (standardisierter) Schulleistungstests. In K. A. Heller (Hrsg.), *Leistungsdiagnostik in der Schule* (4., völlig neubearbeitete Aufl.) (S. 65-98). Bern: Huber.

Langfeldt, H.-P. (2006). *Psychologie für die Schule.* Weinheim: Beltz.

Leutner, D. (1992). *Adaptive Lehrsysteme. Instruktionspsychologische Grundlagen und experimentelle Analysen.* Weinheim: Beltz.

Lienert, G. A. (1969). *Testaufbau und Testanalyse* (3. Aufl.). Weinheim: Beltz.

Lienert, G.A. & Raatz, U. (1994). *Testaufbau und Testanalyse.* (5. völlig neu bearbeitete und erweiterte Auflage). Weinheim: Beltz.

Linder, M. (1951). Über die Legasthenie. *Zeitschrift für Kinderpsychiatrie, 118*, 97-143.

Lissmann, U. (2007). Lerntagebuch: Bewertungen und Perspektiven. In R. S. Jäger (Hrsg.), *Beobachten, beurteilen, fördern! Lehrbuch für die Aus-, Fort- und Weiterbildung* (S. 309-338). Landau: Verlag Empirische Pädagogik.

Ludwig, P. (1999). *Ermutigung. Optimierung von Lernprozessen durch Zuversichtssteigerung.* Opladen: Leske + Budrich.

Ludwig, P. H. (2001). Pygmalioneffekt. In D. Rost (Hrsg.), *Handwörterbuch Pädagogische Psychologie* (2., überarbeitete und erweiterte Aufl.) (S. 567-573). Weinheim: Beltz.

Lukesch, H. (1986). Diagnostizierbarkeit von Prüfungsangst. *Psychologie in Erziehung und Unterricht, 33* (2), 126-132.

Lukesch, H. (1998). *Einführung in die pädagogisch-psychologische Diagnostik* (2., vollständig und néu bearbeitete Aufl.). Regensburg: Roderer Verlag.

Marsh, H. W. (1987). Students' evaluations of University teaching: Research findings, methodological issues, and directions for future research. *International Journal of Educational Research, 11* (3), 253-388.

Marsh, H. W. (2005). Big-Fish-Little-Pont-Effekt on Academic Self Concept. *Zeitschrift für Pädagogische Psychologie, 19*, 119-127.

Marx, H. (1997). Erwerb des Lesens und Rechtschreibens: Literaturüberblick. In F. E. Weinert & A. Helmke (Hrsg.), *Entwicklung im Grundschulalter* (S. 83-111). Weinheim: PVU.

Marx, H. (2000). Anspruch, Notwendigkeit, Realisierung und Alternativkonzeption der Schriftsprachförderung im Sekundarstufenbereich. In M. Hasselhorn, W. Schneider &

H. Marx (Hrsg.), *Diagnostik von Lese-Rechtschreibschwierigkeiten. Test und Trends. Neue Folge* (Bd. 1, S. 183-203). Göttingen: Hogrefe.

Marx, P. & Schneider, W. (2000). Entwicklung eines Tests zur phonologischen Bewusstheit im Grundschulalter. In M. Hasselhorn, W. Schneider & H. Marx (Hrsg.), *Diagnostik von Lese- und Rechtschreibschwierigkeiten. Tests und Trends. Neue Folge* (Bd. 1, S. 91-117). Göttingen: Hogrefe.

Marx, H., Hasselhorn, M., Opitz-Karig, U. & Schneider, W. (2008). Deutschsprachige Tests zur Erfassung der Rechtschreibleistung bei Kindern und Jugendlichen. In W. Schneider, H. Marx & M. Hasselhorn (Hrsg.), *Diagnostik von Rechtschreibleistungen und -kompetenz. Tests und Trends. Neue Folge* (Bd. 6, S. 211-224). Göttingen: Hogrefe.

May, P. (2008). Diagnose der orthographischen Kompetenz – von der HSP zur DSP. In W. Schneider, H. Marx & M. Hasselhorn (Hrsg.), *Diagnostik von Rechtschreibleistungen und -kompetenz. Tests und Trends. Neue Folge* (Bd. 6, S. 93-127). Göttingen: Hogrefe.

Möller, J. (2008). Psychologische Anteile des Lehramtsstudiums – Ergebnisse zur Fragebogenstudie der Kommission Psychologie in den Lehrmatsstudiengängen (PILS). Newsletter der Fachgruppe Pädagogische Psychologie der DGPs. Verfügbar unter: http://bildungswissenschaft.uni-saarland.de/fg_paedpsych/newsletterarchiv/newsletter_1_2008/6_Bericht_PiLS.pdf [10.12.2010].

Möller, J. & Köller, O. (2004). Die Genese akademischer Selbstkonzepte: Effekte dimensionaler und sozialer Vergleiche. *Psychologische Rundschau, 55*, 19-27.

Möller, B. & Jerusalem, M. (1997). Attributionsforschung in der Schule. *Zeitschrift für Pädagogische Psychologie, 11* (3), 151-166.

Mönks, F. J. & Knoers, A. M. P. (1966). *Lehrbuch der Entwicklungspsychologie*. München: Reinhardt.

Müller, A. (2005). *Erlebnisse durch Ergebnisse. Und umgekehrt. Das Lernportfolio als multifunktionales Werkzeug im Unterricht*. Verfügbar unter: http://www.institut-beatenberg.ch/xs_daten/Materialien/Artikel/portfolio_www.pdf [10.12.2010].

Newell, A. & Simon, H. A. (1972). *Human problem solving* (3rd ed.). Englewood Cliffs, NY: Prentice Hall.

Nicholls, J. G., Patashnick, M. & Nolan, S. B. (1985). Adolescents' theories of education. *Journal of Educational Psychology, 77* (6), 683-692.

Oerter, R. (1999). Theorien der Lesesozialisation – Zur Ontogenese des Lesens. In N. Groben (Hrsg.), *Internationales Archiv für Sozialgeschichte der deutschen Literatur. 10. Sonderheft: Lesesozialisation in der Mediengesellschaft* (S. 27-55). Tübingen: Max-Niemeyer Verlag.

Orth, B. (1974). *Einführung in die Theorie des Messens*. Stuttgart: Kohlhammer.

Oser, F. (1997a). Standards in der Lehrerbildung. Teil 1: Berufliche Kompetenzen, die hohen Qualitätsmerkmalen entsprechen. *Beiträge zur Lehrerbildung, 15* (1), 26-37.

Oser, F. (1997b). Standards in der Lehrerbildung. Teil 2: Wie werden Standards in der schweizerischen Lehrerbildung erworben? Erste empirische Ergebnisse. *Beiträge zur Lehrerbildung, 15* (2), 210-228.

Oser, F. (2001). Standards: Kompetenzen von Lehrpersonen. In F. Oser & J. Oelkers (Hrsg.), *Die Wirksamkeit der Lehrerbildungssysteme. Von der Allrounderbildung zur Ausbildung professioneller Standards* (S. 215-342). Chur/Zürich: Rüegger.

Oser, F. & Oelkers, J. (Hrsg.). (2001). *Die Wirksamkeit der Lehrerbildungssysteme. Von der Allrounderbildung zur Ausbildung professioneller Standards*. Chur/Zürich: Rüegger.

Palincsar, A. S. & Brown, A. L. (1984). Reciprocal teaching of comprehension, fostering and comprehension-monitoring activities. *Cognition and Instruction, 1* (2), 117-175.

Pallasch, W. & Kölln, D. (2002). *Pädagogisches Gesprächstraining* (5., neu bearbeitete und erweiterte Aufl.). Weinheim: Juventa.

Paris, S. G., Lipson, M. Y. & Wixson, K. K. (1983). Becoming a strategic reader. *Contemporary Educational Psychology 8*, 293-316.

Pekrun, R. (1993). Entwicklung von schulischer Aufgabenmotivation in der Sekundarstufe: Ein erwartungs-mal-wert-theoretischer Ansatz. *Zeitschrift für Pädagogische Psychologie, 7* (2), 87-97.

Pekrun, R. & Schiefele, U. (1996). Emotions- und motivationspsychologische Bedingungen von Lernleistung. In F. E. Weinert (Hrsg.), *Psychologie des Lernens und der Instruktion* (Enzyklopädie der Psychologie, Themenbereich D, Pädagogische Psychologie, Bd. 2, S. 153-180). Göttingen: Hogrefe.

Pintrich, P. R. & Schunk, D.H. (1996). *Motivation in education: Theorie, research and applications*. Englewood Cliffs, NY: Merrill.

Prenzel, M. (1988). *Die Wirkungsweise von Interesse. Ein pädagogisch-psychologisches Erklärungsmodell.* Opladen: Westdeutscher Verlag.

Pressley, M., Borkowski, J. G. & Schneider, W. (1989). Good information processing. What it is and how education can promote it. *Journal of Educational Research, 13* (8), 857-867.

Rasch, G. (1960). *Probalistic models for some intelligence and attainment tests*. Copenhagen: Nielsen and Lydiche.

Reich, K. (Hrsg.). (2003). *Methodenpool*. Verfügbar unter: http://methodenpool.uni-koeln.de [10.12.2010].

Rentsch, K. (2006). Mit Portfolioarbeit beginnen. In I. Brunner, T. Häcker & F. Winter (Hrsg.), *Handbuch Portfolioarbeit. Konzepte und Erfahrungen aus Schule und Lehrerbildung*. Seelze: Kallmeyer, S. 116-120.

Renzulli, J.S. (1986). The three ring conception of giftedness: A develop mental model for creative productivity. In R. J. Sternberg & J. E. Davidson (Eds.), *Conceptions of giftedness* (pp. 53-92). New York: Cambridge University Press.

Rheinberg, F. & Fries, S. (2001). Motivationstraining. In K.-J. Klauer (Hrsg.), *Handbuch kognitives Training* (2. Aufl.) (S. 349-373). Göttingen: Hogrefe.

Rheinberg, F. & Krug, S. (2005). *Motivationsförderung im Schulalltag*. Göttingen: Hogrefe.

Roesner, R. W. & Eccles, J. S. (1998). Adolescents´perceptions of middle school: Relation to longitudinal changes in academic and psychological adjustment. *Journal of Research on Adolescence, 8* (1), 123-158.

Rogge, K.-E. (1995). *Methodenatlas*. Berlin: Springer.

Rosenthal, R. & Jacobson, L. (1971). *Pygmalion im Unterricht. Lehrererwartungen und Intelligenzentwicklung der Schüler*. Weinheim: Beltz.

Rosenthal, R. & Jacobson, L. (1992). *Pygmalion in the classroom: Teacher expectation and pupils' intellectual development* (1st, newly expanded ed.). New York, NY: Irvington.

Rost, J. (1999). Was ist aus dem Rasch-Modell geworden? *Psychologische Rundschau, 50*, 140-156.

Rost, D. H. (2000). *Hochbegabte und hochleistende Jugendliche*. Münster:Waxmann.

Rost, D. H. & Hanses, P. (1997). Wer nichts leistet, ist nicht begabt? Zur Identifikation hochbegabter Underachiever durch Lehrkräfte. *Zeitschrift für Entwicklungspsychologie und Pädagogische Psychologie, 29*, 167-177.

Rost, D. H. & Schermer, F. J. (2001). Leistungsänstlichkeit. In D. H. Rost (Hrsg.), *Handwörterbuch Pädagogische Psychologie*. (S. 405-413). Weinheim: Beltz.

Sanders, M. & Ratzke, K. (1999). Das ModeratorInnentraining – Kompetenzen für Systemische Fallberatung. In M. Cierpka (Hrsg.), *Kinder mit aggressivem Verhalten. Ein Praxismanual für Schulen, Kindergärten und Beratungsstellen* (S. 249-356). Göttingen: Hogrefe.

Schaarschmidt, U. & Fischer, A. W. (2001). *Bewältigungsmuster im Beruf. Persönlichkeitsunterschiede in der Auseinandersetzung mit der Arbeitsbelastung.* Göttingen: Vandenhoeck & Ruprecht.

Schaffner, E. (2009). Determinanten des Leseverstehens. In W. Lenhard & W. Schneider (Hrsg.), *Diagnostik und Förderung des Leseverständnisses.Tests und Trends. Neue Folge* (Bd. 7, S. 19-44). Göttingen: Hogrefe.

Scheerer-Neumann, G. (1987). Kognitive Prozesse beim Rechtschreiben: Eine Entwicklungsstudie. In G. Eberle & G. Reiß (Hrsg.), *Probleme beim Schriftspracherwerb*. (S. 193-219). Heidelberg: Schindele.

Scheibert, B. (2006). Das Talentportfolio – eine Schatztruhe der Stärken. In I. Brunner, T. Häcker & F. Winter (Hrsg.), *Das Handbuch Portfolioarbeit* (S. 127-135). Seelze/Velber: Kallmeyer.

Schelten, A. (1980). *Grundlagen der Testbeurteilung und Testerstellung*. Heidelberg: Quelle & Meyer.

Schiefele, U. (1996). *Motivation und Lernen mit Texten*. Göttingen: Hogrefe.

Schiefele, U. (2001). The role of interest in motivation and learning. In S. Messick & J. M. Collins (Eds.), *Intelligence and Personality* (pp. 177-214). Hillsdale, N.J.: Erlbaum.

Schiefele, U., Krapp, A., Schreyer, I. (1993). Metaanalysen des Zusammenhangs von Interesse und schulischer Leistung. *Zeitschrift für Entwicklungspsychologie und pädagogischer Psychologie, 25*, 120-148.

Schlee, J. (1983). Illusionen sogenannter Förderdiagnostik. In R. Kornmann, H. Meister & J. Schlee (Hrsg.), *Förderdiagnostik. Konzept und Realisierungsmöglichkeiten* (S. 48-57). Heidelberg: Schindele.

Schlee, J. (1984). Immunisierung in der Sonderpädagogik. *Vierteljahresschrift für Heilpädagogik und ihre Nachbargebiete, 53*, 125-138.

Schlee, J. (1985). Helfen verworrene Konzepte dem Denken und Handeln in der Sonderpädagogik? Eine Auseinandersetzung mit der „Förderdiagnostik". *Zeitschrift für Heilpädagogik, 36*, 860-891.

Schlee, J. (2008). 30 Jahre „Förderdiagnostik" – eine kritische Bilanz. *Zeitschrift für Heilpädagogik, 49*, 122-131.

Schmalt, H.-D. (1976). *Die Messung des Leistungsmotivs*. Göttingen: Hogrefe.

Schnabel, K. (1998). *Prüfungsangst und Lernen: Empirische Analysen zum Einfluss fachspezifischer Leistungsängstlichkeit auf schulischen Lernfortschritt*. Münster: Waxmann.

Schnack, J. (1997). Evaluation – Eine Basisbibliothek. Die wichtigsten deutschsprachigen Veröffentlichungen zum Thema. *Pädagogik, 49* (5), 35-37.

Schneider, W. (1989). Lesenlernen. In D. H. Rost (Hrsg.), *Handwörterbuch Pädagogische Psychologie* (S. 328-333). Weinheim: PVU.

Schneider, W. (1993). Introduction: The early prediction of reading and spelling. *European Journal of Psychological Education, 8*, 199-203.

Schneider, W. (1997). Rechtschreiben und Rechtschreibschwierigkeiten. In F. E. Weinert (Hrsg.), *Psychologie des Unterrichts und der Schule* (Enzyklopädie der Psychologie, Themenbereich D, Pädagogische Psychologie, Bd. 3, S. 327-363). Göttingen: Hogrefe.

Schneider, W. (2008). Entwicklung und Erfassung der Rechtschreibkompetenz im Jugend- und Erwachsenenalter. In W. Schneider, H. Marx & M. Hasselhorn (Hrsg.), *Diagnostik von Rechtschreibleistungen und -kompetenz. Tests und Trends. Neue Folge* (Bd. 6, S. 145-157). Göttingen: Hogrefe.

Schneider, W., Körkel, J. & Weinert, F. E. (1989). Domain-specific knowledge and memory performance: A comparison of high- and low-aptitude children. *Journal of Educational Psychology, 81* (3), 306-312.

Schneider, W., Körkel, J. & Weinert, F. E. (1990). Expert knowlege, general abilities, and text processing. In W. Schneider & F. E. Weinert (Eds.), *Interactions among aptitudes, strategies, and knowlegde in cognitive performance* (pp. 235-251). New York, NY: Springer.

Schneider,W., Marx, H. & Hasselhorn, M. (Hrsg.). (2005). *Diagnostik von Mathematikleistungen. Tests und Trends. Neue Folge* (Bd. 4). Göttingen: Hogrefe.

Schrader, F.-W. (1989). *Diagnostische Kompetenz von Lehrern und ihre Bedeutung für die Gestaltung und Effektivität des Unterrichts*. Frankfurt a. M.: Peter Lang.

Schrader, F.-W. (2001). Diagnostische Kompetenz von Eltern und Lehrern. In D. H. Rost (Hrsg.), *Handwörterbuch Pädagogische Psychologie* (S. 68-71). Weinheim: Beltz.

Schrader, F.-W. & Helmke A. (1987). Diagnostische Kompetenz von Lehrern: Komponenten und Wirkungen. *Empirische Pädagogik, 1* (1), 27-52.

Schulte-Körne, G. (Hrsg.). (2001). *Lese-Rechtschreibstörung und Sprachwahrnehmung*. Münster: Waxmann.

Schwarzer, C. (1976). *Lehrerurteil und Schülerpersönlichkeit. Kognitive Stile und Sozialschicht als Einflußgrössen für die Beurteilung bei Schulbeginn*. München: Kösel.

Sekretariat der Ständigen Konferenz der Kultusminister der Länder in der Bundesrepublik Deutschland (Hrsg.). (2004a). *Beschlüsse der Kultusministerkonferenz. Bildungsstandards im Fach Deutsch für den Mittleren Schulabschluss (Beschluss der KMK vom 4.12.2003)*. München: Wolters Kluwer.

Sekretariat der Ständigen Konferenz der Kultusminister der Länder in der Bundesrepublik Deutschland. (2004b). *Standards für die Lehrerbildung: Bildungswissenschaften*. Verfügbar unter: http://www.kmk.org/fileadmin/veroeffentlichungen_beschluesse/2004/2004_12_16-Standards-Lehrerbildung.pdf [10.12.2010].

Sekretariat der Ständigen Konferenz der Kultusminister der Länder in der Bundesrepublik Deutschland (Hrsg.). (2005). *Beschlüsse der Kultusministerkonferenz. Bildungsstandards im Fach Deutsch für den Primarbereich (Jahrgangsstufe 4) (Beschluss der KMK vom 15.10.2004)*. München: Wolters Kluwer. Verfügbar unter: http://www.kmk.org/fileadmin/veroeffentlichungen_beschluesse/2004/2004_10_15-Bildungsstandards-Deutsch-Primar.pdf [10.12.2010].

Skinner, E. A., Zimmer-Gembeck, M. J. & Connell, J. P. (1998). Individual differences and the development of perceived control. *Monographs of the society for Research in child development, 63* (2/3), 1-23.

Skowronek, H. & Marx, H. (1989). Die Bielefelder Längsschnittstudie zur Früherkennung von Risiken der Lese- und Rechtschreibschwäche. Theoretischer Hintergrund und erste Befunde. *Heilpädagogische Forschung, 15,* 38-49.

Souvignier, E. (2003). Denktraining für Kinder und Jugendliche: Programme zur intellektuellen Förderung. In H.-P. Langenfeldt (Hrsg.), *Trainingsprogramme zur schulischen Förderung* (S. 127-149). Weinheim: Beltz.

Souvignier, E. & Gold, A. (2004). Lernstrategien und Lernerfolg bei einfachen und komplexen Leistungsanforderungen. *Psychologie in Erziehung und Unterricht, 51*, 309-118.

Spinath, B. (2005). Akkuratheit der Einschätzung von Schülermerkmalen durch Lehrer und das Konstrukt der diagnostischen Kompetenz. *Zeitschrift für Pädagogische Psychologie, 19* (1/2), 85-92.

Spinath, B. (2007). Ein Lerntagebuch zur Förderung motivationsbezogener Voraussetzungen für Lern- und Lerntempoverhalten bei Schüler/innen mit sonderpädagogischen Förderungsbedarf. In M. Gläser-Zikuda & T. Hascher (Hrsg.), *Lernprozesse dokumentieren, reflektieren und beurteilen. Lerntagebuch und Portfolio in Bildungsforschung und Bildungspraxis* (S. 171-188). Bad Heilbrunn: Klinkhardt.

Spinath, B. & Schöne, C. (2003). Ziele und Bedingungen von Motivation am Beispiel der Skalen zur Erfassung der Lern- und Leistungsmotivation (SELLMO). In J. Stiensmeier-Pelster & F. Rheinberg (Hrsg.), *Diagnostik von Motivation und Selbstkonzept. Tests und Trends. Neue Folge* (Bd. 2, S. 29-40). Göttingen: Hogrefe.

Stark, R. (2003). Conceptual Change: Kognitiv oder situiert? *Zeitschrift für Pädagogische Psychologie, 17* (2), 133-144.

Steiner, G. (2001). *Lernen. 20 Szenarien aus dem Alltag* (3. Aufl.). Bern: Hans Huber.

Steiner, G. (2006). Lernen und Wissenserwerb. In A. Krapp & B. Weidenmann (Hrsg.), *Pädagogische Psychologie* (5. Aufl.) (S. 137-202). Weinheim: Beltz.

Sternberg, R. J. & Wagner, R. K. (1985). *Practical intelligence: Origins of competence in the everyday world.* Cambridge, UK: Cambridge University Press.

Stock, C. & Schneider, W. (2008). Die Deutschen Rechtschreibtests für das Grundschulalter (DERET 1-2 und DERET 3-4). In W. Schneider, H. Marx & M. Hasselhorn (Hrsg.), *Diagnostik von Rechtschreibleistungen und -kompetenz. Tests und Trends. Neue Folge* (Bd. 6, S. 45-60). Göttingen: Hogrefe.

Tent, L. & Stelzl, I. (1993). *Pädagogisch-psychologische Diagnostik. Band 1: Theoretische und methodische Grundlagen.* Göttingen: Hogrefe.

Thorndike, E. L. (1920). A constant error in psychological ratings. *Journal of Applied Psychology, 4* (1), 25-29.

Thurstone, L. L. (1938). *Primary mental abilities.* Chicago: University of Chicago Press.

Topping, K. & Ehly, S. (Eds.). (1998). *Peer-assisted learning.* Mahwah, NJ: Erlbaum.

Trautmann, T. (2003). *Hochbegabt – was n(t)un? Hilfe und Überlegungen zum Umgang mit Kindern.* Münster: LIT Verlag.

Ulich, D. & Mertens, W. (1974). *Urteile über Schüler. Zur Sozialpsychologie pädagogischer Diagnostik* (2. Aufl.). Weinheim: Beltz.

Valtin, R., Badel, I., Löffler, I., Meyer-Scheppers, U. & Voss, A. (2003). Orthographische Kompetenzen von Schülerinnen und Schülern der dritten Klasse. In W. Bos, E. M. Lankes, M. Prenzel, K. Schwippert, G. Walther & R. Valtin (Hrsg.), *Erste Ergebnisse aus IGLU. Schülerleistungen am Ende der dritten Jahrgangsstufe im internationalen Vergleich* (S. 227-263). Münster: Waxmann.

Wahl, D., Weinert, F. E. & Huber, G. L. (2007). *Psychologie für die Schulpraxis. Ein handlungsorientiertes Lehrbuch für Lehrer* (2., korr. Aufl.). Belm-Vehrte: Sozio-Publishing.

Walberg, H. J. (1986). Synthesis of research on teaching. In M. C. Wittrock (Ed.), *Handbook or research on teaching. A project of the American Educational Research Association* (3. ed.) (pp. 214-229). Washington, DC: American Educational Research Association.

Weiner, B. (1975). *Wirkung von Erfolg und Mißerfolg auf die Leistung.* Bern: Huber.

Weinert, F. E. (1994). Lernen lernen und das eigene Lernen verstehen. In K. Reusser & M. Reusser-Weyeneth (Hrsg.), *Verstehen. Psychologischer Prozess und didaktische Aufgabe* (S. 183-205). Bern: Huber.

Weinert, F. E. (Hrsg.). (1998). *Entwicklung im Kindesalter.* Weinheim: Beltz.

Weinert, F. E. (2001). Schulleistungen – Leistungen der Schule oder der Schüler? In F. E. Weinert (Hrsg.), *Leistungsmessungen in Schulen* (S. 73-86). Weinheim: Beltz.

Weinert, F. E. & Helmke, A. (1996). Der gute Lehrer: Person, Funktion oder Fiktion? *Zeitschrift für Pädagogik, 34. Beiheft*, 223-233.

Weinert, F. E. & Helmke, A. (Hrsg.). (1997). *Entwicklung im Grundschulalter.* Weinheim: Beltz.

Weinert, F. E. & Petermann, F. (1980). Erwartungswidrige Schülerleistung oder unterdurchschnittlich determinierte Schulleistungen. In H. Heckhausen (Hrsg.), *Fähigkeit und Motivation in erwartungswidriger Schulleistung* (S. 19-52). Göttingen: Hogrefe.

Weinert, F. E. & Schneider, W. (Hrsg.). (1999). *Individual development from 3 to 12: Finding from the Munich longitudinal study.* Cambridge, UK: Cambridge University Press.

Weinert, F. E. & Schrader, F.-W. (1986). Diagnose des Lehrers als Diagnostiker. In H. Petillon, J. W. L. Wagner & B. Wolf (Hrsg.), *Schülergerechte Diagnose* (S. 11-29). Weinheim: Beltz.

Weinert, F. E. & Schrader, F-W. (1997). Lernen lernen als psychologisches Problem. In F. E. Weinert & H. Mandl (Hrsg.), *Psychologie der Erwachsenenbildung Enzyklopädie der Psychologie, D/I, Bd. 4* (S. 295-235). Göttingen: Hogrefe.

Weinert, F. E. & Zielinski, W. (1977). Lernschwierigkeiten – Schwierigkeiten des Schülers oder der Schule? *Unterrichtswissenschaft, 5*, 292-304.

Wieczerkowski, W. & Wagner, H. (Hrsg.). (1981). *Das hochbegabte Kind.* Düsseldorf: Päd. Verlag Schwann.

Wild, K. P. (1991). *Identifikation hochbegabter Schüler: Lehrer und Schüler als Datenquellen.* Heidelberg: Asanger.

Wild, K. P. (2000). *Lernstrategien im Studium: Strukturen und Bedingungen.* Münster. Waxmann.

Wild, K. P. & Rost, D.-H. (1995). Klassengröße und Genauigkeit von Schülerbeurteilungen. *Zeitschrift für Entwicklungspsychologie und Pädagogische Psychologie, 27,* 78-90.

Wild, E., Hofer, M. & Pekrun, R. (2006). Psychologie des Lernens. In Krapp, A. & Weidenmann, B. (Hrsg.), *Pädagogische Psychologie* (5. Aufl.) (S. 203-267). Weinheim: Beltz PVU.

Wimmer, H., Zwicker, T. & Gugg, D. (1991). Schwierigkeiten beim Lesen und Schreiben in den ersten Schuljahren. Befunde zur Persistenz und Verursachung. *Zeitschrift für Entwicklungspsychologie und Pädagogische* Psychologie, *23* (4), 280-298.

Winter, F. (2000). Guter Unterricht zeigt sich in seinen Werken. *Lernende Schule, 11* (3), 42-46.

Winter, F. (2007). 5 Fragen der Leistungsbewertung beim Lerntagebuch und Portfolio. In M. Gläser-Zikuda & T. Hascher (Hrsg.), *Lernprozesse dokumentieren, reflektieren und beurteilen. Lerntagebuch und Portfolio in Bildungsforschung und Bildungspraxis* (S. 109-132). Bad Heilbrunn: Klinkhardt.

Wirtz, M. & Nachtigall, C. (2004). *Deskriptive Statistik* (3. Aufl.). Weinheim: Juventa.

Zeuch, W. (1973). Was spricht gegen die Anwendung von Testverfahren? *Die deutsche Schulwarte, 65*, 340-348.

Zielinski, W. (1995). *Lernschwierigkeiten* (2., überarbeitete und erweiterte Aufl.). Stuttgart: Kohlhammer.

Zimbardo, P. G. & Gerrig, R. J. (2004). *Psychologie.* Berlin: Springer.

Tests

Balhorn, H. & Büchner, J. (2005). *A-o-m: Denkwege in die Rechtschreibung.* Göttingen: Hogrefe.

Balhorn, H. & Schniebel , J.-P. (1995). *Wortlisten – Trainingsprogramm (WLT 1-6).* Göttingen: Hogrefe.

Birkel, P. (2007a). *Weingartener Grundwortschatz Rechtschreib-Test für erste und zweite Klassen (WRT 1+)* (2., neu normierte und vollständig überarbeitete Aufl.). Göttingen: Hogrefe.

Birkel, P. (2007b). *Weingartener Grundwortschatz Rechtschreib-Test für zweite und dritte Klassen (WRT 2+)* (2., neu normierte und vollständig überarbeitete Aufl.). Göttingen: Hogrefe.

Birkel, P. (2007c). *Weingartener Grundwortschatz Rechtschreib-Test für dritte und vierte Klassen (WRT 3+)* (2., neu normierte und vollständig überarbeitete Aufl.). Göttingen: Hogrefe.

Birkel, P. (2007d). *Weingartener Grundwortschatz Rechtschreib-Test für vierte und fünfte Klassen der Grund- und Hauptschule (WRT 4+)* (2., neu normierte und vollständig überarbeitete Aufl.). Göttingen: Hogrefe.

Cattell, R. B., Weiß, R. H. & Osterland, J. (1997). *Grundintelligenztest Skala 1 (CFT 1)* (5., revidierte Aufl.). Göttingen: Hogrefe.

Eder, F. (1998). *Linzer Fragebogen zum Schul- und Klassenklima für die 8. bis 13. Klasse (LFSK 8-13).* Göttingen: Hogrefe.

Eder, F. & Mayr, J. (2000). *Linzer Fragebogen zum Schul- und Klassenklima für die 4. bis 8. Klassenstufe (LFSK 4-8).* Göttingen: Hogrefe.

Fippinger, F. (1991). *Allgemeiner Schulleistungstest für 3. Klassen (AST 3)* (2., völlig neu überarbeitete Aufl.). Göttingen: Hogrefe.

Fippinger, F. (1992). *Allgemeiner Schulleistungstest für 4. Klassen (AST 4)* (3., völlig neu überarbeitete Aufl.). Göttingen: Hogrefe.

Heller, K. A., Geadike, H. K. & Weinländer, H. (1985). *Kognitiver Fähigkeitstest (KFT 4-13+)* (2. Aufl.). Weinheim: Beltz.

Heller, K. A. & Perleth, C. (2000). *Kognitiver Fähigkeitstest für 4. bis 12. Klassen, Revision (KFT 4-12+R).* Weinheim: Beltz.

Heller, K. A. & Perleth, C. (2007). *Münchner Hochbegabungstestbatterie für die Primarstufe (MHBT-P).* Göttingen: Hogrefe.

Jansen, H., Mannhaupt, G., Marx, H. & Skowronek, H. (2002). *Bielefelder Screening zur Früherkennung von Lese-Rechtschreibschwierigkeiten (BISC).* Göttingen: Hogrefe.

Kautter, H., Storz, L. & Munz, W. (2000). *Schultestbatterie zur Erfassung des Lernstandes in Mathemathik, Lesen und Schreiben I (SBL I).* Göttingen: Hogrefe.

Kautter, H., Storz, L. & Munz, W. (2002). *Schultestbatterie zur Erfassung des Lernstandes in Mathemathik, Lesen und Schreiben II (SBL II).* Göttingen: Hogrefe.

Keller, G. (1999). *Lern-Methodik-Training für die Klassen 5-10.* Göttingen: Hogrefe.

Keller, G., & Thiel, R.-D. (1998). *Lern- und Arbeitsverhaltensinventar (LAVI).* Göttingen: Hogrefe.

Klauer, K. J. (1989). *Denktraining für Kinder I. Ein Programm zur intellektuellen Förderung.* Göttingen: Hogrefe.

Klauer, K. J. (1991). *Denktraining für Kinder II. Ein Programm zur intellektuellen Förderung.* Göttingen: Hogrefe.

Klauer, K. J. (1993). *Denktraining für Jugendliche. Ein Programm zur intellektuellen Förderung.* Göttingen: Hogrefe.

Krajewski, K., Küspert, P. & Schneider, W. (2002). *Deutscher Mathematiktest für erste Klassen (DEMAT 1+).* Göttingen: Beltz Test.

Krajewski, K., Liehm, S. & Schneider, W. (2004). *Deutscher Mathematiktest für zweite Klassen (DEMAT 2+).* Göttingen: Beltz Test.

Küspert, P. & Schneider, W. (2006). *Hören, lauschen, lernen. Sprachspiele für Vorschulkinder. Würzburger Trainingsprogramm zur Vorbereitung auf den Erwerb der Schriftsprache.* (5. Auflage) Göttingen: Vandenhoeck & Ruprecht.

Lenhard, W. & Lenhard, A. (2006). *Tainingsprogramm Förderung des Leseverständnisses für Schüler der 1. bis 6. Klasse (ELFE-T).* Göttingen: Hogrefe.

Lenhard, W. & Schneider, W. (2006). *Ein Leseverständnistest für Erst- bis Sechstklässler (ELFE 1-6).* Göttingen: Hogrefe.

Marx, H. (1998). *Knuspels- Leseaufgaben (KNUSPEL-L). Gruppenlesetest für Kinder Ende des ersten bis Anfang des vierten Schuljahres.* Göttingen: Hogrefe.

May, P. (2002). *Hamburger Schreib-Probe 1-9 (HSP 1-9)* (6., aktualisierte und erweiterte Aufl.). Göttingen Hogrefe.

Mietzel, G. (1974). *Kombinierter Schultest.* Braunschweig: Westermann.

Mietzel, G. & Willenberg, H. (2000). *Hamburger Schulleistungstest für 4. und 5. Klassen (HST 4/5).* Göttingen: Hogrefe.

Petermann, F. & Petermann, U. (Hrsg.). (2008). *Hamburger-Wechsler-Intelligenztest für Kinder-IV (HAWIK®-IV). Eine Übersetzung und Adaption der WISC-IV® von David Wechsler* (2., ergänzte Aufl.). Göttingen: Hogrefe.

Rieder, O. (1991). *Allgemeiner Schulleistungstest für 2. Klassen (AST 2)* (2., neu bearbeitete und neu normierte Aufl.). Göttingen: Hogrefe.

Roick, T., Gölitz, D. & Hasselhorn, M. (2004). *Deutscher Mathematiktest für dritte Klassen (DEMAT 3+).* Göttingen: Beltz Test.

Schlagmüller, M. & Schneider, W. (2007). *Würzburger Lesestrategie-Wissenstest für die Klassen 7-12 (WLST 7-12).* Göttingen: Hogrefe.

Schneider, W., Schlagmüller, M. & Ennemoser, M. (2007). *Lesegeschwindigkeits- und Verständnistest für die Klassenstufen 6-12 (LGVT 6-12).* Göttingen: Hogrefe.

Schöne, C., Dickhäuser, O., Spinath, B. & Stiensmeier-Pelster, J. (2002). *Skalen zur Erfassung des schulischen Selbstkonzepts (SESSKO).* Göttingen: Hogrefe.

Spinath, B., Stiensmeier-Pelster, J., Schöne, C. & Dickhäuser, O. (2002). *Skalen zur Erfassung der Lern- und Leistungsmotivation (SELLMO).* Göttingen: Hogrefe.

Stock, C. & Schneider, W. (2008a). *Deutscher Rechtschreibtest für das erste und zweite Schuljahr (DERET 1-2+).* Göttingen: Hogrefe.

Stock, C. & Schneider, W. (2008b). *Deutscher Rechtschreibtest für das dritte und vierte Schuljahr (DERET 3-4+).* Göttingen: Hogrefe.

Stock, C. & Schneider, W. (2010). *Ein Trainingsprogramm zur Verbesserung der phonologischen Bewusstheit und der Rechtschreibleistung im Grundschulalter (PHONIT).* Göttingen: Hogrefe.

Thiel, R.-D., Keller, G. & Binder, A. (1979). *Arbeitsverhaltensinventar (AVI).* Göttingen: Hogrefe.

Thorndike, R. L. & Hagen, E. P. (1971). *Cognitive Abilities Test.* Boston, MA: Houghton-Mifflin.

Thorndike, R. L. & Hagen, E. P. (1993). *Form 5 Cog AT. Norms booklet.* Chicago, Il: Riverside Publishing Company.

Urban, K. K. (1986). *Hörverstehenstest für 4. bis 7. Klassen (HVT 4-7).* Göttingen: Hogrefe.

Weiß, R. H. (1998). *Grundintelligenztest Skala 2 (CFT 20)* (4., überarbeitete Aufl.). Göttingen: Hogrefe.

Weiß, R. H. (2008). *Grundintelligenztest Skala 2 – Revision (CFT 20-R).* Göttingen: Hogrefe.

Wettstein, A. (2008). *Beobachtungssystem zur Analyse aggressiven Verhaltens in schulischen Settings (BAYS).* Göttingen: Hogrefe.

Wieczerkowski, W., Nickel, H., Janowski, A., Fittkau, B. & Rauer, W. (1981). *Angstfragebogen für Schüler (AFS)* (6. Auflage). Göttingen: Hogrefe.